U0071231

還原五面間諜的
真實樣貌

我的父親
袁殊

曾龍——著

上：袁殊於抗戰期間，替中共與國民政府臥底在汪精衛政權底下，擔任鎮江公署主任。

右：袁殊於一九四一年至一九四五年間居住在汪精衛政府控制的蘇州拙政園，從事敵後工作。此照片攝於一九四二年。

一九四八年袁殊在大連住所「臥童台」，照片右方是曾耀，左方即為本書作者曾龍。

袁殊和王端的子女，從左到右：王端、曾龍、曾耀、曾昭、曾虎。攝於中共見政初期東單蘇州胡同「新觀察宿舍」家中。

袁殊的家人，從左到右：大姐馬元曦、曾昭、曾龍、王端。攝於一九六三年陝西南路王端住所前。

一九八一年，袁殊在香山東宮二號

袁殊前妻馬景星所繪之袁殊像

中共情報頭子潘漢年

國民黨軍統局的情報頭子戴笠

汪精衛政權的情報頭子李士群

前言

拙著《我的父親袁殊》，一九九四年由廣西接力出版社出版。在迄今為止過去的二十一年中，袁殊的事蹟在網路上逐漸熱絡起來，其他人寫袁殊的書也接二連三地出版。網路上「潘漢年案」的資料不斷披露。新資料中對袁殊的介紹評價褒貶不一，九十年代末（一九九六年－二〇〇〇年）貶多於褒，到了二十一世紀初至今，則褒多於貶了。現在形成了共識——袁殊是中共情報員。

資料日漸豐富，加上我經年累月的思考，我對袁殊的認知也逐漸清晰起來。

今年初，李小夜女士和洪鈴女士先後鼓勵我，修改原稿後再版。袁殊是我的父親，我也願意在有生之年裡，對父親袁殊的生平做個比較圓滿；至少我比較滿意的交代。

修改後再版的最主要意義是，為現在和今後的文史研究者提供一份資料。研究卅年代的上海文史，袁殊是一個繞不過去的人物。其次，對「五重間諜」袁殊的生平事蹟獵奇者，大有人在，再版也可以滿足這種「文化」需求。去年，最後一本《我的父親袁殊》在網路上高價售出，絕版了。

袁殊「這類人」是時代的產物。民國時期，可以說是風雲變幻的多事之秋，軍閥割據，黨派林立，亂世英雄四起。在這個時期，三教九流的人物，必然沉渣泛起，他們魚龍混雜，都登上歷史舞臺，表現了一番。

上海灘，是政治經濟的中心，更是各派勢力角逐的必爭之地。國民黨、共產黨、日本侵略者必然要傾力在上海十里洋場博弈，幾種勢力的纏鬥形成犬牙交錯的態勢，你中有我、我中有你，遊走於三方勢力之間的人物就應運而生了。

名氣大的周佛海就是早年參加共產黨，後加入國民黨，又當漢奸，再暗投軍統的巡遊人物之一。臭名昭著的李士群也經歷了共產黨、國民黨特工、漢奸、暗中與共產黨勾搭的身份變化。再如最後投向中共的胡均鶴，不也是經歷了中共、國民黨特務、漢奸、中共的轉換嗎？此外還有投河了斷的唐惠民等等。

表面看，袁殊也是中共特工、國民黨特工、日本特工暨漢奸、中共特工的轉換人員，其實不同。此類人中，每個人的具體情況都不相同，發揮的歷史作用及後來的命運也都各不相同。但是，無論外在面貌如何，始終如一跟著中共走的人，捨袁殊無他。因此把袁殊歸到這類人中是不妥的，雖外形相似而本質相異。「五重間諜」是「外形」，「中共情報員」是本質。這個本質，是袁殊的思想意識和個人的生平事蹟鑄就的，無法動搖。

袁殊的童年在上海棚戶區度過，身處社會底層，過的是衣不蔽體、食不果腹的日子。苦難的童年，形成了嚮往人人平等、過美好生活的思想基調。這是袁殊最初追求無政府主義、其後追求共產主義的「階級根源」。袁殊雖出身沒落的小官僚家庭，實際過的是赤貧生活，依照中共的階級劃分，實質的出身應該是城市貧民。

苦難的童年，形成了袁殊「反社會」的意識，人富我窮，不平則鳴。窮人要革命，所以十四歲的袁殊便在一九二五年參加了五卅運動。繼而由啟蒙導師胡抱一先生介紹，十六歲參加了北伐軍。十八歲東渡日本攻讀新聞學，初步認同了「共產主義」。

階級鬥爭，是更加激烈的反對當時社會的學說，對社會有仇恨心理的赤貧階層，它有極大的吸引力：現實生活太不公平了，共產主義的願景太美了，反吧！

我個人絲毫不懷疑青年時代的袁殊追求共產主義的初衷是發自內心的。至於後來他的「始終如一」，不為名利所動，則只能從他的做人準則和共產黨施加的影響，這兩個方面去尋求答案。

從袁殊的家信中可以看到，「仁義禮智信」的「信」紮根於袁殊的心中。袁殊幼年讀過私塾，受過孔孟的倫理觀薰陶，後就讀立達學園，該校宣導誠實，培養犧牲精神，袁殊所受的教育對其倫理價值觀的形成產生極大的影響。

共產黨的影響力更不能小覷，潘漢年講過這樣一段話：「革命戰爭中，我們的前鋒戰士與敵人短兵相接，犬牙交錯地混在一起，在這種情況下，往往我們自己的炮彈為掃清衝鋒前進的障礙，難免不誤中自己的戰士。我們只有考慮到對革命事業有利，這種犧牲也是有意義的。」袁殊也說過，「有多少人死了多年，一直背黑鍋，他們是無名英雄」。中共特工組織宣導「只要對組織有利，個人的犧牲，個人的身敗名裂都可以在所不惜。」，袁殊貫徹於實踐且始終不渝、矢志忠貞。他的學生胡兆峰，寫袁殊小傳，題名《忠誠》，抓住了袁殊倫理觀的核心。

袁殊是「共產黨情報員」的立論，主要是依據他一生的所作所為。

一九三一年袁殊創辦《文藝新聞》，後來實際成為左聯刊物。同年，袁殊參加了中國左翼文化總同盟（簡稱「文總」），並加入中國共產黨，轉入中共特科工作。

一九三二年，由中共特科策劃，打入吳醒亞的湖北幫，成為「CC系特工」。同年，由中共特工王子春導演，結識岩井英一，半年後，成為拿津貼的日本情報員。

一九三三年，任吳醒亞領導的幹社情報股股長。

一九三四年，岩井邀請在先，後中共王子春和CC系吳醒亞都批准，袁殊到日本考察戰爭氛圍。

一九三五年，由中共特科轉到第三國際人員華爾敦領導的遠東情報局，失去中共組織關係。因怪西人案發，被交通員小李指認和華爾敦的秘書陸海房供認，袁殊被捕。經由其父袁曉嵐（老資格國民黨員），日方和中共一些人士營救，判刑僅八個月，關押在湖北省反省院。袁殊的被捕，中共人士無一受到牽連。被捕後，袁殊的政治表態是：「擁護蔣委員長領導全國人民抗日」，與後來國共聯合抗日的大局相契合。

一九三六年，出獄後，到日本留學。假裝日本學生，購買了過時的日本軍用地圖且安全帶回上海，潘漢年拿去做為與英美交換情報的資本。

一九三七年，潘漢年任八路軍駐上海辦事處主任，袁殊成為潘的情報員。同年，戴笠來訪，潘漢年說「機會難得，不可錯過」，袁殊成為軍統國際情報組少將組長。同年，岩井英一回到上海，成立日本外務省特工組織「特別調查班」，袁奉國共兩方之命加入。同年，「軍統」袁殊在「八一三」抗戰時期，化妝穿越火線，親自到日軍戰地偵察軍隊調動，得到重要戰役情報，避免了中方巨大傷亡，立了大功。

一九三八年，「軍統分子」袁殊領導的行動小組擊斃多名日軍散兵。同年，「軍統分子」袁殊領導的行動小組伏擊偽江蘇省長陳則民未果，打傷了偽大民會長馮心如，軍統頒發二十萬元獎金。同年，「軍統」袁殊領導的行動小組成功爆炸了日本海軍軍火倉庫，軍統頒發三十萬元獎金。同年，袁殊參加在香港召開的軍統骨幹會議，戴笠佈置袁殊兩項任務：（一）處死汪偽漢奸李士群，（二）深入日本關係，交換和平意見。

一九三九年，因軍統王天木叛變投敵，袁殊策劃的爆炸七六號特工總部的計畫暴露，袁殊被日本憲兵司令部判處死刑。潘漢年指示利用岩井英一關係脫險，可以答應岩井的一切要求。袁殊被轉到日本上海領事館，未被處死。同年，袁殊發表《興亞建國論》，公開當「漢奸」，籌建《興亞建國委員會》，開展興建運動，在岩井扶植下籌建新黨《大眾黨》。總部是「岩井公館」。該機構的主要幹部都是中共人員，很多是潘漢年從各地調派的。

一九四〇年，十月下旬，岩井安排袁殊赴日「朝聖」，袁殊接觸日本高官多人，獲取重大戰略情報：「日軍將南進，太平洋戰爭即將爆發」，情報送交延安，又轉交史達林。後遠東蘇軍調動，蘇德莫斯科戰役蘇軍獲勝，蘇方為此情報表示感謝。袁殊是最早獲取此情報的人，他為反法西斯戰爭做出了不可磨滅的貢獻。這一點，中共承認。同年末，《興建》宣告解散，興建運動與汪偽政府合流。

一九四一年，潘漢年通過張子羽把袁殊親筆信送交戴笠，袁接續了和軍統的工作關係。同年，「岩井公館」轉向宣傳日本所謂的「和平運動」，創辦漢奸報紙《新中國報》宣傳「大東亞共榮」。袁殊任「新中國報社」社長。同年，袁殊任偽宣傳部副部長，偽江蘇省教育廳廳長等多項偽職。同年，袁殊參加汪偽清鄉運動。

一九四一年—一九四三年，任清鄉委員會蘇州黨務辦事處副主任，鎮江清鄉主任，鎮江保安司令等清鄉偽職。

一九四六年，袁殊被戴笠任命為軍統直屬第三站站長，中將軍銜，袁殊未理睬。同年，由中共安排，進入蘇北解放區。任命為華東情報部第一工委主任。同年，改名曾達齋，重新加入中共。

一九五〇年，任中共情報總署（後改為軍委聯絡部，又改為中共中央調查部）亞洲處處長。

一九五五年四月，被捕，關入秦城監獄。
一九六五年，正式宣判為國民黨CC特務，軍統特務，日本特務，漢奸，判處有期徒刑十二年。
一九七五年，從秦城監獄釋放，安置到湖北武漢大軍山農場少年犯管教所，身份為無帽歷史反革命就業人員。
一九七七年，第一次回北京探親。
一九七八年，第二次回北京探親。
一九八〇年，年初回北京要求平反，受到中央調查部生活照顧。
一九八二年八月二九日平反，宣告無罪，恢復中共黨籍。
一九八三年－一九八七年，為離休幹部，居住在中直機關大院。
一九八七年十一月二十六日病逝。
抗日戰爭期間，袁殊提供的日軍動向的戰略情報計有：
一、從華中日軍參謀部獲悉，德蘇戰事爆發後，日皇表示對蘇作戰不得魯莽從事，須靜待時機。
二、從日本駐滬領事獲悉，如美堅持對日禁運，日軍將侵佔荷屬印尼、菲律賓。日本將先發制美。
三、日本海軍及近衛首相主張利用美國對日妥協，先占安南、再染指緬甸，然後才轉攻蘇聯。陸軍方面則主張直接北進蘇聯。
四、七月，近衛首相將主張北進之松岡逐出內閣。
五、九月，在華日軍已抽調一部南下，圖謀泰國。

六、九月，日本御前會議通過《帝國國策實施綱要》，繼續對美談判，同時加緊備戰，以十月上旬為限，完成對美發動戰爭之準備。

七、十月十八日，東條組閣，繼續與美談判，以為煙幕，準備作戰。

八、蘇日制定互不侵犯條約，蘇德戰爭爆發在即。

抗日戰爭期間，袁殊任偽職後營救多名抗日人士：

一、中共惲逸群被日特關押，袁殊力保，終獲釋放。惲逸群當時和上海地下黨有組織關係。

二、魯迅的夫人許廣平被日本憲兵抓關了一年多，遭到拷打凌辱。潘漢年指示袁殊營救，終獲釋放。

三、日軍佔領香港的初期，在香港困住一批文化人，潘指示袁想辦法營救。通過日本人關係，這批人轉到內地。

四、袁殊阻止過偽文化特務巴人對樓適夷的侵擾。

五、袁殊營救過多名被俘的抗日武裝人員。

清鄉中，袁殊所做的貢獻：

一、袁殊提供戰役情報，新四軍粟裕部隊連夜翻過籬笆木樁脫險。

二、袁殊提供大量日軍部署，日特和汪偽內部情況的情報。

三、袁殊建立的武裝力量，後投向中共。

抗戰勝利後，袁殊交給中共大批動產，一九四九年後，袁殊上交上海市政府全部敵偽時期的不動產。

袁殊一生始終與中共聯繫，受命並服務於中共。抗戰時期袁殊也受命並服務於軍統，但袁是接受潘的指示加入軍統的，而且那時國共聯合抗日。所以說，袁殊是中共情報人員。

袁殊能在國、共、日三方開展活動，與其經歷有關。

信仰驅使，袁殊始終跟共產黨走。一九三七年，袁殊從潘漢年處得知，中共沒有承認他的中共身份，他感到短時的苦悶，儘管軍統已授予他少將軍銜，但他視為身外之物。他苦悶成為政治上的孤魂野鬼——「驛外斷橋邊，寂寞開無主」。然而，在實踐中，他仍然義無反顧地一切都聽命於潘漢年。

從階級分析的角度看，袁殊的先天血型應屬國民黨。袁殊父袁曉嵐是老同盟會員，袁的表哥賈伯濤是蔣介石的黃埔學生，無此背景，青年袁殊不可能加入吳醒亞的湖北幫。

袁殊開展左翼文化活動未被及時查禁，受蔭蔽於袁曉嵐的同事暨同鄉蘄春人方覺慧，方是國民黨中央執行委員。

一九三五年在怪西人案中，袁殊重罪輕判，與袁殊父袁曉嵐給陳立夫寫信求情有直接關係。出獄後，陳立夫要袁殊到南京報到，期望「浪子回頭」，袁未予理睬。可以說，袁殊是先天所屬黨派即國民黨的逆子貳臣。

袁殊和日本人的密切關係是後天的，是由中共王子春謀劃、袁殊實施而形成的。日本留學生袁殊和上海東亞同文書院畢業的日本人岩井英一，先是情報互換，後是私交很好的朋友，卅年代末又形成相互利用的關係。

私人方面，他們均能講中日兩種語言，均對中日兩國的文化有相當的瞭解。政治方面，抗戰時的岩井英一貫徹日本外務省的方針，主要負責推動並宣傳「中日持久和平」、「大東亞共榮」。而戴笠佈置給袁殊的任務之一就是「深入日本關係，交換和平意見」。潘漢年也指示袁殊「要發展和岩井的關係，在香港也要拉起一條線」。袁殊和岩井在政治上「有話談」，但本質上，此二人是情報戰場的敵人。袁殊從中取得重大戰略情報，戰績輝煌，付出的代價是協助岩井開展「興建運動」（岩井公館）、創辦多種偽報刊雜誌宣傳「大東亞共榮」。利用和被利用盤根錯節、交織在一起，只能從哪方獲益更大、損失更小的客觀實效中加以評判。袁殊的情報起了實際作用，岩井只得到無實效的漢奸言論。

在這場錯綜複雜的情報戰中，袁殊個人付出了慘痛的代價——「毀譽」。「生命誠可貴，名譽價更高」，特別是事關民族氣節的大名譽。漢奸，是炎黃子民的敗類，背負漢奸之名的人，生不如死，事實上，每一個漢奸都沒有好下場。這一點，精明如袁殊者，在當「漢奸」之前就非常清楚。但是，為中華民族的抗日計，袁殊順從了潘漢年的指示，面對有生命之虞，毀譽必遭唾棄的後果，袁殊以捨身飼虎的無畏精神「鑽了狗洞」，這是釀成他後半生悲劇的重要原因之一。

「少赴國難走寇仇，江湖放縱挽沉舟。豪情自負忘生死，毀譽一身甘自羞。」袁殊的這首詩，是對抗日戰爭中，自身作為的評判和寫照。當然有自負的豪情，因為抗戰中做出重要貢獻，當然有「羞赧」的一面，因為「毀譽」了，然而為抗日大局考慮，僅僅是個人毀譽也是心甘情願、在所不惜的。

袁殊的一生，特別是後半生，悲劇的成分居多。在他壯盛之年時，身陷囹圄失去自由長達二十七年，這不啻剝奪了他三分之一人壽。儘管得到中共平反昭雪，但直到他逝世後十年，仍遭輿論的誹謗與污蔑。有功之人成為「不恥」之徒，這是比死還難受的境遇。但在清夜捫心之際，他自問無愧民族、無愧中共，揆諸良知，得心之所安。「零落成泥碾成塵，有暗香如故」。他只能在靈魂深處，獨自欣聞忠誠抗日、忠誠中共的「暗香」以撫慰受創傷的心靈，以獲得生命延續的動力。他個人為中華民族、為中共做出了傑出的貢獻。毫不誇張地說，袁殊是中華民族抗日鬥爭中的志士仁人。

然而他的個人命運是悲慘的，後半生，他在精神上承受了巨大的折磨。縱覽袁殊的一生，可謂是：「淒涼寶劍之篇，羈泊窮年之旅」。為什麼袁殊會遭此惡運呢？進而言之，潘漢年冤案為什麼會發生呢？謝覺哉說：「在一定的歷史時期發生的事情，都有他的時代背景和特殊原因，不是無緣無故的。」我個人在多年的時斷時續的思考後也找到了相對合理的解釋，詳見於正文。

袁殊是文化人，在新聞學方面有傑出的貢獻，有著述和譯著，寫過大量的文章散見於卅年和四十年代的各報刊雜誌上。

在新聞學方面，他是提倡報告文學的第一人。他首創把「journalism」翻譯成「集納」。「早在上世紀三、四十年代袁殊就是成名的新聞記者。他有較為豐富的新聞理論著述，更有成功的主辦《文藝新聞》以及後來主辦《雜誌》、《古今》半月刊的經驗，他創辦「新中國報社」，曾為《中國論壇》的華文總編、「外論編譯社」副社長，新生通訊社記者。他對新聞學和新聞事業的貢獻已成定論。」（胡志強〈試論袁殊的新聞事件及其理論貢獻〉）此外，一九三四年，袁殊與呂文奎合作創辦「中國聯合人通訊社」，任副社長。一九三七年，由杜月笙出資，年袁殊創辦「時事刊行社」，宣傳抗日。

袁殊的文化活動和成果計有：一九三三年，袁殊參加《上海著作者協會》、一九三四年，袁殊參加「記者座談」、一九三四年，袁殊是《上海記者工會》執行委員、一九三七年，袁殊參加「中國青年新聞記者學會」（簡稱「青記」），成為五個總幹事之一。

袁殊的新聞學譯和著有：《記者道》、《學校新聞講話》、《新聞法制論》、《新聞評論寫作》、《新聞採訪》、《新聞學概論》、翻譯《美國報界大王哈斯特》等。

袁殊的創作有：《印度獨立史略》、《工廠夜景》（劇本）和《新聞記者之歌》。

袁殊的翻譯有：《最初的歐羅巴之旗》、《一個日本女共產黨員的賣報日記》、《牛棚的臭味》、《出租孩子的店鋪》等。

袁殊的前半生，可以說是色彩斑斕，絢麗多姿，後半生卻沉淪坎坷，悲苦異常。袁殊自稱是「鼴鼠」，這是間諜的綽號。袁殊給自己的職業定位是特工，但他不是搞綁架暗殺的特工，而是文化特工。分析時局，攫取情報，非有較高的文化而不能為。袁殊個人的條件和當年的時局，造就了袁殊。他不是奇怪不可解的人，是環境造人的產物。

以現代發達的科技而言，當年的特工行將消亡。反觀當年特工的命運，我們不難發現，潘漢年在一九五五年被捕前對袁殊說過的一句話是正確的，那就是：「凡當間諜的，都沒有好下場，古今中外都一樣」。俱往矣，功過是非由人評說吧。

晚年的袁殊，在一首打油詩中，對自己做了評說。

一九八二年十月十一日日記：「連日得各好友來信，祝賀平反。公安部來人調查約二十人等的事蹟。我已分別寫了各人的資料，以憑鑒定。但對其中的張和王二人，我意無從為他們申述意見，因為這不是實事求是。前兩、三個月，我自寫了如下的自我鑒定：我心純潔正直，（一本忠誠做人）；外貌亂七八糟，（隨機應變對事）；守此正心不二，（始終如一之旨）；革命堅持到底，（光明生活自執）」。

袁殊去世後仍然不得安寧。離世十年後，對袁殊的污蔑誹謗仍不絕於耳。這種現象的產生，有其思想根源，更有其複雜的背景。誹謗越演越烈，不堪忍受，我們對誹謗的作者提出了起訴。案發於上世紀末，有人搞噱頭，稱為「世紀袁殊名譽案」。法院以「超出本庭審理範圍」為由，未加受理。後國家安全部某辦公廳副主任，代表組織正式找袁殊子女曾曜、曾龍談話，允諾「你們可以寫文章」。本世紀開始，在黨建刊物上，很多人連續發表正面評價袁殊的文章而且持續多年，誣衊之風逐漸銷聲匿跡了。感謝中共組織在袁殊逝後繼續維護其名譽的努力——個人的尊嚴開始得到尊重了。應當指出的是，出於正義感，為袁殊說公道話的第一人是作家譚元亨先生，在此深表謝意。父親袁殊，現在可以安息了。

再版書在原版書的基礎上做了較大改動，內容更加詳實了。最重要的是，簡略地闡述了我個人對「潘漢年對日情報戰」的探究和「潘漢年冤案之所以發生」的探究。我無意開罪、也開罪不起任何方面和相關個人，如有不妥之處，企盼見諒。

推動寫此書和對寫此書有幫助的人計有：袁殊的生前好友文化名人樓適夷前輩口述往事，袁殊的三表哥董純才的回憶，中國社會科學院文學研究所的學者徐迺翔是初版書的組稿人、研究現代文學的陳瓊芝教授提供採訪袁殊的寶貴資料、張曉丹（外甥女）鼓勵我寫初版稿，二版改稿時曾昭（二姐）做了校訂，曾虎（兄弟）補充了資料、張京蘇女士把初版《我的父親袁殊》錄製成電子版，李小夜女士推動再版，洪鈐女士對再版稿的結構提出寶貴意見並聯繫出版機構，在此一併感謝。

本書名為《我的父親袁殊：還原五面間諜的真實樣貌》，實際是我一人主筆，我個人承擔全部文責，如有不妥之處，與曾昭、曾虎無關，特此聲明。

目次

夕陽殘照（一九八三年－一九八七年）

傳奇人生
（一九一一年－一九五五年四月）

袁殊的前半生表面上是上海灘辦報刊雜誌的記者、文化人，本質上是與多方政治力量有關係的情報人。袁殊的經歷光怪陸離，局外人觀之眼花繚亂，不明底裡。抗日戰爭戰期間，一九三七年袁殊受潘漢年指派加入軍統，為軍統做抗日工作，但他是中共情報員，又奉潘漢年之命深入虎穴打入敵營，獲取了大量的極有價值的戰略情報。無愧於心地說，在抵禦外辱的抗日戰爭中，袁殊為中華民族立過大功。

第一章 父親的歸去來

一、袁殊是個有爭議的人

袁殊這個名字，對於現代的青年人來說是很陌生的，但在三、四十年代的舊上海，袁殊卻有一定的知名度，上海的一些老人、文化界的一些老前輩們對於袁殊這個名字恐怕並不陌生。

從各種資料來看，袁殊背負的罵名似乎更多些。現在他已經長辭人世了，千古是非誰論定？父親一生經歷頗為複雜，傳奇式人物的色彩，許多人難識廬山真面目。問題的關鍵是：袁殊究竟是一個不恥於中華民族的漢奸文人，還是為中華民族的抗日戰爭做過貢獻的志士仁人。本書以事實來回答這個問題。

有些老前輩堅信袁殊是好人，即使他遭受中共左傾路線迫害達二十年之久也沒能動搖過他們對袁殊的基本信任。

在一九八〇年父親袁殊從武漢回北京等待平反期間，樓適夷對父親表示了篤情厚意，他多次看望袁殊，在經濟上也幫助過袁殊。

有一次我到樓老家去送一份回憶資料，樓伯伯態度鮮明地對我說：「我相信你爸爸，他是為黨工作的」。

樓適夷早年參加太陽社，曾留學日本，一九三一年回國，從事左聯和文總的黨團工作，任《前哨》編輯，後參加「上海反帝大同盟」，一九三三年九月，因參加籌備上海遠東反戰會議，被國民黨當局逮捕。一九三七年出獄（七七事變後，樓適夷被營救出獄回到家鄉。），歷任新四軍浙東根據地浙東行署文教處副處長。一九四九年十月後任新中國出版總署編審局副處長，曾任人民文學主編，文聯副主席等職。

一九三一年，袁殊主辦的《文藝新聞》創刊。樓適夷受左聯委派，到《文藝新聞》工作。前此，樓適夷和袁殊就相識，他們在狂飆社演劇部共同經歷過在上海灘類似流浪的生活。

樓適夷是袁殊的終生好友。他在袁殊尚未平反時，親口對我說，「我相信你爸爸不是壞人。」在當時的情況下，這種信任，彌足珍貴。

袁殊評價樓適夷老實正直。袁殊說，三〇年代初，樓適夷一度也準備打入國民黨內部，沒有打開局面，退出了秘密戰線。

樓適夷的確實是老實正直的人。他敢於講真話、敢於仗義執言，人品高尚。

袁殊尚未平反時，一次樓老在莫斯科餐廳請袁殊吃飯，談到胡風平反後，中宣部副部長周揚親自登門給胡風道歉。樓袁兩人均認為「周揚的做法對」。但夏衍的態度不同，仍抓住陳年舊帳糾纏。飯桌上樓適夷大罵了夏衍。

事後袁殊對我說，「感到驚詫，只能一言不發」。以後幾年，特別是袁殊臨終前的兩年，袁對夏的認識漸漸趨同樓適夷。袁殊說：「官做大了，做久了，人的臉孔會變的」。

胡風、馮雪峰平反後，夏衍在正式會議上還提及胡風、馮雪峰兩人歷史上所謂的「錯誤」平反了，也得留些尾巴。難道當年整錯了嗎？這是眾多整人打手對平反對象的心態。當時很多的平反都留有尾巴，袁殊的平反也不例外，也是留了一個長尾巴的。

在黃經緯寫的《紀念樓適夷》中有這樣一段文字：

「……八〇年代我又在刊物上先後讀到樓適夷兩篇頗有分量的文章：〈為了忘卻，為了團結——談夏衍同志《一些早該忘卻而未能忘卻的往事》〉和〈記胡風〉，覺得它作為老資格的左聯成員和瞭解胡風、馮雪峰等人的老朋友，敢於仗義執言，講心裡話，為公正評價胡風、馮雪峰，以及他親身經歷和所見所聞，向讀者提供了他所知道的史實，發出了實事求是對待歷史事件的呼聲。及至一九九一年，中國文壇有人還在一家文藝大報上發表整版宏文，對一位原已由中共中央平反的胡風案大放厥詞，繼續給胡風及其「七月」詩派扣上這樣那樣的惡名。就在這個時候，樓適夷又站了出來，為浙江文藝出版社正在付梓出版的《胡風詩全編》寫了一篇序言。可謂稀罕得很，我印象中此序似乎是中國第一篇敢於公開地充分肯定並高度評價胡風一生及其人格精神的文字。……」樓適夷的文章，見本小節末尾的附錄。

夏衍本人在文化大革命中也挨過整。整人、挨整、又整人，司空見慣。神州大地，從達官貴人到草民百姓，沒有嘗過階級鬥爭苦果的有幾人？享受與人鬥爭之樂的又有幾人？

有意思的是，夏衍寫的〈剃頭歌〉：「聞到頭須剃，而今盡剃頭。聞到人需整，而今盡整人。有頭皆須剃，不整不成人。剃自由他剃，頭還是我頭。整自由他整，人還是我人。請看剃頭者，人亦剃其頭。請看整人者，人亦整其人。」

樓適夷是坦誠的，他親口對我說一句話：「國民黨刮，共產黨騙」。這是給老話「國民黨稅多，八路軍會多」的詮釋。老百姓夾在中間，怎樣才能兩害相衡取其輕呢，無法可想。

早年樓適夷和陳雲同為商務印書館的學徒，所以樓老說「能通天」。

順便提及，樓適夷告訴我，他是上海五四運動中第一個走上街頭的人——上世紀初的熱血青年、文學青年。一個上世紀下半葉中在黨行天下的社會裡難得的好人。這麼一個老實人，一九五九年也遭受過鞭撻。

另外，已去世的原中國大百科全書出版社社長姜椿芳、原文化部副部長司徒慧敏等文化界老前輩，當時均已年過七十歲了，仍不辭勞累地遠道去香山看望尚未平反的父親。

中國社科院副院長梅益還具體地幫助介紹臨時住所，請袁殊到社科院新聞研究所工作，但因國家安全部告知袁殊可能平反而終止。三〇年代末，梅益在上海辦《譯報》之初遇到困難，袁殊受夏衍委託，運用社會關係，打開了局面。梅益感激在心，八十年予以回報。流行一時的蘇聯小說《鋼鐵是怎樣煉成的》，是梅益翻譯的。（袁殊對我講的）

這些文化界的老前輩們沒有忘記袁殊，更沒有把袁殊看成是漢奸。

當然，父親所以能在京生活三年等到平反，主要是依靠中央調查部的照顧。

父親袁殊回北京不久，安全部的原辦公廳主任郭達凱就代表組織專程看望當時住在陶然亭紅土店的袁殊，並送去生活費三百元。

後袁殊住在香山，開始並沒有接觸他的原工作單位。一天他在香山散步時，巧遇一位老相識，一位曾在趙家樓的機關裡擔任小灶食堂的大廚。是這位老相識在遇見袁殊後向中央社會調查部彙報了袁殊的近況，這才有了中部社以後對父親的長期照顧。

後來，中社部指派專人負責父親的平反，他們按月送去生活費、付房租、缺床就送床、年節時必帶慰問品去探望，待父親如親人一樣，沒有他們的照顧，父親早就死於貧病之中了。

當時袁殊的子女住房局促，經濟不寬裕，沒有能力全面擔負起贍養已經半身不遂的老父的職責，中央社會調查部（簡稱中社部）是國家安全部（簡稱國安部）的前身。社會上對國家安全部印象不佳，特務機構總會遭人白眼的。但是八〇年代初，中社部內部相對平和，是外人所不知道的。

在文化大革命中，一九六七年四月二十八日的深夜，康生親自打電話給時任中社部副部長的鄒大鵬，追問他的歷史問題和「反革命叛黨集團」關係，長達一個多鐘頭，逼得鄒大鵬夫妻當晚雙雙服安眠藥自殺身亡。

但是，中社部內部的相互批鬥卻相對平和。中社部的一個分支——東風大樓是做內勤的，搞戰略情報分析，需要外語人才、文史人才。東風大樓雲集了眾多海外歸來的知識份子，但基本上都受到保護。

當時在社會上，海歸分子就是特務的代名詞，不挖出你的五臟六腑，也得被鬥個七葷八素。我的一位同事，當年二十二歲，從美國回到中國時才十四歲，文革期間，生生地被戴上了現行反革命的帽子，偷聽美國之音算是罪狀之一。

中社部原部長李克農對潘漢年案提出五點質疑，呈交給政治局，被「留中」了。殊不知潘案必然要發生，捨車保帥嘛。

原中社部副部長王濤江，親口對我說過，「一九五四年審幹時給袁殊做過政治結論，沒什麼大問題。」

我親身接觸過的中社部老幹部局局長朱玉林、二〇年代加入共產黨的元老潘方、他的弟弟潘在威等人都是很不錯的。袁殊平反後，潘方主動邀請袁殊到他負責的部門和他一起工作。潘在威幾次專程看望了袁殊。

中社部部長羅青長對潘案也持同情態度。潘案平反後，羅撰文〈潘漢年冤案的歷史教訓〉。總之，中社部的老同志對潘案持同情態度。但是應發人深省的是，為什麼會發生這種歷史的悲劇呢？中社部是中共最高情報部門，他們懂得間諜的幾面性和必須做出的個人犧牲，他們懂得做間諜的會有難言之隱。所以對潘漢年案件有深層次的理解，自然會同情。

社會上也有不少的人對袁殊有歧見，我認為最根本的原因還是不瞭解父親的真實情況。

一九五四年，身穿解放軍軍服的袁殊在前門附近不期而遇地碰見聶紺弩。他們本是自一九二九年就認識的老熟人，袁殊很熱情地打了招呼。不想聶紺弩卻投來鄙視的眼光，冷冷地說：「你現在又穿上這身服裝了？」父親回憶這段往事時說：「我不怪紺弩，他不瞭解我從事的工作所具有的複雜性質。」

聶紺弩也是湖北人，一九三二年參加左聯。一九三八年到延安。早在一九二九年聯合劇社在南京公演期間就與當時十八歲的袁殊認識。

一九五六年，聶紺弩因受「胡風反革命集團」案牽連受到開除中共黨籍。次年被劃為「右派分子」，被遣送到黑龍江北大荒「勞動改造」。一九六〇年冬結束勞改回北京，被摘掉「右派分子」帽子。聶紺弩一九六七年一月二十五日以「現行反革命」罪嫌又被捕入獄。一九七四年四月被北京中級人民法院判為無期徒刑。

一九七九年，聶紺弩平反，恢復中共黨籍，任全國政協委員。老聶在共黨獄中先後蹲了十六年。出獄後不改其耿介的性格。且看聶老諷時刺世的幾句詩，〈題《狂人日記》〉：「天下是非誰管得，彼為人主咱其奴。知是人狂是我狂，人肉筵宴四開張。仁義道德為紗幕，骨血心肝作羹湯。

彼吃人者終被吃，將被吃者也來嚐。」我們從中可以窺視聶甘弩的耿直性格。難怪聶紺弩對「多變的」袁殊鄙夷呢！

袁殊的「漢奸」名聲很臭，當年痛罵他為「落水文人」的人大概不少。日本帝國主義戰敗投降後，袁殊依照黨的指示轉入解放區，由於「袁殊」這個名字太臭，組織建議改名，曾山說，你就隨我姓曾吧。於是父親袁殊改名為曾達齋。

但在中共根據地區、特別是一九四九年後，袁殊不免會遇到許多文化界熟人，解釋既往無異於自我表白，更何況還有組織紀律。對於自己真實情況的難言之隱，袁殊確實有過「苦情」。

一九四八年在大連，袁殊遇到了丁玲等人，他不無感慨地說：「你們都成了革命名人了，我倒成了反動分子。」丁玲回答說：「我們瞭解你。」少數人或許瞭解，但不少人不免心存疑惑。

即使是作為子女之一的我，對於父親袁殊的政治面目究竟是什麼這個問題，在心靈深處也存在過許多年的爭議，他的履歷表上有許多中統、軍統、汪偽頭銜，但也有許多事實表明他是為中共事業工作的。我不知道如何論定他的功過是非，只有聽從「中共組織」的裁決。

別離二十二年之後，一九七七年五月袁殊回到北京第一次探親，他對我們做了種種「政治問題」的詮釋。我當時依然疑信各半，因為我沒有舊社會的閱歷，更沒有上海灘情報戰的親身經歷，從而沒有做出判斷的依據。

我只感到父親袁殊的問題有些蹊蹺。特別是我年輕的時候，非常好奇父親袁殊是怎樣實踐了「左翼文化人——國民黨特務——漢奸——共產黨情報人」之間的大跳動的。作為曾達齋的父親，那是單純的、革命軍人的慈父形象；作為袁殊的父親，卻是一個長達二十多年之久都沒有解開而現在終於得解的謎。

和袁殊有密切關係並有類似經歷的惲逸群在給張建良的信中寫道：「坎坷念餘歲，癟病難怯，但信心未滅，清夜捫心，俯仰無怍，亦無所畏懼。拂逆之來，咎非自取，其無所言其怨尤。亦或秉性太愚戇，不知悔悟，致如此不可救藥乎？我輩所經歷之事，多常情所難理解，亦過去萬萬不能想像者，竟會是確確實實的事實。」惲老的這段話，似乎很切中父親晚年的心境。

在平反前，對於自己蒙冤受辱的坎坷經歷，對於包括子女在內的世人的諸多誤解和疑惑，父親寫道：「生活的態度就是自強不息。而真正的自強，應有恢弘的氣度；應先具有光明磊落的胸襟。誤解、譏笑不在話下；庸人的竊竊私議，無傷大雅。」

在平反後，他說：「縱觀我的過去，袁殊這個名字沒有什麼見不得人的。」爭得「組織」同意後，他恢復使用袁殊的本名。

父親晚景淒涼，但信心未泯。他把個人的毀譽、名位以及子女都棄之一旁，抱定的唯一信念是：爭取繼續工作。但是長達四分之一世紀的人生磨難使他心靈受到極大地扭曲，老邁病殘的父親完全喪失了工作能力。

一九八二年底，父親終於平反了，這是父親袁殊的永世欣慰。我個人多年的懸疑盼望也終於實現了。

一九八七年，父親袁殊走完了他的色彩斑斕的人生路，與世長辭了。

一九八八年初，中國社會科學院文學研究所徐迺祥先生，向我約稿寫袁殊，他說，「袁殊是三、四十年代上海灘的一個人物，他的經歷撲朔迷離，令人難識真面目，就盡你所知的寫吧。」

於是拙著《我的父親袁殊》於一九八八年下半年完稿。書稿寄到廣西接力出版社後石沉大海，我以為夭折了。沒想到在一九九四年突然出版了，印了幾千冊。耽擱了那麼久，我猜是對原稿進行了長年的審查吧。由於我行文謹慎，未敢暢所欲言，對當局無不當不利之處，最終還是出版了。

八〇年代，臺灣學者劉心皇先生寫了一本書，名叫《抗戰時期淪陷區文學史》，在漢奸文人排名榜上把袁殊排在周佛海之後的第十六位。此書也講到，抗戰勝利後，袁殊和惲逸群，翁從六、劉祖誠等人一同跑到了解放區，「看來他們是一夥的」應當說，他們是為共產黨做事的一夥。

八〇年代，戴笠的六大金剛之一冷面書生殺手陳恭澍，發表文章〈變色龍袁殊〉。於是感到應該進一步講講袁殊的「顏色」問題。二十年過去了，在發達的網路上，有關袁殊的文章比比皆是，獵奇者多，也不乏認真研究者（如香港馮景榮教授的學生長沙王乂的文章〈從袁殊到曾達齋〉）。有些史料也證實了當年父親對我的交代是真實的。但是也有些文章，唯個別「名人」的馬首是瞻，硬要把袁殊定為「叛徒」，或至少是具有濃厚投機色彩的間諜，卻又拿不出事實根據，我當時只能「無言」，進而現在可以「發言」了。

三姐生前是袁殊子女和國安部有關袁殊事宜的連絡人。二〇〇二年三姐因癌症離世，老幹部局的一位退休老同志半公半私地專程到我家談袁殊，我當時明確表示，袁殊的事已過去多年，糾纏陳芝麻爛穀子的事沒什麼現實意義，袁殊已經平反，雖然不很徹底、有些含冤受屈，但最好是不談也罷。那位老同志欣然同意，說，「組織的意思也是不提了」。

又一個彈指十年。在網絡上，袁殊一類的人和事的舊聞越演越烈，自己養老無所事事，也看了些關於袁殊的文章，對有些事產生了看法，且有不吐不快的感覺。於是想起了改寫舊稿。

主要是追述對袁殊的真實想法。袁殊平反了，但很不徹底。「一九三一年參加工作，一九四六年重新入黨」，那麼三十一年到四十六年間的袁殊算什麼？統戰對象？利用對象？「運用袁殊」含糊不清。袁殊在上海對老友吳中說，「抹去了我十五年的黨齡，他們欺負我」，並掉下了眼淚。

我認為，評價袁殊，必須以事實為基礎，絕不能以個別「名人」的話語來臆斷。我簡單地說三句話：（一）袁殊沒有做過一件對中共不利的事。（二）一九四五年的袁殊擁有巨額財富，都交給共產黨了，絕沒有部分些微的私吞。（三）袁殊在敵強我弱的一九四六年毅然拋開戴笠授予的中將高官頭銜，投奔到了解放區。僅此三點，就可以看出袁殊一生癡迷般地追隨共產黨。

研究現代文學的陳瓊芝女士，自一九八〇年起，對袁殊做過多次的專訪，並做了八萬字左右的訪問記錄。當年，陳女士慨然把訪問記錄借給我，供我寫初稿時參考，使得許多人名、地名得以準確記錄。當年我還保留著袁殊給寫我的六十封家信，也是寫初稿時的依據。袁殊和我的直接交談，更是寫初稿時的主要依據。現在的二稿，又適當增加了一些網絡上的資料。內容也做了部分增刪。

二、生死兩茫茫

一九五五年上半年的一個星期六的下午，我和往常一樣從住讀的北京育才小學回到南長街家中，奶奶見我回來，一反常態地表現出嚴肅的神情。她把我叫到堂屋告訴我：「你爸爸被捕了。」她說公安部來人到家中查抄了好幾次，把貴重物品和爸爸的藏書全部抄走。有人還要拿走我的集郵本，因為裡面有許多外國郵票，只因為一位負責人說那是小孩的玩意兒，才倖免於難。奶奶告訴我，公安部的來人說，袁殊是個有才幹的人，只是在舊社會走歪了路。我清楚地記得，聽到這消息後我怔怔地站在原地，腦中一片空白。

第二天大姐回來了，大姐當時在北京外語學院工作，年僅二十一歲。她召集我們開了個家庭會議，傳達了組織的通知：父親因反革命嫌疑和特嫌而被拘留審查，現尚未定性。大姐還說，父親原單位要求我們暫且保密，不要對人亂講此事。最後大姐說，「無論結論如何，我們都應該站在黨和人民的一邊。」

當時我不滿十一歲，對大姐的話似懂非懂，感到不知所措。就這樣，父親像鬼魂一般突然消失了整整二十年，我們不知道父親在哪裡，不能通信，甚至不知他的生死。

除了心靈遭受了巨大打擊之外，家庭變故給我帶來的第一個直接的麻煩是填表問題。沒有多久，我要填小學畢業登記表了。因為得到「要保密」的叮囑，也因為在幹部子弟小學的環境中，有個「反革命父親」是很不光彩的，我托詞父親出差而把填表問題交給班主任老師處理去了。

初中畢業時，儘管當時我剛滿十四歲，卻已明確意識到自己出身「反動」，可怎麼個反動法是填不出來的，只好托同班同學郭宇軍帶信給他的父親（中社部的幹部）請示如何處理，我希望藉此瞭解爸爸的情況，因為郭父和我爸爸原在同一機關工作。

信是回了，可惜直接交給了學校，不知為什麼沒讓我看，對於父親的情況我依然一無所知。直到高三畢業，父親已「消失」六年了，我們子女依然不知他關押何處，定什麼罪，判了多少年刑，當然就更談不上通信聯繫了。

面臨考大學，我不能隱瞞自己的出身。可究竟是什麼出身呢，我說不清。地、富、反、壞總也有個壞名分，反革命的殺、關、管也有個分類，父親的情況卻是個不倫不類。後來我才知道，對他的拘留審查，一查就是十年，當時還沒有做出「結論」呢。

我當時只好寫信給剛剛恢復自由不久、在上海工作的母親，詢問父親的政治情況。母親這個人從不過問政治，這也是她只被拘審了兩年就獲得自由的原因。她當然談不出更多的情況，回信僅一頁紙，非常簡單地敘述了父親的履歷。

我把回信交給了學校黨支部。至此時我才第一次瞭解了父親極為簡單的經歷概況：早年參加過藍衣社，做過江蘇省偽教育廳長，一九四六年到中共根據地等。這反而使我對父親的認識添上了一層神秘的色彩：他到底是個什麼樣的人？

母親來信說袁殊早年參加過藍衣社，是謬誤。一九三二年初，首先從國外傳出消息，說中國出現了一個被稱為「藍衣社」的組織，專門幹殺人越貨的勾當。其實，「藍衣社」的組織並未存在過，只是一種訛傳。其始因概源於何應欽的秘書劉健群寫的一本小冊子。他提倡仿照義大利的黑衫黨成立一個組織，一律著藍色服裝。其中寫了關於這個組織的綱領、組織體系。俟這個小冊子的內容傳開後，人們就以為「藍衣社」真的存在了。實際上，這個小冊子雖上呈過蔣介石，但沒有被採納，而真正的蔣介石麾下的黃埔系軍人組織叫「三民主義力行社」，其中到處殺人越貨、密捕刑偵的則是「三民主義力行社特務處」。

劉健群的小冊子的內容傳開、三民主義力行社的出現、力行社特務處的行動，幾乎同時發生，而力行社及其特務處又是極端機密的組織，外間人不明底細，就把它們與藍衣社混為一談了。

父親離去的最初幾年是難捱的。開始時主要是在感情上遭受了沉重的打擊。我個人兩歲時即隨父親到了解放區，父親伴我度過了整個童年時代。

解放後父親在軍委聯絡部工作，印象中他終日伏案工作，平日生活我們同行同止，我無論如何挖掘不出他的「特務、反革命活動」的蛛絲馬跡，感情上我接受不了他是「漢奸、特務、反革命」這種說法。

記得上初中時，我經常懷念他，老盼望他某天突然平安歸來，就好像他突然消逝的那樣。童年時代我對父親的感情依戀超過其他兄弟姐妹，因為十歲以前我和祖母、母親共同生活的時間不多、對她們比較疏淡。事實上，在我個人童年時代的思想感情世界裡，父親是我唯一的親人長輩。他的離去使我失去了感情的依託，我變得沉默寡言了。

袁殊被捕，對我個人的求學發展影響甚大。當時中國，階級出身十分重要，可以決定一個年輕人的終身命運。我們出身不好的人低人一頭，好像印度種姓中的最低級首陀羅，也好像百年前的美國黑人。

袁殊也有苦難的童年，但精神上沒有任何壓抑，他可以求學、寫文章、參加各種學生運動，為日後的人生道路打基礎，受益於尊重個性發展的立達學園。上世紀三十年代的上海灘，相對民主。人的適應能力是很強的。在經歷了幾年生活上、感情上的煎熬之後，我對現實生活環境慢慢的習以為常了，我上高中時是走讀生，每天回到家中有許多機會接觸到父親的「遺物」，因而時時湧出睹物思人的情感。

這些「遺物」也勾起了我對父親的政治好奇心。那時家中還有些字畫，其中有些是饋贈，如齊白石、黃賓虹的畫，周作人的詩，何香凝的梅花，郭沫若的題字等都明白地寫有「學易先生雅屬」之類的酬詞。

無論解放前後，父親充其量不過是個小人物，他怎麼會結識不少名人呢？我從南屋的空房裡中（那時派出所還沒有強令出租房屋）翻出兩大箱子稿子，其中多是投給《晨報》的稿子。寫得最多的一個人叫李紫來，自然是化名，其文筆清晰流暢，見解亦有獨到之處，但從筆跡上看，顯然不是出自父親之手。他怎麼會有這麼多舊稿子呢？

當時我基本上不知道父親早年文化活動的經歷。更有甚者，父親的舊衣箱中竟有幾套軍裝，看式樣我知道那不是解放軍的軍裝。後來慢慢知道了其中有國民黨的軍裝，還有一套是日偽軍的將官軍服（因為裡子是紅緞面）。我想這總不會是道具吧，如果確實是他的，那麼父親到底是什麼樣的人呢？

一九六五年大姐告訴我，她得到組織的通知，父親的問題定性了：「他是叛徒、反革命分子、特務、漢奸」。二姐私下告訴我，父親給我們寄來一封信，寫了詩，還記得有「苦雨滴淚心」這樣一句。大姐沒給我看信，想是怕引起我感情上的波動。

其實我早已不對父親抱任何幻想了。在高三時，每天上學的路上都看見一家大門上貼著「咸攸」兩個大字，當我知道它表示「門老關著」的意思後，總對今後個人前途產生出一種不祥之感。現在父親的「五毒俱全」已成定論，不過使我更加謹慎人生罷了。

在極左思潮越演越烈的歲月裡，作為「殺、關、管」反革命分子家屬的日子當然不好過。但是一來我對組織什麼都沒有隱瞞，二來早已自認晦氣，言行格外小心，在發明「夾著尾巴做人」之前就已經深居簡出了，所以沒有吃過正式被揪抖的苦頭。儘管如此，軍宣隊長依然捋起袖子吼我：「交出和你父親的通信！」我交不出來。

也有不少紅五類出身的同事內心深處並不「左」，他們對我起了極大的保護作用。前些年在一次聚餐會上，往日的舊人早已各奔東西了。一位我們學校當年的革命委員會委員對我說，「你爸爸的事高高在上，說是屬於二十人團的，我們搞不清，就沒動你」。當年的經歷使我更加洞悉了人性的善惡兩面。

在瘋狂歲月中，我避風於一隅，成家過日子，政治上不抱幻想，工作上盡職盡責。在辛苦麻木的生活中，父親被徹底遺忘了。不僅我自己，就是其他的子女在心靈深處也都認為父親已「死」去多年了。

可萬萬沒有想到，「死灰」竟有復燃之時。一九七五年六月份，大姐意外地接到父親從千里之外寄來的一封短信，說他五月份離開北京到了湖北武漢大軍山少管所，現在允許通信，要求我們給他回信並寄幾本《毛主席語錄》給他。

我們誰也沒有想到，像鬼魂般消逝去的父親，在二十年以後，又神差鬼使般地重新闖入我們已經安之若素的生活中。父親的來信僅有一頁紙，根本沒有談他的政治現狀。當時我想，以他的年齡而論總不能算少年犯吧？我真感到莫名其妙，回不回信呢？

三、通信

對於是否回信的問題，我們子女的意見不統一。大姐不主張回信，理由是我們不瞭解父親的身份和現狀，其他子女沒有明確表態。

我個人意態游移不定。從理智上講，我認為大姐的話有道理，當時處於四人幫肆虐的末期，儘管在人們心靈深處已經或正在滋生著對「鬥爭」的厭倦反感情緒，但階級鬥爭的口號依然響亮，似應謹慎從事。從感情上講，父親的來信又激起了我的思念之情，並激發了要解開父親之謎的願望，這種心情驅使著我通信。經過一個月的猶豫之後，我採取了一個折中的辦法：先寄去三本《毛主席語錄》，不寫信。我的用意是，以此告知千里之外的父親：我們收到了來信，希望進一步得到消息。

沒過多久，我直接收到父親的回信及詩二首。「曾龍：寄來《毛主席語錄》三本收到，待信，未續見。甚念！因寫長稿很忙，遲覆。現在竣工，且已謄抄將竟。今晚作詩兩首，寄你一閱，並希轉告諸姐及弟。

我急想知道你們的現況。並在可能情況下告知如下數事：奶奶是否還健在？你們現在的工作、生活情況怎樣？你們的經濟情況是否可以給我再寄些書來？書目已寫在給大姐的信中。

我的身體健壯如昔，生活正常而且有規律。溽暑將過，可以勤奮讀書之日將至，但望江興歎，盼書之情正切。

我有些自我鍛煉的經驗之談，最重要的是學哲學的一些概括的小提綱。你們不給我來信，我也將寫寄給你們。我自己以為這是我對你們應該補償的義務。

祝你們學習進步，工作有成績。待覆！

父親

一九七五年八月二十八日

〈寄北京諸兒〉（二首）　一九七五年八月二十七日

接得紅書無字篇，京華如晤兩童年！
父子連床說課業，弟兄絮語笑爭先！
役徒不慕天倫樂，征夫唯願萬家天！
老漢齒殘髮尚白，望兒磨礪著先鞭。
晨曦昭耀催日出，情深舐犢意綿綿。

黨恩黨德深如海，父兄處處遍人間！
少小失慈福所托，千錘百煉在爐前。
低徊江畔無多語，一紙家書當萬言！

不錯，父親是個負罪二十年的役徒，但他並沒有非分所求，他不過要想知道子女親屬情況。當時我也有孩子了，知道在父子情感的羈絆中長輩甚於晚輩。既然理解他的急迫心情，我們的狀況又無密可保，那麼為什麼不通信呢？我回信簡述了我們子女的學歷、職業、但沒有談各自愛人的情況。顯然回信就意味著通信的開始。

九月份收到父親洋洋萬言的家書，從信中可以看出他心潮澎湃、感情非常激動。他寫道：「讀北京第一號來信十分喜悅、甚至淚下。」、「正當你們黃金的童年時期，我有愧父道，天下沒有比這更引為遺憾的事了！然而，你們都受到了偉大領袖毛主席、偉大中國共產黨的哺育而成人——禍兮福所托——即使我能對你們盡了什麼『父職』，很有可能也不會有比今天你們的『境遇』更『好些』的結果，這就是讀你來信的第一個認識。毛主席和共產黨對於一代新人的深恩大德，地厚天高！」

他這種真切的心聲表現出「秉性愚戇」的一個方面。後來見面時我才知道，他剛到大軍山不久，他的上級李隊長就告知：「你兒子早就大學畢業了。」可他根本不信。他原以為我們在少年時代就流落街頭，甚至成為勞改犯。他萬萬沒想到他的五個子女都已參加工作，成了家，其中有四人受完了高等教育。

在萬言家書中，也有隻言片語的獄中生活片斷，但主要是抒發了對於現實生活上不服老的意志。「人世幾回傷往事，山形依舊枕寒流」，他似仍有老驥伏櫪之志，殊不知等待他的只能是「俯仰無作」的漫漫人生之路。「霜雪壓客棧，駿骨折西風」，這是父親在信中引用的詩句，表現出他的內心充斥著人世滄桑的波瀾。

「人世幾回傷往事，山形依舊枕寒流」，語出劉禹錫〈西塞山懷古〉：「王濬樓船下益州，金陵王氣黯然收。千尋鐵索沉江底，一片降旛出石頭。人生幾回傷往事，山形依舊枕寒流。從今四海為家日，故壘蕭蕭蘆荻秋。」大意是西晉的戰船向東駛來，東吳滅亡了。千古興亡尋常事，人生沉浮，山川依舊。袁殊借古詩書懷命運多舛之感慨。

夜來霜壓棧，駿骨折西風。出自李賀的詩：「霜雪壓客棧，駿骨折西風。飂叔去匆匆，如今不豢龍。」（飂叔，飂叔安的簡略，飂是國名，叔安是這國家國君的名字，他以愛龍著稱）。大意是養龍的高手離去了，俊才無用武之地了。袁殊借此詩感慨自己落寞到無所事事的境地。

對於「人生不相見，動如參與商，焉知二十載，重上君子堂」的父親來信，我並沒有僅止於感情的激動，我逐字逐句地尋覓，看信中字裡行間夾帶的政治資訊，想多瞭解一些他的政治狀況。在突出政治的年代裡，誰也做不到不「突出政治」。可是我的希望落空了，關於具體的「罪行」及他的政治身份，都沒正面陳述。他僅籠而統之地表示「負罪」卻有微妙地暗示尚有弦外之音：

「世界上的事情是複雜的，是由各方面的因素決定的，我決不躲閃、顛倒因果關係，把一切推之於客觀而自行諉罪。但是對具體情況做具體分析，用歷史唯物主義和辯證唯物主義來解剖麻雀，這也是必須有的、科學的、嚴肅的戰鬥精神」（袁殊來信）。

這段信中之言，使我隱約感到父親有難言之隱，這就是更加堅定了我與父親通信的決心。自此我們開始了長達四年的通信。當時給他去信，要標明「李隊長轉」的字樣，顯然給他的信都要經過檢查；我接到過一封帶有批註的父親來信，顯然他發出的信也要受到檢查。我們默契地避而不談政治，但只要保持聯繫就不可能不涉及政治問題。在他第一次來京探親的前後，我們正面談到了他的政治問題。

彈指間十年已過去，我手中仍保存著父親六十多封來信，總計十多萬字。在他長辭人世之後，我在他的抽屜中找到了完整保存的我寫給他的近三十封信。我們都實踐了開始通信時相約保存信件的承諾。

儘管童年時期父親是我的精神情感上的支柱，但自通信時的二次相識後，我們的關係卻是越處越糟。歸根到底的原因是人生價值觀的不同。

袁殊也算是一個奇人吧。奇人自有天象。我的奶奶告訴我，袁殊的右手是橫貫掌，即一道掌紋自左到右成一線通貫全掌。

「要做點什麼，不負此生」幾乎是袁殊的座右銘。他具有極強的功利心、事業心，至於後果他倒是計較無多。抗戰時期，有朋友勸他：「當漢奸日後說不清」，他一笑了之。

我問過他：「潘漢年喜歡什麼？」，袁殊想都沒想地說：「他喜歡陰謀詭計」。其實這正是他們性格上的共同點。

袁殊的社會活動的領路人國民黨政客胡抱一讓袁殊看戴笠的照片時也說：「這是戴先生，歡喜冒險」。

我想職業間諜在追求人生刺激這一點上是共通的吧。有些奉命當間諜的人未必有間諜本性，袁殊卻有，這樣他才能成為絕無僅有的「最多面」的間諜。若硬要以個人功利來解釋歷史現象，恐怕不能全說通。在一定的政治信仰追求下，心甘情願的去以冒險為樂，無此動機難以成事。有誰能從間諜人性的角度來看問題呢。

面對他的姍姍來遲的平反，總的來說，他是耐心的，堅信的。「船到橋頭自會直」，是他親口對我說的話。等待了好多年，船頭真的直了過來，袁殊有定力。

四、父歸

父親第一次回京探親頗費了一翻周折。通信約一年之後，父親在一九七六年七月份來信中突然提出了回京探親的要求。在當時「四人幫」尚未倒臺的情況下，這個要求本身就是政治。對於這一點，被關押多年的父親當然不可能有較深切的感觸，我們卻不得不謹慎從事。首先，我們要瞭解父親既往的罪行以及他現時的政治狀況，因為這是我們確定他是否適宜回京探親的重要依據。我直截了當地寫信給他本人詢問政治情況。

他回信答覆的要點如下：

一、因歷史反革命罪被判刑。

二、於一九五五年被拘留審查，於一九六五年正式宣判，被判處有期徒刑十二年，本應於一九六七年釋放。

三、在文化大革命中，被重新審查，直到服刑滿二十年為止，於一九七五年五月被送到湖北漢陽大軍山少年管教所，作為不戴帽子的刑滿釋放就業人員被安置下來。

四、出獄時國家發給安置費兩千多元，現在每月生活費二十多元。

五、要求回京探親的動機是：「迫切要求回京，第一感情上要看望你們，並向你們親自說明我過去的歷史情況，向你們做出政治上、思想上的交待。第二要清理在原機關存留的一些個人的歷史文件、書籍、雜物等事務」。

使我稍感安心的是，父親不是被管制分子。他的第一條回京動機也是無可非議。但第二條回京動機卻令我擔心。父親隔世太久了，他不知道一個刑滿就業人員回京後可能給自己和家屬帶來意想不到的嚴重後果。儘管我在感情上渴望見到他，更希望聽他自己做出交待，但在「以階級鬥爭為綱」的歲月裡，我們這樣的人只能夾著尾巴做人。我立即回信委婉地勸說他等一段時間再說，事實上回絕了他的第一次探親要求。

他不得已地接受了我的意見。雖言：「對你們的態度我不失望，反而高興，這表明你們政治上的成熟。」實則黯然神傷之情躍於紙上。這是他獲得半自由以來，受到的第一次現實的精神打擊。在大軍山度過的四個年頭，他經歷了暫短的精神振奮、忍耐和苦悶，堅決要求平反三個階段。自第一次探親前後，他開始轉向忍耐和苦悶的時期。

之後不久，唐山大地震，毛澤東逝世、「四人幫」倒臺、鄧小平出來主持工作，一系列的歷史事件相繼發生，儘管姍姍來遲，但歷史的車輪終於滾動到了撥亂反正的時代。

一九七七年五月，我在北京站接到了闊別二十二年之久、第一次回京探親的父親。也許是職業的關係吧，他事先來信囑我手拿一冊《紅旗》雜誌，帶著八歲的女兒曾敏（後改名文鳴）去接站，以便辨認。

我沒有遵從他有點秘密接頭味道的囑咐，自信能認出父親。我站在第×號車廂正當中，注視著從左右兩個車門流逝而去的旅客，人流已盡卻無一是可能的父親。我不免有些著急了，猛然看到就在我前面的車廂內還有一位老者沒有下車，這位老者臉面雖很生疏卻依稀有些印象。這老人也透過視窗向外張望著。

「你是從武漢來的……」

「你是曾龍！」

「爸爸」這兩個字我叫不出口了，從此以後我也沒有叫過他爸爸。子女們都叫他「老頭兒」，這個稱呼疏淡而親切，主要寓義一個「怪」字：父親本人經歷的怪異，父子關係的怪異。

站在我面前的這位老者，蒼老、瘦弱、矮小，兩頰深深地陷了下去，可以說是臉色憔悴、形容枯槁。他和我記憶中的父親完全判若兩人。壯年時的父親身材矮壯結實，兩頰是鼓起的，兩眼炯炯有神，顯得精力過人。

面前的這位不起眼的老人，很難使人相信他曾一度是歷史舞臺上來去匆匆的過客。他身穿一身破舊的黑呢制服，頭戴一頂黑呢帽。後來知道，這身衣服就是當年他被捕時穿的軍服，離開秦城後，經過縫補，染成了黑色。

人是不可貌相的。眼前這位瘦小的老人的確有非常豐富的人生閱歷。僅從他來京前夕的一個小動作亦可看出，他每做一件事都有周詳的思考。

他臨行前給我發來一信，信中似無意地扯到日本劇作家菊池寬寫的一個短劇《父歸》：「（話劇）寫一個老年流浪漢，棄家不顧，到老病落魄無可生存時，輾轉歸來投靠妻兒。其子憤責其父不盡父職的不義，拒絕收容。這個老可憐蟲，終於慚愧失望而默默地走出了「家」門，連茶也沒有喝一杯，其實是歸而不歸……。

我之所以記起這個劇本是因為想到不同的時代、不同的社會、不同的人的不同境遇中各具有極其不同的命運，並非出於牛頭不對馬嘴的無聊比擬。我既非老流浪漢，也不是狂妄自得的老無賴漢，指責我私生活關係上有過不義的行為，則是並非不可指摘的。一個忠誠自懺的人要有自知之明，特別是對自己的子女，尤其不可美化自己的既往。」

我猜他臨行之前，對於二十多年沒見過面、受他牽連且影響不小的已長大成人的子女對於他來京的態度，是做了充分的分析和多方面的準備的。事實上，既然父親本人是徹底政治化的人，那麼他和子女之間的關係就不可能不帶有濃厚的政治色彩。

在父親回京探親的兩個禮拜中，他對我談了許許多多的往事，現在想起來，他既沒有美化自己也沒有故作姿態的自貶。但是當時他的解釋使我產生了頗為複雜的情感。老實說，當時我對於他對既往的解釋是有懷疑的。的確，對於如此複雜的一個人的功過得失乃至定論，顯然是我力所不能及的事。直到他平反之前，我對父親的問題始終抱著等待觀望的態度。

我對父親有嫌棄也有同情。政治上，直感告訴我他是有過失的，儘管我不知道他的過失究竟有多大。倘若他的被關押確屬咎由自取，那麼做子女的被株連則是咎由父取了。每念及此。不免心生嫌隙。另一方面，人非聖賢，孰能無過？根據種種跡象判斷，他一九四五年到解放區後並沒有做壞事，無論他在以前幹了什麼，他畢竟在敵強我弱的時候投奔了解放區而且解放區接納了他。難道因這一段歷史的光明抉擇，竟使他在十年以後身陷囹圄長達二十年之久嗎？這顯然是講不通的。

就純粹個人感情來說，童年時代，母親沒照養過我，他對我有超出一般父親含義之上的養育之恩。他督促我的功課，帶我看病，照料我的生活。當時機關裡的一位阿姨曾對我說過：「你爸爸既當爸爸又當媽媽，真是不容易！」我在童年時代和父親也非常親密。現在他老病於窮途，我當然不能棄之不顧。

當時我正在讀美國小說《大地》，其中有句話說：「消逝的人最好永遠消逝」。但消逝的父親卻歸來了，這是悲歡雜混的父歸。

除了我，我的姐弟對父親的歸來的態度總的來說是：冷淡而有節制。童年時的父子情感不在了，彼此生分了，誰能熱烈歡迎一個不帶帽的刑滿釋放人員呢？

文革的氛圍使得我們個個杯弓蛇影，骨子裡甚至連我在內也是不太歡迎這個父歸的。恐怕聽他自己解釋他的既往才是我們子女的共同願望。

當時的袁殊一方面「認罪」，一方面又說另有隱情。我感到他內心有太多的曲折勾回。

五、一九六五年的判決及蓋棺論定

父親歸來後的第一個星期天，我們在京的子女及愛人聚齊在二姐家中和父親見了面。事實上，這是父親對我們做出政治交待的家庭會議。

父親首先讓我們傳閱了他隨身帶來的一九六五年軍事法庭的判決書。

判決如下：被告人袁殊，男，一九一一年生，湖北蘄春人，沒落官僚家庭出身。曾於一九三一年參加過中國共產黨。因犯有反革命罪，於一九五五年四月五日依法逮捕。捕前在軍委聯絡部工作。

（一）叛變革命，充當軍統特務：

一九三五年被告人在上海做情報工作時，向蔣匪淞滬警備司令部偵緝隊自首，交待了他同我當時地下情報組織的領導人潘漢年以及瑟夫•華爾頓之間的工作關係和工作情況，為敵設計誘捕了與我有工作關係的王瑩。

被告人在武昌反省院期間，為敵人主編《誠化》半月刊，撰寫發表了反共文章。一九三七年，被告人受軍統特務頭子戴笠的派遣，充任軍統局上海區通訊員，國際情報組組長。

一九三九年春，被告人又接受戴笠「深入日本關係，交換和平意見」的指示，同日本駐上海總領事館領事岩井英一合作反共。一九四五年日本投降後，被告人把他在江浙組織的反動武裝和他在充當日本特務時的所屬人員以及財務交給了軍統局，並接受軍統局委派為忠義救國軍新編別動軍第五縱隊指揮、軍統直屬第三站站長，繼續進行反人民、反革命的罪惡活動。

（二）充當日本特務、破壞中國共產黨的情報組織：

一九三七年抗日戰爭爆發後，被告人投靠日本特務機關，當了日本特務，為敵人搜集情報。

一九三九年十月，被告人接受日本特務岩井英一的指使，在上海組織日本特務機關「岩井公館」，自任「主幹」，積極發展特務人員，搜集情報，出版漢奸刊物。

同時被告人還與岩井英一合謀，收買中共在上海的情報組織負責人潘漢年。經被告人的撮合，潘漢年於一九四〇年春秘密投靠了日本特務機關，當了日本特務。從此，被告人和潘漢年互相勾結，為日本特務機關服務。

（三）充當漢奸、對我江南抗日根據地進行清鄉掃蕩：

一九四一年七月到一九四三年底，被告人先後擔任汪偽清鄉委員會政治工作團團長、清鄉區黨務辦事處主任、鎮江地區清鄉主任公署主任兼保安司令部等職……

（四）混入內部，秘密與敵人保持聯繫：

一九四五年十月，被告人在內奸分子潘漢年的掩護下，以情報幹部的身份，從上海混入蘇北解放區，一九四六年又混入中國共產黨……

判決書原文連同附件長達八頁，以上所引是要點。記得我當時看完判決書後，目瞪口呆，一句話也說不出來。真沒有想到親生父親，竟是這樣一個「貨真價實」的反共分子。

在我們傳閱判決書時，父親坐在一個角落裡，泰然坐等我們傳閱。等我們看完了之後，他開始解釋了：「這只是事情的一個方面，另一方面是我所做的一切事都是接受了黨的指示才幹的……」

他告訴我，有一次少管所的李隊長找他談話時也提到了上述種種罪行，他對李隊長說：「你過去是解放軍，如果你是連長我是營長，我命令你向危險地帶衝鋒，你衝不衝？」李隊長聽到此，一語不發站起來走了。

在以後的幾年中，特別是他回京等待平反的三年中（一九八〇年—一九八二年），他逐條對我解釋了判決書。他談了許多往事，我也重點問過他一些問題。他的最後平反以及我後來看到聽到的一些資料均證實他的言談基本屬實。

我還注意到，無論他對我談什麼，凡涉及到現實仍有保密性的人和事他都絕口不提。例如，平反前，有一次他給調查部寫一份書面資料，其中涉及到台澎金馬的兩個國民黨人，他用××代名，沒告訴我這兩個人的詳情。作為一個刑滿就業人員，他仍堅定地遵循著黨的保密原則。

現在反過來再讀一下原判決書，就不難發現他的「反革命劣跡」始終和共產黨攪在一起。待到完全進入解放區後，劣跡也就空洞無物了，這裡面顯然是有內在文章的。

事實上，父親的歷史比判決書所寫的還要複雜一些，他自己說自己是舊上海灘平地滾起來的人，而貫穿他畢生經歷的主線則是：跟著共產黨走。

有一次，父親在頤和園門口遇到原機關的一位領導幹部即郭達凱的夫人郭立，他們談話多時，最後父親告訴了我一句話：他對那位幹部說：「就是把我燒成灰，我也是心向共產黨的。」

真是「拂逆之來，咎非自取，其無所其怨尤。亦或秉性太愚，不知悔悟，至如此不可救藥乎。」他對自己的信念，有執著的追求。

父親終於得到平反了。一九八二年八月二九日，最高法院再次做出了判決，要點如下：一、撤銷一九六五年判決。二、宣告袁殊無罪。

一九八二年九月公安部、調查部對父親的政治問題做出了複查結論。確認袁殊一九三一年參加革命工作的事實，恢復了袁殊的中國共產黨黨籍。

父親在日記中寫道：「至此，繫獄二十年，勞改生活八年，屢經向各方申訴（一九七八年起臥病腦血栓，在香山安心療養三年），歷亂生涯，始及重見天日！——中國共產黨的偉大、光榮及於我身——一切冤假錯案，在實事求是的精神照耀下，得到平反。」

父親少年立志革命，在白色恐怖中長期為中共做情報工作，雖然中共並不信任他，不把他看作是內部同志。但袁殊仍發自內心的甘心當牛馬走、仍死心塌地跟共黨走。

沒有黨籍了，照樣提供情報，奉黨命當「漢奸」連個人名譽都可以毀棄，，上千萬家產交給了黨，當個小幹部完全心甘情願。

說是愚忠，有人不會信，但事實的確如此。俗話說「上趕著不是買賣」，可袁殊的一生，概而言之就是上趕著共產黨。圖什麼呢？圖的是完成少年立志革命的初衷。求的是「心之所安」。這就是袁殊的顏色。

附錄：為了忘卻，為了團結—讀夏衍同志〈一些早該忘卻而未能忘卻的往事〉／樓適夷

一、並無新語

去冬十月下旬到十一月初，舉行了第四屆文代大會，從鄧小平同志的〈祝辭〉，周揚同志的〈報告〉，到最後由夏衍同志所作的〈閉幕詞〉，始終一貫，貫徹黨的三中全會的精神，執行了團結一致向前看的方針，得到全國文藝界代表一致熱烈的擁護。

但夏衍同志口沫未乾，卻竟以風燭殘年，病餘之身，發表了〈一些早該忘卻而未能忘卻的往事〉（以後簡稱〈往事〉）令人出於意外地大吃一驚。其實我們參加過雪峰同志追悼會籌備工作的人，知道夏衍同志發表此文，是預言過的。馮雪峰的追悼會從一九七九年四月籌備，到了十一月才開成，中間主要就為了夏衍同志對出版社與出版局兩個黨委先後通過的〈悼詞〉表示不能同意，他在北京醫院的病床上跳起來說，如果追悼會上宣讀這樣的〈悼詞〉，他是要公開寫文章駁斥的。為此經過長期的周折，後來由一位中央負責同志親筆審改，得到了中央的批准，由朱穆之同志在會上宣讀了。大概仍未能符合夏衍同志的意見，於是，夏衍同志實踐其自己的預言，在一九八〇年《文學評論》第一期發表了這篇〈往事〉，因此，這件事並非意外，而是完全有根源的。

歷史是客觀存在，不以人的意志為轉移，文學史也一樣，誰也沒有力量來予以「搞亂」。人的

確是要死的，但是非功過，最後終是會有結論的。凡是「憑空捏造，牽強附會，以及用嚴刑逼供製造出來的誣陷不實之詞」，或「爆炸性的發言」，決不能成為最後的結論」，這一點夏衍同志的年近八旬的老朋友及夏衍同志本人，是大可不必杞憂的。

現在，讀了夏衍同志的這篇〈往事〉首先感覺的是，大部分重複了一九五七年八月十七日夏衍同志在作協黨組擴大會那篇所謂「爆炸性的發言」中早已講過的話，並無多少新語，有的還加上一些不能自圓的說法。本來夏衍同志那麼大年紀，被「四人幫追害得身負殘疾，像這樣的文章，不寫也就罷了。卅年代文藝界的人，確實健在的在一天天的減少，但到底還剩下幾個經歷過來的人，既由夏衍同志發了難，特別其中也提到了我的名字，我雖早已是一個老兵殘卒，只配當諸葛亮坐在城頭觀山景時，在城門口掃掃地的人了，但也不得不提筆來表示不同的意見。

二、不是逼供信

其次我要證明的，一九六六年八月十日雪峰同志所寫的，又在所謂「一九七二年十二月作了修改（應作十月）的這篇〈資料〉，並不是「逼供信」的結果，當時是「文革」初期，我的身份還只是「走資派」，他的身份是「摘帽右派」，同在牛棚，朝夕相處，一舉一動，即使互不串連」，也是親眼目睹的。社內一些工作較久的革命群眾，當五七年雪峰同志被劃右派時，心有疙瘩，口不敢言的人是很多的。被劃之後，雪峰同志口無怨言，刻苦自勵，工作努力，勞動勤奮，當一個普通編輯，閱讀了全部五四以後的短篇小說，編了三四百萬字的選集，又編訂了郁達夫的全部著作，並在業餘讀了兩遍《資本論》，……大家也是很感動的，而且那時他早已摘了帽子，所以雖在牛棚，很少受過什麼批鬥」更無對他進行過罰跪、示眾逼供之事。只由於他革命經歷的豐富，那時他最忙的是應付外調，一批批的外調人員，白天須要整天的談話，晚上還熬夜寫書面資料。

後來他曾經說過，他寫的外調資料已經超過了一百萬字，如果用同樣的時間與精力，則他的《太平天國》長篇寫作計畫，也可以完成了。當然一九六六年八月十日的資料也只是其中之一是被當作知情人，受託提供，只敘事，不述觀點，不是為揭發而寫，更不是受逼供的「交代」。後來他對兒子說過，他這樣寫，是在防止別人的不負責任的捏造與誣陷。另外我可以證明的一點，在寫這份資料之前，由於號召揭發所謂「三十年代的文藝黑頭子」，我和他在牛棚中是有過私談的，我以為這是他對五七年受冤翻案的機會，並問過他當時被「揭發」的一些問題，他說過一些有出入的事實。（與資料中所寫的相同，我既無逼供之意，更無逼供之權，我當然沒有逼他的供。）但他認為這不是個人恩怨乘機翻案的問題，並沒接受我的意見。最近遇到胡愈老，他也說起七二年雪峰同志從幹校探親回京，曾多次見面，當時馮就對胡愈老說：「姚文元他們是什麼人，我是早有瞭解的，我的問題，只要求將來還有回到黨內的一天，別無所求。周揚同志於一九七九年五月一日給我的信中也說過：「他沒有乘『四人幫』惡毒誹謗我的時機，對我落井投石，把一切錯誤推在我的身上」，這和夏衍同志的〈往事〉「把許多罪狀堆在周揚和我的身上的說法是不同的。夏衍同志以為馮的〈資料〉是逼供信的產物，是乘機嫁禍江東之計，此乃懸擬揣測之詞，是站不住腳的——不過時至今日，把這種資料公開發表出來，實在是不適當的。（當時是怎樣發表的內情，我不說了。）

三、事實何在？

事實究竟何在呢？先談所謂「關係不大的小事」。一九三六年我還在南京蔣介石那裡吃黃米飯，馮哪一天到的上海，無權作第一手的證人。他從陝北動身是「四月二十日」，這在〈往事〉中夏衍同志還提了周總理的證明，至於「四月二十五日左右」到上海，則夏衍同志認為是馮雪峰的「揑造」。但是這樣的說法也是不能成立的：（一）在抗戰勝利及解放初期雪峰同志所寫回憶魯迅的文章，包括對人的談話中關於陝北出發和上海到達的日期，他都一貫是這樣寫，這樣說的。一九六六年八月的〈資料〉並不是因受「逼供信」而第一次「揑造」的。（二）〈資料〉中明白記述，他從陝北出發，是周總理「派人護送我到與張學良部隊交界處，同張軍中接上關係」，（一位當時知情的前輩說，他在路上時穿的是東北軍軍服。）則〈往事〉中夏衍同志所謂「瓦窯堡外還有幾條軍事包圍線」，對雪峰同志的通行，是不能成為阻礙的。那時當然沒有三叉戟，但由西安到上海，坐隴海路到徐州，轉津浦路滬寧路到上海，三天足夠了。夏衍同志說他「從陝北繞道北京南下」，是違反當時交通情況的想像。（三）雪峰同志五月下旬到南京，見左恭、王昆侖等同志，並得到一筆捐款，甚至拿了捐款的劃票轉托銀行兌現的經手同志，今日還都健在，可以作證。但這樣的證明可以證明他五月下旬到過南京，卻證明不了四月下旬未到上海，他也必須先到上海找到魯迅等，然後才到南京（見注文）。（四）雪峰同志為什麼要「揑造」日期呢？夏衍同志來了一個「也許」，因為兩個口號的論爭是六月中開始的，馮把到上海的日期「揑造」提前了，似乎可以說明論爭不是他一到就發生的，用以推卻自己的責任。但不管四月下旬或五月下旬，同樣都在雪峰同志到達之後，「推卻」也「推卻」不了，〈資料〉的「揑造」未免笨拙，〈往事〉的「也許」實在是莫須有的羅織，無法自圓其說。

夏衍說的第二、第三件「關係不大的小事」都是關於胡風的。胡風是什麼人，我不能評論，我只提供一段親身的經歷一九三二年十二月初，當時上海臨時中央（我不知道黨史上正式應如何稱呼）宣傳部長朱鏡我同志派我去日本，與日共聯繫研究一九三三年在遠東召開反戰會議的準備工作，他叫我到東京先找到張光人（胡風他回國後的筆名），說他是日共黨員，經過他可以找到日共中央，當時在場的還有陽翰笙同志，附帶給我一個任務，瞭解留日學生文化團體間宗派糾紛真相。因我以前去過日本，所以這任務交給了我。那時去日無需護照，但要身份證件，我沒有證件，在「一二八」戰爭後中日關係緊張，日方戒備森嚴的形勢下，我是借了葉籟士同志（原名包叔元）的東京高師學生證（他是中途輟學的）冒充了他，作為繼續入學的學生身份去了東京，得到張和他的友人方瀚非、王達夫等的接待與安置，並由張的陪同在日共中央委員池田壽夫家與朝鮮及東北代表一起與日共舉行了幾次會議，我報告中國革命形勢，並在會後被邀去日共作家江口渙家，都是張給我當翻譯的。我在東京住了一月，完成了任務，即函在上海的兄弟煒春發一個「母病即歸」的電報，仍由張等護送登上回國的旅途。這件事證明胡風當時是日共黨員，中日兄弟黨關係密切，胡在日本時已與中共中央有聯繫。後來胡被驅逐回國，我無接觸，不久我入獄，在獄中偶得上海《文學》月刊，見到〈林語堂論〉等論文，仍不知胡風即張光人。直到抗戰我出獄到武漢參加《新華日報》工作，作為第四版編輯，中有一《星期文藝》週刊，是胡風編的，每週來社交稿，我才知道胡風即張光人。最近在武漢文藝刊物《芳草》一月號中，讀到吳奚如同志所寫的〈魯迅與黨的關係〉，才知道自一九三三年底雪峰同志去瑞金後，黨與魯迅的關係，胡風是擔任過聯絡的。這是絕密的黨的特科工作，吳奚如同志參加過這個工作，例如他最近來信指出雪峰〈資料〉中說他到上海後一個姓徐的首先接待他，忘了名字，此人名徐漢光，也是作特科工作的。不知真相的黨內外同志，向魯迅先生警告對胡風的嫌疑，而受到先生的拒絕，就完全可以理解了。魯迅先生的政治警惕性是很高的，這次雪峰同志是以中央特派的任務到上海的，誰見誰不見當然先徵求雪峰同志的同意，雪峰瞭解胡風與黨的關係，馬上見他，並不如夏衍同志所說是「很奇怪的事」。比較重要的是什麼問題呢。雪峰同志到上海的任務，一共四項，〈往事〉與〈資料〉並無關鍵性的出入。有的只是程序有些不同，如「首先找到魯迅、茅盾」變成了「首先要找到周揚、夏衍等人」。一九五七年的批判大會上，就批判過馮「先找黨外，不找黨內」。現在我為此事訪渴了胡愈老，知道胡愈之同志當時早巳是黨內也保密的秘密黨員，他當時在香港。那時中央在上海沒有電臺，但香港是有電臺的，所以中央派馮去上海，在香港的胡愈老最先知道，而且為此特地從香港到上海。對於與中央久失聯絡的同志，是否中途有變化情況，馮是聽了胡愈老的介紹才決定找與不找的。胡愈老與馮見面以後，證明夏衍同志等是可以見的。這裡自然有一段時間過程。在此過程中，夏衍同志等聽到消息，只知雪峰找黨外而不找黨內，其不滿也是可以理解的，於是所謂「欽差大臣」的譏消，也出來了。待到雪峰瞭解夏衍同志等可靠情況之後，再去找他們的時候，有的同志，明知地下黨的工作方式從來不用書面介紹信，而要雪峰出示中央證明，因此拒而不見。這都是雪峰同志既要保守黨的機密，又在被打成右派無申辯之權的時候，在書面檢討或以前的資料中寫過的，對我（或者還有別人）也是明白說過的。即使我只是一個孤證，因為雪峰同志巳經無言，我有責任為尊敬的同志和亡友來說明事實。

四、我的痛哭

一九五七年八月十七日，在作協黨組擴大會批判馮雪峰，有一百多人參加的會場上，在聽夏衍同志發言中，我突然放聲大哭，震動全場，吳組緗同志坐在我對面，忙拿出一塊雪白的手帕叫我擦淚，我還記得非常清楚。當然，至今記得的人也還不少我到底為什麼突然痛哭，說法不同。有人說適夷與雪峰關係密切，看到身邊倒下了親密的戰友，所以哭了。也有的說。這是演的一場戲，一陣急淚，出賣了這頭，投降了那頭幸有此哭，才未編入「集團」，劃成分子」。文化大革命中革命小將，就是以此理由，把我稱為「投降派」的。到底為什麼哭，我自己實在也說不清，我這人很笨，演戲的才能是沒有的，九一八時在自編《活路》一劇中，當過一次跑龍模式的角色，只有一句道白，也說錯了，而且還走錯了場子。但大概生為獨子，幼年喪父，隨寡母成長，愛哭之性，恐有感染，看戲看電影，也常常會像女孩子似的流淚哭鼻子，惹鄰座笑話。大家知道夏衍同志從政年代以來，一向領導和實踐電影戲劇工作，為黨立功，受廣大群眾愛戴，是一名高手。當時他的發言，實在是極其動人的，我這一哭，增加了他的效果，確為事實。他當時說雪峰同志曾叫人可以把他扭送捕房，又說中央交雪峰又一任務，是在離陝北途中找到一支與中央失了聯繫的游擊隊，而雪峰不找，那支游擊隊終於因失卻中央聯繫而被國民黨全部消滅！我的哭聲，就是在這時候爆發的。在場一百餘人，可能不會比我記得那樣清楚，但記得的人，一定會有，是可以肯定的。夏衍同志發言完畢，走下主席臺，就坐在我的身邊，我對他說：「馮雪峰原來是這樣一個壞人，我可看錯了人。」夏衍同志說：「你讀過歷史沒有，歷史上有多少大奸呀！」啊，原來馮雪峰是一個大奸！這時候，邵荃麟同志指名要我上臺發言，我的眼淚還未擦乾，奉命上臺，泣不成聲，把雪峰同志罵了一頓，自覺語無倫次，三言兩語，就下場了。記得那次大會上，一邊哭一邊發言的，還有許廣平同志。人的頭腦，一時發熱，但畢竟會冷靜下來的。會過以後，我不能不回想三十年代雪峰同志在上海地下工作中，不避艱險，奮勇當先，刻苦為公，不謀私利，想到住過上饒集中營的同志說他如何領導難友，與敵鬥爭，甚至甘冒被槍斃的危險，掩護和幫助同志的逃亡的種種事蹟，要把夏衍同志扭送捕房的，難道就是同一個馮雪峰麼？章乃器是一位民主人士，他自己不久就被國民黨逮捕，雪峰能叫這樣的人，把一個共產黨員扭送捕房嗎？這裡必須附帶說明：馮雪峰是在「作協」受的批判，但是卻在文學出版社劃的「右派」，七九年改正平反，查當時定性結論中所列罪狀，卻並無夏衍同志等所揭發可以上綱上線的事，而只是就雪峰同志在文化部批評領導與在出版社動員群眾的講話中摘錄一些去頭削足，斷章取義的「右派言論」。又如章乃器那樣的人，當時確實活著，有否經過調查，證實夏衍同志的揭發，卻見不到檔案。對游擊隊消滅之罪，則後來「作協」鉛印的記錄，以至此次夏衍所寫〈往事〉都不提了——這也可以說是夏衍同志所謂：「很奇怪的事」。（從五七年的揭發，至今已二十三年，章乃器已成古人，夏衍同志欲忘不忘，在〈往事〉中又悻悻而道。是否經中央批准宣佈的馮雪峰蓋棺定論的〈悼詞〉，還必須按照夏衍同志的意志加以改變呢？）

五、「兩個口號之爭」

說「兩個口號之爭」是「敵我鬥爭」，一個是資產階級的，一個是無產階級的，那是江青《紀要》中的讕言。「四人幫」已被粉碎，是非早已大白。原來封建法西斯文化專制主義討伐所謂「三十年代的文藝黑線」，對他們所封為「資產階級」或「無產階級」的人是一律對待的，誰都遭受了各種各樣的迫害，本已不存在兩個口號之分。大家應該團結一致，同心協力，徹底揭透批透「四人幫」的罪惡，肅清流毒。但為什麼卻又有人挑起兩個口號的論爭來，把「四人幫」的言論套到當年與自己主張有分歧的同志頭上去呢？好像「四人幫」批「四條漢子」，其禍根乃在「馮雪峰搞亂了事實」，夏衍同志等所受的殘酷迫害，似乎也有馮的一份罪行。

有人看了〈往事〉曰：「掘墓鞭屍，何怨毒之深也！」夏衍同志要報仇雪恨，大概是找錯了對象吧！一九三六年兩個口號論爭時，我不在場。但牢獄裡也有一些同情政治犯的獄吏和看守之類，有時也能偷偷送來上海的刊物，說老實話，那時我們正在「國」民黨牢獄的「防」守之中，對

「國防」這兩個字不大愛聽。當時是由於政治上的幼稚，把整個國家當做國民黨的了，我們平時紀年決不寫「中華民國」而用西元，需要指稱祖國時，也只寫中華民族而不寫中華民國。以為蘇聯提倡「國防文學」是對的，那是保衛社會主義的國防，生搬硬套搞到中國來，就不免令人發生生理的厭惡。（其實當然是極幼稚的想法，忘記了魯迅先生的話：「中國我也有份」）其次是「民族革命戰爭文學」的口號，在我被捕以前，在「左聯」內部已經有許多同志提出過了，記得就在北四川路長春路一家與鄭伯奇同志有關的日語學校裡開過會，參加的有魯迅茅盾、雪峰、丁玲和我，也有夏衍同志。雖未作出決議，討論時大家都是同意了的。並由「左聯」的週邊刊物《文藝新聞》（一九三二年五月二日第五十三號）以不記名社論方式，發表了一篇提出這口號的〈榴花的五月〉，文章是我經手發的稿，是瞿秋白還是馮雪峰執的筆，則無論如何也記不清了，在此以前，丹仁即雪峰同志在丁玲主編的《北斗》上發表的〈民族革命戰爭的五月〉文章中，早已提過「民族的革命戰爭文學」這個口號了。同一時期，瞿秋白同志在《文學》半月刊上發表的〈上海戰爭和戰爭文學〉一文中，也指出當時進行的是「反對日本帝國主義的革命的民族戰爭」，需要的是「革命戰爭的文學」。一九三六年五月重提之時，只不過加了「大眾」字樣。如果認為「國防」係老店，只此一家，別無分號，不應再提新的口號以致引起論爭，則「民族革命戰爭文學」遠在「國防」之前，「張小泉老鋪」還在此而不在彼。第三點是，我們在獄中見不到多少資料，但大家有一個樸素的想法：站在魯迅一邊，是不會錯的。所以當時在南京軍人監獄病監中可以接觸到的難友，我們都是「民族革命」派。至於「國防文學」口號的來源，〈往事〉已經說得很明白。當然，後來我們也是明白的，兩個都是抗日的口號，即使把賽金花也拉在一起，一致抗日總歸是對的。因此全國抗戰爆發以後，真正實踐抗敵文藝活動時，誰也沒計較過兩個口號。中華全國文藝界抗敵協會提出的乃是

「抗戰文藝」，「文章入伍」，「文章下鄉」，等等口號。兩個口號之爭，早已過去了。

六、應該忘卻

這種往事，本來應該忘卻。我認為第一個主張忘卻的是毛澤東同志。據徐懋庸同志提供，由陳雲同志證明可靠的資料，他到延安，向毛主席彙報兩個口號之爭，主席只是笑笑說，這場論爭，是在黨的政策轉變關頭發生的。從內戰轉變為抗日統一戰線，這是一個大轉變。在這種轉變關頭，由於大家理論水準，政策水準不平衡，一定要發生爭論。其實何嘗只有你們在爭論，我們在延安也爭論得很激烈。不過你們是動筆桿子的，一爭就爭到報紙上去，鬧得通國皆知。我們是在山溝裡爭論，外面不知道罷了。爭論是不可避免的，而且不是壞事，是好事。通過爭論，問題就可以弄明白了，認識就趨於一致。可見毛主席是主張吵過算了的。在一九四二年的《在延安文藝界座談會上講話》中，一句也沒有提過「兩個口號論爭」，就是明證。現在經夏衍同志〈往事〉提供，周總理在一九六〇年春節與文藝界同志談話時，也是主張「忘掉過去，咸與更新」的。據我的接觸，雪峰同志也主張忘卻。記得一九五五年「作協」還在東總布胡同，借附近寶珠子胡同一個禮堂開會，為一封匿名信批判所謂「丁陳反黨集團」，連續開大會，聲勢浩大，也牽連到雪峰。這時我觀望形勢，感覺似乎有三十年代文藝活動中的宗派氣味，準備作一次發言，告訴了雪峰，他連忙說：「三十年代的事，千萬別提，提了要闖禍的。」我就沒有發言。可見雪峰同志也早已主張忘卻的。直到今天讀夏衍同志的〈往事〉，他原來也是主張「早該忘卻」的，可惜的是「未能忘卻」而終於寫了〈往事〉。雪峰同志一九五五年的預言，到一九五七年果不幸而言中，闖了大禍。文化大革命中「四人幫」又借了這個問題把戰勝了十年文化圍剿的戰士（除了所謂神化其實是歪曲利用的魯迅以外）一網打盡，全部投入地獄。如果「未能忘卻」，就該不忘這「四人幫」的滔天罪惡和深遠的餘毒而夏衍同志卻對一位他認為「有功也有過」，「而總其一生，功大於過的已經去世的同志和戰友，重複其一九五七年錯誤大批判的調子，不許在其〈悼詞〉中寫上「勾通魯迅與黨的關係」及「在周總理領導下工作」等符合歷史事實的文句。而且在中央批准了的〈悼詞〉宣讀以後，還要寫出像〈往事〉那樣的文章來，這難道是符合我們今天的主要任務：「集中精力，同心同德，聚精會神搞四化。要順利實現四化，必須有一個安定團結的政治局面」（一九八〇年二月二十五日《人民日報》評論員文章）的精神嗎？是的，三十年代文藝運動中搞「宗派」，我作為一個跑腿打雜的小卒，有一時期也是在場了的，而且也有點今日的所謂「派性」的。雪峰同志這個人，的確缺乏詢詢儒雅的紳士氣。而且對這種氣味非常厭惡，照他農民的倔脾氣，他得罪的同志是不少的。也即夏衍同志〈往事〉中所謂：「三十年代的氣焰」，這當然是他氣質與作風上的缺點。例如對於那些他在背後稱為「革命紳士」的同志，不能團結合作。一九三三年初，他離開「左聯」的工作時說：「同這、同這種人沒法搞在一起了。」以後，就被調到江蘇省委宣傳部去工作了。他愛發脾氣，愛罵人，但搞陰謀，玩手腕，說謊話，則是從來不曾有過的。由於他的所謂「氣焰」，到一九五七年以後，他的確受了足夠的眾所周知的懲罰。但他蒙冤受難，從未計較個人恩怨。夏衍同志的〈往事〉中證明瞭他並不因「那次爆炸性的發言而疏遠」，這是一種崇高的革命品質。那末，事隔二十三年之後，夏衍同志再對死了的戰友來一次「爆炸」，到底是為了什麼呢？周揚同志去年五月一日給我的信中，說我「與雪峰同志有深交」，這是不錯的。但因為多年的同志，我對夏衍同志也是尊敬而親切的。記得遠在認識雪峰之前，那是一九二六年，創造社辦了出版部，我是那兒的常客，周全平編《洪水》，收到東京寄來的投稿，署名「宰白」。周全平一看就說，這個人了不起，反動派正屠紅，他卻「宰白」。這宰白就是沈端先即夏衍同志，他歸國後我們就相識了。他做了很多有益的工作，後來在戲劇、電影界以及其它黨的工作中建立了很大功勞。從私人方面，我也得到過他許多幫助和教益。如一九四八年在香港同住九龍，相去不遠，我依靠在香港報刊上寫些小文章過活，有時收到報社的稿費單，急著買米買奶粉，要取款連渡海的一毛二毛輪渡錢也沒有，就上夏衍同志那兒去伸手告貸，實際是有借無還的。他見我那麼窮，勸我給香港電影公司寫寫劇本，可惜我寫不出，一直窮到北京解放，才養大了孩子。離港赴京時我們還私下約定，回去後將來跟他到上海工作，一定比北京熟悉一點。後來陸定一部長要我留京，我還推託與夏衍同志有約，想回上海。陸部長說：「夏衍那裡，我打個電報去就行了。」才服從組織分配，在北京落了戶。文化大革命結束後我第一次在一外賓宴會上見到久別的夏衍同志，見他被「四人幫」摧殘得成了殘疾，行動困難的慘狀，我是流了淚的。說這些瑣碎的私情說明我對夏衍同志是親切的，愛護的。他在一九五七年的「爆炸」，我曾經作了回應，現在他又「爆炸」起來，而且牽連了我。我作為夏衍同志的同志和戰友，作為經歷過三十年代的一個老兵，為了忘卻，也就是為了今天文藝界的安定團結，深深感到有責任提出自己的意見。三十年代以來文藝界的宗派主義，通過成功與勝利的第四屆文代會，是到了應該結束的時候了。從前我們大家都幼稚，錯誤路線的統治又那麼複雜，沒有認識，因此而犯過一些或大或小的錯誤，並不是什麼了不起的罪過，何必推三賴四，硬不承認。說誰是一貫正確的，那是形而上學的說法。共產黨員嘛，錯了就改正，改正就好了，何必硬說自己沒錯過，錯的都是別人，以致幾十年後還是曉曉不休，老糾纏過去的事。老頭子吵嘴，年青一代可沒多大興致，我以為應該可以休矣，死了屠夫，不會吃帶毛豬，死了老頭子，也會搞清歷史，是大可以放心的。我們大家都是七老八十的老人了，火氣不必太大，搞四化的主力當然在中青年，但生命不息，戰鬥不止的老人也是十分寶貴的。今天正開始新的長征，值得我們大家多活幾年，心平氣和，乃延年益壽之道，我們還希望夏衍同志為黨和人民，做出更多的工作，為此敬祝保重身體，健康長壽。此處如有言語觸犯，幸乞多多恕罪！

一九八〇二月二十五日於北京

注解：

茲經瞭解，知王昆侖同志在三六年五月下旬末在南京見馮雪峰同志，他是是年七、八月間在上海潘漢年處初識馮的。於七萬元捐款，是在魯迅先生逝世後的事，昆侖同志受董老委託，說服四川某軍人聯合抗日，並介紹馮雪峰同志去四川和這位軍人見面，取得了這筆捐款，根本非五月下旬之事，可知夏衍同志的記憶是混亂的。

第二章 動盪的青少年時代

一、身世

「我生於辛亥年（一九一一年）農曆三月二十九日，早於推翻帝制的半年多，可以說是舊民主主義革命以來的世紀同齡人。現在從新民主主義過渡來的社會主義革命和建設，正在向著更高的階段發展，我不免已成為舊時代的『遺物』了，然而，『天若有情天亦老，人間正道是滄桑』，我並無自遺於世外的心情。」（一九七六年四月份袁殊寫給曾龍的信）

袁殊本人，我的奶奶，我的三表伯董純才（原教育部副部長、中國科協主席）都對我談過袁殊的身世，因此我對袁殊自幼生長的家庭環境有些瞭解。

清朝廢科舉之前，袁殊的父親即我的祖父袁曉嵐是蘄春縣的一名秀才，以後就讀於湖北省文普中學。據袁殊說，這所學校是當時湖北省的最高學府，相當於今天的大專院校。祖父因精於算學而在當地小有名氣。我見過祖父的照片及背後的小楷題詞，字體工整俊秀，相當有根底，看來有舊學基礎。

蘄春袁氏一度是個旺族。據我見到的家譜記載，遠祖是朱洪武年間從江西過來的販夫走卒。所指販夫，就是肩挑叫賣豆芽菜者；所謂走卒，就是某位遠祖參加了朱元璋的起義軍，朱元璋得天下後，那位遠祖得了個小小的「百戶」功名，在蘄春落了戶。以後出了幾代讀書人，成為書香門第，興衰無常地到祖父那一輩時家道衰敗了。

袁曉嵐兄弟五人，析產分家後分到袁曉嵐名下的僅有兩三畝花紅園（類似於沙果之類的果園）。但袁曉嵐從沒有務過農，他一度做過湖北省蘄春縣的教諭（相當於教育局長）卻不是埋首古舊書堆中的三村學究，他很早就參加了反滿鬥爭。

我的祖母和我共同生活的時間很長，祖母直到一九七一年才在北京去逝，享年八十四歲，如果生活條件好一些，她還可以活得更長。

祖母的娘家姓賈，好像是湖北大冶人。我小的時候，奶奶房裡掛著一張肖像，是一位身穿清朝官服的人的肖像，奶奶告訴我那是她的父親。

後來我知道了，奶奶是一個官辦鹽商家庭的小女兒。據袁殊說，賈家是帶有近代民族資產階級色彩的殷實之家。賈家的所有女孩子，包括使喚丫頭在內都要學識字。奶奶嫁給僅有二三畝地產的袁曉嵐本是門不當、戶不對的，促成這件婚事的是當時的一種時尚；富戶人家的千金小姐往往選擇有學名的青年為夫，這是一種重才輕財的時尚。

袁曉嵐成婚後，基本上在外奔走革命，他參加了保路同志會，後來又參加了孫中山的同盟會，以及日知會，參加過武昌起義。辛亥革命後不久，袁曉嵐糾集了幾位革命黨，跑到蘄春縣的一座土地廟前放了幾槍，「宣告」蘄春也革命了。嗣後，街市生活依舊。蘄春縣先後參加同盟會的共有二十八人，袁曉嵐和方覺慧就是其中的兩位。

辛亥革命實質上徹底失敗了。袁曉嵐利用妻子的嫁妝在漢口開了個人力車行，有幾十掛人力車。但他不善經營，也不經營，主要還是搞革命活動，沒幾年人力車行倒閉了。

在新思潮的影響下，袁曉嵐於一九一九年踏上了到法國勤工儉學的路途。細算起來，那時他三十多歲了。

他運氣不好，在船經爪哇時他從底艙走上去發信，走到舷梯中間，突然從貨架上掉下來一個大包裹，砸斷了他的右臂，不得不上岸就醫。當地僑民對他示表了同情，草草就醫後，資助他返回上海，住到廣慈醫院繼續治療。

祖父袁曉嵐在外奔走革命，基本上棄家不顧。奶奶帶著袁學易（袁殊）和小學易四歲的袁學禮在家鄉討生活，雖談不上困苦但很艱難。

奶奶身材矮小又是小腳，不能務農。由於出身富戶也不太知道稼穡，生活主要靠娘家的周濟和典當東西來維持。

據袁殊回憶說，生活溫飽不成問題，在當時低下的生活水準中，也算得上過著小地主式的生活。因此，家庭尚有能力使袁殊在五歲開蒙進館讀私塾。到離開蘄春春去上海為止，袁殊共讀了三年私塾。袁殊自己說，這三年私塾打下了國學的一點根基。他記性很好，死記硬背了一些舊詩文。六十年後，他還能把所學的第一首詩即千家詩開卷詩背誦給孫兒聽。

奶奶袁仁惠的父親早就去逝了，一九一九年五四運動前幾年她的母親也過世了。從娘家得到周濟不容易了，家境日益艱難了起來。

接到袁曉嵐從上海寄來的家信後，奶奶帶著兩個年幼的孩子投奔上海的袁曉嵐。就在繁華的上海灘，袁殊度過了他饑餓的童年。

對於祖父袁曉嵐，袁殊在來信中寫了這樣一段話：「他是國民黨右派（同盟會會員），在北伐後做了幾任縣長，因身殘志懦，以一個反動的、沒落的小官僚而終其生。

他不照顧、也無能力照顧家庭，奶奶帶著我和一個小我四歲於十七歲病死的弟弟，受過奶奶三姐（董純才之母）的幫助，度過我饑餓的童年，直到十六歲時，我就走入社會獨立生活了」。

二、苦難的童年

祖母他們三口到達上海時，祖父仍在廣慈醫院治傷。他不名一文，自己尚且受惠於人，根本無力顧及家庭。奶奶只好投奔到已定居住上海的娘家三姐家。

奶奶的娘家三姐就是解放後做過教育部副部長的董純才的母親。董家原是湖北大冶人，怎麼會到上海定居下來呢？

董純才的父親是湖北省的一位社會名流，在黎元洪政府時期做過湖北省的參議長，後來對政局不滿，棄官不做，跑到南京跟孫中山幹革命去了。在護法會議中，董純才的父親屬梁啟超進步黨一派，與孫中山政見不合，就同一些護法議員一起到上海定居下來。

董家並不富裕，董父做議長時月薪有三四百元，但很快辭官不做，以後奔走革命沒有資財。在上海賦閒了幾年之後，董家生活無法維持，只好寫信給當時的湖北省主席楊某，謀得個湖北資財管理處長的職位。以後再度回家賦閒，生活也要靠典當度日。

三表伯董純才告訴我，他在上光華大學讀書期間，其父對他說，我沒有辦法供給你了，你自己設法生活吧。於是董純才到南京曉莊跟隨陶行知先生學教育去了。

就在這種情況下，董家不僅收養了祖母三口，而且還收養了祖母袁仁惠娘家哥哥賈寶書的一個孩子賈仲洪。我的這位三姨奶奶慈善平和，小時候我們去拜年她總是給每個孩子兩塊壓歲錢，不知怎的，這位三姨奶奶的面容至今印在我的腦中。這位老人家大約活過九十歲才過世，她比奶奶大十多歲，但姐妹倆的關係很好。

董純才是湖北大冶人。早年在南京曉莊師從陶行知學教育。三十年代翻譯科普文章有一定知名度。一九三七年加入中國共產黨，旋即赴延安。解放戰陣期間任東北民主聯軍教育部長。解放後曾任教育部黨組書記、常務副部長。文化大革命期間，董純才被批判為「中國的凱洛夫」，「五分加綿羊式學生的教育宣導者」

董純才和袁殊是表兄弟，因童年在一起生活過，感情如親兄弟一般。我手頭還剩有袁殊的一個小本殘存日記。

其中一九八二年十一月十一日的一則照錄如次：「純才三哥來，離別近三十年。是我見報載高士其的文章，忍不住思念之情，給他去信，告知我已平反」。接信後第二天董純才就坐車到香山看望了袁殊，兄弟二人已有二十七年年未見了，恍如隔世，感概萬千。

採訪時，董純才對我說，「我在延安時在報紙上看到「袁殊出任為江蘇省教育廳長」的一條消息，我猜，那是有意給敵人放出的煙幕彈」。

董純才住在三里河高知高幹樓，我訪問他時，卻蜷縮在一間八米小屋，壁上掛有文徵明的四個條幅，是解放後袁殊為答謝童年時董家對袁家的眷顧之情的贈品。三伯說，「袁殊太複雜，交際面太廣。三十五年我到湖北反省院看他時，過得一點都不像犯人。還說和張學良部有什麼聯繫」。

八十年代初，董純才三伯寫信介紹我到科普出版社工作，我不很積極，未果，但心存感激。董純才三伯是個慈祥的老伯。

賈仲洪是奶奶袁仁惠的哥哥即我的舅公賈寶書的二兒子。他的大兒子叫賈伯濤，是黃埔一期的學生。據袁殊說，他曾經擔任過黃埔同學會的主席。一九四六年任武漢行轅政務處中將處長。一九四九年辭職，同年九月在香港通電起義。一九七八年十月病逝於美國。賈伯濤後與共產黨聯繫，表明願為祖國統一大業做些工作，作為統戰愛國人士，病逝後國內做了報導，葉劍英等領導人發了弔唁電文。

當年賈伯濤去黃埔軍校是我的祖父袁曉嵐推薦的。當時上海環龍路四十四號國民黨住滬辦事處負責舉薦黃埔軍校生員。因為袁殊年紀小，所以沒有被舉薦。賈伯濤後來也知恩圖報，引薦袁殊加入了上海市社會局局長吳醒亞的湖北幫，成為中統分子，這是後話。

賈伯濤的父親賈寶叔是袁殊的舅爺，是祖母袁仁惠的哥哥。袁殊告訴我，後來賈寶叔寓居蘇州，終老仙逝。

袁殊晚年時曾說過：「我們三家（董家的董純才，袁家的袁殊，賈家賈伯濤）在辛亥革命後新民主主義革命時期，都起過不同的歷史作用。」這三個表兄走了三種不同的道路，董純才正面跟著共產黨走，父親袁殊秘密地跟著黨走，賈伯濤跟著國民黨走。有趣的是，半個世紀以後他們卻異途同歸了，這表明了那個時代潮流的一種大趨向。

祖父袁曉嵐從廣慈醫院出院後，生計無著落，只好投奔到遠親桂伯薪家做了西賓。桂伯薪的岳父是黎元洪，因翁婿關係，當時放任到浙江富足的上虞縣做縣長。解放後，桂老伯到我家閒住過幾次。一九六三年，我和大姐同去上海時還看望過這位桂老伯。

桂伯薪北大中文系畢業，他對不滿二十歲的曾龍很認真的說「學文是個空架子，學不得」。桂那時在上海做寓公，生活過得悠哉遊哉，我不知道他靠什麼生活。

父親回京等待平反時，我提出了這個問題，算是又長了一點舊社會的見聞。原來桂伯薪一生中只幹過上虞縣縣長，此外什麼事也沒做過。他在縣長肥缺上，不過三五年的工夫就刮了幾十萬的地皮，自此賦閒，逍遙為生。

祖父做中學兼職教員，只能維持個人生計，仍然無力負擔家庭。為生計所迫，袁曉嵐到桂老伯家作西席。行前，把上浦東小學的袁殊托囑給上浦東中學的董純才照管。董純才帶著袁殊、賈仲洪上學，歷時年餘，三個表兄弟的關係就和親兄弟一樣。

袁曉嵐在桂伯薪家的時間不長，大約一年光景，他又返回上海，參加了國民黨駐滬機關工作，地點在環龍路四十四號。袁曉嵐搞的是工團工作，那時國民黨沒有得勢，經費不多，袁曉嵐又覓得了中學教員的兼職以維持生計。

按理說有了固定薪金收入，袁家的生活應當不成問題了，可袁曉嵐其人品行不端，他和所教的一位女學生發生了姘居關係，竟棄袁殊母子三人於不顧。當年作為中學生的董純才曾幾次帶著袁殊和賈仲洪，找到袁曉嵐，當面斥責他的不義。八十多歲高齡的董純才行動已不大自如了，但說及袁曉嵐當年姘居在外、不顧妻小的往事，仍然忿忿不平不平。據袁殊講，袁曉嵐的教職也是時有時無，他本人也是一派窮困潦倒相。

袁殊母子在董家住了年餘後，在外面租賃了一間小屋搬出來獨立為生了。祖母當年三十歲，一個外鄉身材矮小的婦女帶著兩個孩童在上海何以為生呢？我在上中學時就問過奶奶這個問題，她似乎不願多談，只說靠教書為生。

當時說者有心，聽者無意。我知道奶奶認識字，看過些舊小說，認為教個小學也是可以的，就沒多問。後來我自己做了教師，有了一些閱歷，想起此事就感到奇怪了：一個外鄉的小腳女人怎麼竟能在魚龍混雜的舊上海灘佔有講課的一席之地呢？袁曉嵐有正規受教育的學問根底，有許多國民黨朋友尚且常常失教呢。我把這個想法告訴了晚年的袁殊，才明白了所謂教書的真相：「所謂教書，就是你奶奶帶著我在浦東棚戶區給個工人上識字課。每天晚上，我們去後，做工的幾個工人圍攏來，我們就教他們認寫幾個字。」

「那麼工資誰給呢？」我好奇地追問下去。

「哪裡有什麼工資，有時有人拿點米，有時有人拿點菜蔬，就算是工資了。」從這種前所未聞的乞討式教書中，我深深地感到袁殊童年時代的不幸。

袁殊有個弟弟名叫袁學禮，生了病沒錢治，十七歲就死掉了。袁殊本人肚子上有一個凹陷的疤痕，那是童年時代的患盲腸炎因沒錢治，潰爛後又自行癒合形成的。他確實在饑寒交迫的貧困深淵裡苦苦地掙扎過，我以為這是他後來走上革命道路的一個極為重要的原因。

我的母親也曾對我說過，袁殊的童年生活非常悲慘，袁殊小時候幫人賣過大餅油條，擦過皮鞋，什麼雜活都幹過。儘管袁殊本人沒有講過這些，但我認為母親所述可能是真實的。

奶奶除了「教書」外，白天還幫人燒老虎灶、做針線活。總之，二〇年代初期袁殊的童年是在赤貧的貧民窟中度過的。袁殊在追憶童年的詩賦中有「母子相對讓薄羹」的句子，可見一斑。

當時的中學生董純才，很同情經常餓飯的表弟袁殊，把袁殊的情況告訴了他認識的一個留日回國做醫生的劉之綱。托劉之綱想辦法。劉之綱轉托到啟智印刷所的經理張富三處，張接收袁殊為印刷所排字工學徒。

啟智印刷所是國家主義派的印刷所，主要印無政府主義的東西和一些文學研究會的作品。小學徒袁殊白天學排字、做雜活，晚上還要把印好的刊物，如文學研究會茅盾主編的《文學週報》，國家主義派曾琦主編的《醒獅》等送發到各個客戶。老闆每天給十二個銅板的送稿車費，袁殊不惜每天走幾個小時的路，把電車費省下來交給母親，這十幾個銅板對袁殊母子三人有相當大的幫助。

袁殊在每天送清樣的行路中開始了對人生的思索。他每天都要從擁擠、骯髒、貧窮的棚戶區走到整潔、乾淨、寬敞的富人區。鮮明的生活對比，給予他強烈的刺激。特別是他經過那長長的哈同公園圍牆時，就感到忿忿不平。（哈同是不名一文的外國人，後到舊上海灘來冒險發了大財）。牆內是悠閒、舒適的富人樂園，牆外是衣不遮體、食不果腹的勞苦大眾。為什麼這個世界這麼不公平呢？袁殊強烈地感到社會等級的巨大差異，他一面內心鳴著不平、一面暗下決心要在社會上爬上去。

送清樣的客戶之一是曾琦家，幾乎每天必去。清樣送到後，就在樓下等候，再將批改後的清樣送回啟智印刷所。在等候過程中，袁殊有時睡覺，有時到廚房討碗水喝，有時站在沙龍側門邊，聽曾琦等人坐在那兒高談闊論。這些文人談的是什麼當然聽不懂，但那種文人聚會，侃侃而談的場景卻給袁殊留下了深刻的印象。

袁殊當印刷學徒的主要收穫是學會了排字送校樣，思想上開始了對人生的思考。但他當學徒不及一年，飯碗就丟了，確切地說是自己砸了自己的飯碗。

董、袁、賈家幾個表兄弟中，袁殊和賈仲洪的關係最好。袁殊當學徒時，賈仲洪仍寄住在董家。這兩個小孩子經過一番密謀策劃後，從董家偷來一張地圖，一起出逃了。

過了好幾天後，董、袁兩家分別接到租界巡捕房的通知，要兩家各自領回自己的孩子。為什麼出逃呢？袁殊避而不談，但祖母卻對我講過原因。原來袁殊認為當學徒工沒有出息，既使熬到印刷師傅，月薪不過幾元錢，他們倆人要去闖世界，幹大事。

出逃，固然是青少年時期的逆反心理所促成，也反映出袁殊自幼就不安分的性格的一個側面。

出逃的直接後果是自己砸掉了學徒工的飯碗。回到家徒四壁的環境中，只有挨餓的份兒。執拗的袁殊一味地吵著要讀書，窮得連飯都吃不飽的祖母哪能滿足他的讀書要求呢？一籌莫展的祖母只能不停頓地重複一句話：「找你爸爸去！找你爸爸去！」

十二歲的袁殊找過袁曉嵐多次，均無結果。

不是袁曉嵐不幫助自己的兒子，而是無力幫助。祖父那時已不教書了，他在環龍路四十四號全力搞國民黨工團工作，生活上自顧不暇。

幾個月過去了，不合情理的執拗的讀書要求始終不能解決。多了一個人吃飯，少掉了每天十幾個銅板的收入，祖母挑不起三口之家的生活重擔，那幾個月中袁殊經常挨餓。

怎麼生活下去呢？袁殊非常著急，他再一次餓著肚子走到環龍路四十四號。袁曉嵐依然無計可施，絕望的袁殊急餓攻心，當場暈倒在地上。

環龍路四十四號的幾個工作人員圍攏過來，對小孩子袁殊動了惻隱之心。其中有個袁某人和立達學園有些關係，他當場答應介紹袁殊免費到立達學園讀書。其中還有個人名叫蕭同茲，後來對袁殊的文化活動開了幾次綠燈，這是後話。

袁殊入學時，行李是大家湊起來的。奶奶只能拿出一條褥子，董家湊了一床被子。袁曉嵐送了一元大洋買了書籍和生活必需品。

就這樣袁殊免費上了立達學園初中部，在那所學校，他受到了無政府主義的影響。

奶奶一九七一年去世，還在秦城坐監的袁殊不可能知道她的母親已逝，但於一九七三年，袁殊在獄中賦詩悼念母親。母子心靈相通。詩中，袁殊寫述了童年生活的苦難。

〈悼母〉（一九七三年）

（一）

饑寒奔食拋故土，
母子相憐讓薄羹。
歎息貧病傷行雁，
牢獄頻驚慈母心。

（二）

鬧市荒天哺稚子，
陋巷湫居茹辛苦。
北國重陽新世紀，
京郊擇墓撫群孫。

附記：

我母賈仁惠，於一九一九年前後攜我兄弟到滬就食姨家。嗣後，貧困交破，經年流離。弟學禮患骨癆症，死於一九三三年春末。我自一九三五年以來，屢經牢獄。一九四八年，母攜孫女元曦。自北平赴大連途中。被執於青島獄中，約一年。元曦生於一九三三年春初或三月，自幼由祖母哺育長大，母愛孫甚於愛子。

三、立達學園

立達學園的創辦人名叫匡互生。是毛澤東的湖南同學。匡互生在一九一九年「五四」運動中是第一個衝進時稱賣國賊曹汝霖家中的愛國青年。（可是曹汝霖在抗日戰爭期間卻拒絕與日本人合作，保住了民族氣節。）

立達學園的辦學宗旨是「修養健全人格，實行互相生活，以促進文化，改造社會」。孔子在《論語》中有言：「己欲立而立人，已欲達而達人」，意即做人要立場堅定，通情達理，只有如此才能立足於社會，才有立身立業的根基。這是「立達」的含義。

立達學園當年名師雲集。文史老師有夏丏尊、朱自清、葉聖陶、陳望道、茅盾、鄭振鐸、周予同等大家。一時有「北有清華，南有立達」之說。

老師中，袁殊對豐子愷印象深刻。晚年的袁殊，還與當年的老師章克標時有書信往來。

袁殊在立達學園讀書時，參加了學生無政府主義團體「黑色青年」，成為思想傾向無政府主義的人。

無政府主義這個名詞，聽起來有些令人悚然。蘇聯根據小托爾斯泰著的《苦難的歷程》所拍攝的三部曲電影中，馬赫諾匪幫的顧問是個無政府主義者，這個電影中的形象給了我最初對無政府主義的感性認識，認為無政府主義就是不要任何政府、肆意橫行的匪幫代名詞。後來知識漸漸增多，才知道這種理解是大謬不然的。

無政府主義（Anarchism），又譯作安那其主義，是一系列政治哲學思想，包含了眾多哲學體系和社會運動實踐。它的基本立場是反對包括政府在內的一切統治和權威，提倡個體之間的自助關係，關注個體的自由和平等；它的政治訴求是消除政府以及社會上或經濟上的任何獨裁統治關係。

對大多數無政府主義而言，「無政府」一詞並不代表混亂、虛無、或道德淪喪的狀態，而是一種由自由的個體們自願結合，互助、自治、反獨裁主義的和諧社會。莊子被認為是最早的無政府主義者。

有意思的是，今天的中國中國，「和諧社會」成了時髦的政治名詞，難道是安那奇的回歸？各國盛行的反壟斷法豈不也是無政府主義反對經濟獨裁的社會實踐？相形之下，獨裁的「共產主義」倒是日漸消亡了。理論的推演代替不了社會的實踐。

民主、共和、君主立憲、烏托邦、鐵幕等等社會理論光怪陸離。老百姓的心思卻很單純——過平靜安寧的好生活。社會科學是複雜的，只能由社會實踐來做結論。

袁殊信仰無政府主義的重要原因之一是，立達學園本身就是信奉無政府主義的學校。學校展室中存展著俄國無政府主義的精神領袖克魯泡特金的手寫明信片。克魯泡特金實際上是一個空想社會主義者，他主張一切財產物歸公有，主張沒有權威的、各盡所能的共產主義社會。

袁殊在苦難的生活中掙扎著，已經對階級等級的差異產生了忿忿不平，人們為什麼不能剷除一切不平，回歸到「日出而作、日落而息」的純樸生活中去呢？很顯然，俄國無政府主義的理論家克魯泡特金的主張對袁殊有巨大吸引力。

袁殊進入立達學園只能免交學費，但飯費仍無著落。他自述，每到開飯時就和同學們一道走進飯廳吃飯，並且泰然處之。以今天的眼光來看，這種做法是行不通的，而且也不應該的。但在當年的立達學園，袁殊不僅這麼做了，而且沒有受到非議，為什麼呢？

因為立達學園標榜人類的愛，「教職員學生宛如父子兄弟，親愛無間。」克魯泡特金主張「生物的相互扶助是人類的本性」，匡互生本人也身體力行著人格感化和人道主義教育。

有一次立達學園抓住了一個小偷，匡先生對偷竊者曉之以理後就把他放掉了，並沒有報案或施懲罰。由此可知，學校對確有難處的學生是諒解的。以後，立達在南翔設了農場。師生均要參加一定的體力勞動，故後期或可不交飯費。

作為一個學生，總要買些書筆紙張之類。祖母每月只給他幾個銅板作為星期天從學校回家的車費，袁殊寧肯每次回家往返步行許久也要省下錢來買紙筆。他的衣衫破破爛爛，根本買不起學生長衫。我不禁好奇地問他：「你這麼窮困，身材又矮，是不是同學看不起你？」他的回答出我意外，「不，在當時的立達學園，只要你能真心為大家辦事，就會受到同學們的尊敬和愛戴。」

從口氣看，顯然他並不受同學們的歧視，那麼是否因為他的學習出類拔萃呢？我個人想起了小學時他對我的學習成績要求並不高的往事：他看到我的成績基本上都是四五分就很滿意了，其實我不過是個中等學生。

袁殊上學時也是成績平平，他只是對文史科目有興趣，老師講得生動時他聽得非常起勁，否則也不過聽聽而已。在課餘時間，他廣泛閱讀許多文史書，其中以舊小說、元曲雜劇居多。他也讀文學研究會的作品，特別愛讀冰心的《寄小讀者》。

中學時代的袁殊並不是一個性格內向的人，儘管他貧窮卻沒有自卑感，他甚至還頗為活躍。

和袁殊同住一個宿舍的一名高中年級學生名叫黃其啟，他是湖南著名的無政府主義者黃愛的弟弟。袁殊和黃其啟兩個人別出心裁地辦了份《窗報》，即在宿舍玻璃上不定期地「出版新聞」。《窗報》的內容大多是道聽塗說來的各種消息和自己的評論。為得到消息，他們兩個人大咧咧地和復旦大學學生交朋友，進行「採訪」。據說《窗報》很有些人來看，甚至教員也有時前來讀「報」。為此，在立達讀書的袁殊得了個「報館先生」的綽號。袁殊以後成為職業報人，始於辦《窗報》。

袁殊也顯示出有較強的社會活動力的端倪。一九二五年上海爆發「五卅」運動，年僅十四歲的袁殊和立達學園的學生們一道參加了全市的罷工、罷市、罷課的大遊行，親眼目睹了流血場面。我問他怕不怕，他說：「一點都不感到害怕，精神處於亢奮狀態。」

作為立達學園遊行隊伍的宣傳隊員之一，袁殊認識了不少大中學的學生代表。他特別提到大廈大學的邵華和劉真如兩個人，他說劉、邵二人是「五卅」學運的核心人物，但後來都成了國民黨黨務人員。劉真如以後擔任過國民黨安徽省黨部主任委員。邵華以後擔任國民黨湖北省部主任委員。

袁殊還提到，五卅運動期間，他在一張告示的落款處，第一次看見潘漢年的落款。潘漢年在一九二五年五卅運動期間加入了中國共產黨。

一九二五年五卅運動後以後，廣州革命政府積極開始準備北伐，國民黨的地方力量也開始活躍起來。國民黨駐滬辦事處環龍路四十四號機關終於有了生氣。袁曉嵐不再搞半死半不活的工團運動了，他的新任務是在上海選拔青年，推薦到黃埔軍校去學習。

袁曉嵐推薦了賈伯濤，因年紀小而沒有推薦袁殊。但是袁殊也在山雨欲來風滿樓的大動盪前夜，於一九二六年離開立達學園走上社會。

四、胡抱一——其人和參加北伐軍

一九七七年袁殊回京探親時帶回好幾厚冊相冊。這些相冊是從他離開秦城監獄時公家發還的一隻大箱子中發現的。箱子原在機關，不知誰送去的，箱內除相冊外還有被捕時身穿的軍服和戴的手錶，其它什麼也沒有。

他要我看舊照片，我翻開相冊一看裡面空空的什麼都沒有。隨即袁殊取出另一紙包，裡面裝滿了舊照，原來袁殊已把照片從相冊上撕下來做了篩選。

紙包上寫著「鴻爪雪泥」四個字，是從蘇東坡的〈和子由澠池懷舊〉中化出來的：「人生到處知何似，應似飛鴻踏雪泥。泥上偶然留指爪，鴻飛那復計東西。老僧已死成新塔，壞壁無由見舊題。往日崎嶇還記否，路長人困蹇驢嘶。」

他說起「往日崎嶇」中所遇到的第一人就是胡抱一。一張四吋以上的、褪了色的舊照片，攝記著一個身穿長衫的中年人的全身像，照片背後朱筆寫著「一九二十八年，泰安，胡抱一」。袁殊對我說：「你記住這個人，我同他的關係要比同你祖父的關係更好」。

胡抱一曾與袁殊的父親袁曉嵐在上海還龍路四十四號國民黨住戶機關共過事。由此袁殊認識了胡抱一。

胡抱一是資格很老、官職不大的國民黨政客。孫中山任臨時大總統時，此人做過孫中山的學生隊隊員。二十年代前期到上海，在國民黨環龍路四十四號機關和袁曉嵐共事。

胡抱一的社會關係很複雜，認識許多國民黨上層人物，在戴笠沒有發跡的二十年代就結識了戴笠。胡本人也是洪幫人物，在幫內人稱胡二爺。

胡抱一信仰無政府主義，袁殊說，他僅僅概略地瞭解無政府主義的主張而沒有讀過無政府主義的理論書籍。他和南方各式無政府主義者也有廣泛的聯繫。在現實政治生活中他效力於國民黨右派，三〇年代中期胡投靠胡宗南當了一名專員。胡抱一是江蘇淮安人。

國民黨在南方崛起後，胡抱一在上海也活躍起來。國民黨委任胡抱一為國民革命軍江南別動軍司令，要他利用廣泛的社會關係去煽動、組織江浙一帶無政府主義者起來反對孫傳芳，策應北伐軍攻打上海。

但「胡司令」頭銜是空的，他豎起大旗，應著寥寥。袁殊因為反對軍閥、信奉無政府主義，便投到胡的門下。也許因為袁曉嵐的緣故吧，胡抱一把袁殊當成貼身小秘書，袁替胡奔走聯絡、傳遞信件。

何應欽打下杭州後，胡把袁殊帶到杭州，袁殊替胡送信給胡宗南，胡宗南的副官何天風接待了袁殊。那時何天風不過是個中尉（一九三九年何天風投敵前已成為國民黨的中將了），何把回信交給袁殊，要他到上海轉交給已先行回滬的胡抱一併送了二十元路費。

袁殊回到上海，在閘北區的兩廣會館找到了胡抱一，胡頗為得意地說，部隊開到南京後他就成為副師長了。至此，別動軍司令部解體，從成立到結束不過兩個月光景。

嗣後，胡抱一帶著袁殊到南京謀出路，到處拜客。有一次他們去拜會戴笠，戴不在家。胡指著照片告訴袁殊，「此人是戴笠，這位戴先生喜歡冒險，現正在上海搞綁票活動以籌資金，準備收集無職的黃埔同學成立一個秘密團體。」

戴笠原是南昌行營的一個科長，每有情報總是尋找機會面呈蔣介石，開始蔣並不看重戴笠，因其情報多次準確及時便逐漸引起蔣介石的注意。這次客訪的收穫是，袁殊認識了戴笠的面孔。

在南京，胡、袁二人意外地碰上了「五卅」學運時期的大廈大學學生代表邵華。邵華已被委任為國民革命軍二十七師的政治部主任，正在組建班底。胡抱一把袁殊託付給邵華，袁成為政治部宣傳股的少尉股員。

為什麼到達南京後二十七師才組建政治部呢？原來二十七師是皖系段祺瑞手下倪道良的部隊，剛剛投到北伐一邊不久。袁殊先陪邵華回上海辦私事，自己也買書探家，然後再到蕪湖駐地報到。宣傳股的股長孫祖基後來做過無錫縣縣長。

在蕪湖時期，袁殊的公事是寫標語口號，安民告示，內容不外是打倒帝國主義、擁護蔣介石之類；工餘則給《蕪湖日報》投稿寫文章。

記得袁殊說過，他第一次發表文章時是十五歲，看到自己寫的東西成為鉛印文字非常興奮，但內容則忘得一乾二淨。

蔣介石發動反對武漢政府的政變、國民黨清黨時，袁殊尚無政見，抱著完全置身事外的態度。袁殊所屬的二十七軍奉命行軍到南京，沒有幾天二十七軍被蔣介石的部隊繳械，政治部奉命轉駐安慶，旋即宣告解散。我想這是蔣介石當年消滅地方派系勢力的一個行動。

袁殊經原同事介紹，轉到程潛的第六軍、河南人張軫任師長的第十八師，任政治部宣傳科中尉科員。不到兩個月，奉命下連隊擔任中尉指導員。

袁殊所在連隊的連長叫袁國賢，是四川人，行伍出身，講義氣，作戰勇敢。袁殊說，他打仗不要命，進攻受阻時組織敢死隊，隊員每人賞洋四十元，這位連長把錢往腰間一纏、帶頭衝鋒，大有「完蛋就完蛋，老子今天就死在戰場上了」的亡命氣概。

也就是從這類事件中，袁殊滋生了厭戰情緒。但是袁殊和這位連長的關係處得很好，受到他許多照顧。袁國賢實質上信仰無政府主義，他們談得來。講義氣的袁國賢看到十六歲的袁殊根本指揮不動二十多歲的大兵，每臨戰陣都要他退到後面炮兵陣地上去。

十八師先在朗漢、廣德、宣城等地活動，後奉命開到江西九江打仗，繼而又轉到湖北田家鎮一帶與何鍵部隊作戰。

此時師部下令連指導員都要親自到前線化妝偵察。正當袁殊換上老百姓的衣服準備出發之際，袁國賢主動代理了此事：「這件事你幹太危險了，還是我去吧。」而袁殊看北閥戰爭已淪為軍閥爭鬥，遂不願再當軍閥炮灰，和好友梁志鴻商量後，一起請長假脫離了部隊。

袁殊至老不忘袁國賢。袁殊平反前後我問過他，「如果你在第六軍一直幹下去，結果會怎樣。」也許我的話引起了他的好奇心，加上念舊情吧，袁殊平反不久要我代寫一信到四川ㄨ縣打聽袁國賢的下落。

實在沒想到，該縣負責人認真地寫了回信，從信中得知這位袁國賢在國民黨軍隊中一直幹了下去，從連長幹到師長，解放後不久死去。我恍惚記得袁殊說過袁國賢會畫畫。不想在袁殊去世後卻得到印證。一九八八年初，上海市公安局退還給我們一些殘破字畫，其中一幅，上題「學易老弟」，下款「袁國賢」。這幅殘破的國畫雖不高明，卻也不失為一張畫。看來他們倆人還有以文相交的一面呢！

胡抱一是袁殊行走社會江湖的啟蒙導師。戴笠的面孔是胡抱一指認給袁殊的，胡抱一介紹袁殊參加了北伐革命，胡抱一介紹袁殊給暗殺大王王亞樵。胡抱一應算是遊俠列傳一類的人物吧。這對袁殊日後幹特工有不小的推力和影響胡抱一的死也是個迷。三〇年代中期，胡抱一投奔了胡宗南。四〇年代初，一次到西安拜訪胡宗南後，被禮送上了火車，火車到了一個小站，就一槍被打死了。不知什麼原因，老資格的國民黨人胡抱一被國民黨殺害了。執行人是胡宗南的心腹幹將朱汲。

請看朱汲的口述：「胡抱一，到西安來拜望胡宗南。我就把胡抱一接到東昌門。走的時候，胡宗南說，朱汲，送胡局長上火車站，注意安全。我說，是。其實我已經安排好了，將胡抱一送到西安火車站，再見，再見，歡迎胡局長經常來。我就回到家裡就盯著那個電話了。胡抱一到了維南，一下火車，啪，一槍，打倒了。維南電話來了，我接過電話，我說哪裡，維南車站，我說有什麼情況，我心裡知道，胡抱一先生被刺。我說，混蛋，叫你們保護好，保護好，出了事，捉拿兇手，限期破案，找你們是問。我進去給胡宗南報告，任務完成了，胡抱一先生被刺。就這樣，我一個禮拜沒吃飯。我第一次幹這個事，跟人家講得好，歡迎來，歡迎來，送人家去，再見，再見，心裡早就說，到了車站就打死了。」

一九二四年八月二十八日，經胡抱一提議，王亞樵與戴春風（戴笠）、胡宗南、胡抱一三人義結金蘭，成為異姓兄弟。四人中，王亞樵年齡最大，遂為長兄。胡抱一居二，胡宗南行三，戴春風最小，居末。胡抱一就這樣被義結金蘭的老三胡宗南殺害了。不知何故。

五、魯西北之行

袁殊折道回上海，原是準備報考上海勞動大學的。一九二七年下半年勞大第一任校長易培基組建上海勞動大學，這是一所半工半讀的大學，無政府主義在校內頗為盛行。這一切都合乎袁殊的心願，特別是上學無須擔心衣食。但袁殊返回上海時已經是一九二八年初了，錯過考期上不成勞動大學了。

當時祖母帶著袁學禮已返回湖北老家，祖父袁曉嵐已外任縣長，但和袁殊無書信往來。沒事幹的袁殊開始過打流生活，經常逛馬路，在馬路上他巧遇到胡抱一。胡當時被委任為全國賑災委員會調查組組長，袁殊便成為調查組組員。

一九二七年下半年，河北南部、山東西部發生了嚴重旱情，赤地千里、土地龜裂、禾苗不生、餓殍載道。史稱魯西北大旱。實則是水旱兩災相繼發生。一九二七年濟南一帶發生大水災，次年又大旱鬧蝗災。災民蜂擁闖關東，有一百多萬人闖關東謀生計，形成了歷史上的又一個移民潮。

蔣介石下令組織賑災委員會卻別有用心。那時，山東省主席孫良誠是馮玉祥派系的人，而日本已出兵佔領了濟南、青島。

蔣介石為插手山東，起用許世英做賑災委員會主席。許世英是段祺瑞時期的國務總理，蔣任用他就是要暗中辦理對日交涉。這種說法有一個鮮明的證據：全國賑災委員會隸屬於蔣介石安插在山東的「戰地政務委員會」的領導。

賑災委會總部設在泰安，胡抱一的調查小組深入到河北大名一帶，袁殊親眼目睹了災區人民的生活慘景。他說，「老百姓連草根樹皮都吃光了，十幾歲的女孩子赤著身子連條褲子都沒得穿。」在袁殊的遺物中仍保存著一張當年魯西北之行的災民照片。

泰安附近有個小縣當時叫堂邑縣，祖父袁曉嵐以老同盟會員的資格，當時做了堂邑縣的縣長。袁殊借便拜訪。他風趣地說：「我這個窮孩子一下子又成了縣太爺的公子。」

但是袁曉嵐當縣長當得實在不成氣候，縣衙門設在一所破敗不堪的大廟裡，一片油漆剝落、敗牆頹園的景象，根本無經費稍事修繕。「縣太爺」被地方勢力高高架起來，實際上事事都由地方紅槍會組織來決定。

袁殊的敘述使我聯想起電影《停戰前後》，其中那個被土匪孫拐子架起來的國民黨香河縣縣長班長儒，只會咬文嚼字。我想袁曉嵐當縣長大概就是那個樣子。

以後幾年中，袁曉嵐又轉任了好幾個縣的縣長，記得有山東日照縣，湖北當陽縣等，有的縣份因土匪過於猖獗而實際沒有赴任。身殘志懦的袁曉嵐最終回到上海，在國民黨的一個什麼教育會館之類的清閒機構中掛個名，月薪一百多元，「以沒落的小官僚而終其生」。

一九三四年時的袁殊已成為吳醒亞的紅人，很發達了。一次袁曉嵐到袁殊家看望，袁殊不在家，袁曉嵐看到袁殊的物質生活富足，提筆在紙上寫了四個字：「生於憂患，死於安樂」。湖北老家族人要修家譜，袁曉嵐出錢要袁殊也出些錢。一九三五年，袁曉嵐病逝，袁殊發喪。

堂邑縣在民國之初屬山東省東臨道。一九三六年屬山東省第六區行政督察專員公署。一九四三年，將堂邑縣改名為武訓縣。一九四九年堂邑縣復名。一九五六年三月，堂邑縣建制撤銷，其轄地分別劃入聊城和冠縣。辦義學受到清朝封賞黃馬褂的乞丐武訓，就是堂邑縣人。

堂邑縣的紅槍會是繼承白蓮教的會道門組織，信仰真神（玄武神）。一九〇〇年已遍佈河北山東各地。該組織最初的職責保鄉抗匪，後多次抗稅暴動，當地共產黨人利用紅槍會起義，均以失敗告終。解放後成為反動會道門。

袁曉嵐的縣長既當得如此窩囊，「縣太爺公子」自然索然無味，在堂邑縣沒住多久，袁殊便折返泰安縣。在歸途中，他不慎從馬上摔落下來，摔傷了右臂。胡抱一把袁殊送到當地醫院治療，又親自送往南京進一步醫治，因此袁殊說：「胡抱一比我父親待我好。」

袁殊從南京醫院出來後，胡抱一早回到了山東。袁殊卻因愛好文學和信仰無政府主義而參加了無政府主義文學社團——狂飆社。

六、狂飆社小夥計

在這些舊照片中，我看到一張身著戎裝、騎在馬上的青年軍人照片，面目似曾相識。袁殊說，這是他在北伐時期的照片，後來成為《長虹週刊》的一張扉頁畫面，所以保留了下來。我問他「長虹」是不是曾做過魯迅的學生、後又和魯迅鬧翻了的高長虹，他說正是此人。

袁殊在北伐軍十八師時，有一次駐紮在江西的一個小市鎮，在那兒無意買了一本《長虹週刊》，行軍途中細細地讀了幾遍，思想上發生了共鳴。自南京出院後，在街市上又買了本《長虹週刊》，讀完後就貿然寫信給上海的高長虹，簡述了自己的經歷，要求參加狂飆社。沒想到高長虹回信同意袁殊參加，於是袁殊成為狂飆社的一名小夥計。

袁殊回到上海住在狂飆社出版部，地址是四川路老青年會惠星公司的樓上。

出版部一共只有三人，頭頭是高長虹，兩個小夥計，一個是袁殊，另一個是比袁殊稍大一點的北京人鄭效洵。生活上他們三個人同吃同住。小夥計吃住不收錢，但也沒有固定工資。小夥計的工作是把出版的《長虹週刊》打包郵寄到各地。

《長虹週刊》的確名副其實，因為它完全由高長虹一人包寫。出版部的經費只靠賣刊物得來的錢支持，常常寅吃卯糧，每有討債的來催逼，高長虹就躲起來由小夥計去應付。慢慢地鄭效洵對高長虹產生了不滿情緒，但袁殊和高長虹的關係一直融洽。

袁殊參加狂飆社，主要因為它是個無政府主義的文學社團。「狂飆」二字就是取自德國的狂飆運動。該社比較重要的分子還有向培良、馬彥祥等人，但袁殊和高長虹最為接近。

「高長虹這個人忙得很，當時已有四十多歲了，還不成家。他書讀得很多，也有才氣，主要搞文學活動，有時也搞點政治投機；他常常一個人跑到南京去，告訴我們說是和閻錫山代表聯繫，幫助他們開展文學活動，實則作點交易。出版部有時連房租都付不出，可高長虹照樣買當時最昂貴的英國進口毛毯，他精神上要求講究。

後來長虹騙了大家，他一個人跑掉了，跑到哪裡去了誰也不知道，連和他最接近的演劇部柯仲平也不知道。出版部的房費欠了幾個月，沒有辦法，只好散夥。鄭效洵回北京去了，我就搬到演劇部和柯仲平住在一起。」（袁殊原話）

高長虹跑到哪裡去了？袁殊後來才知道他跑到了日本，過著每月僅五元錢的艱苦生活，留日中國學生要募捐幫助他，他以個人生活問題自己解決為由謝絕了。

袁殊第二次到日本時，高長虹打電話給袁殊要過錢，清高文人能開口要錢，足見他們二人私誼很好。

太平洋戰爭爆發前，袁殊聽潘漢年說，在香港碼頭看見高長虹，已是衣衫破爛的流浪人了，再以後不知其下落。

抗戰時高長虹曾徒步到過延安，做了關於抗戰文學的長篇演講，後去東北。解放前後病逝於東北邊陲之地。

桂伯薪老伯說得對，學文是個空架子。高長虹在長達二十餘年的文學創作生涯中發表作品上千篇，出版著作十七本，約一百三十餘萬字，他是雜文創作最多產最有成就的作家之一。

在演劇部的那段生活，袁殊只簡略地談過「吃飯搭夥（即一起吃飯共同分擔飯費）」。樓適夷在《話語錄》的一篇文章裡卻記述了當時生活的一個側影：「……貼鄰的一幢，上下三層空空洞洞的房子，則住著幾個流浪青年，我認識其中的一個就是柯仲平。他一個人占樓下一大間，一床一桌，幾條凳子，地上亂堆一些書報。這意外的相見使兩個人特別高興。原來那座樓是狂飆社租下來的。

樓上還住著單身的陳凝秋（那時還沒有叫賽克），兩個恰巧都是彪形大漢，可另外還住著一對瘦小的男女，那是我第一次認識袁殊和他當時的女友，比起大漢們正像一對侏儒。

這四個人不待敘集在一起，就可以在柯仲平那間空洞的屋子裡，光赤裸裸的牆頭上，看到一幅用木炭雙勾的、碩大無比的影畫群像，一眼便認識正是這四位居民的留影。是哪個晚上停了電，點著一支蠟，首先是凝秋的手筆，把映在壁上的人影即席畫成了壁畫。晚上閒下來，我就上鄰居去參加他們的燈下談，天南地北無所不談，有時還唱歌，甚至跳起舞來。門外的世界暫時遠離我們的心目，好像自己有了另外的天地……」。

樓適夷也認識的另一個狂飆社小夥計鄭孝洵。當年的這個文學青年，後來事業有成。他為我國文化藝術事業奮鬥終生，出版外國文學作品逾千種，曾編譯中國第一部《資本論》全譯本。曾任讀書生活出版社編輯、三聯書店及人民文學出版社主任、副總編輯，學術顧問、編審，北京圖書館圖書資料採選委員會主任，研究員等職，一九九二年獲國務院特殊津貼。

文中提到的柯仲平是詩人。建國後，任中國作家協會副主席。是第一、二屆全國人大代表，第一屆全國政協代表。

文中提到的陳凝秋（塞克）原名陳秉鈞，詩人、戲劇家，也是我國重要話劇和電影表演藝術家、詩人。一九八八年十一月一八日在北京逝世，享年八十二歲。

在演劇部過的那段流浪生活，袁殊賴以生活的物質基礎是賣文稿。有一次他給民國日報《覺悟》副刊投了一篇稿。以換取稿費為目的，卻忘了寫上投搞人的地址。稿子登出來，同時編輯發出一則啟事，要撰稿人前往報社領取稿酬。袁殊到報社後，碰到當時上海市的一位要人陳德徵。

陳德徵當時是國民黨上海市黨部的宣傳部長，那天恰因公務在報社。陳本不認識袁殊，見一個青年人前來領取稿酬有些奇怪，看了文章後問道：「你寫這個幹什麼？」袁答說要錢用。

兩人談話漸漸深入下去。先是談到北伐軍中的許多人，是他們都相識的，繼而談到胡抱一。原來陳胡二人非常熟識。胡抱一的老婆王卓民原是上海建國中學的學生，陳德徵當時是建國中學校長，是陳德徵把信仰三民主義的王卓民介紹給胡抱一的。

當陳知道了胡和袁的密切關係後，當即決定讓袁殊做宣傳部的助理幹事。生活沒有保障的袁殊自然答應了下來。

助理幹事月薪六十多元，其工作是每天跑基層宣傳機構，起上下溝通的作用，故薪水之外每月還有十幾元飯費補助和十幾元交通費，總計百元。其實中飯均由基層單位免費招待。

一個十八九的青年人，月收入高達百元，這在當時的上海來說是相當不錯的經濟收入了。照「理」說，上邊有人撐腰，眼前有錢可抓，這種實惠何樂而不為呢？如果袁殊照此混下去，將來就是國民黨的一個小官僚。

袁殊不甘平庸，他當這個助理幹事是權宜之計。一旦有了物質基礎後，他立即攢錢，他的計畫是攢夠一筆錢就到日本去留學。半年光景，他積蓄了近四百元，遂辭職不幹了。

袁殊於一九二八年初脫離程潛部隊回到上海，本是準備上大學的，中經各種周折，終於在一九二九年末和馬景星一起東渡日本，如願以償地留學去了。

也許是命運機會和堅毅精神兼而有之吧，他不具備得天獨厚的物質條件，但具有撞擊生活之門的魄力。

我想起了袁殊寫過的一段話：「執著的生活熱情，首先必須貫徹於所學的專業上。執著的精神，鍥而不捨是也。——堅持、深入、提高！」

七、馬景星

「回顧少壯歲月，馬景星實際成了我的社會生活的真正賢內助。……現在故人已隔世二十多年了，回憶從前她為我抄寫文稿，徹夜不休；為我秘密奔走、冒險以赴，追思九泉，不禁潸然！」（袁殊來信）

馬景星是袁殊的第一個妻子，也是我大姐馬元曦的媽媽。她出身於上海浦東的大地主家庭，部分參與了袁殊在三〇年代的文化活動和政治活動。要寫袁殊是非寫馬景星不可的。對於馬景星，至少在記憶中我沒有直接面見的印象，但卻耳聞了她的許多事。

據袁殊說，馬景星可能是太平天國起義軍的後代。馬景星的祖父隻身一人來到當時尚很荒涼的浦東。當地人問他叫什麼，他沉吟半晌，指著坐騎說姓馬。

這位古人用隨身帶來的許多錢財購買了大量土地，定居在浦東。馬景星的父親馬蝶生，早年留學過日本，回國後一度提倡教育，晚年抽上了鴉片煙。馬家傳到第二代時，已有良田幾千畝，浦東鄉下遍佈著馬家的米店和貨店。

馬蝶生的正室無子嗣，五十多歲時馬蝶生討使喚丫頭為妾，生養了馬景星。沒過兩年馬蝶生死了，馬家正房太太就把馬景星的生母趕出馬家，但承認馬景星為馬家之後。馬的生母被趕出馬家之後，只得嫁給附近一個老實農民，他們以種菜度日，過著平民的生活。

馬景星自幼就知道這件事，也具體知道誰是自己的生母，但由於舊社會的等級觀念，她從沒有認自己的生母。在馬景星內心深處，她極為不滿自己名義母親的惡毒作法，對生母抱以同情。

這個實際背景不僅使馬景星和馬家的關係極為淡薄，而且由此引發了她同情社會革命的傾向。馬景星自十一二歲住讀上海啟明女子中學後，除節假日外平時很少回家。馬家給她以豐裕的經濟供應，但家庭的情感聯絡也極為談薄。

袁殊在狂飆社演劇部過流浪生活時，馬景星在讀高三年級。袁殊的表姐曼尼也是啟明女中的學生，曼尼常到演劇部找袁殊玩，成為袁殊的女友。後不知何故，經曼尼的介紹，馬景星成了袁殊的女友。但是他們真正確認相互感情，卻是兩年以後從日本回到中國後的事。

袁殊對馬景星的評價是：「她尚進步，但行動上除婦女解放之外則不進步。她一切事情聽待環境的安排，近於宿命論。她脾氣倔強，但大事上事事聽我的安排。」

馬景星以極端自由主義的態度，也參加過一些三〇年代初期的左翼文化活動。她高興就參加，不高興馬上就走，從不約束自己。

她寫的一些文章主要是談婦女婚姻之類的即婦女解放問題的。

「在內心深處，她瞧不起三〇年代的那些文化人，甚至在生活招待上對往來的文人也表現出非常吝嗇。」（袁殊語）

馬景星一生幾乎沒什麼朋友，除了啟明女中教英文的張老師之外。解放後張老師的後代移居北京，住在北海附近的小石作，和我家有來往。

馬景星天資聰穎，英文不錯，能寫文章，會畫畫，也自行設計過自己的住宅。一九四〇年，袁殊和馬景星在潘漢年的認可下正式離異了。馬景星的後半生是很悲慘的，經濟上，她富有；精神上，她空虛。

解放初期，她患子宮癌，受了一年多病痛的折磨後死去了。當時，大姐和二姐到上海辦理喪事，發現她住宅裡到處都是錢，大姐把馬景星的全部遺產都上交給了組織。

袁殊和馬景星的結合有許多先天的不足，他們的階級出身不同，生活態度不同，性格氣質也不甚相容。

在中國三〇年代這塊廣袤的封建土地上，只有在舊上海才有一點自由戀愛的空氣。直到馬景星去逝後，馬家的人都不知道袁、馬一度結為夫妻。

在他們事實上已經成為夫妻之後，馬家還為馬景星介紹過「夫婿」。馬景星出於好奇也去相了面，回來卻告訴袁殊：「那人白白胖胖的，活像一隻蛆。」七十多歲的袁殊說到這一點時，仍舊笑得非常開心。

馬景星愛慕袁殊的才幹，希望並且幫助袁殊幹一番事業；袁殊因馬的同情革命和不嫌棄袁殊家貧而對馬發生好感。但他們成婚不久就經常不合。袁殊說，「馬犟我暴，經常打仗。」

有兩件私生活事，袁殊耿耿於懷。其一是，生了第一個孩子後馬景星擅自做主，不同袁殊商量就自己做了絕育手術。其二是，大姐本名袁曦，她的母親馬景星後來又冠名以「馬」姓。袁殊亦自認有生活不檢點的行為。

馬景星在啟明女中畢業後，原本被保送到南京金陵女子大學，因袁殊要去日本留學，決定放棄保送同去日本。馬從家裡要來七百元，她有正式高中文憑，有去日本的資格，在她面前沒有任何障礙。

袁殊則不同，雖然暫時沒有經濟問題，但他沒有正式文憑，連小學畢業文憑都沒有，日方不給簽證。

半個世紀前的袁殊也採用了「金錢開路走後門」的辦法闖過了最後一個求學難關。首先他花錢買了一張四川成都大學的肄業證明，又通過曼尼的關係在南京教育部開出了一張肄業證明的官方證明。一切手續齊備後，他們兩人約於一九二九年九月到達日本東京。

馬景星早年也加入過共產黨，後退黨。我看過馬景星給袁殊的畫像，和袁殊本人很有幾分相似。據說，馬景星也常給報刊投稿。前文提及的「李紫來」，可能就是馬景星的筆名。馬景星的住所是一幢二層樓小洋房，據說也是馬景星自己設計的。

袁殊告訴我，解放後馬景星找過時任《解放日報》社社長的惲逸群，第一次見了，第二次就不見了。袁殊是以此告誡我，世間人情單薄如紙，謹慎。

袁殊任「岩井公館」主幹期間，發現馬景星有個情夫，勃然大怒，把人抓到「岩井公館」關了起來。後馬景星托李士群說情放人。袁回答：「可以放，但要轉到你那裡放」。

這個小故事是袁殊親口告訴我的，同時他還說，他也理解馬景星一人生活的孤獨。看看，袁殊情感世界的二重性。

一九五四年二月，馬景星患子宮癌病逝於上海。他的女兒，我的大姐馬元曦和二姐曾昭到上海料理後事。曾昭說，在潘漢年的家裡見到自稱是作家的夏衍，說「和你爸爸袁殊非常熟識」。這是我第一次聽到夏衍的名字。

一九七一年袁殊在獄中賦詩懷念馬景星：

〈念景星〉

（一）

黑市生涯多遺恨，
老去思量念故人。
風波劫難遭離亂，
半抔黃土埋幽魂。

（二）

渾瑩璞質未琢才，
同舟攜手兩無猜。
憂患分添恩怨旅，
南天奠酒祭文台。

附記：

一九二九年九月與景星結伴赴日。一九五三年秋，她死於癌症。一九五四年冬在上海虹橋公墓為她置穴地瘞藏骨灰。

八、專攻新聞學

袁殊在日本東京住在中華民國留日青年會所辦的勤儉學社，中國窮苦的留日學生都住在這裡。馬景星因經濟寬裕而住在別處（以後馬家月匯給馬景星三百元）。

中華民國留日青年會的會長是湖北襄陽人馬伯援，他是日本外務省的雇員。坐落在東京小石川區御殿町的勤儉學社是日本用庚子賠款建造的，當時的管理人名叫謝介眉。租賃學社的一間房子，食宿費加在一起每月十五元即夠，學社內有信箱，有飲食部，非常方便。

袁、馬二人先上東亞日語預備學校初級班，學了幾個月後，沒有再上高級班即能應付一般的學習、生活所需了。

袁殊說他學習和掌握日語的速度很快，一年多以後他就能一般地談講，做到對付實用之需有餘了。原因是他學習方法對頭：他買了一台舊收音機，有空就聽日語；他沒有羞於開口的心理負擔，逛書店、看電影，儘量多實踐應用。《淪陷區的中國文學史》一書，除了攻擊人身的諸多貶詞之外，還說他「講一口極流利的日語」，其實也不儘然。袁殊自評他的日語，以實用見長，而日文造詣並不特殊深厚。第一次留日後，他還不能用日語自如地寫漂亮文章，《文藝新聞》時期給日本人初上萬一郎君的日文回信就是請人代筆的。

他在二次留日後日文大有長進，其特色是日本俚語、俏皮語、罵街的土語他都聽得懂，而且所說的日語可令日人認為是本國人所說。

袁殊留日一年多，有三個收穫。第一、他初步掌握了日語；第二、他研讀了新聞學；第三、他理論上接受了共產主義思想。

袁殊就讀於日本新聞學校，一所相當於大專程度的專科學校。他交講義費卻很少聽課，主要在宿舍裡自修。他在學習上很下了一番功夫。他也讀書也寫札記，將書本所學知識經理解消化後加進自己的觀點寫成了很多新聞學短稿，回國以後陸續發表在國內各個刊物上。

自一九二九年起，到一九三七年止，他一直堅持新聞學研究，寫和譯了好幾本新聞學專著，取得了學業上的一定成就。

奇怪的是，晚年的袁殊對自己在新聞學方面的論著並不看得很重。他在秦城坐監獄時就有新聞機構的人拿著他的新聞學著作找他瞭解情況，他漫應付之，所談不多。

一九八一年，人大新聞系有兩個人去訪問他，瞭解當年新聞事業的情況，他回答得非常乾脆：「我自己的政治問題還沒有解決呢，不高興談這些事。」儘管他從事過多年的新聞記者工作，在新聞學方面有建樹，但在晚年，始終認為他畢生的事業是情報工作。

在第一次留日期間，他首次寫了兩篇長文章。

第一篇的題目是〈日本國對華政策〉。當時日本國內兩大政黨輪流執政：民政黨和政友會。日本國內正經歷著經濟危機，政治風潮迭起。袁殊很注意日本政局，留心收集了兩大政黨的各類新政策，寫下了這篇長文章。袁殊利用暑假回到上海，帶著這部稿子到《日本研究》的主辦人陳彬龢的公館去登門拜訪。陳接待了袁殊，用三十元錢買下稿子。

第二篇可算一個短篇專著，名為〈印度獨立運動史略〉。記得將近十年前，我第一次看到《文藝新聞》複印本時，從廣告欄目中，發現這本書是袁學易著，神州國光社出版。袁學易是袁殊的學名，我當時感到驚奇：不過二十歲的袁殊怎麼又研究起印度問題而且能出單行本呢？袁殊知道我的驚奇後，很坦誠地講述了經過，解開了這個迷。

他說在讀新聞學時對社會學書籍也感興趣，特別注意亞洲地域的政治著作。他看到一本日本大學教授寫的《印度獨立運動回顧與展望》，原書有二、三十萬字，遂把結論性的一章譯了出來。

大概袁殊當年就知道出版書籍最好要有名人題序吧，他帶著稿子直截了當地拜訪了名人宮崎龍介。宮崎這個人是日本文化界名人，以支持弱小民族革命、扶助中國革命而著名。他也是日本國會議員，有個綽號叫白浪滔天。其弟宮崎正雄承繼了乃兄的事業，後成為日本國民同盟的領袖人物，日中文化協會的會長。

當時宮崎龍介家住著一位流亡的印度人。袁殊見到宮崎和印度人以後說，「我年青無知，但對印度問題感興趣，因而實驗性地譯注了這份資料、請二位前輩過目指正。」這二人認為，年紀青青就研究印度問題，其志可嘉。袁殊進一步索要照片、題詞，他二人一一應允。

從日本回國後，袁殊帶著譯稿、題詞和照片逕直找到以前沒打過交道的神州國光社，該社負責人曾憲聲當即以七十元錢買下這部稿子，出了單行本。

我問袁殊，你出書那麼容易，是不是當時懂日文的人很少？他說當時上海日本留學生到處都是。言外之意，出書並不容易。

青年時的袁殊闖勁十足，而且不盲目亂闖。例如找到曾憲聲之前，他就知道該出版社的背景是十九路軍，原只印刷出版名人字畫，曾憲聲接手後才改為一般性出版社，大概不會稿源過剩。膽大心細，使他得到成功。

袁殊對印度問題為什麼會產生興趣呢？他在新書介紹中作了如下的回答：「印度問題決不僅是

印度人的問題，而是全世界問題的一個樞紐。某國家政治家這樣說，這是誰都要承認的話。尤其在中國，我們知道鴉片戰爭的起因是由英國侵略印度而來的；更知道如果印度革命成功了，對中國的革命也是有直接的便利的。所以對印度獨立運動過去的研究，是有著迫切的必要。這本小冊子就是供給我們研究的好資料。甘地的不合作主義究竟是怎樣一回事？這裡也有明白的啟示。」

顯然袁殊的思想在發生變化，他關心中國革命的問題了。這是因為袁殊當時讀了他首次接觸的馬列書籍，即恩格斯著的《社會主義從空想到發達科學》（和今天的譯名不同）。這本書正是用科學的共產主義批判否認階級鬥爭的、無政府主義的空想社會主義的。袁殊一下子被吸引住了，一連讀了幾遍，不得不承認那種無為而治的無政府主義主張是行不通的。

他認識到，社會意義的人具有階級性，各個時代的統治階級必然具有權威性，只有階級鬥爭才能推動歷史的變革而最終消滅階級差異。社會主義的空想是美好但不實際的，袁殊從理論上接受了共產主義，在以後的實踐中，他開始從無政府主義者轉變為共產主義戰士。

應當指出，馬克思和恩格斯的學說，是學者的理論，是推演政治經濟歷史得出來的書本結論。這個學說迷惑了整整一代人。但在現實中，全世界無產者沒有聯合起來，世界革命沒有爆發，烏托幫式的社會主義沒有出現。所謂蘇聯和東歐的社會主義國家，後來成了鐵幕國家，終於土崩瓦解了。

中國中國在文化大革命時期，有一個極為荒謬的口號：「寧要社會主義的草，不要資本主義的苗」。不吃飯也要幹社會主義？用北京話來說，真是邪性。改革開放後階級鬥爭的口號不再響亮了。相對於過去，中國的政治開明多了。關心老百姓的生活，改善民生，是世界各國政府的首要職責。這是大多數中國人付出了慘痛代價之後才基本達成的共識。也是鄧小平改革開放、搞活經濟政策的民眾基礎。

還應當指出馬克思是偉大的學者，是社會學的創始人。但不是神，不能絕對的頂禮膜拜。但是上世紀初的一代人，把馬克思主義奉若神明，頂禮膜拜，片言隻語皆為聖旨，好像是救國救民的靈丹妙藥。這是那個時代潮流，不可遏止。也許還是黑格爾說得對：「凡存在的都是合理的，凡合理的也必然存在」。

正當袁殊像海綿一樣吸取著思想理論、文化知識的養分而生機勃勃地成長發展的時候，他卻不得不因經濟問題而輟學回國了。

日本自一八六四年民治維新以來，經過短短的大正年代，到了昭和時代已迅速發展為新興資本主義國家了。日本也不可避免地呈現著週期性的經濟危機。一九二九年是世界範圍內資本主義經濟大蕭條的時期，日本國內也發生了經濟恐慌。

為應付危機，日本當局宣佈把經濟上的銀本位制改變為金本位制。這一變動使中日貨幣兌換比從原來的〇・七比一猛增到一・五比一。對於袁殊這樣的窮學生來說，這是個沉重的打擊。袁殊當時尚有一百元錢，依原對換率可以換得一百四十日元，尚可維持七個月的生活；依現在的兌換率只能換得七十日元、只能維持四個月生活，考慮到回國路費，等於沒錢了。袁殊不得不回國。

九、漂泊動盪：何以為生

袁殊回國了，在日本基本以玩樂為主的馬景星也跟著回來了。

他倆先溯長江而上，舊地重遊。從上海出發，第一站到南京，在南京認識了張天翼、聶紺弩和正在南京中央大學英文系學習的胡楣（即關露），也遇到了過去同辦《窗報》的黃其啟，他在南京《中央日報》做副刊編輯。接著又到蕪湖、安慶等在北伐時期駐紮過的地方。

袁、馬二人一同回到湖北蘄春老家，探望了母親和弟弟，小住了幾日。袁殊看到馬景星並沒有對他出身的寒微表示嫌棄，便對馬景星產生了真正的好感，確定了今後共同生活的關係。

他們討論著未來幹什麼，馬說要學繪畫，袁表示要做職業報人，但尚無具體實踐計畫。他們只有幻想沒有實際的考慮，表現出青年人對生活的粗率態度。當沒有經濟支柱的袁殊再次受到生活挫折時，才去掉了這種浮躁氣。

他們到武漢後，會見了董家的二表哥董轍才。他留法回國後即在兵工廠工作，這位二表哥接濟了袁殊二、三十元路費。

他們也見到了賈家的賈伯濤，他當時是湖北省報的社長，實際幹著國民黨的工作。袁隨便請求賈幫忙辦成官費留日生，賈認為有困難，袁殊也未放在心上。袁殊還是想繼續學習的。

從武漢返回上海後，袁殊和馬景星分手了。馬進了畫家汪濟遠、倪貽德等人辦的美術學校，袁殊又過起了流浪生活。他的生活來源靠投稿，給匡亞明主辦的雜誌寫稿，也給黃其啟等人寫稿。

這樣生活終非良策，袁殊開始認真思考人生了。他開始認真計畫如何辦報，但一時找不到門路。袁殊的思想產生了深沉的苦悶：二十歲了，何以為生呢？

袁殊在馬路上又巧遇到胡抱一。胡瞭解了袁的生活狀況，問有何打算？袁殊只能籠統地答對想搞新聞工作。胡看他沒有既定方針目標只是在混生活，就要袁殊跟他到北京去相機行事。原來胡抱一到北京是去參加西山改組派的會議。途中胡知道袁有繼續學習的願望後，對袁說可試試看能不能在北京學航空。無路可走的袁殊當然願意。

到北京後，胡抱一介紹袁殊報考航空學校。但瞭解情況後才知道學航空根本沒有可能，原因是自己要繳付昂貴的學費，連試飛的汽油錢都要自己出。學航空不成，自然又進一步加深了生活的苦悶，在現實生活接連不斷地受挫中，袁殊沒有陷於黯然神傷的情緒而不能自拔。

屆時張學良發出巧電，東北易幟（一九二八年十二月二十九日張學良通電全國撤銷五色旗懸挂青天白日旗，服从中央政府），胡抱一偽裝反對蔣介石，跑到石家莊一帶搞政治投機活動去了。臨行前給袁殊留了一些錢和幾個可訪的朋友地址。

袁殊陷於進退兩難的困境之中：在北京是混生活，回上海也是流浪生活。這時他開始周密思考未來的辦報計畫。

胡抱一的錢終於花完了。袁殊找到胡的朋友，得到一封去天津見何民魂的介紹信。恰巧又收到馬景星從上海寄來不多不少的三百元錢。於是「船頭直了過來」。

何民魂到天津前曾擔任過南京市長的職務。何看了袁殊帶來的介紹信後說：「好，我這裡正好有一位青年要去上海，你們同行吧。」何給了幾十元路費。

同行的青年人名叫翁毅夫，以後改名為翁從六，又名翁永清。在回上海的輪船經過渤海灣時，袁殊在甲板上突然急劇腹痛嘔吐不止，海面上又刮起大風，隨時有落海的危險。翁從六，冒著生命危險，把袁殊從甲板上背回艙內，救了袁殊一命。翁從六思想進步（後為中共黨員），他們兩人遂成為莫逆之交。

以後他們共辦《文藝新聞》，四十年代又共同戰鬥在敵偽心臟，日偽投降後他們共同奔赴解放區。一九四八年張家口解放後，翁從六奉命從華東調往華北做經濟工作，不幸車翻身亡，袁殊當時在大連《關東日報》發表了紀念文章〈悼從六同志〉。

翁毅夫原是何民魂的部下，何任市長時，翁擔任南京電通公司的經理，年僅二十歲。回到上海不久，袁殊即參加了左翼文化活動。

第三章 參加左翼文化活動

一、聯合劇社的南京公演

參加聯合劇社的南京公演，是袁殊從日本回國後流浪生涯的結束，也是真正走向社會生活的先導。在這次為時不長的活動中，袁殊擴大了社會聯繫，初次做了政治亮相。

狂飆社馬彥祥是戲劇界人士，袁殊原與馬認識，緣由袁殊在日本留學時期為馬彥祥辦的刊物寫過稿。馬彥祥也是狂飆社的成員。

從北京回到上海的袁殊無意中見到馬彥祥，馬告訴袁他們正在組織聯合劇社，並約袁殊參加。馬認為袁過去是狂飆社的人，因此袁的加入可算作「聯合」了狂飆社。於是袁殊參加進去，負責對外聯絡事務。

馬彥祥是中國戲劇導演、戲劇活動家、理論家。解放後，馬彥祥任文化部戲曲改進局副局長、藝術局副局長。

據袁殊說，聯合劇社的公開主持人是馬彥祥，不公開露面的洪深也是主持人之一。納入聯合的有辛酉劇社的袁牧之、以創造社為背景的上海藝術劇社的王瑩，還有大道劇社的趙銘彝等人。劇社主管經濟的是包天笑的兒子、當時的自由主義文人包可華（後加入共產黨）。

到南京坐的是三等車廂，開始住中級飯店，演了幾場以後，票房收入很好，移住高級飯店，回上海時坐二等以上車廂。

演出的劇目有《酒後》等。在袁殊的遺物中，保存著幾張當年戲劇界人士的照片。一張是袁牧之、陳琛樱和馬彥祥的合影，一張是南京公演時的舞臺照（內有王瑩扮演的角色）；還有兩張是狂飆演劇部的照片，一張是柯仲平、陳凝秋、高歌和不知名者的四人合影，一張是內有柯仲平扮演角色的演出照。

袁殊說，聯合劇社在南京的公演獲得極大成功，場場爆滿，票房收入很高。當時南京文化生活猶如一潭死水，聯合劇社的公演打破了南京的沉悶死寂，各報紛紛載文評論，很熱鬧了一時。

於是引起了南京市黨部的注意，當局有意留用這支隊伍。首先由南京市黨部主任賴璉出面宴請聯合劇社成員，繼之國民黨中央通訊社社長蕭同茲（亦是湖南《中國文藝》的主編）再次宴請聯合劇社。

在兩次宴會上，負責對外聯絡的袁殊代表聯合劇社致了答詞。袁殊借著半醉的酒態，大罵了國民黨，痛斥了國民黨當局摧殘進步文化，教育界一片黑暗的腐敗現象，發洩出了鬱積多時的對文化、教育界黑暗現狀的不滿。

袁殊的左傾言論自然受到國民黨當局的注意。大概王瑩也有左傾言論吧，總之有消息傳出聯合劇社內的袁殊和王瑩是左傾分子。消息是通過洪深的關係得知的，由馬彥祥轉告給袁殊、王瑩。

洪深是清華出身的官費留美學生，當時已是成名教授，是推動中國戲劇活動的文化名人。這樣一位人物自然會與當局上層有些關係的。聯合劇社初到南京時，洪深特地趕到南京表示慰問。

洪深請馬彥祥和袁殊吃飯，袁殊仍言論左傾，馬彥祥怕鬧出事，急急地讓袁殊、王瑩二人先行離社返回上海去了。

袁殊雖受到南京市黨委部的注意而未受到扣留之類的迫害是有原因的。蕭同茲就是在環龍路四十四號目睹過袁殊昏倒在地的那個姓蕭的人。南京市黨部訓練部部長方覺慧是蘄春人也是環龍路四十四號裡面袁曉嵐的同事。這次他們以袁殊是黨內老同志的孩子為由，把袁殊的言論說成是小孩子的胡鬧，從而起了緩解矛盾的作用。袁殊當時十八、九歲（蕭同茲一九二四年參加國民黨。一九二七年任國民黨中央勞工部組織科科長。一九二八年任國民黨中央宣傳部新聞徵集科科長、秘書等職。曾隨吳鐵城赴東北軍活動，促成張學良東北易幟的實現。一九三二年起任中央通訊社社長，前後歷二十年，成為蔣介石統治集團的喉舌。一九三五年十二月，在國民黨五屆一次中央全會上當選為中央委員、中央執行委員、常務委員。抗日戰爭期間，曾在重慶當選為全國新聞聯合會主席。一九四九年四月去臺灣，次年改任中央通訊社總社管理委員會主任委員，之後擔任國民黨中央評議委員、總統府國策顧問等職。一九六四年退休、一九七三年在臺北病逝，終年七十八歲。）

後來袁殊辦《文藝新聞》，特別是左聯成員加入以後越辦越左，國民黨上海市黨部的潘公展幾次有意取締這個刊物而未成。除吳醒亞的關係外，蕭、方二人的態度也起了重要作用。這些南京要員們眼開眼閉，致使國民黨中宣部文藝科科長左恭對《文藝新聞》採取了淡然處之的態度。（左恭後加入中共）

上文提到的袁牧之，解放後任文化部電影局第一任局長。保護袁殊的還有一個當時的重要任務方覺慧，此人是湖北蘄春袁殊的同鄉，是袁曉嵐在上海環龍路的同事。方覺慧一九二九年被選為國民黨中央執行委員，並任南京市特別黨部常委。因此故，國民黨當局對袁殊的文化活動眼開眼閉。

一九二九年，袁殊和關露相識，關露也參加了《聯合劇社》在南京的公演。關露，命運悲慘。一九八〇年經梅益介紹，袁殊借住到了關露在香山的寓所——香山東宮二號（現已拆除）。我在那兒見到過關露。幾個月後關露要搬回來住，袁殊搬了出來，住到香山南營。

關露在平反後吃安眠藥自殺的消息是袁殊告訴我的，我當時很不理解她何以至此。袁的回答是「她寫的稿子都給退回不用，現在也寫不出了，她無可奈何」。

關露幼年家貧。一九二八年，入南京中央大學文學系學習。一九三二年加入左聯，同年加入中國共產黨。其詩作《太平洋上的歌聲》發表後一舉成名，電影十字街頭主題歌《春天裡》的歌詞（春天裡來百花香，朗利格朗利格朗利格朗……）也是出自其手。

一九三九年冬，關露遵接受了中共佈置的加入汪偽策反李士群的秘密任務，與汪精衛政府特務機關頭目李士群單線聯繫傳遞情報，並爭取對其進行策反工作。

一九四五年抗日戰爭勝利後，關露轉移至新四軍控制區。但是在解放區，她依舊遭到誤解和審查。不久，在淮陰她因為被不明真相的青年當眾辱罵而患上精神分裂症。

此時，相戀多年的男友王炳南在中共組織的要求下，被迫與關露分手。加上關露又在整風運動中多次遭到審查，其作品又被《新華日報》拒絕刊登，關露的精神徹底崩潰，被迫轉去大連療養。

一九五五年，關露在胡風反黨集團一案中受到牽連，再次被審查。六月，因受潘漢年一案牽連而被逮捕入功德林監獄，精神分裂症復發。

一九五七年被釋放，但不久在反右運動中因為受到丁玲的牽連，被迫退職，失去工作。

一九六六年，文化大革命爆發，她又被抓入秦城監獄，一九七五年方才得到釋放。

一九八〇年，關露因患腦血栓全身癱瘓，失去工作能力。一九八二年三月二三日，中共中央組織部為關露做出平反決定。了卻這最後一樁心願後，關露於十二月五日在北京自殺身亡。

關露和王炳南相戀，資料說，被組織阻止，理由是，「關露這個人的名聲不好」。真奇怪，不是中共派關露到上海接近李士群的嗎。「名聲不好」是誰造成的？為了至高無上、虛無縹緲的事業，個人犧牲了名聲，犧牲性命都無所謂。小人物關露，遭到肆意的摧殘和蹂躪，令人唏噓。袁殊的命運和關露的命運是何其相似乃爾。

關露死後床頭櫃上的照片是王炳南。照片背面題詞：「你關心我一時，我關心你一世。一場幽夢同誰近，千古情人獨我癡。」

作為有生命的鮮活的女性，情感的依託就是生命，沒有了情感，生命還有什麼意義？進而言之，關露之於王炳南和關露之於中共又是一個何其相似乃爾。

二、《文藝新聞》的創刊

袁殊立志做個報人，在他回國後顛沛流離的生活中始終沒有放棄這個志向。經過周密思考並克服了重重困難之後，這張四開紙的週刊小報終於在一九三一年三月十六日出版發行了。小報終刊於一九三二年六月二十日，共出了六十期。其間，從一九三二年二月三日起增刊《烽火》特刊，日出一期，為時半個月左右後又恢復了原狀。小報後期擴大了版面，成為兩張四開的小報。

《文藝新聞》在當時是具有一定影響的小型週報，特別是在後期它實質上成為左聯的一份刊物。一九八〇年代，茅盾在《新文學史料》上發表的回憶文章中提到：「當《前哨》正在籌備時，留學日本專攻新聞學的袁殊創辦了一個《文藝新聞》，這份小型的新聞性的文藝刊物，專門報導國內外左翼文藝動態並發表一些短論。

袁殊當時未參加「左聯」，但與「左聯」關係密切，「左聯」的一些成員不但為《文藝新聞》寫文章，而且後來直接參加了編輯工作，使它成為「左聯」領導的一個週邊刊物。這張小報內容五花八門，引人入勝，以中立公正有聞必錄的面貌出現，卻為「左聯」做了大量的宣傳工作……《文藝新聞》這種公開合法的鬥爭方式，使它得以在嚴重的白色恐怖下存在了一年又三個月之久才被迫停刊，共出了六十期，成為「左聯」所有刊物中壽命最長的一個刊物。

從《前哨》（以及其它「左聯」刊物）的迅速被禁和《文藝新聞》的能夠堅持出刊，使得左聯及其成員逐漸認識到合法鬥爭的必要和重要，開始做策略上的轉變。」

袁殊說：「我辦《文藝新聞》的最初動機是依所學新聞學辦一張實驗性的小報，把它作為叩敲社會之門的敲門磚，寄希望於這張小報逐漸發展成為大型日報。」

《文藝新聞》創辦伊始，可以說是一家私人性質的小報。袁殊從南京回到上海之後，把已成熟的辦小報想法告訴了馬景星，馬非常支持，她從家裡要了五百元作為《文藝新聞》的經費。具體奔走聯絡事宜是翁毅夫和袁殊兩人共同進行的。

袁殊怎麼會想到辦這種別開生面的以報導文藝界動態為主的小報呢？原因有兩條，一是他個人對當時報界的不滿；二是參考了一些外國報界資料。

辦《文藝新聞》前，袁殊曾在《新學生》雜誌發表過〈上海報紙之批評〉一文。袁殊晚年時回憶到：「我對當時的報紙一概不滿，認為所表現的均是資產階級的報風：浮華而無主旨的『有聞必錄』，或者言之無物的嘩眾取寵。這種報刊的傾向是並非為讀者的利益而是為商業廣告來爭取發行的目的。報界同人大者為資本家，小者為流氓記者，我不屑與他們為伍。當時的報界一片死寂，暮氣沉沉。較有影響的兩家最大的報紙，一是原由史量才主辦的《申報》。每日發行十萬份；二是由汪伯奇、汪仲偉兩兄弟主辦的《新聞報》，每日發行十五萬份。此二報對上海乃至全國的輿論界均有相當的影響。但兩報不以新聞為中心而以廣告為中心的傾向也是我所反對的。為了闖出新聞事業的新路，我決心辦一份以新聞為中心的報紙專事文藝界新聞的報導，這就是創辦文藝新聞的由來。」（一九八八年《上海市黨史資料通訊》）

袁殊當時對新聞界的不滿，也可從黃天鵬撰文的刊登在《文藝新聞》上的〈文藝新聞創刊閒話〉中得到印證：「我認識袁殊君是在前年的冬天，當時由大阪到了東京。青年會的友人說有幾位留日研究新聞學的少年想和我會談，第二天卻晤見袁君了。最初的印象很好，年輕人總是一團向學的熱心，說話也毫無忌諱。他先請我饒恕他的少年狂妄，繼著天真自白著對新聞學的志趣，大膽地攻擊今日辦報者的固步自封。未幾還說到寥寥幾位新聞學者的暮氣，我吃了一驚，這正是我的心病。」

以報導文藝界新聞為主旨的報紙類型並非袁殊自己的發明，雖當時國內無先例，但外國早已有之，他是從外國報業史的經驗中借鑒過來的。他說，美國的報業大王哈斯特從小清貧，最後發展成為報業托拉斯的首腦人物，英國的路透社也是從飛鴿傳信起步終於發展成為國際有名的大通訊社，「天下大事作於細」，自己對文化活動有興趣，也認識一些文化人，遂決心開墾中國新聞界的這塊處女地。

在《文藝新聞》籌備階段，參加工作的名義三人實則兩人，即袁殊和翁毅夫（馬景星只是出了錢）。開辦時找來一個熟人曹庸芬做攝影記者，馬景星介紹上海美專學生、白鵝畫會的成員於海做美工編輯，以後樓適夷參加了進來（左聯指派），還有個王達夫，當時已年屆三十，只掛個名，據說是以此做職業掩護的。其中於海，樓適夷和王達夫都是中共黨員。

辦刊物雜事繁瑣，在籌備階段，袁、翁二人周密地計畫實施了如下工作：（一）進行組織分工，（二）聯繫辦報紙的贊助人，（三）接洽印刷出版事宜，（四）考慮維持下去的經費來源，（五）承租辦公地點等等。

因為只有兩人，故組織分工很簡單：翁從六是經理部負責人，袁殊是出版部負責人。

《文藝新聞》的贊助人共有十一人。所謂贊助並不是經濟上的贊助，而是表示支持並以各自的社會關係來擴大它的影響。贊助人中也有沒寫過任何稿子的人。

其中任白濤和黃天鵬是當時的新聞學學者和名記者，袁殊因學習新聞學而認識他們。

贊助人之一的黃天鵬黃天鵬，原名鵬，字天鵬，別號天廬，以字、號行世。於一九〇五年三月生於廣東省普寧市。創辦我國第一個新聞學刊，是我國現代新聞學的拓荒人。

任白濤，留日學生，民國新聞界的先驅人物。任白濤與周恩來相識，友誼甚篤。一九五二年，周恩來總理電邀其赴京工作，不幸突患中風，八月三十一日病逝。

陳望道和汪馥泉是文化人，他們均和狂飆社有點關係，袁殊又因投稿而進一步與之相熟。

陳望道是共產黨創始人之一、學者、翻譯《共產黨宣言》的第一人。陳望道的夫人主編《微音》月刊，袁殊經謝六逸的介紹，給該刊物投過稿。袁殊說：陳當時主持大江書鋪，實際幕後主持《微音》的一切。袁殊因投稿《微音》雜誌，認識了陳望道，因此故，陳成為《文藝新聞》贊助人之一。

《文藝新聞》贊助人之一的汪馥泉和袁殊的淵源多一些。一九四〇年汪馥泉回到上海，任《學術》雜誌主編。一天傍晚，大漢奸，汪偽的社會部長，特務頭子丁默邨（當時是上海「七十六號的」頭頭）威脅恐嚇汪馥泉：「我決定還是和你見見面，以後有個來往。」汪馥泉與中共地下領導潘漢年做了彙報，便由組織安排汪馥泉先生去袁殊（黨的秘密特工，時任汪偽政府江蘇省教育廳長）那裡工作，與中共地下工作者惲逸群、翁從六等人共事，跟隨袁殊在蘇州創建了江蘇教育學院，汪馥泉先生時任副院長職務。解放後汪馥泉的命運也不濟。被打成右派後兩年就中年病逝了。

《文藝新聞》贊助人之一的樊仲雲有點離奇。他一九二三年參加文學研究會，先後任復旦大學、中國公學教授。一九二七年前後，他還加入中國共產黨、出任黃埔軍校武漢分校政治教官。一九四一年，樊仲雲倒向汪偽，出任汪記南京國民政府教育部政務次長、中央大學校長因學生風潮和涉嫌貪汙下了台，此後神秘「人間蒸發」。

原來他突然逃往香港，改名「樊唯一」，在香港報館任編輯。一九八四年回到中國中國，一九八七年他的太太謝世，又過兩年，一九八九年，他才走完曲折傳奇的人生之路，享年八十九歲。

據說樊仲雲對預測學有研究，大概預測出日本人好景不長，故有突然「蒸發」之舉。此舉也是他得以八九高齡謝世之因。樊仲雲與徐志摩長的很像。

其他還有大學教授謝六逸，蒯斯通，孫良工，楊某某等文化人。贊助人的政治傾向不同：陳望道左傾，汪馥泉中間偏左，楊某某和ＣＣ有關係，也有自由主義文人，故表面觀之，這份小報不能說是哪一派的報紙。

印刷，是位於八仙橋的「勤業印刷所」承包的。印費是最低廉的，一則那是家小小的印刷所，二來老闆同情辦報人。袁殊回憶說，老闆見到袁、翁二人後表示，「你們兩個小孩子辦報不容易，我只收工本費，幫點忙」。但由於設備簡陋費用低廉而印刷錯訛之處頗多，讀者對此提過意見。做過印刷學徒的袁殊常常自己跑到車間去監督排版，有時為湊足版面就臨時寫一段文字。

發行，有批發給郵局或報販子和送交長期訂戶兩種辦法。在困擾發行《文藝新聞》的諸多困難中，最大的困難是經費不足。儘管《文藝新聞》很快面向全國發行，每期發行量達到八千份（在當時這是很可觀的數目了），可經濟上經常捉襟見肘。翁毅夫顯示了卓越的經理才能，在度過經濟難關中他的貢獻最大。他總能想出包括脫衣典當的方法度過難關。

下面引一段《文藝新聞》第三期上登的消息來窺測他們辦刊物的艱辛：「昨天一位自稱三十六股的黨代表王老三，駕臨我們工作室來，說是弟兄們為保護掛在牆上的那塊新招牌，要叨光點酒錢。經過相當的談判，於是《文藝新聞》經理部多了一元的意外開支」。

這則消息表明：《文藝新聞》不僅受到地痞流氓的盤剝，而且反映了一元錢對於他們分量。《文藝新聞》開源的方法計有：拉廣告收費，出各種合訂本賣錢，登廣告徵求讀者贊助等。當年，柳亞子先生就曾資助過二十五元。

至於節流，只有一項，就是所有工作人員都沒有工資，而且來搞均無稿酬。只有一個看守辦公室的小夥計由《文藝新聞》供給飯費。

《文藝新聞》的社址是在四馬路（福州路）杏花樓酒家後樓（今山東路口的一個狹小弄堂裡）二樓的一間房子，租金每月十五元。這間房子是從二房東紹興人胡憨珠手中轉租的。胡一面當二房東，一面辦三日刊無聊小報《報報》，同時還向法租界巡捕房「經營」報告社會新聞的「業務」。

舊上海的四馬路是當時都市醜惡的菌集所，同時也是文化區。我們可以從當年袁殊撰寫的〈四馬路的勞動〉一文中窺視一下辦《文藝新聞》的社會環境：「沒有到過上海的人都知道上海有一條街叫四馬路。知識階級知道四馬路時書店街；一般人知道四馬路很熱鬧、有野雞；所以四馬路內在的實質是一個文化區、也是上海的都市醜惡所薈萃的中心處。能夠整個表現這些的就是大小的報紙。而這些報館及報的經營，也是集中在四馬路的望平街。《文藝新聞》的本質形式是報，為接近文化，為適宜環境，於是在雜亂如垃圾桶的四馬路上，站住了小樓的一角。這一角是我們的工作場所，我們已然開始了四馬路的勞動。

早上，我們走進這條巷子；一群襤褸衣襟的、以巷為家的窮孩子搓揉著他們的睡眼與斑穢的面孔、三個人圍坐著在吃湯糰。聽說許多有面子的大佬和大富人都是經歷這種生活而出身的，從小做著街之蕩遊者，捧著破臉盆搶來包飯擔子的殘羹剩飯，不用筷子而以手抓著往口裡塞。習慣給予他們快樂，憑著無賴與亡命以奔進他們的前程，這些，大概仍將循遞著天例會是若干年之後的上海的主人吧。上海人特有的人格與狡詐而生存的行為，是如此形成的。

把銅板滾打在水門汀地上以賭博戲耍，是他們日常消遣的功課，販賣春宮畫片給路過的外國水兵及剛從書店門口出來的年輕學生，是他們賴以盈利的交易；裝著恐懼急迫的形狀，以屈辱來取得同情；袖管裡藏著低價成本得來的而要以高價賣出的自來水筆；念念有詞的向雇主說：這是地道的花旗貨，不吹牛皮的康克令（konkelin）牌子。

這就是他們致富的技術。在成長著，他們漸漸地有錢有勢了，而且真正地販賣花旗貨了，帝國主義在華的侵略乃能得如是的發達，幼小時候的癟三即今日的豪者；甚且，甚且力可以駕馭當時的政治。

夜裡，道的兩旁立滿了出賣生理勞動的婦女，這正是我們下工的時候。花枝招展的她們提著肥臂在拉客，眼中隱沒了饑餓的苦楚：「來啊，五塊大洋可以換得快樂！」燈光閃耀時是肉市的開場。

電車的鈴聲配奏著留聲機裡放出的灘簧；人力車夫飛奔的腿映著迅旋的車輪；汽車停放在酒樓

的門前；肥胖的紳士提著手杖隱沒在樓梯上了；樓下傳來哭啼似的武家坡的音調；胡琴的沙啞聲能讓人分辨出顏色，這顏色代表著各種人的等級。他們有等級，這等級是矛盾，矛盾與等級裝滿了社會。一如豪客頂出的酒醉飯飽的肚皮。」

解放後，翻版了《文藝新聞》全集合訂本，內部發行供研究用。一九八三年，我從樓適夷處借來《文藝新聞》全集合訂本，已經平反的袁殊，用顫巍巍的手，拿著放大鏡，細細的閱讀。並在日記中寫道：「讀《文藝新聞》重印的合訂本。字句之間可尋幼稚之跡。亦可見青年之貌。當年困苦經營的經歷。每字每行，汗水涔涔，不可模糊的記憶也」。

三、關於龍華遇難五作家的報導

馮雪峰在〈回憶左聯〉一文中寫道：「左聯五烈士是一九三一年一月十七日在上海東方飯店開會時被捕的，在一九三一年二月七日夜和別的十八個革命志士一起共二十三人被活埋和槍殺於上海龍華國民黨警備司令部裡面的一個荒場裡，死得很慘、死得非常英勇壯烈，當時報紙上是不容許我們把國民黨統治者殺害革命作家的消息透露給廣大人民的，更不用說發表我們的抗議之類的了。後來好容易在在《文藝新聞》隱隱約約地透露了一點點。」

馮雪峰當時是左聯黨團書記，他從陳望道處瞭解了袁殊，於《文藝新聞》出刊二期後主動登門找到袁殊說，「各報刊雜誌均不登載五烈士遇害的事，《文藝新聞》敢不敢登，能不能登？」

以前袁殊並不認識馮雪峰，面對這樣尖銳的問題袁沉吟良久答道：「可以登，但要以答讀者來信的方式慢慢透露消息，以對付當局查詢消息來源。」

馮雪峰完全同意這個辦法。第二天即送來署名蘭布的讀者來信，該信前半部分是給《文藝新聞》提意見的內容，其實是障人眼目的手法，後面一段卻是這樣寫的：「最近聽說青年作家柔石、胡也頻、馮鏗（一名梅嶺）及白莽（一名殷夫）等四人忽於一月十七日同時失蹤！原因不明，至今已二月餘，尚無著落。……原因則云或與左翼文學運動有關。……貴新聞社本嚴篤中正效忠於文化的立場，其有以教我否？」

為引人注目，袁殊用〈在地獄或人世間的作家〉大字型大小醒目標題發表蘭布即馮雪峰的來信於第三期第一版上。袁殊還寫了為下文作伏筆的編者按語如下：「二期發稿後，在許多的來信中有下面的一封信——打聽柔石、胡也頻、梅嶺、殷夫等作家行止的。關於此條消息，本報尚未有所聞，僅刊出原函，以待確實知道他們的讀者來報告。」

接著在第五期第一版上發表了曙霞和海展的兩封讀者來信（信仍是馮雪峰寫送的），公佈了四位原作家遇害的消息，並有「李偉森亦長辭人世」的補白。信中內容雖沒有正面對反動派的暴行做大張撻伐的抗議，也隱含譴責。

袁殊在編者按語中也有明顯的挖苦當局之意：「謂係彼等致死之因，係由於左翼文藝運動，是誠開中國文藝記錄史記錄之大事矣。」

第六期第一版登出了五作家的照片，寓望悼念。以後進一步刊登了幾位進步作家的祭文。第十一期上刊有署名林莽（可能是樓適夷）的〈白莽印象記〉；第十三期上刊載了署名肖石的文章〈我懷念著也頻〉。悼文以五作家被害的事實，揭露了白色恐怖的殘暴。

袁殊在「每日筆記」的短訊中登出了各類人物對五作家遇難一事的態度，夾帶著透露了左翼作家聯盟和歌爾德主編的美國《新群眾》雜誌將為已逝五作家出紀念專集的消息。專集是否出了不清楚，但後來在美國《新群眾》雜誌上確實刊登了〈左聯為五作家之死致全世界書〉，後來的《文藝新聞》也披露了這條消息。

在白色恐怖囂張的三十年代，打破當局的消息封鎖，儘管是用曲筆來揭露殘害五烈士的罪行，也需要智和勇。《文藝新聞》的這次行動明顯左傾，為此袁殊得到了左聯的好感。

馮雪峰是袁殊接觸左翼人士的第一人。袁殊對此人的評價是：生性耿直，脾氣稍急。樓適夷對馮雪峰的評價是：「他愛發脾氣，愛罵人，但搞陰謀，玩手腕，說謊話，則是從來不曾有過的。」馮一九五七年被定位右派，恐怕是「黨內有黨，黨外有派」的殘酷派別之爭。耿直的人在當時挨整的居多。

一九三六年，袁殊從湖北反省院回到上海，馮雪峰事實上是袁殊與黨組織之間的連絡人。袁殊的行止多向馮請示。解放後，在一九五七年馮雪峰被劃為右派，大概和他的生性耿直不無關係吧。一九六六年文革初，馮雪峰又被關進牛棚。一九七六年患肺癌去世。一九七九年中共中央為他徹底平反。

毛澤東說，馮雪峰的詩寫得比他的文章好。

（馮雪峰於一九二二年春與同學潘漠華、汪靜之及詩友應修人結成湖畔詩社。馮雪峰出版詩集《遲暮的花》）

四、魯迅和《文藝新聞》的關係

袁殊和魯迅的直接接觸不多，認識過程也不複雜。一天魯迅和袁殊恰巧都在內山書店看書，有人向魯迅介紹說，這就是辦《文藝新聞》的袁殊，魯迅站起來和袁殊握握手寒暄了幾句沒有深談。以後他們常在內山書店見面，也僅只相互點頭致意。

我問袁殊當時為什麼不主動和魯迅多聯繫，多請教。袁殊說得很誠懇，他說，儘管他對魯迅的文章非常欽佩，但當時年輕偏激因而對魯迅一直領取蔡元培的教育部發的薪俸表示不以為然。

魯迅對《文藝新聞》是關心的，他曾幾次通過馮雪峰傳達了對該小報的意見，這些意見集中在《文藝新聞》第五十五期上發表的魯迅文章〈我對於《文藝新聞》的意見〉一文之中。馮雪峰也曾把魯迅褒獎的話轉告給袁殊等人：「適夷、袁殊兩個人，年紀很輕，勇氣很大，報導作風並不真正客觀。」

《文藝新聞》對文豪魯迅的大動向也是關心的，有關魯迅的消息多由馮雪峰轉來。在第五期第一版上，在揭露五作家遇難消息的同期，還發表了由馮雪峰轉來的魯迅給李秉中的信。發表的動機是以此來澄清魯迅已不在人世的謠傳。

發表魯迅的詩作〈湘靈歌〉等三首也是事出有因的。詩稿是馮雪峰轉來的。編者按也是馮寫的。發表魯迅的詩，一則有辯誣之意，當時有人造謠說魯迅和日本人的關係不清不白，故按語曰：「魯迅因情難卻，多些現成詩句酬（日人）以了事」；二則托詞三首詩為應酬之作而發表魯迅寄懷的曲筆，故按語曰：「此係作於長沙事件後及柔石等死耗時。」

〈湘靈歌〉

昔聞湘水碧如染，今聞湘水胭脂痕。

湘靈妝成照湘水，皎如皓月窺彤雲。
高丘寂寞竦中夜，芳荃零落無餘春。
鼓完瑤瑟人不聞，太平成象盈秋門。

魯迅用詩的曲筆記懷什麼呢？「芳荃零落無餘春」係悼念五烈士，「太平成象盈秋門」則是諷刺當局粉飾太平。

周作人說魯具有慈溪人的尖刻。魯迅當時能發表尖刻的時評，解放後卻是絕對不行的。毛澤東說他和魯迅靈心相通。但是，魯迅之子周海嬰在《魯迅與我七十年》裡面卻有這樣一段話：「一九五七年毛主席曾前往上海小住。湖南老友羅稷南先生抽個空隙，向毛主席提一個大膽的設想疑問：「要是今天魯迅還活著，他可能會怎樣？」

這是一個懸浮在半空中的大膽的假設題，具有潛在的威脅性。不料毛主席對此卻十分認真，沉思了片刻，回答到，「以我的估計（魯迅）要麼關在牢裡還要寫，要麼識大體不作聲。」一個近乎懸念的問題，得到的竟是如此嚴峻的回答。羅稷南先生頓時驚出一身冷汗，不敢再做聲。」

黃宗英在《炎黃春秋》二〇〇二年第十二期——〈我親聆毛澤東羅稷南對話〉撰文證實，她就是現場見證人。

魯迅的重要文章〈上海文藝之一瞥〉，發表於《文藝新聞》第二十期。其實是袁殊和於海兩人聽演講的記錄稿。

事情的經過是這樣的：一九三一年夏天，馮雪峰主持舉辦了一個秘密的工人暑期訓練班。其中的一次活動就是請魯迅作文藝演講。而魯迅演講的題目就是該文章的標題。

袁殊得到馮雪峰的通知後和於海一起參加了這次秘密集會。會議位址是四川路基督教青年會二樓的一個飯廳兼會堂，時間是晚九點開始。

開會時有工人做保衛，袁殊一九四八年到大連時還碰到過當年會場保衛人員之一的吳城。那時吳已成為中國遼東公安局的局長了。當時吳城是上海紗廠的工人，外號叫小蘇州，後來到過蘇聯。

參加會議的幾十人都是事先得到通知才能參加的。會議歷時兩小時，魯迅講演完即散會了。袁殊和于海回來以後核對了筆記整理成文，未經魯迅先行同意就發表了。當時他沒有想到後來這篇文章影響那麼大，以後魯迅未表示異議，顯然記錄是準確的。

在《文藝新聞》上發表魯迅的文章還有〈一八社習作展覽會小引〉、〈答文新記者問〉等。

一九八六年魯迅逝世五十周年之際，上海魯迅博物館要出紀念文集，來信約袁殊寫稿。本擬二月份交稿，可在一月間袁殊腦血栓病復發住進醫院，我去看望他時，他告訴我此事並要我代筆。我因他的講話錄音在別人處且已托囑了別人，就沒過問此事。不知怎麼搞的，文章竟沒有寫出來，袁殊深以為憾。故將以前聽他的講述補記在此，以完其願。

五、提倡報告文學和集納主義

《文藝新聞》創刊不久後，左聯即派樓適夷參加了《文藝新聞》的工作。夏衍以個人的身份主動找到《文藝新聞》編輯部，見到袁殊，做了自我介紹後說，「《文藝新聞》的立意很好，看的人很多」，夏衍表示了對這份小報的關切。袁殊也因夏衍已是成名文人而敬重他。袁殊在回憶那時期和夏衍的接觸時說：「那時他對我抱著純正的關懷態度，像兄長般地愛護和提攜我，對我的思想影響和幫助很大。他經常提供左聯的消息；在論及文壇思想傾向時，他的話起有帶指導性的幫助作用。他是我當時的良師益友，他對《文藝新聞》的工作起了重要的推動作用」。

具體地說，夏衍的幫助可分思想和業務兩個方面。在思想上，袁殊對夏衍所言的「凡事無論大小都要認真去做」至老不忘。

也許袁殊在日後的生活實踐中體會到這句話的分量，晚年的袁殊給曾虎寫過「四嚴」的座右銘：「嚴格的要求，嚴肅的態度，嚴謹的作風，嚴厲的精神」，可以說是「認真」二字的進一步的引申。

還記得老年的袁殊曾提起過夏衍對他說過的兩句話：「人不宜妄自驕矜，更不宜妄自菲薄」。在新聞業務方面，由於夏衍當時的影響而使袁殊認識到新聞學中「有聞必錄」的信條是不正確的，新聞記者的即時報導對讀者的見聞、情感以及對事物的看法有重要的影響作用，因而聞必信實才能報導。

夏衍在〈懶尋舊夢錄〉中也尋出了《文藝新聞》時期的一段舊夢：「我認識袁殊，是馮雪峰介紹的，任務是幫助他們寫一點文章和介紹外國文壇消息（實際上我寫的是介紹外國文壇消息的短文），和我一起到《文藝新聞》去工作的還有樓適夷、葉以群等。袁殊經過什麼途徑和馮雪峰接上關係我不瞭解。由於當時已經譯過幾本書，寫過一些文章，所以袁和我見面時就一見如故，表示十分親切；他對我說，他決心以新聞為中心事業，並很得意地說，把英語的journalism譯成集納主義是他的首創，看來抱負很大，頗有把《文藝新聞》辦成一家有分量的文藝刊物的想法。

> 在當初那種形勢下，他雖然沒有向我表示他的政治身份，卻明白地表示，他願為左聯效力。特別使我發生好感的是，他精明強悍，善處人事……我們參加工作後，袁殊就當眾聲明，這份報紙的特點之一是客觀報導（看來這是表面文章，因為他就用這一口號「客觀」地報導了「左聯」關於五烈士犧牲的宣言）；二是尊重讀者的意見和為讀者服務；三是定期出版決不脫期。這幾點，袁殊、翁從六都以很大的努力實現了的。
>
> 袁殊一方面主持和編輯這張報紙，同時又與新聞界（大、小報）廣泛聯繫。在文藝界，一般總是能寫的不能搞社會活動，能搞社會活動的就不能寫，袁兼二者之長。因此，我不止一次和馮雪峰、錢杏邨等人稱讚過袁殊的積極能幹。」

必須談到的一點是，袁殊和夏衍、樓適夷在宣導報告文學方面是中國的先驅人物。袁殊說，是夏衍首先提倡報告文學並要求《文藝新聞》加以宣傳宣導的。樓適夷先寫了幾篇宣導文章並翻譯了日本《赤旗報》的牆頭小說《窪立》作為具體的說明。

經過三人的討論，袁殊又參照了蘇聯的有關理論，他先在勞動大學文學研究會上作了一次報告文學的演講，繼又根據演講稿整理成〈報告文學論〉一文發表於《文藝新聞》第十八期上。

該文是首次正式提出「報告文學」這一名詞的文章。文章對「報告文學」做了如下的定義：「報告文學，如其名所示的是把靈心安置在事實的報導上，但不如照相寫真樣的，只是機械地攝寫事實。它必須具備一定的目的與傾向的，然後把事象通過印象加以批判地寫出。這目的，是社會主義的目的」。

在第五十八期刊登的另一篇題為〈如何寫報告文學——給在工場的兄弟們〉中進一步主張「報告文學的題材需要社會主義的選擇」、報告文學的目的是要暴露現有社會組織的缺陷，鼓勵同一階級的大眾起來鬥爭，而不是陳述自己生活的痛苦而希望別人的施予與援助」、「是要用赤裸裸的事實來啟發和鼓勵、用不修飾不誇張的報告來使人走上社會主義的方向」。上述引文說明一九三一年的袁殊不僅接受了而且在宣傳著馬克思主義。

報告文學現在已經蓬勃發展起來了。袁殊因早已離開文化界而與報告文學不再有緣分，但心靈深處依然留意著報告文學。一九八〇年，袁殊看到黃宗英寫的〈大雁塔〉之後說，「這篇文章寫得很好，報告文學發展到了一個新的階段」。

「集納主義」這個名詞早已銷聲匿跡了，不過晚年的袁殊提起這個譯名時仍表現出童真般的得意，說明袁殊對青年時代下過功夫的新聞學仍是一往情深。因此我們也不妨挖掘一下這個歷史典故，以再現袁殊青年時思想風貌之一斑。

第六十六期即《文藝新聞》末期上，袁殊以「嘯一」（是從筆名「一笑」化出來的）為名撰文〈集納正名〉，其中有這樣一段話：「這有兩點理由：一、Journalism的解釋是：一切有時間性的人類生活之動態的文字、圖書、照相等，是指經過印刷、複製的過程，再廣遍的傳佈給大眾，使大眾在生活行為上受到活的教養，而反映于其生存的進取與努力。二、因此這學問就不僅是新聞學而已；經營或編輯雜誌、或別種此類的書籍等，只要具備印刷、廣布、實效這三大原則的條件，就都是屬於此的。自然這其中最主要的仍是新聞。

其次。新聞學這名詞在中國，已經公開地成為謊騙造謠的別號了，而中國到現在為止的新聞學，又沒有一本是完全的真實的Journalism。我們依於Journalism的真實的解說，乃產生了集納主義與集納運動的新稱謂」。

過去有人曾視此為拉集主義，這不但不正確，而且隱約地帶了些紳士之輕蔑態度！因為集納還必須要有精選與批判這兩個內容的條件呢！」

論述是否妥當姑且不論，從中我們可以看出青年袁殊研究新聞的熱心、無視陳規舊說的創新精神以及朝氣蓬勃的生命活力。

袁殊當時的確有研究新聞學的志向。他後來回憶說，「當時新聞學的書籍只有戈公振著的《中國報學史》有價值，其餘都是東拼西湊。」袁殊的打算是，「依照蘇聯新聞學理論將中國現存的新聞學資料加以整理和發展。」他在《文藝新聞》上發表了譯文〈蘇聯新聞學概觀〉（原作者黑田壽男）。以後對新聞學的研究一直持續到一九三七年。

研究新文學的現代學者胡正強說，「袁殊最初知道『報告文學』這個術語，也是夏衍告訴他的。當時的『報告文學』是指日本出現的牆頭小報，日語叫『壁新聞』。這種牆頭報初期出現於日本的工廠和學校，是作為思想運動的一個武器發展而來的，內容多是對當時社會表示不滿。夏衍曾對袁殊說：「像這類文章，你們應該多多提倡。樓適夷就翻譯了兩篇有名的日本報告文學作品在該刊發表。」（〈試論袁殊的新聞實踐及其理論貢獻〉）

上文提到的錢杏村即阿英，阿英是袁殊的好友。曾用名魏如晦（海）。一九三〇年代初，錢就誇讚過袁殊能幹。解放後曾任中國文聯副秘書長。三十年代的很多左翼文人，當了官後就不再弄文墨了。錢杏村不同，他是學者型的文化人，一生著述甚豐。

阿英在《敵後日記》中，幾次提到袁殊，茲錄一則如下。一九四七年四月十四日記載：「早飯後，往南門樓，探望曾達齋、張耘老。……至達齋同志處，看他的萬曆本《嘉言摘粹》，首萬曆匯盈科序，內輯諸子萃言，凡六冊，所選皆習見子書及經書、史記。刻本有類明末、清初翻本，一般言之，似非原刻本子也。」阿英離開袁殊又至別處訪友，後「復回達齋處漫談將級俘虜們現狀及其心理，及郝逆鵬舉之無聊有趣之絕食故事。午飯後辭歸，抵家已三時許。」

抗戰後期，上海流言「魏如晦已死」，意在打擊左翼。《新中國報》登消息「魏如晦已去蘇北」，意在闢謠。魏如晦就是阿英。

《文革》初串聯，我在文聯或文化部的批鬥會上唯一一次見到阿英。紅衛兵吼叫著讓「牛鬼蛇神」們一個個出來示眾。一個掛著大牌子、滿頭白髮的老者蹣跚地走到批鬥台中央，用濃重的南方口音和顫巍巍的聲音自報姓名「阿英」……。

前此幾年我涉獵過阿英主編的《晚清文學叢鈔》。當時認為阿英只是個學者。批鬥會上才知道阿英就是錢杏村，是一位文化界領導。做領導了還對文學事業孜孜不倦，樂此不疲，是對文學事業的鍾愛。敬佩！

六、關於《文藝新聞》和第三種人的辯論及其他

關於《文藝新聞》和第三種人的辯論，文學史中已不會記載，先將袁殊的有關回憶記述出來，或可作為史料的一個注腳。

一九三一年出版的《文化評論》創刊號上登載了胡秋原的一篇文章〈阿狗文藝論〉。袁殊和馮雪峰談及此文時，認為此文的要害問題是標榜藝術至上論。一九三二年一月十八日《文藝新聞》刊出了袁殊寫的一篇反駁文章〈請脫棄「五四」的衣衫〉，開始了辯論。

胡秋原在《文化評論》第四期上撰文答覆，因此瞿秋白在《文藝新聞》上發表了〈文藝的自由

和文學家的不自由〉予以反駁（瞿文是馮雪峰送來的）。

瞿文說：「胡秋原先生自己就根本沒有提起大眾，至於個別人特別指出大眾問題來和他討論的時候（《文藝新聞》），他竟會在答覆的三、五千字長文章裡面，一個字也沒有提及大眾。」

瞿秋白還發表了〈自由人的文化運動〉（《文藝新聞》第五十期），以及用筆名發表的〈貓樣的溫存〉。署名「洛楊」的〈阿狗文藝記者的醜臉譜〉似乎是馮雪峰寫的。上述文章都是馮雪峰送來的。

《文藝新聞》不久就停刊了，但辯論卻持續了很久，袁殊因改行做情報工作而與以後的辯論再無絲毫的關係。

晚年的袁殊談到這場辯論時，態度非常平和，似乎對胡秋原的文章已無偏執的成見了。大概是「江上白髮漁翁，慣看秋月春風」的緣故吧。他明確說過，現在用這麼多紙張來印三十年代文壇舊事，表面搞得很熱鬧，其實也可以不搞。人世滄桑以後的袁殊，偶爾也反映出心如槁木死灰的冷寂。

瞿秋白文中說到的大眾化問題，緣由〈請脫棄「五四」的衣衫〉一文提出的「文藝大眾化」的口號。《文藝新聞》率先提出了「革命民族戰爭的大眾文學」這一口號。

對於這一口號提出的過程，樓適夷在回憶錄《話語錄》中有詳盡的敘述：「……記得就在北四川路長春路一家與鄭伯奇同志有關的日語學校裡開過會，參加的有魯迅、茅盾、雪峰、丁玲和我，也有夏衍同志。雖未做出決議，討論時大家都是同意了的。並由左聯的週邊刊物《文藝新聞》（一九三一年五月二日第五十三號）以不記名社論方式，發表了一篇提出這口號的〈榴花的五月〉，胡秋原文章是我發的稿，是瞿秋白還是馮雪峰執的筆，則無論如何也記不清了」。

《文藝新聞》提出這個口號和後來的兩個口號的論爭沒有直接的關係。〈榴花的五月〉結尾的兩個口號的原文是「我們要推動與擴大大眾革命的民族戰爭」、「我們要推動革命民族戰爭的大眾文學」。這和後來魯迅等人提出的「民族革命戰爭的大眾文學」詞序略有差異。

另外魯迅也明白地說過這個口號「也不是我一個人的「標新立異」，是幾個人大家經過一番商議的，茅盾先生就是參加商議的一個」（〈答徐懋庸並關於抗日民族統一戰線〉）。基於上述兩點理由，樓適夷的回憶是正確無誤的。（見前面附錄：樓適夷文章）

文革時期就兩個口號之爭的陳年舊帳大做文章，本質是為整人找藉口。下面的人有的人為批判文章之需而翻史查資料，太可笑了。其實意見分歧本是正常現象，特別是已成為歷史的兩個口號之爭應當只屬於專業人員的研究範圍，卻在文革時期搞得群眾紛議，有何必要？

順便說說，胡秋原後來成為臺灣文藝界泰斗。九十四歲的胡秋原榮獲「中華文藝終身成就獎」。一九八九年，美國傳記學會將胡秋原列入《國際著名領袖人名錄》，並頒發獎狀。

七、讀者聯歡會和曙星劇社

《文藝新聞》的宗旨在創刊號發刊詞中講得很明白，歸納起來有兩點。

第一、客觀報導：「以絕對的新聞的立場，用新聞之本身的功用，致力於文化之報告與批判」。

第二、為讀者服務：「新聞是為大眾、屬於大眾的。文藝新聞即本著這個宗旨，而為工作的態度：不拘守於某一種的主義；不依附於某一種的集團；不專為任何的個人或流派；不專為有特定作用的事項；凡屬於大眾的，為大眾所需要的——有文藝新聞價值的一切，皆為文藝新聞工作的對象。」

在表面文章「客觀報導」的幌子下，其實施的左傾宣傳概略已如前述；在各種「客觀中立」的聲明之中，「為讀者服務」的實質又如何呢？《文藝新聞》創刊後不久即成立了「文藝新聞讀者聯歡會」；「一二八」事變前夕又成立了「曙星劇社」，這兩件事都是實施「為讀者服務」宗旨的活動。

秉承大眾辦報的旨意而成立的「讀者聯歡會」由王達夫具體負責。該組織將《文藝新聞》的一些讀者，主要是窮苦學生和工人讀者組織起來，開展了一些活動。其中活動分子有：羅鳳，二十多歲，寧波人，洋行職員，懂英文；周康靖，商店學徒，年紀很輕；王平，二十歲，寧波人，洋行職員；還有小朱，當時只有十三四歲，看了很多書，後來到了浙東縱隊。周與小朱後來放棄了學徒生涯，到《文藝新聞》社當練習生，負責發行工作，晚上住在辦公室，《文藝新聞》社只管伙食。「讀者聯歡會」首先發起關於文壇三張的調查，結果張資平被公認為是以「女」與「性」為題材取得多量稿費的第一人。

張資平與《文藝新聞》也有過幾個小回合的筆墨官司，張認為「《文藝新聞》的幾個小孩子老開他的玩笑」。

晚年的袁殊依然鄙薄張資平，他說張原來是東京帝國大學學地質的，當時即為大學教授，但為了撈錢而專門寫三角戀愛小說，有「中國的菊池寬」之稱，在推崇郭沫若時因張的人格不高尚而刺了他一下。郭和張兩人都是創造社成員。

談談張資平和袁、潘的舊事。《文新》時袁殊嘲諷過張資平。抗戰時，「興建」主幹袁殊又起用張資平負責《興建月刊》（岩井英一認識張資平）。

有意思的是，袁殊和張資平在一九三九年末都成為新亞建國委員會的成員，袁殊當「漢奸」經過共產黨的佈置，張資平則是混飯吃當漢奸。二人見面時，張急匆匆跑過來對曾經「開他玩笑的小孩子」說，「過去的事過去了，不談不談」。

一九五二年張資平找到當時上海市副市長潘漢年求職找生計。潘漢年和張資平都曾是創造社成員，後由潘介紹張到上海市振民補習學校任地理教員。一九五五年六月，因潘漢年的「反革命事件」，張資平被上海市公安局逮捕。在審查他的「漢奸文人」罪行後，一九五八年九月上海市中級人民法院判處張資平有期徒刑二十年。一九五九年七月送安徽省公安廳，十二月二日病死在勞改農場。

張資平戀愛小說擁有眾多青年讀者。對於張，有的人說，人可廢，文不可廢。

「讀者聯歡會」的積極分子們大多貧窮，買不起太多的書，因此他們成立了公共圖書館。即把個人的書籍集中起來，凡有新書就你出一元他出五角，湊錢購來，因此藏書頗豐。「讀者聯歡會」經常舉辦時事報告會，袁殊還記得他們當年討論過法捷耶夫的《毀滅》。「讀聯」也組織了演劇部。

「讀聯」演劇部的第一次演出是為賑濟水災和進行反日宣傳而到蘇州進行的公演。演劇部的負責人之一名叫嚴僧（別名阿猴），以後到江西革命根據地去了。到蘇州公演，原是應蘇州東吳大學的邀請，所演劇碼多採用南國社腳本，計有《洪水》、《亂鐘》、《解放》、《樑上君子》等五個劇本。

演出者有鄭千里，嚴僧，周伯勳，胡萍，葉秀夫，丁娜等人，其中有特約參加的專業戲劇工作者。當時蘇州的文化藝術空氣比較沉悶，文新讀聯演劇部在蘇州的公演引起了震動，公演後蘇州東吳大學成立了「東吳劇社」。

樓適夷在〈記曙星劇社〉一文中寫道：「蘇州之行的成功大大鼓舞了聯歡會中愛好戲劇的讀者，於是在演劇部的基礎上成立了曙星劇社」。在一無經費、二無場地，而大部分人又是沒有多少舞臺經驗的情況下，主要賴於《文藝新聞》社經理翁毅夫同志卓越的計畫和經營的才能。在霞飛路（現在的淮海中路）巴黎大劇院（現在的淮海戲園）的東鄰，一家叫做大中華理髮館的二樓上，租賃了一個小小的樓面，就成為我們劇社的辦公室和排練場。

今天回憶起曙星劇社不能不令人懷念起翁毅夫同志。他為《文藝新聞》社的事出謀劃策，奔走經營，從來都是任勞任怨，埋頭苦幹的一位忠實服務工作者。他說新的社址應該有自己的新的劇碼，於是由袁殊首先動筆寫了第一個劇本《工廠夜景》，第二個劇本是我寫的《活路》……」這段引文講了翁毅夫的貢獻，曙星劇社的成立和兩個劇本的寫出背景。

袁殊也不止一次談到翁毅夫有經營辦法。我卻因而發生過一個疑問：翁毅夫既無固定職業收入又有何經濟辦法呢？原來翁毅夫有何民魂的背景。

何民魂是江蘇金山人，曾為孫中山學生隊的隊員。何民魂因崇拜太平天國領袖洪秀全而在孫中山失敗後到到洪秀全起義地——廣西金田村當小學教員。何民魂在當地認識了當時擔任連長職務的李宗仁，成為過從甚密的朋友。李宗仁發跡後，何民魂與另一個政客潘宣之成為桂系的兩員大將。北伐時期，李委派何做南京市長。何招收門徒擴充勢力，年輕的翁毅夫成為何的人。

何民魂與李宗仁因政見不合分道揚鑣後，與汪精衛合作聯絡馮玉祥、閻錫山反蔣，他們搞了一個華北擴大會議。何當時常駐天津，派翁毅夫去上海做自己的私人代表，因此翁當時有些活動經費。華北擴大會議失敗後，何斷絕了給翁的經濟接濟，不再理翁，從此翁在上海過起了流浪生活。

《文藝新聞》正式成立起曙星劇社的時間是一九三一年二月九日。成立時僅有十餘人，計有翁毅夫、羅風、叔之、樓適夷、王祖芸、嚴僧、王平、馬景星、國彥、李野萍、關露、艾霞、朱光、袁殊等人。其中艾霞後來成為電影明星，嚴僧和朱光參加了長征。

當年的《文新》演劇部成員之一的朱光，廣西博白縣人。曾先後任廣州市副市長，廣東省副省長，國務院對外文化聯絡委員會副主任，安徽省副省長等職，「文革」中遭受迫害致死。一九七八年平反，被追認為革命烈士。

曙星劇社最有意義的活動是參加了上海民眾反日救國會（簡稱民反）組織的抗日聯合大公演。這是一次為抗日募款的公演，演出地點在河南路天后宮橋上海市商會禮堂。許多文化界的名人如茅盾夫婦、郁達夫夫婦都前來觀看了首場演出。

郁達夫和他的哥哥郁華以及他的侄女郁風與袁殊均為當年的好友。

郁達夫才高八斗。據說他的舊體詩已達「方家」境界。郁的散文代表作有《沉淪》、《遲桂花》、《春風沉醉的夜晚》等等。

一九四五年，郁達夫在蘇門答臘被日軍殺害，終年四十九歲。一九五二年，中華人民共和國中央人民政府追認郁達夫為革命烈士。一九八三年六月二十日，中華人民共和國民政部授予革命烈士證書。

郁達夫傾慕名媛王映霞，最終分道揚鑣。郁達夫「揚愛前身是柳花」之後就「一瓶一缽走天涯」了。

郁達夫撰文〈看聯合公演後的感想〉發表在《文藝新聞》第四十一期上。

其中有段話是評論劇本《工廠夜景》的：「《工廠夜景》是袁殊作的劇本，四個劇本之中以這個劇本最為有力，而那晚上的演出，也以這據劇的演員演得最均整而富於刺激。看到這劇本的時候，不由我不想起十幾年前所看到過的由一批俄國演藝家在東京上演的那出《下層深處》——日譯名《宿夜店》——兩劇的背景人物是差異不多的，不過比較起來，則自然地可以看出兩種不同目的的藝術來，高爾基的劇本是在描寫，是在指示出一個個的個性，而《工廠夜景》卻是在宣傳，在把個性埋沒了喊出了一個共同的口號。《工廠夜景》之所以能演得那麼成功，是因為這劇本正適合於那一晚的要求，而劇中的動作和登場的人物也比較地熱鬧的緣故。」（《郁達夫文論記》第四百六十九頁）

袁殊的《工廠夜景》和樓適夷的《活路》合出了單行本，當時甚至在蘇州、北京也上演過這兩個劇本。晚年時的袁殊回憶起年輕時的劇作，說那是應急而寫的急就章，在藝術上當然是稚嫩之作，但在反日宣傳中卻起到一定的作用。樓適夷後來還寫了劇本《S、O、S》。

袁殊和郁達夫不僅相識而且私交很好。他們在三十年代初曾在杭州樓外樓飲酒論詩談得很投機。袁殊欽佩郁達夫的才學，，認為郁詩有韻味讀來上口。有一次我問袁殊：「你認為三十年代文化人中誰的才氣最高？」他不假思索的回答是郁達夫和田漢二人。不過他認為郁達夫的自由文人傾向太嚴重，因而告誡我不要多讀郁詩。

有一副郁達夫寫給袁殊的手跡：「書生本當奴才用，好漢原為酒食謀」，是我從舊照片上窺見的，聯意風格頗近郁達夫，而袁殊告訴我是他自己擬詞，郁達夫手寫的。不想袁殊去世後，這友誼的舊物竟意外地歸還到了其子女的手中。

當年袁殊將這幅自己擬詞、郁達夫手書的對聯掛在家中也是有用意的，那時他已接受黨的指示在偽裝褪去紅顏色。

八、淞滬抗戰時期的文新

「一二八」事變前夜，上海的群眾抗日救亡活動達到了高潮。《文藝新聞》全體工作人員參加了當時歷次的反帝愛國的示威遊行。

袁殊特別談到「抬棺大遊行」。「抬棺大遊行」的起因是發生於一九三一年十二月十七日的「珍珠橋慘案」。

先是日本以「柳條湖事件」為藉口出兵中國東北，此即「九一八事變」，當年十一月二十四日，國聯理事會召開特別會議討論此事，最終以十三票對一票議決日本應從佔領區撤軍，但日方對此置之不理，終於引發了一九三一年底那場規模空前、席捲全國的大學潮。

從十二月初開始，全國各地高校學生陸續集中到南京請願，南京國民政府特成立了「特種教育委員會」處理此事，由時任中央研究院院長的國民黨元老蔡元培出任委員長。

早在北京政府時期，蔡元培就是教育總長，又長期擔任北京大學校長，在其任上，很妥當地處理了「五四運動」的善後事宜。無疑，「中樞」想借重蔡元培在青年學生中的良好形象，以及他所具有的處理學運問題的豐富經驗，把這場學運給按下去。然而「當局」想得有點簡單了——這次，學生們不再認蔡元培的「老面子」了。

十二月十五日，三萬多學生先是到外交部抗議，並砸毀了外交部的大門，隨即赴丁家橋中央黨部請願，蔡元培奉命出面去與學生「對話」，陪同他的是南京衛戍司令、當天剛剛接替蔣介石代理行政院長的陳銘樞。

「對話」的結果——二人均被痛打，其中陳被當場打昏，蔡被拖出幾百米，且行且打，後軍警鳴槍才把人搶回。

十二月十七日，學生們再次來到丁家橋，搗毀了中央黨部大門。隨即又赴珍珠橋，焚燒了《中央日報》編輯部和印刷廠。這次當局不再客氣，驅散了學生。據孫元良回憶，「憲兵隊趕到將縱火、行兇罪犯六十二人拘捕，其中三十八名滬生因係脅從，經訊問即行釋放，餘二十五名北平學生交法院也從輕發落。事件中僅一名去排字房搗亂的學生，聞憲兵開到，越窗跳河溺斃。」

這就是「珍珠橋慘案」。次日，軍警包圍了學生駐地，並強行遣散，送回各校。

一九三一年二月間，四川籍學生楊桐恒因參加抗日愛國活動而被南京國民黨政府殺害了，當時稱為「一二一七」慘案。同年十二月二十一日，在「上海民眾反日聯合救國會」（簡稱「民反」）的領導下，上海爆發了以工人、學生為主體的抬棺遊行大示威。

遊行中，工人的組織紀律性很強，特別是滬西紗廠的隊伍很服從調動，顯示出工人階級的自覺性和戰鬥性。遊行隊伍彙集到大吉路體育場召開了數萬人大會，做出了要求對日宣戰、聲援北京大學南下學生請願團等項決議。

袁殊還談到當時非常活躍的人物史大炮，奔走聯絡表現積極，但此人後來政治關係頗為複雜。

袁殊也談到，在大吉路體育場的集會上，有兩個東亞同文書院的日本學生登臺舉行了反日演說，這兩個日本學生當時是同文書院中國共產黨支部的成員，在他們回到日本後，因其發表反日演說而以國事犯罪被軍國主義當局處死了。

袁殊說，抬棺大遊行的是楊尚昆組織領導的。

在民族救亡的前夜，《文藝新聞》積極宣傳報導了上海、天津等大城市的反日活動，抨擊了當局的不抵抗政策和壓制民眾抗日的政策，旗幟非常鮮明。

在淞滬抗戰開始後，為了適應群眾急需瞭解抗日消息的特別要求，也為進一步開展反日宣傳，《文藝新聞》出版了戰時特刊——《烽火》。《烽火》日出一期，為時半個月之久，終因財力不支而難以為繼。

《烽火》特刊每日銷行萬餘份，專事戰爭實況報導。它以《文藝新聞》讀者聯歡會和中國新聞學研究會為後援，而以上海市廣大愛國群眾為堅強後盾。

當時上海的大多數群眾和學生對大報新聞有不同的保留態度，許多人紛紛將耳聞目睹的戰地消息以各種方式通知《文藝新聞》，有時報告消息的人竟不留姓名，表現了群眾對《烽火》特刊的信任。《烽火》特刊由勤業印刷所的學徒工們自願義務加班印刷，表現了青年工人的愛國熱忱。《文藝新聞》的工作人員為編輯《烽火》，夜以繼日地工作，鄭伯奇、陸詒等人還專門從外地寄來通訊稿。

總之，為時不長的《烽火》特刊可以說是上海愛國群眾同仇敵愾的共同努力結果。戰事平息後，《文藝新聞》社編輯出版了六萬字左右的專輯《上海的烽火》，這個報導專輯，圖文並茂，記錄了日本帝國主義在上海造成的血腥罪行，揭露了各帝國主義在滬戰中的陰謀詭計，抨擊了國民黨政府的不抵抗主義，謳歌了勞苦大眾英勇抗戰的壯舉。

作為《文藝新聞》的主要工作人員之一，袁殊和其他同人一道為《烽火》特刊全力以赴地貢獻了自己的力量。《文藝新聞》社的全體工作人員，以後都成為共產黨員。有一位後期的工作人員名叫白葦，以後參加了上海反日救國會義勇軍，在閘北十九路軍前線支援戰事工作，軍隊後撤，與其他工作人員被當地反動保安隊集體槍殺，他死裡逃生，後受到營救投奔了解放事業。解放後曾任青海省政府秘書長職務。

「一九三二年淞滬戰爭爆發，《文藝新聞》從二月三日改出日刊，報頭是《文藝新聞》戰時特刊《烽火》，大量報導前線情況和刊登有關團結抗日的文章。《烽火》連續出了十三期，魯迅、瞿秋白都用筆名在上面發表了文章。至三月底，因戰事緊張，去前線採訪異常困難，始又恢復為週刊。」（胡正強：〈試論袁殊的新聞實踐及其理論貢獻〉）

陸詒是當時袁殊在新聞界的一個好友。歷經磨難後，晚年袁殊的相冊裡，保留有陸詒青年時期的照片。一九三六年他們都是「青年記者協會」的創始人。上海人著名新聞工作者陸詒後加入中國共產黨，也是中國民主同盟盟員。陸詒解放後曾任第五、六屆全國政協委員。

陸詒是個仔細的人，為「青年記者協會」成立的往事，范長江的兒子范蘇蘇訪問過陸詒，陸詒還保存著當年「青記」成立時的原始會議記錄，珍存了一份史料。

九、《文藝新聞》能夠相對持久的原因

八十年代初，樓適夷給袁殊寫信，提了兩個問題。

（一）《文藝新聞》能相對持久的原因。

（二）有關何民魂的問題。袁殊說，這回要認真回答了。對於第一個問題，袁殊口述，我做筆錄寫了回信。

根據袁殊所談，《文藝新聞》能相對持久是有些內部原因的，而《文藝新聞》停刊除受當局的

嚴苛檢查難以應付外，還有更重要的政治原因。

首先該小報從發刊伊始即標榜集納主義，聲明「客觀」報導的立場。為了能站住腳、為了能麻痹當局，初期對稿件也確實採取了兼收並蓄的做法，例如第二期就登載過右翼文人朱應鵬的〈民族主義文學談〉，湖州人朱應鵬當時是國民黨市黨部的監委。他與張若谷、傅彥長三人當時發表了一些民族主義的文藝時論，統稱三家言，其主旨是反共的。

其實《文藝新聞》創刊伊始就受到當局派員監視。國民黨中央文藝科助理幹事潘孑農在《文藝新聞》發行初期幾乎成為每週必到的座上客，前來刺探情況。袁對潘採取敷衍態度，一方面對潘送來的廣告完全照登，另一方面對潘的思想主張完全置之不理。這些做法一定程度地麻痹了國民黨當局的注意力。

另一個要小心應付的對像是二房東胡贛珠。胡本質上是個混生活的小報流氓記者，專以揭發社會上豪門大戶家庭醜聞來敲竹槓為生。胡的同鄉范廣增是法國巡捕房的職業密探，胡因之成為巡捕房設伏的非正式密探即眼線人。袁有時把一般性的文化界消息透露點給胡，胡則偽裝為自己偵緝到的資料去騙法國人錢，因此胡和范之流認為對小小的《文藝新聞》逼之太過也無油水可撈，讓它存在下去對自己多少有點用處。一個小報要立足於當時當世，不能不應付強龍和地頭蛇。

當局要人方覺慧幾次主張不要干預《文藝新聞》，除認為是「老同志的兒子辦的報」外，還知道袁殊信奉無政府主義，「幹不出多大名堂，讓他去」。這種關係在一定程度上掩護了《文藝新聞》。

翁毅夫有一位叫小陸的朋友，當時在法國巡捕房當法文翻譯，由於小陸的周旋，也使《文藝新聞》省卻了不少麻煩。小陸是七君子之一的史良的愛人，解放後在外交部工作。

《文藝新聞》後期，袁殊加入秘密革命工作，接受指示和CC系大特務吳醒亞拉上關係，有了上海市社會局長吳醒亞的背景，應付一般麻煩事就比較容易了。

《文藝新聞》停刊的直接原因是受到了法國巡捕房的注意。《文藝新聞》越辦越有影響，越辦越左傾，法國巡捕房決定正式開始監視拜訪《文藝新聞》的每一個人。胡贛珠把這個情況告訴了袁殊，並要他當心，其實是既講了情面又做了警告。翁毅夫也從自己的管道得知了這個情況。袁殊登出了社址搬遷的廣告，停辦了《文藝新聞》。翁毅夫以為袁殊害怕了，對袁不滿，兩人暫時分手了。

停辦的真正原因是，無論革命的秘密工作方面還是吳醒亞方面，都要求袁殊停辦紅顏色越來越濃的《文藝新聞》，要求袁殊褪去紅顏色，專注於搞情報工作。

文中提到的朱應鵬是近代畫家，擅長油畫和藝術理論。曾任國民黨上海特別市黨部監察委員等職，奉國民黨當局旨意，於三十年代上海文壇提倡「民族主義文學」，遭魯迅和左翼文人批判。

潘子農於一九二九年因參加左翼文藝運動被捕，「悔過」後被安排了工作，任職於南京市衛生局。「一二八」事變後，潘接受國民黨中統特務頭子徐恩曾津貼，創辦「民族主義文藝」刊物《矛盾》，卻也刊發了一些「左聯」、「劇聯」盟員的抗日作品，遭日本領事抗議，當局給予停刊兩月處分。

十、賣文生涯

《文藝新聞》的工作人員沒有報酬，袁殊在辦《文藝新聞》時期以賣文為生。我原以為三十年代的文化人過的大都是沙龍生活，聽了袁殊的講述才知道大謬不然。以後看了樓適夷的文章方知樓適夷也是「在解放後才把孩子慢慢養大」。

袁殊說，當時的稿酬不高，屈指可數的大作家如魯迅、郭沫若每千字最高稿酬五元。一般人每千字一、二元左右。書店老闆雇傭文化人做文字臨時工，每千字才幾角錢。編寫英漢詞典的曹成修（另一個人是鄭易理）就受過這種剝削。

袁殊當年賣過哪些稿子他自己記不確切了。根據零碎瑣談可歸為三類。

第一類是翻譯，除前文提到的《日本政黨對華政策》、《印度獨立史略》外，他還翻譯了日本村山知義著的《最初的歐羅巴之旗》。日本村山知義是日共作家，當年三十歲，專寫以中國歷史為題材的小說。《文藝新聞》登過《村山知義評傳》。

袁殊是由鄭伯奇的介紹與村山知義認識的。關於這本譯書，袁殊晚年做了如下評述：「一九三二年為了稿費應急，譯過一本《最初的歐羅巴之旗》，是寫林則徐抗英和清王朝賣國的鴉片戰爭歷史劇。當時日文似通非通，生搬硬湊，用了幾個夜晚譯出，以得到稿費為目的，自己連譯稿都未看，即交給一家小書店（湖風書店）付印了。現在回憶，真是粗心大膽之至，不勝赧然！」

既然是信筆胡譯都能付印，是不是當時投稿很容易呢？袁殊後來說，「當時上海失業的留日學生多的是，而我和湖風書店沒有任何關係，我猜大概書店老闆看中了附有村山知義的照片吧！」

稍後，袁殊翻譯了《美國報界大王哈斯特》，這本書是新聞專業的譯著而完全不是為稿費應急。一九三五年至一九三六年，袁殊翻譯了日本中篇小說《蒼茫》，主要是為在獄中消磨時光和學習日文。一九五〇年，機關實行供給制，袁殊以「孟明」的筆名翻譯了《一個日本女共產黨員的賣國日記》，內含兩個短篇。記得小時候聽他說過，共得稿費七百元，因此也是「以得到稿費為目的」。秦城坐獄時，袁殊翻譯過五、六本日文科技書，既不具名，更無稿酬，不過譯書時生活待遇頗優。當時還譯過幾篇日文短篇，聊以自娛。

一九八〇年至一九八二年，袁殊在香山南營等待平反期間，經濟尚可但了無事事。樓適夷熱心為之介紹聯繫翻譯出版事。因而，袁殊翻譯了正宗白鳥原著的《牛棚的臭味》和宇野浩二原著的《出租孩子的店鋪》二短篇。

平反後袁殊原有宏大的翻譯計畫：翻譯谷崎潤一郎的巨作《細雪》，其實他已身殘體衰力不從心了。

第二類是新聞學方面的短稿，主要是學習新聞學的札記感想，只確切知道袁殊在章衣萍主編的《現代學生雜誌》二卷一期上發表過〈現代學生與現代新聞學〉一文。所幸的是這段時期內所寫的這類文章都彙集在《學校新聞講話》一書中了。

該書我沒看過，現摘錄任白濤的序言以作說明：「大約是四五年前的事（約為一九二九年前），我在西湖深山的寺中，看到S埠的月報的副刊上，載有一個S埠印象記式的、長篇的、寫得很是清晰的文章，我就十分鄭重地把他的含有深刻批評意味的源於S埠的「報屁股」的一段剪下來保存住了。

不久，我來到S埠，在一個藝術的集團中遇到一位短小精壯、年紀不過二十上下毫不認識的青年，他得悉我的姓名之後，居然向我問關於新聞學的事。我萬想不到在這麼一個藝術團體中竟有對Journalism深感興趣的人！尤其出我意料的他原來就是被我剪下一段上述的印象記的作者啊！

又過半年多，他便回國，據說是經濟能力不允許他再繼續下去。……他除了寫一小本《現代新聞學》的原稿，還有許多關於新聞學的短篇；經我介紹給老友W君所編的雜誌一兩篇，隨後他便陸續地逐處發表，給一九三一年份的中國新聞界造成了不少的新紀錄。……好像生來就有新聞學天聰的他，竟能在百忙中，在極短的時期，寫或譯出好多篇——尤其是本書各篇——重要的論文。」

第三類稿子是文藝性散文及雜感之類的稿子。我的愛人焦陽在舊日《良友畫報》上發現一篇〈為了不忘卻的紀念〉，署名袁殊，複印給他後，晚年的袁殊很感到欣慰。

由此談及寫雜文，他說以前經常文思如泉湧，隨手寫來即可拿去發表，毫無搜索枯腸之艱澀感。

他特別提到一九三一年或一九三二年在《新時代》雜誌上用「碧泉」的筆名發表的〈上海論〉，說是經和馮雪峰交談之後發表的文章。

一九四八年他在《關東日報》發表的散文雜論約有二十多篇，每篇用一個筆名。現在有人要收集袁殊的文章，恐怕難度不小。

當時他經常給南京的黃其啟、安徽的高歌（狂飆社成員，當時是蕪湖日報副刊編輯）寫文藝性散文。

解放初到一九五五年被捕，他也寫過數量不多的散、雜文，如以「方正」為筆名在一九五五年初《新觀察》上發表的〈唯我論〉。這篇短稿是經過一個禮拜的擱置、修改才發出的，這是我親眼見的事實，說明他的寫作態度嚴謹了。解放初期，他寫的國際問題評論相對多一些。

晚年的袁殊經多年的政治困擾後也還偶有寫作之興，曾以「龍暘」的筆名寫過一篇〈萱花開了〉的短文，發表於一九八三年的《海鷗》雜誌上。

袁殊的散、雜文我讀得很少，更沒有仔細研究過。粗略的印象是：富有哲理性，行文風格特異，時有智慧的閃光。

袁殊名前冠以「作家」二字亦無不可。但僅只是廣義的作家。在文藝方面他的重要貢獻是創辦《文藝新聞》；在新聞學方面，他的代表著作是《記者道》、《新聞法制論》；在情報工作方面，他有《南窗紀事》和我不知道的專著；他留下了幾十萬字的真實自傳；他也翻譯了一些文藝作品；但他沒有真正的文藝創作。

袁殊的〈新聞記者歌〉寫得很好。一九三四年夏，為紀念剛剛誕生的「記者節」上海通訊社記者袁殊寫了〈新聞記者歌〉，刊登在《大美晚報》上，並交聶耳帶到日本去譜曲，後聶耳溺水身亡未果。

袁殊　**〈新聞記者歌〉**

從清晨到深宵，
我們的職責：新聞報導。
不問風霜寒暑，
在街頭奔跑；
申訴人間苦難，
給社會知道。
今天的消息，不要疏忽了：
到處滿災荒，人們早受不了；
邊疆淪落盡，敵人還在開炮。

快記錄事實，把真相傳報，
確實，詳細，最要緊，莫造謠！
今天的消息，不要疏忽了：
新的戰爭，到處在爆炸，
民族自救的烽火，正在燃燒！
內勤、外勤，都一齊動員罷，
在職業前哨，也就是鬥爭的前哨！
今天的消息，不要疏忽了：
帝國主義者，大肚吃不飽；
社會惡勢力，更在逞強暴。
打開鏡箱，照出他們醉生夢死的微笑，
提起筆來，揭發那些蠅營狗苟的奸巧。
輪轉機上，洪水般印出了我們的報，
輪轉機上，洪水般印出了我們的報。
輿論的權威，要大眾支持，
神聖的職業，是我們的瑰寶；
不准無恥的傢伙，去賣身投靠，
萬萬千千的讀者，要求著精神麵包。
莫自誇帝王無冕，

我們要舉起「集納」的旗號！
大家準備起三千毛瑟，有筆如刀！

如他自己所言，袁殊畢生的事業是情報工作，儘管成就與「罪行」相連，而惟其如此他才做出了一般人不易做出的貢獻。

第四章 白皮紅心蘿蔔

一、左翼文化活動的一年半

《文藝新聞》出了幾十期後，由於披露了五作家遇難的消息以及和馮雪峰等左翼文化人的接近，「中國左翼文化界總統盟」（簡稱「文總」）動員袁殊參加左翼文化工作。

當時中央文化工作委員會（簡稱文委）的書記是潘梓年。文委作為共產黨在上海文藝界的領導機構，成立於一九二九年下半年，一直到一九三二年底，由中共中央宣傳部直接領導；一九三三年初臨時中央遷往江西蘇區後，由中共上海中央局宣傳部領導。一九三三年六月起，文委改由中共江蘇省委宣傳部直接領導。

文委領導各左翼文化團體成立了左翼文化總同盟（簡稱「文總」），文總下屬「左聯」、「社聯」、「劇聯」等組織。

據袁殊說，當是文總「左聯」方面的代表是丁玲，「社聯」代表是朱鏡我，「劇聯」代表是田漢。並醞釀成立「新聯」——新聞記者聯盟，事實沒有成立起來。彭新集、陸詒等青年記者是剛從新聞學校畢業不久的左傾新聞工作者，他們與袁殊等人一起討論過成立「新聯」，但不知為什麼沒有成立。

潘梓年找到袁殊後，要求袁以個人名義加入「文總」。在潘梓年和朱鏡我的領導下。三人負責「文總下」屬各文藝團體的通訊聯絡工作。

潘梓年是潘漢年的堂兄弟，時任大學教授，實際負責黨的文化工作。他當時頭戴瓜皮帽、身穿長衫，生活很簡樸，人稱「裁縫先生」。袁殊說這位老革命家「光榮一生」。

朱鏡我後來參加了新四軍，不幸在皖南事變中犧牲了。

因參加「文總」的工作，袁殊認識了許多左翼文化人。袁殊談到周揚時說，周當時相對地說出來活動比較少，經常勤奮讀書。袁殊說，姚蓬子和他很熟悉，姚蓬子為人平和隨便。

文革時期，有個身穿軍大衣的人帶領一批紅衛兵到秦城監獄提審袁殊，要袁交代三十年代初左翼文壇「內幕」。

開始袁因長期坐監無人講話竟只能啊啊發音而說不出話來了，在提審過程中才逐漸恢復了講話功能。那批人特別要袁殊交代姚蓬子的事，後來袁看報上的照片才知道那個穿棉軍大衣的帶頭人是姚文元。我問姚蓬子是不是叛徒？袁說不知道此事。

六十年代初，我在上海參觀魯迅紀念館，發現一份當時文化界宣言，之後的署名中有袁殊的名字。當時感到很奇怪：袁殊年紀輕輕怎麼會成為上海文化界中能簽名的人物呢？過了二十年才知道，當時的袁殊在文化界頗為活躍。

一九三一年十二月二十八日。在四川路青年會食堂，上海的一些文化人成立了「上海文化界反帝抗日聯盟」，根據記載，到會的約有三十多位文化人，推出胡愈之、姚蓬子和袁殊作為九人組成的執委會召集人。幾個月以後該組織擴大了，分工明細了。該組織發表了對東三省事件的宣言，積極進行了抗日宣傳活動。

為堅決反對帝國主義瓜分中國，一九三二年二月三日，上海文化界發出「告世界書」，簽名的第一人是魯迅，樓適夷、袁殊、翁毅夫等《文藝新聞》五位工作人員也列名其中。

袁殊還參加了中國著作者協會，這是個類似於職業工會的作家職業組織。這個組織由孫師毅、陳望道等人首倡而於一九三二年一月十七日發起，參加的成員政治傾向很不相同。

中國著作者協會成立時做出的四點決議是：一、爭取言論、出版、集會、結社自由；二、反對對作者壓迫；三、提高對作者報酬；四、反對帝國主義、封建主義文化。

在新聞界，袁殊參與了發起組織「中國新聞學研究會」（簡稱「新研會」）的工作。

一九三一年末，新聞界任白濤、黃天鵬、袁殊、翁從六四人聯名向中國新聞界發出緊急請求，為使報界同仁對抗日多做貢獻而倡議成立研究組織。

一九三二年十月二十一日，新研會發表宣言宣告成立。一九三三年四月份，新研會發表了〈檄全國新聞記者〉一文，該文由上海五大通訊社：日日、中外、太平洋、新聲、國際通訊社同時發出，之後各地新聞工作者入會人數日益增多。

袁殊曾說過，他是以新研會為背景研究集納主義的。袁殊代表新研會寫過一篇〈過去的批判與今後的企圖〉的文章，大力宣導研究集納主義。由此袁殊與當時上海的大小報記者有廣泛的聯繫。

根據袁殊自己說，他曾做過「民反」組織的委員，負責印製「民反」印刷品的工作，但為時不長，詳情待後述。「民反」就是前文提到的「上海民眾反日聯合救國會」的簡稱。

袁殊青年時代以反帝愛國為要旨，既辦報刊，又參加了大量的社會活動，顯示出過人的精力。他身體素質非常好，能吃能睡。記得解封後在東城區南小街趙家樓工作時期，他有時要我十分鐘後叫醒他，說畢即睡，不到一分鐘就鼾聲大作，十分鐘後叫他起來時也不戀床。

袁殊從不失眠，生平只有一次例外地服了一片安眠藥，那是他一九五五年被捕入獄後幾天，在思想極度不通的情況下服用的。

袁殊很能熬夜，中年時期每晚必到十二點後才入睡而每早六點即起，除生命的最後兩三年外，看來他畢生都是如此。

我問他，年輕時搞那麼多活動還有時間讀書嗎？他說利用夜間讀書，有時讀得高興起來讀到半夜兩三點，第二天照常工作，利用乘車時間、採訪等待時間打個盹精神就來了。

晚年未得腦血栓之前他的身體仍非常好。大概是一九七七年吧，我陪他到鋼鐵學院禮堂看文藝演出，晚上回來沒車了，一直步行回城，途中他主動提出吃夜宵，顯示出興致勃勃的樣子。好動，是袁殊的特點之一。

文中提到的「中國新聞學研究會」（一九三一－十），上海是我國第一個研究無產階級新聞學的學術團體。發起人袁殊，成員主要是來自《申報》、《新聞報》、《時報》的進步記者、復旦大學和民治新聞學院的師生，核心是《文藝新聞》的工作人員。

二、做「灰色小市民」

由於袁殊思想行動左傾，當時社會上有些人諸如胡贛珠之流早就認為袁殊是共產黨員，其實袁殊第一次加入中國共產黨是一九三一年十月份的事。

袁殊最先向夏衍表示希望政治上能提高一步，也許表示得不明確吧，夏未置可否。

加入「文總」後，袁殊和朱鏡我接觸很多，袁對朱提出了口頭申請。有一次他兩人外出同行，在北四川路郵政局附近的橋面上，袁見周圍沒有行人，即對朱說：「加入前衛的條件是不是很高，我能否加入前衛？」朱回答說：「這要看個人的具體情況和周圍環境的人對你的評價。」

四個月後，潘梓年通知袁殊說某天中午十二點到靜安寺愛文義路口一家高級咖啡館去，有人要找袁殊談話。

袁殊準時到達指定地點後，走進了以前從沒進去過的高級咖啡館。十二點時分的咖啡館內空閒寂靜，除白俄女招待外，只有角落的一張桌旁坐有兩個人。袁殊認識其中一人，另一人不認識。認識面孔的那人就是潘漢年。以前袁殊只聞其名不知其人。有一次袁殊和馮白駒（馮鏗之兄）在良友圖書公司看到一個人，馮指告袁說，他就是潘漢年。後袁殊到一個國際商會去看辛酉劇社袁牧之等人排戲，進去時恰逢潘漢年出來，兩人打了個照面。但是潘、袁兩人從沒講過話。

潘漢年見袁殊走進店內即招呼他過來坐。等女招待端上三杯咖啡離去後，潘說：「你要求加入前衛組織，經過一段時間的考察後我們認為你的願望可以實現了。」

潘指著那位過去從沒有見過面的人說：「他就是今後和你單線聯繫的王子春同志。」王子春長得又高又胖，後來袁殊和馬景星私下常稱他為「王胖子」或「大塊頭」。

潘漢年隨後問袁殊生活過得怎麼樣。袁殊回答說，馬馬虎虎可以應付。其實當時袁殊僅靠賣文為生，要養活母親、弟弟和自己，生活是非常不安定的。當時的袁殊有小資產階級的面子觀念，怕說生活不安定遭人笑話，反映出袁殊當時思想上尚存稚氣。接下去是潘、王二人輪流談話而袁殊只是默默地聽著。

潘：「你加入的是秘密前衛組織，普通的組織成員是不知道你身份的；你要做的工作是保衛組織的秘密工作。參加這方面的工作，一定要堅持到底，一定要保密。從今以後你要慢慢褪掉紅顏色，偽裝成灰色小市民，再尋機打入敵人內部。」

王：「在敵人內部做分化瓦解工作是危險的事，你可能被捕入獄，也可能親眼看著組織成員被敵人嚴刑拷打，但無論怎樣你都不能暴露自己的真實身份。你甚至可能永遠背負反動分子的罪名而死去，但黨是知道你的。」

潘：「只要始終守著信念，縱使犧牲也要無所顧忌，敵人現在有政權勢力會用金錢美女手腕，我們只有最堅強的馬列主義，但我們能挫敗敵人對前衛的陰謀。歷史上有許多可歌可泣的無名英雄。」

王：「今後在你所遇到的反動環境裡如需要花錢買對組織有價值的資料消息，組織是不吝惜金錢的，但一般情況下組織不會給錢。記住，從今以後你要做白皮紅心蘿蔔，在反動環境中，爬得越高，對秘密工作越有利。」

潘、王二人詢問了袁殊的社會關係，特別是反動陣營中有無可資利用的社會關係。袁殊自辦《文藝新聞》以後就和胡抱一斷絕了來往，初出茅廬的袁殊一時想不起有什麼可以利用的社會關係。潘、王二人要他慢慢想，好好想。

在整個為時不長的談話過程中，三人的神情始終非常嚴肅，三人面前的咖啡誰也沒有動一下。

少年時期的袁殊是無政府主義的追隨者，幻想著社會人群中沒有剝削壓迫的生活；他欣賞俄國無政府主義者克魯泡特金的著作《自由與麵包》所描述的社會生活，即不受干涉，不成立組織派別，根據個人意願去選擇職業和前途而不會遭到不平等待遇的空想社會生活。

通過閱讀恩格斯的書籍，從恩格斯對聖西門理論的批判中，袁殊初步認識到階級和階級鬥爭的必然，從理論上認識到無政府主義沒有實現的可能性。在後來一年現實階級鬥爭的磨練中，袁殊進一步提高了思想覺悟。這一段歷史，潘漢年完全瞭解。就這樣，袁殊加入了「中央特科」。

中央特科成立於一九二七年。第一代領導人是周恩來、顧順章、陳賡；第二代領導人是陳雲、趙蓉（康生）、潘漢年（一九三一年四月至一九三二年五月），第三代領導人是武胡景（一九三二年五月至一九三五年九月）。

王子春是和袁殊單線聯繫的人，結局悲慘。袁殊和馬景星私下稱呼王子春為「王胖子」、「大塊頭」。袁殊於一九三四年突然與王子春中斷了聯繫，不知王胖子到哪裡去了。直到一九八一年，袁殊在香山南營告訴我，「王胖子在海輪上，被人塞進麻袋丟到海裡去了」，沉吟片刻後又說，「是克格勃幹的」。

王子春原姓劉，人稱大漢劉，個頭高，塊頭大，長得像個白種人。特科王子春就是歐陽新。歐陽新在蘇聯學習過炮兵，一九二九年從蘇聯回國後，分配到特科情報科工作，一直幹到一九三五年。歐陽新以新聞記者為掩護身份收集情報。潘漢年時代，歐陽新作為助手，協助潘漢年工作。武胡景時代，也是歐陽新協助他工作。他是中央特科的三代元老。

一九三四年，王子春協同武景胡轉移到蘇聯，在袁殊面前消失了。

由於國內政治環境的惡化，中央特科大部分人員分兩批轉移：一批到北平、天津，一批到蘇聯。一九三七年蘇聯「肅反」，武胡景被當作「托派」處決。王子春同時也被處決。一九五七年，經毛澤東簽發，武胡景被中央人民政府追認為烈士。

袁殊在外侮內患的動盪時局中，找到了人生奮鬥的方向。當晚，興奮不已的袁殊在年輕人純情的驅動下，把這個消息告訴了馬景星，同情革命的馬亦為他政治上的提高而更加敬重袁殊了。

但是漫漫的人生之路是坎坷不平的，袁殊走過的人生之路也有過幾度大的迴旋與曲折。到了蓋棺論定時，我們後人畢竟能夠說：袁殊的一生基本上是跟著共產黨走的，他終究實現了少年立志革命的初衷。

三、情報工作入門

袁殊說他初做情報工作時，幾乎手足無措，不知從何做起。這也不難想像，一個二十歲的青年僅憑一腔熱血當然摸不到複雜的特工門徑。

我和袁殊的長外孫女曾私下感歎過，如果袁殊一直搞文化工作而不幹情報工作，他的命運就可能不同了。當然，生活中是沒有「如果」的。我曾問過袁殊有沒有文學才能。他沒有故作謙謙之狀也沒有自我吹噓，只是淡淡地說有比較豐富的想像力，搞文學工作也不見得不合適。

早年的袁殊是否適合做情報工作我不清楚，而晚年袁殊的性格卻充滿了幹特工職業的特點。人的性格是環境的產物。王子春就是他情報工作入門課的第一任老師。袁殊說他幹這一行之初，王子春手把手地教給他一切。

在中共特科王子春的安排下，袁殊首先接受了秘密工作的正式訓練。具體執教的老師先是公開職業是汽車司機的奧地利人，後是一位姓趙的四川人，訓練的主要內容是秘密聯絡的方式。他每週到北四川路一個小弄堂內的一所房子中受訓。看見窗外擺著花盆才能進去，並約定敲門三下為號。袁殊說趙老師教給他傳遞消息時，在數字上要有規律地第一次減一、第二次加二，交替地變化地變化。例如說：「我星期五會到一位朋友」則實指週四；說：「中午十二點見」，則實指午後兩點見。訓練兩個月後，袁殊和王正正式秘密接頭了。

他們接頭的時間一般是下午兩、三點鐘或晚上八、九點鐘。這段時間內街面不很熱鬧也不過於冷清，便於談話隱蔽。為了引起對方注意，在接頭地點附近老遠望見對方就有意做出點煙、摘下帽子等動作。每次接頭時間一般不超過十五分鐘。王子春總是穿著極為講究。

袁殊當時事事請示王子春，那時袁殊收到過一張條子，上面歪七扭八地寫著：「你辦的《文藝新聞》很有價值，我有個問題請教，請某時到某地相見。」落款Smith。條子是晚間送到《文藝新聞》辦公地點，小夥計小周轉的。袁殊報告了這個情況之後，王子春當即表示可以見見這個外國人。袁見後方知，這個外國人是澳大利亞人，自稱同情中國革命，有個中國女友，希望袁殊教他中文。王聽了袁殊的彙報之後讓袁不再理他。

王子春再三讓袁殊仔細想可供利用的社會關係。袁想來想去想到一個叫張楚強的人，張自稱是洪幫，其實是冒牌貨，他依憑湖北同鄉關係幹些工賊之類的營生。在王的指使下，袁殊和張楚強打了個把月交道，看看搞不出什麼名堂，王就不讓袁理張了。看來他們在想方設法尋找打入敵人內部的途徑，但由於王不瞭解全部情況而袁殊又年輕無知，他們開始的幾次嘗試均以失敗告終。

袁殊終於想到了胡抱一，王子春認為有文章可做。依照王子春的佈置，找到了當時在上海的胡抱一，說是辦《文藝新聞》喊口號喊膩了，想過平和生活，前來討事做。於是胡抱一帶著袁殊到法租界見到王亞樵。

王亞樵和胡抱一是洪幫同輩兄弟。胡排行老二，人稱胡二爺；王排行老九，人稱王九爺。王和胡都是孫中山的學生隊隊員，都信仰無政府主義，故彼此熟知。不過他兩人對無政府主義的信仰，僅限於知道代表人物的姓名和該主義的大略要旨，而沒讀過無政府主義的書。王亞樵和胡報一再二〇年代就與戴笠和胡宗南義結金蘭。戴笠一度和王亞樵聯合。後來戴笠順從蔣介石，王亞樵怒斥戴笠，兩人鬧翻。王亞樵自己跳出來另樹一幟，成為不擁共、不擁蔣的以暗殺為職業的一股力量。

「戴笠早年最使他感到頭痛的一個勁敵，是在上海活動的安徽幫，這個人有群要錢不要命的亡命之徒，專幹綁票、暗殺的勾當，以後一些反蔣人士李濟深、陳銘樞等便利用他的這一組織，進行暗殺蔣介石的活動。」（沈醉：〈我所知道的戴笠〉）

除十九路軍和西南反蔣派外，也有些大資本家給王亞樵提供資金，王的回報手段是為資本家的走私活動殺出一條血路。

一九三二年英國工黨人士在上海的一次群眾性集會上被人掏了腰包，一時鬧得滿城風雨。袁殊說，此事是王亞樵私下指使人幹的，意在給蔣介石造成難堪

一九三六年或一九三七年，共產黨員華克之（即張建良）組織「晨光通訊社」，派孫某偽裝成記者進入會場企圖槍擊蔣介石，結果誤打了汪精衛，此事也依憑了王亞樵的力量。

王亞樵一生反蔣，多次遭追捕。據說王抗日是堅決的，王亞樵成立並領導了一個組織，名叫抗日鐵血團。「一二八」事變後，日本侵略軍在上海虹口開祝捷大會時吃了炸彈，當場炸死了白川大將並把駐滬公使重光葵的一條腿炸飛了。

陳公博的回憶錄《苦笑錄》中說是高麗革命黨所為，袁殊進一步指出是王亞樵買通了他的高麗女友幹的。

袁殊隨胡抱一見到王亞樵後，王即表示說，既然是幹新聞的還是吃新聞飯，我這裡正好有一張報紙要人幫忙。這是一張四開的小報，名為《公道日報》，小報的主持人叫畢瑞生，報紙辦得亂七八糟。

王亞樵也信奉無政府主義，對袁殊頗有好感，便將手下的一份報紙交給袁殊去辦。袁殊辦報自然是一把好手，不久將報紙辦出了樣子，而且和王亞樵手下的骨幹王鐵民等人交上了朋友。

小報由公道印刷所承印。此事發生於「抬棺大遊行」前後時期。「民反」要印發傳單，但沒有印刷企業敢於印刷共產黨宣傳資料。

袁殊找公道印刷所談條件，許以高價傭金和印畢即取走的條件，這個小印刷所因貪利而承擔了這次業務。時隔不久，傳單被反動當局發現了，巡捕房封閉了公道印刷所。袁殊開始還以為有王亞樵的背景而請律師和巡捕房打官司，後看無勝訴的可能，想到被封的機器價值萬元以上，怕擔不起經濟責任就撒手不管了。辦《公道日報》的事也就不了了之。

對於這件事，有評論說：「袁殊違反秘密工作原則，利用王亞樵掌握的印刷廠為中共週邊組織印刷抗日傳單，被巡捕房查獲，等於在王亞樵面前暴露了他和共產黨方面有關係，王子春只好命令他中斷在王亞樵集團的工作。」（〈抗戰前的袁殊〉）

畢瑞生這個人解放初期在我家住過，依稀記得此人老穿一件破舊的灰呢子大衣，一副潦倒的樣子。母親和祖母都瞧不起他，背後叫他癟三（意指吃白食）。只有袁殊對畢以朋友相待。

和晚年的袁殊談及此人，才知道，畢瑞生是北京大學畢業，學問很好，但此人懶得出奇，一不成家、二不務實，在舊社會以記者名義到處混。此人上層關係很多，哪家都是來時食宿招待，去時亦不相留，要錢的話也給一點，但不會多給。這種人是舊社會的一種怪現象，算是個高級文丐吧。

袁殊在〈酒徒詩記〉一文中記述了，「……瑞生兄豪於飲，但不是呼盧喝雉之輩。我亦好酒。他的詩，也有是別的詩所引起的。任鼎國兄送來吳少尊先生所書：『是年遊俠千金盡，九世冤仇一劍知。為閶門前車馬客，還能杯酒憶當年。』此詩掛在蘇州江蘇教育學院辦公室，瑞生兄來信謂，

『視之真愫一腔，跳躑紙上』，因而有感，喚起了昔日狂放的舊夢。遂有上詩」。從而得知，畢瑞生，詩酒狂放之人也。

為寫袁殊，我訪問過張建良（華克之）。民國史中的另一個暗殺大王是華克之。他刺殺蔣介石，誤傷汪精衛事，是得到王亞樵支持的和協助的。

華克之又名張建良。他的人頭曾被懸賞十萬大洋，而他卻在江湖上神秘失蹤了。其實是去了延安。一九三九年他加入了共產黨，朱德接見了他，說你這樣的人在白區能發揮更大的作用。於是成了共產黨的秘密人員，歸屬潘漢年領導。

袁殊說，張建良也受到潘案牽連，但早就放出來了。我猜大概因為張建良沒有參與和日本人打交道的事件吧。張建良出獄後無職業業無收入，僅靠二婚老婆每月五十元工資生活。

一九八〇年張建良找到入黨介紹人廖承志，廖開車到中調部，直接找到羅青長，問「怎麼還沒給張建良平反」。在廖的催促下，張建良先於袁殊平反，平反後住在國家安全部大院。

國家安全部平反執行人之一的處長陳欣大我幾歲，因袁殊平反事和我熟悉。陳欣後來對我發過牢騷：「沒平反前，把張建良說得一無是處，平反後張建良又無一壞處了，還有點實事求是的精神沒有？」

袁殊平反後，一次我陪袁殊在西苑大院公共浴池洗澡，袁殊遇一位中等身材體態適中的老頭，兩人打了招呼，沒有交談。老先生走後，袁殊告訴我「他就是張建良。」

袁殊去世後，我採訪了張建良。他住在西苑一〇〇號南院一座二層樓的樓下，四室一廳。

他說，「在舊社會袁殊有一定的身份地位，潘漢年、夏衍他們有難辦的事就交給小袁辦，他總能辦得成」。他說他精通易容術，特務抓不到他。

將近九十歲的張建良對我發牢騷：「想想真沒意思，一輩子風風險險，只換來這一套住房。」

正當談話漸趨無拘束的時候，內室傳來張建良老伴的聲音，「你們不要談了，張建良只是認識袁殊，沒有交往，你不是要寫書嗎？張建良的事你不要寫。」我只得起身告辭。張建良老伴仍然杯弓蛇影。

儘管袁殊和胡抱一、王亞樵拉上了關係，但工作局面實際上沒有打開。王子春仍然一而再，再而三地要袁殊回想還有何社會關係可以使用。袁殊想來想去認為沒有了。

後來用梳理的辦法談親戚朋友，一來二去地談到袁殊認為和自己毫不相干的賈伯濤，沒想到王子春認為大有文章可做，並親手策劃讓袁殊初次打入國民黨內部。

四、吳醒亞其人及湖北幫

賈伯濤是袁殊的娘舅賈寶書的大兒子。賈寶書隨父到江浙一帶經商，貪戀揚州地物繁華，久居不歸，後在揚州落拓了。

賈寶書的大兒子賈伯濤在上海普義紗廠做練習生，北伐即起時由袁曉嵐舉薦到黃埔軍校。賈寶書二兒子賈仲洪寄居董家。

賈伯濤黃埔一期畢業後，一度成為蔣介石的嫡系人物。

蔣把他派到上海，公開職務是不顯山不露水的小角色，實際暗中代表蔣介石和上海青洪幫的大亨們聯繫。賈和青洪幫大亨們發生矛盾，上海的大小八股黨之流狀告到蔣介石，蔣為保持青洪幫對自己的效忠，就把賈逮捕軟禁到湖北保安處，一個月左右放了出來，從此蔣不再理賈。

抗日戰爭時期，賈走何應欽的門路，一九四二年一月謀得個閩浙贛三省邊區綏靖指揮官。最後的軍階是中將。

賈負責的地界和汪偽地界相鄰，賈派秘書戴春到上海找正在做「漢奸」的袁殊聯絡，袁殊把戴春介紹給梅機關，並出面擔保發放到江西南城一列火車的棉紗布。賈伯濤騙取日本人的物資，用於抗日，無可非議。解放前夕，賈去香港，後到美國。解放初期賈給總理寫信說有兩個表弟在共產黨內（董純才和袁殊），願為祖國的統一大業貢獻力量。袁殊說賈伯濤作為統戰愛國人士以終其生。

王子春認真聽了賈伯濤的情況介紹後，即指示袁殊給賈寫信。信的大意是：我（袁殊）從日本回來無事可做，辦《文藝新聞》經濟有困難，因生活沒保障而沒興趣了，現在想過平平和和的市民生活。但是現在找事很難，故請求見面，請求代為謀職。

信經王子春的修改定了稿，可袁殊不知道賈的住處何在，後打聽到確切位址，把信發出去了。賈接信後很快回了信邀請見面，因為賈上黃埔是袁曉嵐舉薦的。

見面後賈問袁知道不知道吳醒亞這個人，願不願見吳？袁原沒想到賈會幫忙求職，當即答應願意見吳醒亞。

王子春認為機會難得，詳盡地為袁殊見吳醒亞籌備了一切。王要袁見吳時。態度應不卑不亢，落落大方，言談要講國家大事。

賈伯濤帶袁殊見吳醒亞沒幾天後，袁殊要求賈再去見吳醒亞。賈回答說：不必我陪同，你自己去就可以了，吳醒亞對你的印象很好，認為你年輕有為，精明能幹。

為準備二次見吳，王子春具體佈置袁殊寫了個人簡歷並親自修改。簡歷的主旨是要表明厭倦左傾活動，願做普通市民的願望。將簡歷寄給吳後，又準備了一份工作意見書，王指示袁殊投吳所好，對吳提出「以團體對團體，以情報對情報」來鎮壓工學運動的工作建議。當時「九一八」事變後，學運風潮迭起。蔣介石大談「攘外必先安內」，吳秉承蔣意，正為上海工學運動大傷腦筋呢。

二次見到吳後袁主動說：「我有個小小的粗淺的想法，寫在這上面了，請你過目指教。」吳粗略瀏覽了一下，連聲說很好很好。隨即把資料放在一邊和袁殊談了起來。

吳問袁生活怎樣？袁照王的佈置說，毫無辦法，只靠賣稿為生。吳聽畢即說，「你搞文學活動又沒有作品，以後不要搞文化活動了，跟我幹怎麼樣？」袁馬上表示願意跟吳先生幹。吳隨後表示，袁的月薪一百五十元，以後再酌情增加，工作任務是為吳打聽社會消息，但不算社會局正式人員而算吳私人任用的人員。這也就是說，袁殊加入了吳醒亞的湖北幫。

吳醒亞為什麼會任用一個在左翼文化活動中已有些知名度的青年人呢？我把袁殊的講述歸納為下屬三個原因：

第一、當時賈伯濤是蔣介石的紅人，賈引薦來的人吳不能不買面子。

第二、王子春的精心策劃和袁殊的精彩表演給吳留下了好印象，認為此人可用。

第三、吳醒亞曾經受袁殊的父親袁曉嵐的指點，投奔陳立夫後發達的。

吳醒亞是湖北黃梅縣人，三十歲左右的時候從閉塞的家鄉跑到大城市找出路，可不知投奔何人。袁曉嵐在上海見到吳醒亞，指點吳到廣州去投奔陳立夫，陳當時是國民黨中央的機要秘書。吳到廣州後，陳立夫安置了吳，給了個「錄事」之類的小職務，但吳算是納入了陳立夫的派系。

國民黨得勢後，陳立夫成為黨國要人，吳也因緣成為CC系的大將。陳調元做安徽省主席時，陳立夫推薦吳醒亞做了安徽省民政廳的廳長。

吳到任後賣官鬻爵，大刮地皮，他把收刮來的錢財大部分交給了陳立夫，為CC系立下汗馬功勞。因此當蔣介石要加強上海工作時，陳立夫力保吳醒亞到上海主管反共工作。原上海市社會局長是潘公展（或吳開先），因吳醒亞的來頭大，不得不讓其擔任了上海社會局長的職務。除公開經費外，蔣介石每月給吳醒亞提供私人掌握的反共經費五萬元。吳利用這筆錢成立了「力社」和湖北幫，擴大了CC系在上海的勢力。

吳醒亞一手抓應對工人運動，一手抓應對學生運動。凡有工人運動出現，社會局均以調解勞資糾紛的名義出面鎮壓。其方法是以青幫大亨杜月笙之流的名義出面「調停」。杜本人實際並不出面，而多由他的徒弟陸京士出面處理。陸京士當時是上海淞滬警備司令部軍法處處長，也是青幫小八股黨的成員之一，後來成為軍統重要分子。

上海是國民黨的堡壘，杜月笙、陸京士等人也有一套抵制工運的手段。

袁殊說，「我在上海的十多年，工人運動搞得一塌糊塗，真正領導工運的是民反。」在工運問題中，凡有共產黨問題，吳醒亞就親手抓起來。」

吳醒亞鎮壓學生運動的組織是力社。力社表面歸國民黨教育局長潘公展領導，實則受控於吳醒亞。吳醒亞接到陳立夫的指示，拉攏了樊仲雲、薩孟武、何炳松、陳高鏞等十教授，糾合了一些反共學生成立了力社，該組織的主要負責人是CC系的陳希曾。

湖北幫是吳醒亞的私人小團體，也可說是吳的特工小組。因為七八個成員都是湖北人，故稱湖北幫。

湖北幫中最重要的分子是黃寶石和方煥儒。黃寶石是湖北省的駐上海代表，扮演小團體參謀長腳色。方煥儒是共產黨叛徒，留蘇回國後曾擔任中共漢口市委書記，被捕後寫了反共自首書，改名為方文奎，專門負責策反共產黨的工作。

其他成員還有吳大宇負責電臺工作，廖雲鵬負責學運工作，解中傑負責工人運動，袁殊負責新聞工作。

梅龔斌不是湖北幫成員但是吳的同鄉、朋友兼下屬，和吳的關係密切。袁殊每次向王子春彙報湖北幫情況時，一談到梅龔斌就被制止。王說，此人你不要管他，要注意其他人。

這引起了袁殊的疑惑，認為梅也是打進去的人。這個懷疑直到一九八〇年後才被中調部局長朱明證實。朱明說「梅龔斌當時就是秘密共產黨員。」解放後的梅龔斌一直以民盟身份露面，誰知他早就是共產黨員了。袁殊認為梅龔斌夫婦在吳醒亞身邊，緩和了吳堅決反共的態度。

袁殊本人認為，吳醒亞本人堅決反共沒有問題，但不及陳群、楊虎之流那樣「務欲斬草除根而後快」。吳的政治色彩相對平淡一些。蔣介石對吳醒亞在上海的工作評價是：尚可。

袁殊當時在還辦《文藝新聞》，他經常對文新的小夥計說，若有人寫信給我，就直接交我，不要轉交。袁殊的行徑自然引起了當時即為中共黨員的樓適夷的懷疑，樓把自己的懷疑報告給了組織。馮雪峰對樓說，「不要管他，潘漢年交代給袁殊另有任務。」

以後袁殊也隱約地對樓適夷表白過：「今後我很可能在社會上身敗名裂，到了那時候我們老朋友還是老朋友。」五十年過去了，袁殊確實在社會上「身敗名裂」了，但樓老在袁殊未平反之際就明白地對我表示過，「我是相信他的，他在政治上是一心向黨的。」

袁殊和樓適夷早在一九三二年下半年即分赴各條不同戰線，樓對袁的信任是基於對青年時代袁殊的瞭解和依憑政治上的直感。事實證明樓老的直感無誤，袁殊得此一知己也實在難能可貴。

袁殊等待平反期間看望老朋友朱明，是我陪他去的，歸途中告訴我，「聽朱伯深講（中社部局長，就是朱明），梅龔斌也是秘密黨員，真想不到」。

五、幹社

吳醒亞控制學運，免不了要和潘公展打交道。力社表面由潘公展領導，吳則為幕後推手。吳潘二人既相互勾結又有矛盾。

當時還有個吳開先，是上海市黨部的頭頭，也插手工學運動，也有自己的小派系。吳醒亞為了擴充個人勢力、撈得更多政治資本，以陳立夫親信大將的資格和主持反共大計的社會局長的身份統一了三派力量，成立了以他自己為頭頭的幹社。袁殊在幹社期間也逐漸打開了秘密工作的局面，深化了和吳醒亞的關係。

袁殊說：「幹社是中國法西斯運動的一個秘密小團體，是ＣＣ系中以吳醒亞為首的一個小派別。與幹社同時興起的復興社，則是以劉建群為首的以黃埔學生為班底的戴笠系統小派別。這兩個國民黨特工組織同時出現於上海的政治舞臺，都是以絕對的擁蔣反共為宗旨的。」

幹社成立於一九三三年五月，成立時有五十多人，社綱章程是方煥儒起草的，社名是吳醒亞敲定的。在成立大會上，吳醒亞大講「苦幹、窮幹、硬幹」，所以叫幹社。

幹社的領導機構稱成為理事會，吳醒亞是理事長，潘公展是副理事長，吳開先是監委會主任，理事有十多人。幹社下屬四個股，總務股長是陳寶驊，陳是陳果夫的堂弟，行動股長是李士群，情報股長是袁殊，還有個文書股。

當時袁殊和李士群混得很熟是有原因的。一九三二年下半年，上海出版了一個反共的旬刊《社會新聞》，實際負責人是丁默村，編輯只有兩人，一個是唐惠民，一個是李士群。此二人均是共黨叛徒，唐惠民叛變後供出了許多共產黨人。

王子春指示袁殊要嚴密監視《社會新聞》，而該刊物所在地恰又在袁殊的「外論編譯社」的對面，所以袁殊和李士群等人成了「朋友」。李當了幹社行動股長後，王子春又指示袁殊嚴密監視李士群，所以袁瞭解一些李當時的所為。

一九三三年中，幹社以李士群為首對左翼文化活動大搞展開進攻，其幕後策劃人是吳醒亞、潘公展和丁默村（丁是幹社書記長）。

李士群帶領一夥人打砸進步的明星、藝華電影公司，良友圖書公司興華書局等文化機構，禁止出版左翼文化人的書刊，在政治上壓迫他們，製造恐怖氣氛，李對當時的著名文人、教授、社會名流，凡思想左傾的都發了附有子彈的恐嚇信。

「李士群是浙江江山（或說淳安）人，自稱年輕時曾留學蘇俄，在符拉迪沃斯托克東方大學學習，又曾是上海大學學生。大革命失敗後，曾在上海從事黨的地下工作。後打入國民黨擁蔣的秘密團體『幹社』為行動組長，那時我在該社任情報組長。」（袁殊〈放眼亭畔話往事〉）

袁殊：「一九三二年，李士群在上海被國民黨中央組織調查科上海區逮捕。他貪生怕死，很快投降敵人，被派為調查科上海區直屬情報員。不久便與丁默村、唐惠民在公共租界白克路（今鳳陽路）同春場編《社會新聞》。」

李士群成為吳醒亞的幹社行動股股長後，一方面加緊取締左翼文化活動，另一方面又與共產黨聯繫，為了騙取共產黨信任，他想幹一件攻擊中統的事。

有一天袁殊去《社會新聞》，李士群拍著袁殊的肩膀說，這裡有樣東西你看看。二人在沙發坐定後，李拖出一個香煙罐頭箱，箱裡裝著電棒，電棒裡面塞滿了黑色炸藥，李說：「過幾天報紙上會登出驚天動地的大新聞。」原來李士群為與中共取得聯繫，準備去炸陳立夫。袁殊把此事彙報給王子春，王半句話也沒有說。

共黨為考驗李士群，指令他配合中央特科打狗隊制裁叛徒丁默村。但翻手為雲、覆手為雨的李世群卻向丁默村和盤托出了共黨指令。然後二人合謀設計李代桃僵，使中共特科打狗隊誤打了叛徒陳均（一說是打了特務馬紹武）。

事發後中統查出了李士群的所作所為，李士群被國民黨押解到南京，受到嚴刑拷打，吃盡了苦頭。李士群老婆葉吉卿上下使錢托人，總算保住了李士群的性命。

李士群在獄中給袁殊寫信，希望出獄後能在外論編譯社混口飯吃。袁把信拿給社長方煥儒看，方不理睬；袁殊把信交給王子春，王只笑笑，說不要理他。袁殊私下裡給李士群寄了一筆錢。

李士群被捕入獄那段時間，是李士群一生中最困難的時期，吃盡了中統的苦頭。李士群恨之入骨，日後李士群掌管七十六號，對中統、軍統特務大開殺戒，展開了瘋狂的報復。

和李士群共辦《社會新聞》的丁默村和唐惠民後來都成為汪偽特工頭目。丁默村出生於裁縫兼裱畫店的家庭。早年加入過社會主義青年團。一九二四年丁默村在上海加入國民黨。一九二四年任軍統局第三處處長，後遭戴笠排擠出局。一九三〇年，丁默村被派到上海，以「民黨中學」校長的公開身份，直接領導一個直屬情報小組。丁默村後投拜日本特務長土肥原賢二，投靠了日本人。一九四五年九月，被國民政府逮捕，一九四七年二月被執行死刑，時年四十六歲。唐惠民後成為汪偽特工總部的副主任。

有必要釐清一下中統的組織結構，才能知曉袁殊在中統的角色。中統ＣＣ系的組織分三個層級。

週邊組織是公開的，週邊團體的名稱均有「會」字，名稱與參加者的職業有關。如「學生自治會」、「學術研究會」「工會」、「工人福利會」、「商會」、「國貨促進會」、「文化協會」、「科學研究會」、「教職員聯合會」等等。

中間組織是秘密的，中間組織的名稱均有「社」字，如「幹社」。中間層的活動集社成員之間只能縱向聯繫不能橫向聯繫。原則上，同一個職業界只有一個活動集社，地方上每個縣只有一個活動集社。一個活動集社不許領導兩個以上的週邊團體。

核心組織是秘密的「忠實黨員同盟會」，核心組織負責指導和發展「活動集社」。加入「活動集社」的分子，必須經「忠實黨員同盟會」幹部核准，並履行宣誓手續；加入「週邊團體」的分子亦須經「忠實黨員同盟會」幹部核准，但毋須履行宣誓手續。

「幹社」應屬於CC系中間組織「活動集社」的範疇。CC系各級分子的吸收，以逐級遞升為原則。一般先將「優秀分子」吸收進「週邊團體」，再從「週邊團體」中選擇「忠幹分子」加入「活動集社」，在「活動集社」經過一段時間的考察和訓練後，再將其中的活躍分子吸收進「忠實黨員同盟會」。這種層層篩選，逐級遞升的選拔體制，反映了CC組織的極端嚴密性。

CC系下屬的「活動集社」，著名的有上海的「幹社」，北平、天津的「誠社」，江蘇的「勵進社」等。

上海「幹社」成立於一九三三年夏。最初由吳醒亞、潘公展任正、副社長，後改由陳立夫任社長，吳醒亞任書記長。其下設有一個幹事會。幹事會下設新聞、出版、教育、宣傳、戲劇、電影等事業設計組，其職責是向社長提供建議和參考意見，備社長諮詢。幹事會設幹事長一人，由丁默邨擔任；副幹事長兩人，由陶百川等擔任（另一名不詳）。

《幹社章程》規定，社長實行集權領導，對社務具有最終決定權和人事任命權；幹事長和幹事會秉承社長之命處理社務；社員必須盲目、絕對的服從，入社之際，須宣誓「為主義奮鬥，永遠保守社內一切秘密，絕對不做危害和不忠實本社的行為」。社員資格，要求「從事文化事業，信奉三民主義，服膺法西斯精神，能接受本社綱領與決議」，由兩名社員介紹，經社長許可，方可入社。「幹社」的一切活動絕對秘密，內部只有縱的隸屬關係。每名社員均編有數目字的代號。

「幹社」的活動主要在文化事業領域展開。「幹社」的創立趣旨和綱領明白規定要「以法西斯精神建設三民主義文化」，樹立「中心理論」；聯合、集中和指導、利用各種文化事業團體和個人，共同致力於「中心理論」的研究和宣傳；在文化事業範圍內，強化「革命勢力」的基礎；以「三民主義為體，以法西斯主義為用」，從事三民主義文化建設。

「幹社」下屬的文化事業有《晨報》、《大滬晚報》、《外論通訊稿》和《社會主義月刊》等報刊，直屬的週邊團體有上海工人運動促進會（代名「力社」）、上海婦女協進會（代名「進社」）、上海大學生聯誼會（代名「青社」）等組織，此外，還攘奪和掌控了上海國立暨南大學、私立上海江南學院、上海藝華電影製片廠等部門的人事和組織領導權。

「幹社」以上海為大本營，觸角逐漸向全國各地擴展，先後在南京、江蘇、浙江、江西、湖南、河北、陝西、雲南、新疆、察哈爾、綏遠等省市籌設分社。除文化事業外，「幹社」還從事特務恐怖活動。」

袁殊作為幹社的情報股長，實際只對吳醒亞一人負責，袁的情報直接交吳，別人無權查閱。

一九三四年幹社的組織擴大了，成員有二百多人，下設好幾個委員會，袁殊又成為文化委員會的副主任，負責出版《文化建設》刊物。

《文化建設》是怎樣的一個刊物呢？「中國文化建設協會」的組織目標主要是以三民主義黨治文化對抗普羅文化運動。當時即有人指認「中國文化建設協會」是國民黨統制文化事業的組織，是「黨治派」的代表團體。該會創辦《文化建設》月刊為機關刊物，對外宣傳其思想主張。

CC系的「週邊團體」甚多，其中影響最大的當屬中國文化建設協會。該會成立於一九三四年五月。陳立夫為理事長，邵元沖、吳鐵城為副理事長，朱家驊、陳布雷、張道藩、吳醒亞、潘公展、葉秀峰等十四人為常務理事。理事六十一人，候補理事二十人，多為CC系骨幹分子，亦有少數文化教育界名流。

該會設總會於上海，設分會於各省市，其組織網路覆蓋全國。各省市分會委員以「忠實黨員同盟會」的各省市幹事為主，兼納當地文化教育界名人。該會會員分團體會員和個人會員，主要以從事文化學術的團體和個人為組織對象。相當一批文化教育界人士包括大學校長、教授和中小學校長、教員以及新聞出版界人士被吸納為會員。一九三六年十二月的統計顯示，該會有會員五千一百四十二人，是當時全國會員人數最多（中國佛教會除外），聲威最大的文化團體。

這裡有一個問題，袁殊和吳醒亞關係的深化憑藉著什麼呢？

六、結識岩井英一

袁殊最初打入吳醒亞特工組織時，根本不知道提供給吳什麼情報。王子春說不必發愁，情報由他供給。王供給的情報都是西南派系聯合反蔣的內幕消息，情報價值並不特別大。

過了些時候，在王子春的指示下，袁殊利用胡抱一和王亞樵的關係為吳醒亞和程潛部隊駐滬代表搭橋引線，促成雙方密談，算是為吳立了一點「功」。

為了在工作上有所突破，王子春指示袁殊向吳醒亞討個新聞記者職業以便開展情報工作。吳表示同意，遂把袁殊介紹給新聲通訊社社長嚴諤聲成為該社記者。嚴諤聲是上海商報的總編輯，經常以「小記者」的筆名在報上發表短文，在當時上海新聞界的名氣很大。嚴因吳的介紹不得不安排袁殊，而新聲社又是個政治色彩不十分強烈的民間通訊社。記者是無冕之王，能上通天下入地，袁殊有了記者的職業掩護，可以自由採訪社會新聞，經常出席南京政府的記者招待會，從而瞭解一些國府要人內幕。

袁殊也能出席日本領事館的記者招待會了，由此他結識了岩井英一。岩井英一畢業於上海東亞同文書院商務科。舊上海的東亞同文書院是日本政府利用庚子賠款建立的一所培養中國通的一所書院。書院的學生絕大多數是日本人，其中僅個別人是中國人。日本人岩井英一畢業於該書院，當時為上海領事館隨員，一九三七年升任為副領事。

袁殊說，當年日本各領事館的隨員都是日本特務而且有相當大的權力，岩井本人每月可支配十幾萬元的活動經費。

「九一八」事變後，中國的反日情緒遍及全國，民眾抵制日貨，對日本人深惡痛絕。上海的領事館每開記者招待會總是門庭冷落，到會記者寥寥無幾。當時中日關係緊張，但國共兩黨都要瞭解日方消息，新聞業務也需要瞭解日方消息。

由於上述原因，王子春指示袁殊堅持出席日方的記者招待會，設法引起日方人員的注意。跑了幾次日本領事館後，王進一步策劃與日人接近。王要袁帶一本日文雜誌去出席日方招待會，在「漫不經心中似無意地」給日本人留下懂日語的印象，以期引起日本人的注意。袁殊遂帶了一本日文雜誌《中央公論》，在記者招待會之前故意翻閱。

負責招待記者的日本隨員朝比索太郎果然上鉤了，他跑過來用中文向袁殊借閱雜誌並問是否懂日語，袁則引而不發笑而不答。朝比索和另一個日本隨員岩井交換了一下眼色，岩井走上前來突然用日語說，「你原來懂日文啊」，袁殊還是笑笑不做聲。岩井接著說，「了不起，中國懂日文的記者很少見。」

二次去日本領事館時，岩井便主動前來攀談，問袁殊在日本住過幾年，在哪所學校讀書，對日本風俗是否習慣等等。袁殊順口應答，有意說沒去過日本料理。岩井馬上抓住機會邀請袁殊去日本館子吃日本菜。

第一次去的是四川北路海寧路口的一家日本餐館，岩井英一和朝比索太郎兩人都去了，這是初交，以吃飯閒談為主。以後每隔幾天日本人就請袁殊到「三幸」料理吃日本菜，有時兩個日本人同去，後來就岩井一人去了。

吃飯時從新聞界情況談起，日本人問袁殊經常跑什麼地方，有何新聞消息等等；漸漸地談話深入了，岩井打聽起蔣政權的內幕；終於提出了要求，問袁殊有沒有辦法搞到一些不公開刊出的中日關係消息和其他內幕消息。

袁殊當即回答有辦法，袁殊認識上海新聞檢查所所長陳克誠（此人也屬ＣＣ派系），袁說可以看到被該所扣發的油印新聞資料。

岩井一聽非常高興地說，「好得很，你把油印資料拿給我看，或者你看過後記述給我都行。」袁殊也提出了交換情報的條件，要求岩井把日方消息首先告訴袁。岩井滿口應允。從此他們兩人建立了交換情報的私人關係，這是一九三三年初的事情。以後袁殊也請岩井到新雅酒店吃中國飯，他們兩個成為私人朋友。

當時中日之間正進行著貨幣兌換率和關稅問題的談判，有關談判的消息成為新聞界的搶手貨，袁殊有岩井的管道，對於談判消息報導得又快又準，而日方政府人事更迭的消息也非袁殊莫屬，因此袁殊在上海新聞界一下子紅了起來。打通了日本領事館的管道，吳醒亞也重視起了袁殊。

岩井英一當時在上海有家，有老婆孩子，家住一所二層樓房。此人能講中國話，但當時講得不很流暢，袁殊當時的日語口語也不十分精通，兩人的交談一般是半中文、半日文，交流不成問題。聽說解放後岩井還來過新中國。

我問袁殊：「你在政治上欺騙了岩井，作為私人關係他一定非常生你的氣。」袁殊則笑笑說，「搞情報就是互相利用、互相欺騙，岩井當然懂得這一套。」

岩井完全瞭解袁殊的歷史，袁殊認為是陳彬龢為岩井提供的情報，袁說陳彬龢也是同文書院出身，是岩井的第一號情報員，而袁後來成為岩井的第二號情報員。對於岩井的為人特點，王子春提供了許多情況。雙方都在通過各自的背景儘量瞭解對手。

和岩井相交半年之後，在一次會面中，岩井突然說：「袁先生和我交往許久了，對我們幫助很大，今後我要提供一點交際費，每月二百元怎麼樣？」岩井的話貌似客氣，實質是正式招聘袁殊為日本領事館情報員。當時的環境不允許請示彙報，袁殊沉吟片刻，想到王子春積極策劃他和日本人聯繫，就不太堅定地說了一句：「可以吧。」

事後彙報給王子春，王完全贊同，並要袁殊將此事報告吳醒亞。於是袁殊成為具有三重身份的情報員：他是日方情報員和吳醒亞的情報員，又在王子春的領導下做共黨的秘密工作。吳醒亞知道袁與岩井的關係，岩井也知道袁殊和吳醒亞的關係，但岩井和吳醒亞都不知道袁殊和王子春的關係，王子春掌握全盤情況。

袁殊和岩井的關係深化了之後，大約在七月間，岩井突然對袁殊提出了一個奇怪的問題：「暑期快到了，想不想到日本去看一看，想不想去看看王瑩？」岩井提供一千元旅費讓袁殊到日本做一月遊。

袁將此事報告給王，王表示「不管岩井目的何在，都應在中日關係緊張時親自到日本瞭解社會情況。」當時何梅協定過後不久，中日關係緊張微妙，吳醒亞也認為到日本實地考察民情是個難得機會，吳也提供一千元旅費。袁殊第二次到了日本。

晚年的袁殊回憶說，「岩井大概是通過陳彬龢知道我和王瑩關係接近，他以王瑩為誘餌要我到東京去，目的是造成我親日的形象，鞏固深化我和他的關係，我則借機到日本實地偵察。」

袁殊到東京後拿著岩井的名片去拜訪的第一批人就是日本外務省情報部門頭頭天羽和他下屬的幾個科長。這些人見面的第一句話都是，「已知道你要來日本了。」這表明岩井安排袁殊日本之行確有用心。

在外務省官員的介紹下，袁殊還拜見了日軍參謀部新聞班班長喜多誠一郎，喜多說：「中國報紙要大大改進。」其弦外之音是抨擊中國報紙的反日宣傳。袁殊還見到了外務省官員佐藤敏夫，又拜見了參謀部中國班班長今井武夫，今井的言論是「中日要生死同心」，隱晦地表露了擴大「日滿一體」的侵華野心。

袁殊訪問了『每日新聞社』、『朝日新聞社』等新聞機構，並和三社原駐上海記者相見吃飯，瞭解了日本新聞界對華態度。

當時東京各大報紙贊同日本出兵侵略中國的頭面人物是『每日新聞社』的主筆吉岡六文，他的煽動戰爭的言行格外瘋狂，時有「日本戈培爾」之稱。因其人是岩井在同文書院時的同學，袁殊也見到了此人。

當時日本報紙的戰爭叫囂甚為倡狂，經常可以看見報上刊登以中國為攻擊目標的長篇論文，鼓吹「奠定東亞和平基礎」、「大東亞共榮圈」、「大東亞新秩序」的戰爭叫囂。日本報紙經常出號外報導華北自治運動，煽動日本人的侵華意識。

「都市東京的遊人稀少，街上時時可見日本國民請願侵華的遊行，遊行者頭纏白布條，手持白布橫幅，寫著『懲懲中國』、『出征去吧』之類的標語。都市繁華地帶的樓堂館所也都是門庭冷落，飯菜極為簡單，行人飯畢即匆匆離去。箱根一帶有許多婦女手拿白布針線乞求過路人縫千人針，以保佑她們在滿洲作戰的丈夫和兄弟平安。戰爭氣氛籠罩著日本東京，據說鄉下的戰爭氣氛更為濃烈。」（袁殊）

袁殊半個月後轉去京都旅遊。京都是日本相對冷靜的文化城市，在京都袁殊觀看了日本傳統的大字狂歡。後去大阪，訪問了大阪的報社。

在日本旅遊一個月後回國，袁殊把在日本的見聞寫成長篇報告交給王子春，同時交給吳醒亞。得到吳醒亞的賞識，深化了和吳的關係。

七、加入青紅幫

我的祖母和母親似乎都不知道袁殊加入過青幫和紅幫。但是母親曾經透露過一點蛛絲馬跡。那是二十多年前的一個暑假中，我回上海探望母親，在閒談時她突然講到一次在上海失竊之事。她在南京路買了些東西還沒回到家中就被扒手偷光了，大約因為比較值錢吧，她很著急，當晚袁殊知道後不在意地笑笑說，我打個電話明天東西就會送回來。第二天東西的確原物奉還了，母親心中一直很奇怪，他怎麼會有這樣大的神通。

一九七七年袁殊回到北京，一天我突然想到，在舊上海混過來的人不可能不知道青紅幫，於是就請教他這方面的知識。沒想到袁殊竟開門見山地說：「我本人就是一個流氓。」一般人講不出這種自評之語，即或情勢所迫不得不承認時也會臉紅，但袁殊講此話時一無情勢之迫，二來口氣極為平靜自然，似乎在講他人的舊事軼聞一般。當時我頗為吃驚好奇。三十年代初期，上海有個高級記者名叫杭石君，後來此人成為青幫在新聞界的代表人物。

袁殊認識杭石君時還沒有正式加入青幫。杭石君原在上海公安局的陳希曾手下任科長職務，後兼任新聞報的高級記者。此人身任要害職位，多方受賄，不但接受賭場妓院的津貼，也接受拐賣人口、鴉片的流氓賄賂，他是黃金榮的徒弟，地位僅次於黃金榮、杜月笙和張嘯林。這是當時舊上海一身兼任警、匪、記者的典型的地頭蛇。袁殊在外論編譯社時，因背後有個吳醒亞，杭遂主動接近拉攏袁殊，一九三三年二人結為異姓兄弟。

一天杭石君打電話給袁殊說，「曹老頭子要收關山門弟子，我介紹了幾個人，你也來吧。」沒過兩天，袁殊和杭石君、外論社資料科科長章某等幾人一起拜曹老頭子為師加入了青幫。

曹老頭子本名曹幼珊，是青幫大字輩以上的老頭子，他大字不識幾個，早年專門幹拐賣婦女的勾當。曹幼珊年輕時候和一班地痞流氓打「江山」，在蘇北農村搶劫拐騙清苦農家妻女，把人貨裝進木船府艙，由水路向北方運發。每到一站都有幫內人員接貨轉運，站站轉發直至大連、符拉迪沃斯托克一帶後賣到妓院了事。

袁殊說「這班人慘無人道，但他們和官府衙役沆瀣一氣，組織又嚴密，後來民國初年的政府又腐敗無能，這班人從沒失過手」。曹幼珊在刁民悍匪之類的人渣中混了大半生，掙了老頭子的地位，晚年在上海坐享清福，廣有門徒捧臭腳。一日忽然想到自家門徒都是流氓地痞之類的陰溝裡人物，為了興耀山庭門面決意收幾個社會上有體面職業的文化人做關門弟子。而杭石君為倚仗曹老頭子在青幫內的極高輩分亦甘願充當門生。

行拜師禮的那天晚上，袁殊特地換上一套新西裝，擦亮皮鞋打好領帶後趕到上海蒲石路曹家天井。沒想到曹某見到袁殊的第一句話就是「為什麼穿西裝？」青幫雖與洋人相勾結，形式上卻要維持華夏邦儀。袁殊奉命換上一身長衫，走進拜師香堂。

香堂內清一色紅木衣櫃、紅木條案，堂內香煙嫋嫋，人人長衫馬褂。講了入幫套話，獻上拜師金、行了拜師禮之後就算正式入幫了。禮畢，其他門徒前來祝賀，說「你們今天入山門，明天就可開自己的山門收徒弟，你們成了『一步登天的大爺』了」。

追問其故，方知曹老頭子的輩分極高，故其弟子的輩分也很高。袁殊說，「在青幫內我的輩分比杜月笙高。」當時我不信，近些年看了些資料才知道，杜月笙雖混跡青幫很久，雖是青幫頭面人物，但正式入幫時間較晚，故幫內輩分確實不算很高。拜師金交了多少？袁殊說他們幾人分攤重金湊錢鑄造了一個寸高小金塔作為拜師禮。

過了不久，杭石君又打電話給袁殊，說加入青幫還不夠，要想在社會上叫得響，還得加入紅幫。於是杭、袁又拜洪武聖山的主山向松坡為師，又成為紅門中「一步登天的大爺」了。

抗戰初期杜月笙逃到香港，戴笠請杜出面組織了一個江浙行動委員會，其下屬忠義救國軍是以青洪幫為骨幹力量的。向松坡也是行動委員會的委員之一。

入幫的人有何好處？

袁殊說幫內的人都掌握一套暗語，青幫暗語叫「海底」，如「先生你從哪路來？」，「我從水路來。」等等；紅幫暗語叫「草鞋」，如有難處只要對上暗語，幫內兄弟就有解危救難之責，一般是招待食宿送點路費。這套暗語還是上不傳父母下不傳妻兒的，後來杭石君把幫會切口印了出來，再以後各幫會又有了新的切口。

袁殊把加入青洪幫的事彙報給王子春，王笑笑說，「做了流氓，好！」。

做秘密工作之初，王指示袁殊和自稱洪幫的張楚強打交道，結果不得要領。一年後袁殊成了真正的青洪幫，打進了反動勢力的深處，故王子春說「好」。由於根本的動機問心無愧，故遲暮之年的袁殊自稱「流氓」時態度淡然得如同談尋常家事一般。

袁殊後來和杜月笙很接近，那是一九三七年以後的事。他說二次從日本留學回國後無職無業，採納了馮雪峰的建議給，杜月笙寫了一封信，杜很快轉來一批錢，袁用這筆錢辦起了刊行社，這是後話。

一九三八年以後，袁殊自己也開過山門，收過徒弟，但是詳情我不清楚。袁殊在秦城寫過一本杜月笙傳，題名為《大流氓杜月笙傳》，筆名陸伍，此書連他自己也不知道是否出版過。一九七九年時袁殊告訴我說打算寫一本秘密結社史，終因平反遲來思想不安定而未果，看來他熟知青紅幫內幕。

久在江邊站的人沒有不濕鞋的，我自己直接感受過一次袁殊幫味十足地和某人打交道的方式。一九八三年有位上海舊人來京照料袁殊生活，開始他們談得非常投機，袁殊興致很好時主動告訴我「此人的養父是上海青幫大流氓，當時我因工作關係常去他家。」我因晚年袁殊有病老多疑症，只是聽聽而已。

半年後，那人受不了袁殊精神病式的乖戾不辭而別了。我去看望袁殊時他告訴我「人走了，是不辭而別。」而我對於此類事已司空見慣不以為然了，故未多言。

父親卻有悖情理地要我到那人住的房間去把那人放在床下的箱子拿給他。我因是他人之物而稍有猶豫，他馬上發急地說：「不拿來也行，你去拎一下就可以了。」我摸不清他要幹什麼又不敢多問，只好謹遵父命照辦，辦完後回到癱瘓在輪椅上的父親面前老大彆扭地說了句：「我拎過了。」父親反倒語調平和下來問：「重不重？」，我說：「不重。」袁即半自語半對我說：「我早猜到是這樣，其實箱子是空的，這是舊社會流氓慣用的一套把戲。」接著他命我三天之內把箱子寄回上海此人家中，並要我拿寄條回稟。大概他看出我漫不經心的樣子，又叮囑了一句：「這件事你一定要照辦，不要滿不在乎。」我看他那麼認真就照辦了，其實內心感覺很無聊。

星期二晚上去回稟此事，見面後他的第一句話就是：「箱子寄出去了？」我把寄條交給他，他用顫抖的手拉開抽屜取出放大鏡細看過後神志似乎安然了。此事他沒多解釋一句，我也沒多問一句。我想「留下空箱子」在舊社會大概是金蟬脫殼之計和留下日後糾纏的尾巴，父親可能有懍於前者而防患於後者故有情急之舉。儘管此事多少有些小題大做，但一方面反映出他老年智力退化，而另方面也可看出他當年混跡江湖的一點烙印。

袁殊的青幫老頭子曹幼珊名煥智，字幼珊，山東歷城人，因排行第三，幫內兄地尊他為「曹三爺」。他是青幫江淮泗幫的大字輩。他早年曾在揚州當過馬快（員警），後投在徐寶山手下，但未受重用。清末民初來到上海後，廣收門徒，以便與湖州幫爭奪地盤。所收徒弟多為人口販子、開妓院的老鴇以及在碼頭上行騙的「翻戲黨」。這些人多數餘下三流角色，所以他雖然是青幫大字輩，在社會上卻影響有限。

上海灘有實力的黑社會是上海的大小八股黨。大八股黨：

老大黃金榮，黃金榮一生沒有正式投過帖子、開過香堂、拜過老頭子。他在青幫裡沒有名分、沒有輩分。

老二王柏齡，王柏齡是揚州人，北伐戰爭期間曾任國民黨軍長，在上海與黃金榮結識後，利用其軍隊販賣軍火，販賣煙毒，以後死在揚州。

老三楊嘯天，楊嘯天名楊虎，曾任蔣介石總司令部特務處處長、淞滬警備司令部司令。北伐戰爭時期是何豐林的部下，當過海軍司令，在上海辦過興中學會、海員俱樂部，參加洪門，收過不少弟兄

老四張嘯林，曾拜「通」字輩人物樊謹丞為師，所以也只能算是「悟」字輩。張嘯林原是杭州的白相人，在杭州開設錫箔店，因逃稅而到上海避風頭，結識黃金榮、杜月笙等人，在一九二七年「四一二」反革命政變中，積極參與。敵偽時期，投靠日軍，參加偽組織承包錫箔稅，後汪偽擬任為浙江省長，被戴笠所知，即與杜月笙密謀，將張刺死，執行人是陳恭樹。

老五杜月笙，拜「通」字輩人物陳世昌為老頭子，所以只能算是「悟「字輩。有政治野心，未得逞。杜說，「蔣先生把我當夜壺，有用時拿來，不用時放在一旁」。

老六孫祥夫，孫祥夫曾任北伐軍軍長，與王柏齡搭檔，托黃金榮在法租界代買軍火。

老七陳希曾，陳希曾是陳立夫的侄子，曾任蔣介石的警衛六局中將局長。

老八陳群，陳群在「大八股黨」中是最小的一個，但在八人中他的文化知識最高，足智多謀。北伐戰爭時期，曾任東路軍前敵總指揮部政治部主任，當時他指使部下散佈反共謠言，為蔣介石鎮

壓工人運動作輿論準備。抗戰時期，投靠日敵，充當偽江蘇省省長，抗戰勝利前夕，畏罪自殺。

小八股黨都是黃金榮、杜月笙的得力心腹徒弟，計有高鑫寶、馬祥生、金廷蓀、葉焯山、顧嘉棠、楊仁千、范果百、范恒德等八人。這些人也收有不少徒弟，橫行上海。

再其次還有三十六股黨，頭頭叫陳福生，又名陳世昌，曾拜張錦湖為老頭子。張錦湖做過南通鎮守使，是青幫「大」字輩，收有不少門徒。陳福生自拜張錦湖後，在青幫中漸有地位，杜月笙在十六鋪碼頭賣水果時，拜過陳福生為老頭子，得發以後，就把陳供養起來，還送給陳一座寬敞的住宅（在西愛咸斯路，現永嘉路），報答恩師。陳福生綽號「套籤子福生」，因他早先在碼頭上用「套籤子」的賭博方式騙取行人旅客錢財。

袁殊拜大字輩曹幼珊為師，輩分上比拜「通」字輩為師的屬於「悟」字輩的杜月笙、張嘯林高出兩個輩分。上海青幫的輩分多而雜。前廿四代輩分的最後次序為「大、通、悟、學」。另外還有後廿四代和續後廿四代的輩分。

向松坡是洪邦祖師爺。民國十一年孫中山開府南京，派向松坡為湖北自治軍司令，民國十三年任靖國第十師師長，北伐期間，任鄂省雖靖公署的五陸軍總司令，北伐成功，轉而熱心發展洪門社會事業。

一九四九年向松坡去臺灣後，無官無任，屈居陋室，淡薄為生。一九七四年疾終於臺北，享年八十五。

和袁殊是拜把兄弟的杭石君是青幫在新聞界的代表人物，黃金榮的親信弟子，做過上海大世界經理。杭石君的後人杭天禹現居廣州，幾年前就八十多歲了，現況不詳。

八、公開的職業是新聞記者

《文藝新聞》停刊後，袁殊接受組織委派曾編輯過短時期的《中國論壇》（ChinaForum）。晚年的袁殊在日記中寫道：「有些記憶在回憶中逐漸出現了，如伊羅生和我合作，由我主編中文稿而由他主編英文稿，辦了一個刊物《中國論壇》半月刊。但我不過編了兩三期，即因其它任務離開了。後來聽說這個美國猶太人是反動分子、托派？！我和他的會面是在善鐘路附近的史沫特萊家中。」

後來新聞記者朱明（朱伯深）接手了《中國論壇》半月刊的工作。朱明當時就是共產黨員，後改名朱伯琛，解放後是中央調查部的一位局長，現已去世。

一九八〇年初，我陪父親袁殊去看朱明（朱伯琛），他二人見面後似有談不完的舊話。朱伯琛當時非常肯定地說：「小開（指潘漢年）這個人當然是為共產黨做事的。」朱伯琛告訴袁殊說袁的來信已交部領導，並建議袁「非當面談才能講清楚」。袁殊後來回信給朱伯琛等道：「造橋者和建塔者同樣令人紀念。」表達了對朱伯琛關懷的感謝。

順便提及，當時朱伯琛交給袁殊一份回憶資料，請袁幫忙做文字上的修改。從資料中可知，朱的父親朱劍凡是早期共產黨員，在湖南辦周南女校很有些聲望。有一次已故毛澤東接見客人時朱伯琛陪坐，毛指著朱說，「此人姓朱，是朱元璋的後代，現在也跟共產黨走了」。但不知此話是否是玩笑話。

主編《中國論壇》英文版的伊羅生是猶太人，一九三〇年畢業於哥倫比亞新聞學院，旋即赴華到了上海，被《大美晚報》聘為記者。又到了《中國報》，十九三二年在上海主辦《中國論壇報》，兼「哈瓦斯通信社」駐滬通訊員。一九三三年任中國民權保障同盟執行委員。一九三五年七月回國。晚年逐漸偏離托洛茨基主義道路。晚年的袁殊仍說，伊羅生是托派。

舊中報載文〈共黨袁殊偵察完畢〉中有一段說：「被告號召為青年運動之力是愈大，遂為共黨組織所吸收，擔任《中國論壇週報》華文總編輯。從事共產黨宣傳工作，並曾受特種訓練。」

從這段引文可知，袁殊日記中的記述無誤，而且所謂「其它任務」大概是指專心搞情報工作。辦《文藝新聞》伊始，袁殊對新聞記者這一職業頗多頌詞，「記者是無冕帝王」、「一枝筆抵得過三千毛瑟槍」等頌揚之詞常見於《文藝新聞》。

在晚年瑣談時，他對舊社會記者這一職業卻多有不敬之語，常貶之為「報屁股文人」、「無聊記者」等等。他這樣說並非是同行相輕之故，對於他自己這個當年的記者則講得更尖刻。

他曾說過，大約在一九三七年時，他請表哥董純才等人吃飯，自我介紹說：「我現在做流氓記者。」當時我聽了不禁暗暗好笑，記者之前冠以流氓二字，我實前所未聞。他接著轉為嚴肅地說：「舊社會的新聞記者絕大多數都有政治背景，許多人都兼搞情報活動或做某個集團的喉舌以領取額外的津貼，純正清白的記者極少或者沒有，中外都是一樣。」

袁殊做秘密工作時是以新聞記者這個職業作掩護的，在一九三五年以前他除主編過《文藝新聞》、《中國論壇》之外，還在做新聲通訊社記者的同時任外論編譯社副社長兼總編輯、中國聯合通訊社副社長、記者工會執行委員，也是「記者座談」的發起人之一。

下面將我所瞭解的片段情況記述一下。袁殊的殘留日記中有這樣一則：「一九三三年到上海的巴比賽反帝調查團的來滬即後到滿洲行動。宋慶齡曾往公和祥碼頭迎接，我以新聲社記者的名義，恰在宋的身後，宋行到直升輪船二樓舷梯的中層，突然跌倒，是經我手扶起她的。」

這次實地採訪是奉王子春的指示前去的，目的是要瞭解中國群眾的反日情緒。巴比賽是英國工黨派到中國的，但來的是馬萊，巴本人未來，馬是英國工黨，但代表團是世界反戰大會派來的，不是工黨派來的。來華目的是出席遠東太平洋反戰會議。袁殊親眼看到在碼頭迎接的群眾熱烈歡迎的場面。群眾高呼口號，鳴放鞭炮，表現出了強烈的反日情緒。

「外論編譯社」是一九三二年下半年由明耀五、孫師毅等人創辦的。「九一八」事變和「一二八」淞滬戰事之後，中日關係迅速惡化。在日本侵略者節節進逼中華民族之時，國人非常關注國際形勢的變化，對外國報刊有關中日關係的報導和輿論頗感興趣。明耀五等一批愛國知識份子有鑑於此而創辦了民間的外論編譯社，每日編譯上海各種外文報紙刊物上所載的有關消息和言論，然後以通訊稿形式供各中文報紙和機關訂閱參考。

據有的創始人說，該社沒有政治背景，完全是幾個關心時事的青年知識份子組建起的一個文化業務團體。袁殊說該社中的俄、法、英、德、日編輯中有兩三個共產黨員。起初袁殊並未參加外論社工作，但他和社內工作人員很熟悉而常常到外論社去玩。到一九三三年秋天，明耀五因得到一個華僑資助而開辦了中外書店，便將外論社出讓給袁殊。袁殊找到同鄉方煥儒合作接辦，方任社長而袁任副社長兼總編。袁兼此職的月薪是四十元，據說業務開展得還可以。

接任外論社工作後，有一次馮雪峰找袁殊請求幫助，說胡風要從日本回國，為避反動當局的糾纏，請袁殊到碼頭迎接保護。當時馮雪峰和袁殊已不在一條戰線工作了，但袁殊看到馮雪峰態度誠懇就答應下來。

袁殊見到胡風後，自我介紹說是外論社副社長（此與胡風回憶略有出入），叫車把胡風送到旅館，並沒有發生意外。

袁殊與打交道外界多以外論社副社長身份出現，因為外論編譯社沒有政治色彩。以後上海偵緝大隊從怪西人華爾特的通訊錄中發現袁殊的姓名、單位，記載的也是外論編譯社。

自一九三三年起到一九三五年止，袁殊還擔任「中國聯合通訊社」副社長，此事甚至該社本身都鮮為人知。

袁殊有個朋友名叫鄭庸之，是黃埔四期的畢業生。在黃埔時期，鄭庸之是「左翼革命同志會的會員」，其對立面就是「孫文主義研究會」。

後來鄭庸之的政治思想產生了矛盾，他一方面想搞政治投機，另方面又不甘願死心塌地為蔣介石效忠，對於今後自身的政治前途頗多憂慮，常常和別人討論今後怎麼辦，應該幹什麼之類的問題。

鄭庸之當時混跡於上海新聞界，經濟上有依靠，政治上尚無定向。

王子春認為此人可交，要袁殊推動鄭加入當局工作，從而多一條管道，袁殊便向鄭表示了這個建議。

在第三次反圍剿時期，鄭庸之走了賀衷寒、袁守謙等人的門路，謀到個政治部電影股長的職務，從此以電影事業為掩護往來於上海、九江等地繼續做秘密的奔走聯絡工作。

鄭庸之大概屬於對蔣介石統治不滿的投機小政客之類的人。為了搞投機事業，鄭向賀衷寒建議要在上海搞面向國際的宣傳，擴大蔣政府的影響。鄭和袁二人合計後原擬辦一份《軍人畫報》，以宣傳廬山軍官訓練團受訓的軍人將領為主要內容，鄭庸之擔任攝製，袁殊負責文字。

王子春聽到彙報後，建議袁殊推動鄭成立一個專門發表反共消息的新聞社來加強隱蔽性。鄭採納了袁殊的「建議」，在上海中國商場五樓租了一間房子辦起了「中國聯合新聞社」。鄭庸之自任社長並用袁殊為副社長負責實際工作，經濟事宜即經理的角色由鄭派員呂奎文擔任。鄭本人不大過問業務，每月僅來一兩次。

聯合新聞社除報導原定的中國軍人將領情況外，也發表種種反共消息，消息由外勤人員採集，但鄭本人從沒發過江西「剿共」的情況。

袁殊和鄭庸之個人的私交很好。在袁殊被關押在湖北反省院期間，鄭庸之對袁在生活上頗多照應。

新聲社、外論社和中聯社是三個業務機關，此外還有個新聞記者的社會活動場所即《記者工會》。袁殊是記者工會的執行委員，而且每天必到工會所在地看看，為什麼呢？

因為記者工會是通過袁殊從吳醒亞處每月領取六千元經費的，該工會既是記者開神仙會的場所也是監查上海新聞界動向的場所。記者們可以隨意到工會玩樂閒談，無人干涉。每天都有不少人到那裡搓麻將牌、打彈子，玩樂中各類議論自然發出。

袁殊就親耳聽到一個叫姚蘇鳳的人自言自語地說，「共產黨沒有一個好東西，只有夏衍可交。」

姚蘇鳳當時是潘公展任社長的《晨報》幹部，是《晨報》附刊小報《新夜報》的主編，據說也是新民晚報禮拜六派的人，後來此人搞起了電影評論工作。

姚蘇鳳是蘇州才子，解放後在上海《新民晚報》主編副刊，享受生活，瀟灑倜儻，差點被劃成右派分子。他的名言是：「只要不犯政治錯誤，其奈我何」。

惲逸群介紹了陳憲章和王吉誠兩人到記者工會任幹事，袁殊是通過這兩人來瞭解上海一些記者的政治傾向的。

在這段時間內，袁殊寫了大量的新聞稿，他每天給新聲通訊社寫一兩則社會新聞，為外論編譯社編譯大量的時論通訊稿，在中聯社他僅做內勤編輯工作。此外他還繼續為一些刊物寫文章，《大美晚報》的有些社論也出於他的手筆。

「四人幫」垮臺後公佈的江青資料中，提到一個叫崔萬秋的人，在《大美晚報》副刊火炬當編輯。一九七七年時我問過袁殊是否認識崔萬秋，至今我還記得袁殊說到崔某人時神態極為鄙視。他說崔當時是個小蘿蔔頭，「我隨便寫點什麼他就得照登」。為什麼呢？因為崔認為袁是中統的得意人物。

崔萬秋二十世紀二十年代留日十年，一九三三年在廣島文理科大學畢業。崔萬秋學成歸國後，在上海新聞界工作。從一九四八年起，崔萬秋轉入外交界。他是中國有名的日本通，尤其對日本歷史及文學，造詣甚深。

一九三四年間袁殊到日本實地考察侵華動向時，崔萬秋也拿日本人的錢到日本「旅遊」了一番。崔後來在《大美晚報》等連載「兩京記」，大談袁殊在日本與王瑩如何如何，袁殊大發脾氣，崔即中止此文。據說一九五〇年初期，崔萬秋任臺灣駐日本大使館參贊。

當年日本人岩井英一和中國記者，電影演員有深入關係的只有袁殊和王瑩以及崔萬秋和藍蘋（江青）。岩井英一的回憶錄裡也提到過。

正式在秘密戰線工作之後，袁殊依然堅持著新聞學的研究，他是「記者座談」的發起人之一。

一九三四年，袁殊與上海一些進步記者為了交流工作經驗，組織了不拘形式的聚餐會，每週舉行一次聚餐，交換對時局的看法。

主要參與者有上海新聲通訊社編輯惲逸群、上海新聲通訊社記者袁殊、上海《新聞報》記者陸詒、上海申時通訊社記者魯風（劉祖澄）、上海《大美晚報》編輯吳半農等人。

由座談進而感到出刊物的需要了。八月三十一日，參加聚餐的記者在上海《大美晚報》附刊出版《記者座談》週刊，創刊號提出要對「有礙新聞事業發展的一切醜惡、腐朽的行徑作毫不容情的打擊和揭露」，以便「把中國新聞事業納入正規的路途」。創刊初期定為週刊，每週五出版。

《記者座談》設立了編輯委員會，由惲逸群、陸詒、劉祖澄負責編輯。撰稿者主要是參加座談活動的人。《記者座談》實際上只有八十九期。

《記者座談》集報、刊於一體，固定專欄有「新聞街大小事」、「新聞之新聞」等，以短訊形式報導新聞界業內新近發生的事件，也時有如「故都集納人」等零散專欄的出現。基本內容有集納理論研究及時事評析、地方新聞發展及新聞教育機關介紹、新聞實務研究、業內情況通報、新近的座談內容、國際新聞活動介紹、中國新聞史等方面，涉及範圍較為全面。

每期的第一篇也是該期的重頭文章都是關於新聞理論或時事評析方面的內容。

關於「記者座談」，在近幾年出版的《中國新聞業史》第三百七〇頁上有這樣一段話：「中國青年新聞記者學會」的前身是「上海記者座談會」，它和中國左翼記者聯盟也有一定的聯繫……」，此句話的前半句是對的，即參加「記者座談」的人都是「青記」的發起人，後半句不確切，因已如前述，沒有正式成立過左翼記聯。

惲逸群在《記者道》一書的序言中，把「記者座談會」發起緣由和活動情況概括說明如下：

「在幾年前（按指一九三三年）的一個夏夜，上海霞飛路上一個小小的餐室裡，偶然地聚集著幾個職業記者，從閒談之中發覺大家都有生活忙碌而缺乏進修機會的共同感想，於是相互約定每星期聚餐一次，有時候肆無忌憚地分析時事，有時候肆無忌憚地討論集納理論，或批評任何一方面新聞紙上的言論編輯等等。這樣經過幾個月以後，又借得大美晚報一角，每星期出版「記者座談」，一直到本年四月裡（按指一九三六年）。

懷雲君（按指袁殊）是座談同人中最熱心於集納運動的一員，他在百忙中，幾乎每星期都為座談寫稿評稿，我們——編輯委員會——在出版的前一晚，每逢到稿荒的時候，打一個電話通知他，他無論如何忙，不管一點鐘二點鐘甚而至於三點鐘，一定當晚為座談寫稿或評稿，到出版的一天早上，一定有稿子送到報館，就是他失去自由之後，他還是盡可能地為座談寫稿。他這樣努力於集納運動，使座談同人——尤其是我們幾個編委，非常感動和欽佩的。」

袁殊當時還在復旦大學新聞系兼課，每星期一個鐘點，堅持三年餘。當時講課可能沒有酬金，即使有也很少。袁殊當時經濟收入頗豐裕，他的講課決不是為掙錢糊口而是對於提倡集納運動的熱心。

自一九二九年到日本專攻新聞學到一九三六年為止，袁殊始終堅持著新聞學的研究。有的人評價袁殊在這一段時期內聰明好學，我認為是恰當的，據我所知，他在這段時間內寫和譯了好幾本新聞學書籍，計有：《學校新聞講話》、《記者道》、《美國報業大王哈斯特》以及一本忘記名稱的新聞學論著。這些書我手頭都沒有，也沒仔細讀過，因此無從評論。僅把略知的一點情況介紹一下。

《學校新聞講話》是袁殊從日本回國後賴以賣稿糊口的主要稿件十二集本。據袁殊自己講，主要是一些學習新聞學的心得札記，兼有批評當時新聞界的文字。此書我個人連封面都沒見過。

《美國報業大王哈斯特》是一本薄薄的譯著，據我所知在袁殊正式出版的翻譯的單行本中這是唯一的以不專為取得稿酬為目的的小冊子。他譯著這本書的動機是宣傳世界報業名人。當時袁殊私心推崇哈斯特的奮鬥精神，曾想以其人其事為榜樣來創出中國新聞學的新路，改造舊報業。這的確說明青年時期的袁殊有一種「初生牛犢不怕虎」的精神，誠如他自己所說：「江湖走老，膽子走小，我年青時闖勁也大得很呢！」

《記者道》一書約有三百頁，是袁殊新聞學研究的代表作。我僅略翻過片刻，似不是短文集而有章節系統，大概是袁殊根據發表的短文加以整理後成書的。

還有有一部介紹當時各國新聞檢查法的《新聞法制輪》，是袁殊的譯著，餘則不詳。就所知內容來看，此書具有學術研究性質。袁殊的新聞學論著，有中國新聞學發展史上的史料價值，解放後新聞研究機構曾兩次到秦城訪袁，要他談此書的寫作就是證明。

袁殊也是「中國青年新聞記者學會」（簡稱「青記」）的發起人之一。一九三七年十一月八日晚七時，羊棗、朱明、邵宗漢、袁殊、章丹楓、范長江、惲逸群、彭集新、傅于琛、王紀元、王文彬等十五人在上海山西路南京飯店集會，宣告成立「中國青年新聞記者協會」。會議推舉范長江、羊棗、碧泉、惲逸群、朱明五人為總幹事，夏衍、邵宗漢等人為候補幹事。成立時，五位總幹事之一的碧泉就是袁殊。兩千年，國務院將「青記」的成立日期十一月八日確定為中國的「記者節」。

范長江的兒子范蘇蘇，兩年前來訪，談及「青記」事。他說若干年前在上海訪問過陸前輩，陸詒依然保存有「中國青年新聞記者學會」成立時的原始資料。為今日新聞界保存了一份珍貴史料。

袁殊對新聞學的貢獻並沒有被忘記，袁殊逝後，新聞界同人開了紀念座談會。《新聞記者》一九八九年一期，袁殊紀念會在滬舉行。正來自北京等地的部分老新聞工作者和文化工作者，前些天在上海社會科學院舉行座談會，紀念袁殊逝世一周年。袁殊是我國早期留學日本的有志人士之一。

一九三一年參加革命，是三十年代的「左聯」盟員，《文藝新聞》創始人，著名的文藝活動家，傑出的共產主義戰士。一生寫下了許多有關新聞學方面的著作，發表過大量的文藝作品和譯文，對我國新聞事業和文化工作做出了重要貢獻。

早在上世紀三、四十年代袁殊就是成名的新聞記者。他有較為豐富的新聞理論著述，更有成功的主辦《文藝新聞》以及後來主辦《雜誌》的經驗，他創辦「新中國報社」，曾為《中國論壇的》華文總編、「外論編譯社」副社長，新生通訊社記者。他對新聞學和新聞事業的貢獻已成定論。（胡志強：「試論袁殊的新聞事件及其理論貢獻」，《新聞研究導刊》二〇一三年第二期，郭毅北京師範大學文學院新聞與傳播研究所：〈再論袁殊在我國新聞學術史上的貢獻〉）

袁殊對自己的職業定位卻是新聞記者。袁殊寓居香山等待平凡期間，中國人民大學新聞系來人專訪三十年代新聞舊事，袁殊不給面子，說「不高興談」。我問為什麼？他回答：「我的平反問題沒解決，談那些陳年舊事幹什麼！」沉吟片刻，接著說：「新聞記者是職業掩護，我的主業是情報工作，終生都是」，又沉吟片刻，吐出了兩個字：「鼹鼠」。

九、「鼹鼠」的機遇與潛質

一個人要有點成就，必須有內外兩方面的條件。內因是有幹事業的癡迷勁頭和幹事業的潛質，外因是有外部社會大環境的需要，最後還要有機遇和運氣。袁殊成為情報奇人，因為內因和外因齊備，兼備機遇和運氣。

在一九三五年前短短的兩年時間裡，袁殊在情報工作的秘密戰線很快地打開了局面，情報工作進展得非常順利。

我們後人感到奇怪的是，他在《文藝新聞》時期公開喊出了那麼多嘹亮的普洛口號，怎麼竟然能夠為國民黨勢力所信任而成為一個骨幹分子呢？

前幾年原上海軍統區長軍統殺手陳恭樹在香港發表的文章中稱袁殊是「變色龍」。《淪陷區的中國文學史》一書也說袁殊以甲方情報供乙又以乙方情報供甲，故其人「詭計滿腹」，這表明即使同時代人也有許多人感到袁殊有種神秘色彩。

我個人問過袁殊，有什麼神通能同時周旋於幾種政治力量之中。歸納他平日言談答案大致有四點：

第一，是中共的領導和支持。袁殊說：「要不是我背後有組織的力量，我個人能有多大能力搞出那許多名堂呢？」

組織的力量，前幾年集中表現於王子春的謀劃和指導。如果說王子春是導演、袁殊是演員的話，那麼他們在三十年代初上海政治舞臺上的首演是成功的。王的指導幫助非常細緻，譬如為打通岩井的關係，王事先告述袁殊，岩井的個人特點之一是「好色」，因此袁殊和岩井常在掛著燈籠的日本料理——實則是日人妓館會面。在和關鍵性人物打交道時，王總是提供對手性格特點的資訊、策劃與之接近成為朋友的謀略。後來袁殊在汪偽政府的大演出，則更是依靠潘漢年的謀劃和調來人員才能開場的。

第二，舊社會官場的腐敗和渙散，使得袁殊有可乘之機。

我曾問過他，中共，日本人，國民黨三方面的特色。他不假思索的回答說，共產黨組織紀律最嚴明，日本人行事很精細，國民黨最容易對付。他說他「在舊社會官場裡混，完全遊刃有餘。國民黨官場講人情關係，同鄉關係，一人離職，則班底全部更換。若要有一、兩個顯要人物為某人說項，則無罪可升遷有罪可化了。」儘管袁殊出身貧寒，他到底有袁曉嵐、胡抱一、蕭同茲、方覺慧、賈伯濤等先天的國民黨社會關係，故經人指點加以巧妙利用便涉足到吳醒亞系統中去了。

第三，他個人有些特點。特點之一是他精力充沛，思維敏捷，活動力頗強。儘管他身材矮小，卻體質甚健，精力健旺。實踐中的鍛煉，造就了他敏銳的觀察力。他一九七七年第一次回京為時僅兩周，和其他子女和親屬的會面不過三、四次，即能準確道出每個人的性格及處事特色，那時他尚未患腦血栓，精神很正常。我當時心中的確產生過「不愧為老牌特務」的嘆服。他對人的判斷，出於對細節的留意，出於經驗基礎上的直覺。

第四，他自己講的「我在舊社會，凡事留有餘地。」，他的意思是待人接物不咄咄逼人。比如他奉命監視《社會新聞》，政治上他對李士群、唐惠民的表現悉數彙報給王子春，私人關係上則是能幫則幫。李士群被捕後在南京監獄寫信給袁殊求個人出路，為以後的李士群和袁殊的關係作了自然的鋪墊。袁將李的來信交給方煥儒、王子春，方、王的態度都是「不要理他」，但袁殊還是給李士群寄去了一點錢，為日後兩人關係的發展打了一點基礎。概而言之，袁的訣竅是「不失原則，不為已甚，廣交朋友，為我所用」。

更重要的是他有超於常人的做事心願，「要做點什麼，不負此生」是他貫徹終生的座右銘。有些文章談到袁殊的身材，貶譏之詞為「侏儒其形」，溢美之詞為「短小精悍」。袁殊的確很矮，不過一米五多一點兒，但他卻從不因身材矮小而自卑。

他有個外孫女名叫張佳，六歲時第一次見到外公的無忌童言是：「爺爺，你怎麼那麼矮呀？」當時在場有好幾個大人，他們大概都和我一樣對著無忌的童言暗自發笑，看袁殊作何反應。

袁殊不慌不忙慢條斯理地答道：「矮也不很矮，我是矮子裡的中等身材。」袁的回答輕鬆地沖散了尷尬氣氛，給我留下了很深的印象。說實在的，二十多年後再次見到袁殊時，我情不自禁地聯想到埃及的著名間諜阿里夫（也是矮個子，身高一米五多一些）。

在事業上，他得心應手；在生活上，他衣食無愁。對於他這個從貧民窟裡走出來的人來說，私心中他頗有自得之感。但人生不如意事常在，他和髮妻馬景星的關係是「你強我爆，頻頻打仗」。我大姐馬元曦的義父翁從六時時勸和，卻終無效果，至少他們在一九三四年間暫時分居了。

袁殊當年月收入有六百元以上，計有吳醒亞的一百五十元、岩井英一的兩百元、外論編譯社的四十元、新聲社的車馬費一百五十元，他不拿記者工會的錢，中聯社的錢也不固定，此外他還有稿費。

據袁殊說，在新聞界他的收入不是最高的，黃金榮的得意門生杭石君每月津貼總和達一千元以上，超過國民黨中央委員的月薪（八百元）。

當年的上海灘，月收入六百元以上算是富人了，可袁殊每月把一半以上的收入都交給王子春作為黨費，表現了他對革命事業的純情。但他也說過，他後來也產生了一點牢騷，他看到王子春一年四季都是最闊綽的穿戴，私下也有過不滿。因此當王子春「下落不明」時，他懷疑「王胖子」大概是貪汙了經費跑掉了。至於王子春何以為生，袁殊一無所知。

第五章　抗戰前後

一、怪西人案

我個人最早知道三十年代中葉在上海有個「怪西人案」，是二十多年以前的事了。在上大學期間，我讀了第二十二期的《文史資料》，上面有沈醉寫的回憶文章〈我所知道的戴笠〉，提到此案把袁殊捲了進去。

「第三國際遠東區負責人華爾敦（不明國籍，當時報上稱為怪西人案，因為他被捕後一句話也不說）及其秘書陸海防，與有關人員程其英、陸獨步、袁殊、王瑩等被捕後均由戴笠親自審訊，並以種種威脅利誘方法逼供。」（沈醉）

第一次讀此文時感到莫名其妙，除「袁殊」二字躍然於紙上外，還知道王瑩是當時的電影明星，其餘的人一概不知。袁殊涉案的來龍去脈，存惑於心中，二十多年後方始得解。重讀重印的《文史資料》合訂本，感到沈醉之文語焉不詳，遂將前此有關的耳聞記述如下。

袁殊的大軍山來信中曾帶過一筆，說他加入過遠東情報局。在第四封信中還寫過一首：

〈回故鄉〉

四十年前羈旅地，縹緲曾寄舊鄉關；
長虹飛架江南北，宏圖唯合此日看；
莫傷老大慚虛度，通途天塹好河山，
八億人民跟舵手，壯懷不怕遠征難！

詩後記：「一九三五～一九三六年間，我在武昌坐牢「反省院」，受蔣迫害。

袁殊怎麼會從中央特科又轉到遠東情報局去了呢？原來他的單線領導人王子春突然不見了。夏衍在《懶尋舊夢錄》中做了如下的回憶：「袁殊在《文藝新聞》停刊後參加了特科工作，這是我知道的。他還一再要求我給他保守秘密，也有相當長的時期，我們之間沒有來往。大概在一九三三年春，他忽然約我見面，說他和特科的聯繫突然斷了。已有兩次在約定的時間、地點碰不到和他聯繫的人，所以急迫地要我幫他轉一封給特科領導的信。按規定特科有一個特殊的組織系統，為了安全、保密，一般黨員不能和特科工作人員聯繫的。因此我對他說，我和特科沒有組織關係，不能給他轉信。但他說情況緊急，非給他幫忙不可，又說，把這封信轉給江蘇省委或者任何一位上級領導人也可以。

當時白色恐怖很嚴重，他又說「情況緊急」，於是我想了一下，就同意了他的要求，把他的信轉給了蔡叔厚。我也知道，蔡這時已從中國黨的特科轉到了第三國際遠東情報局。但他的組織關係還在中國特科（吳克堅），所以我認為把袁殊的信交給蔡轉，是比較保險的，想不到那時國際遠東情報局正需要袁殊這樣的人，於是袁的關係也轉到了國際遠東情報局。當然這一關係的轉移，蔡叔厚沒有跟我講，我是不可能知道的，當蔡叔厚告訴我袁殊的問題已經解決了之後，我就不再過問了。」

文中提到的一九三三年為一九三五年春之誤，因為一九三三年袁殊去日本旅遊的事是王子春同意的。一九三五年，王子春突然不露面一事，對袁殊也是個謎。平反前袁殊告訴我，後來聽說王子春被秘密處死了，是在船上被人扔進大海淹死的。一九八四年他平反不到兩年的光景，他又對我說，聽說王還活著，每月領取編外養老金。袁殊去世後不久，據人說曾看到被康生秘密處死的共產黨員人名單中有王子春的名字。

據袁殊自己說，他是一九三五年初和王子春斷了聯繫的，當時蘇州法院開始審訊共產黨打狗團，袁也懷疑過「王被牽連了進去」。

出於性急，他要求夏衍幫他接上關係。正當轉信進行之中，王的一位助手（化名陳某，山東口音）又和袁接上了關係。他和新關係人相約建立了一個臨時見面處，租下了在麥根哈斯特路一個普通弄堂房子的亭子間，並安排一個不知情的中聯社記者沈千里晚上住在那裡。但前後不過十天光景，就接到通知說另有新的工作任務了。解放後袁殊才知道那位臨時連絡人就是劉長勝。

新任務就是遠東情報局的工作。新的連絡人叫小李，只做交通工作不負領導責任。初次見面時，袁殊在指定時間和地點問來人，「你是復旦的學生嗎？」，那人對上暗號後就接上了頭。袁殊交給小李的情報信件均署名「榮均」並印上兩個閒章之一：「劍膽琴心」。他曾要我查成語典故，我沒查；另一閒章是「流離載道」。解放後他還專門花大錢請齊白石刻製了「流離載道」詞的一個雞血石印章。

情報內容仍是日蔣內幕消息，小李轉送來的指示信不屬姓名但字跡非常瀟灑漂亮。因此除了小李之外，袁殊根本不知道他的實際領導人是誰。

「不久報界透露了『怪西人案』的消息，並稱『日內可望引渡到華界當局』，因『怪西人』是在公共租界被老閘捕房——相當於租界總部——抓到的。華爾敦被捕後一直不講話，他身上沒有任何文件，連當時外國人隨身起碼要帶的外僑身份證也沒有。當陸海防說出華爾敦是一位負責人之後，英法兩租界的中西偵探，加上警察局偵緝總隊與警部偵察大隊、以及上海區的特務，加上他們數以萬計的眼線助手，天翻地覆地鬧了整個上海市，也毫無結果。戴笠罵這些人是一群飯桶，蔣介石也罵戴笠不中用。」（沈醉〈我所知道的戴笠〉）

起初袁殊並不認為「怪西人案」與自己有關。案發沒幾天，他得到不在同一戰線工作的黨內老朋友夏衍的通知。說此事可能要牽連到他，要袁殊設法通過新聞界的關係全力打聽案情，特別是怪西人案何時引渡到華界當局。袁殊這才感到事態的嚴重。

袁找到兩個專門刺探內幕消息的記者蔣道宗、蔣宗義，有意識有目的地與他們胡扯。看到他們對案情一無所知，最後只好點破話題拜託他們去瞭解情況。以往想要瞭解什麼事，通過新聞界的關係總能如願以償，此次二位包打聽又滿口答應，袁殊原以為會有消息的，幾天過去了，想不到什麼也沒瞭解出來。袁殊漸漸焦急起來，再次會到老朋友夏衍，只能如實相告：「一點頭緒也沒有。」夏衍要求袁殊暫時斷絕一切舊人往來，做好必要時遠離上海的準備並繼續瞭解情況。

正在此時，軍統局王新衡以朋友身份到外論編譯社來找袁殊。王新衡是浙江慈溪人，早年在莫斯科中山大學學習過，但不是中共黨員。此人是軍統老特務，晚年在臺灣任立法委員之職。

王和袁同年生，當時不過二十四五歲光景，他們的相識是由方煥儒介紹的。袁殊和馬景星分居後，租住在環龍路林達場十七號，那時王沒有結婚，袁、王二人都是單身，有時同去咖啡館，談的多是個人生活的私事，因此成了朋友。

王新衡找到袁殊後，約袁發完稿後到聚豐園四川飯館吃飯，飯間王問袁是否聽說「怪西人案」一事。以往兩人的談話純係私人生活方面的事，王屬「軍統」，袁屬「中統」，因歸屬不同而從不談工作和時政。

袁看到王問及「怪西人案」，認為他不過是聊聊社會新聞而已，頓時想到為我所用便反問道：「怪西人是不是已引渡來華界當局了？」

王新衡的回答似真實假，王說，「找你之前我已和辦此案的翁光輝碰過了，那個外國人什麼活也不肯講，搞不清和共產黨有沒有關係，租界捕房又不願意秘密引渡給華界，所以才找你想辦法從新聞界瞭解情況，你可以找翁光輝去，翁瞭解情況多，總之要你幫忙就是了。」

袁殊當晚就找翁光輝去了。翁是浙江諸暨人，黃埔三期出身，當時任上海警備司令部偵緝隊隊長。據袁殊說，警備司令部在龍華，但偵緝隊隊部卻在南市老西門的白雲觀。袁見到翁後只談了幾句話就離去了。

翁說，這個外國人什麼話也不講，從面孔上看不出究竟是哪國西洋人，他身上帶了許多鑰匙，看來有許多住處，租借不同意引渡，希望你幫助調查。袁殊告退後走在街上，感到危險正在襲來，他想到遠走高飛，可是對危險來自何方又莫名其妙。

正當袁殊惶然無措時，幾天以後王新衡又主動約見了袁殊，王開門見山地指出「翁大隊長掌握了新的情況，你去瞭解一下，也許對你有幫助。」袁殊不知是計，急忙趕到白雲觀見翁。

翁說「你來了很好」，隨即很客氣地握了握手把袁殊引進小會客室。袁殊根本沒想到他剛一坐定門口就站上兩個崗哨，翁的面孔也板了起來，非常嚴肅地問，「你和外國人有什麼聯繫？」

袁殊只是朦朧地知道「怪西人案」可能會牽連到自己，但怪西人和自己有何關係他確實不知道。翁的問話，使袁殊當然地敏感到牽連開始了。他回答：「和日本人的關係很多」——這是眾所周知的。「和西洋人呢？」、「和西洋人只是在交際場合偶爾接觸。」

翁不講話了，從口袋裡掏出兩張小照片放到袁殊面前說：「這是從怪西人隨身帶的筆記本上拍下來的。你如果不認識怪西人，他怎麼會知道你的姓名、工作單位和電話呢？」

照片拍的是筆記本的一頁，上面的字樣顯然是外國人手寫的，寫著「袁殊，外論編譯社」及電話。袁殊據實以對：「我實在不認識這個西洋人，不知道他從哪兒知道這些的。」

翁沉思片刻後說：「好，你等一下。」說畢起身出去了。過了一會兒，翁帶進來一個人，那人身穿凌亂的西裝，沒繫領帶，臉上傷痕累累。一進門就手指袁殊說了一句「就是他！」

袁殊立即從座位上跳起來說：「我什麼時候認識你！」原來那人正是交通小李。翁見狀連聲說好好，即把小李帶走。袁殊被禁在小會客廳內。

袁殊被王新衡誘捕到偵緝隊的當天深夜一點左右，樓下傳來汽車喇叭聲，不一會兒翁光輝陪著吳醒亞進了小客廳。吳坐定後說：「這種事情沒什麼了不起的，你幫助翁隊長搞清這個外國人的事後，回來還跟著我，我為你負責一切。」

袁說「實在不認識這個外國人」，談話頓陷僵局。吳一言不發，袁也沉默不語，翁光輝急切地一會兒望望吳，一會兒望望袁。

最後還是翁打破了這個僵持局面：「最近晚上經常和你在一起的那個漂亮女人是誰？」袁答說

是王瑩，是電通公司的電影演員，王新衡也認識她。

吳插話說，是不是在百樂門舞廳我碰到你們在一起的那個女人？袁說不是，那個女人是日本舞女名叫順子。翁進而仔細地盤問了順子和王瑩的相貌特徵。談話不到半小時，內容僅止於此。

吳醒亞最後說了一句「真是沒有辦法」，走到門口時對翁又加了一句：「對他優待些吧」，至此結束了吳的勸降。

一九八二年元旦，有個年輕人拿著姜椿芳的介紹信到香山南營訪問袁殊時我正在場。那位青年人叫黃，是當年交通小李的兒子，他希望瞭解其父在怪西人案中的表現。袁殊緩緩地講述了當年的實情，順便也問到小李日後的去處。

據那個青年人講，其父小李被釋放後又投奔了解放區，並在解放區結了婚，解放後其妻是某個院校的領導幹部而他本人則始終未能入黨。談到中午袁殊留那個青年人吃飯，他悻悻地告辭了。

小李供出了袁殊，叛變了中共，可又回到解放區。以後的日子當然沒好果子吃。自一九三五年袁殊的關係轉到遠東情報局後，袁殊就不再有中共的組織關係了。

幫助袁殊把組織關係轉到遠東國際情報局的蔡叔厚，浙江諸暨人。一九二七年冬加入中國共產黨，不久調中央特科工作。一九三二年，蔡叔厚調共產國際東方組工作，次年初，因連絡人突然調離，與組織失去聯繫。此後，雖與劉少文、潘漢年建立工作聯繫，但後來方知未接組織關係，竟作為黨外人士對待。

中華人民共和國成立後，蔡叔厚多次向組織反映要求解決黨籍問題，但因受潘漢年、楊帆冤案牽連，一直未獲解決。「文革」期間，被誣為「特嫌」，為「中央專案組」立案逮捕。一九七一年五月六日，含冤逝世於北京秦城監獄。一九八〇年九月，中共上海市委為其平反昭雪。一九八三年三月，中共中央組織部恢復其黨籍。

前些天，曾虎從美國打電話給我，告訴我蔡厚叔的女兒（我不認識）和我們的老朋友鄭沙梅到美國旅遊，看望了曾虎，提及當年事，並說「蔡厚叔的黨籍多年未獲解決，為此他們奔走多年」

很奇怪，姜椿芳、朱明也是為遠東情報局工作的，但是解放後的待遇不同。什麼原因呢？我想是人際關係吧。朱明的著名父親朱劍凡是湖南周南女中的校長，和毛澤東相識。遠東情報局隸屬第三國際，但在那兒幹革命工作的人，很多人的革命工作得不到共產黨承認。

那一代人對信仰有魔怔，把信仰看得比命重，有人又被信仰的組織拋棄，就是從精神上要了他們的命，他們悽惶一輩子。

共產國際於一九三一年，在上海成立「國際遠東情報局」，負責人佐爾格，負責搜集國民黨情報，特別是圍剿蘇區紅軍及東北地區的軍事情報。國際遠東情報局上海情報站與中共中央特科建立了情報交換關係。一九三三年春，共產國際派立陶宛人華爾敦（勞倫斯）任蘇聯紅軍總參偵察局上海站（即中國站）負責人，接替佐爾格負責遠東國際情報工作。

一九三三年春，華爾敦（勞倫斯）任蘇聯紅軍總參偵察局上海站（即中國站）負責人。華爾敦經過整頓之後，發展了佐爾格的情報系統。華爾敦情報網成員，包括專職和兼職兩類，據不完全統計多達一百八十三人。

其核心情報小組中有四名中國助手：

陸獨步：北平師範大學學生，北伐時期到武漢加入國民革命軍第十一軍政治部工作。大革命失敗後潛至上海，陸海防由人引薦加入共產國際情報組織。主管情報資料整理收集，是華爾敦貼身助手。弟弟陸獨步也充當交通員。陸海防、陸獨步被捕後先後叛變，充當軍統特務。

劉思慕：一九二六年到蘇聯中山大學讀書，後轉至德國學習。一九三三年秋回國，經蕭炳實介紹加入共產國際情報組織。一九三五年初，利用特殊身份打入國民黨高層，提供核心情報。夫人曾菀（曾兆蓉）協助劉思慕工作；黃維佑：又名黃君鈺，復旦大學畢業後加入華爾敦情報小組。

華爾敦在國民黨上層有三個重要情報關係：劉思慕，任武昌行營第五處上校法規專員；章文先，南昌行營調查科少校科員；陳紹韓，國民革命軍第三軍司令部作戰科上校參謀。華爾敦同時掌握的絕密關係是關東軍少佐課長川合定吉。川合定吉，日本東京帝國大學畢業，曾任日本《朝日新聞》、《上海新聞週報》記者。一九三五年，華爾敦被捕。

一九三五年八月二十四日，湖北高等法院開庭審判「怪西人約瑟夫——華爾頓」，最後判處他有期徒刑十五年。抗戰爆發後，蔣介石有求於蘇聯，在蘇聯的壓力下，不得不於一九三七年將他釋放，勞倫斯取道新疆返回蘇聯。

二、袁殊對子女的表白

袁殊等待平反期間，作為子女我曾非常嚴肅地問過他：「你一九三五年被捕後出賣過組織沒有？」，我認為這是關係到他是否能平反的關鍵問題之一。他說，當時的地下工作是單線聯繫，唯一認識的交通小李已先他被捕，他不認識的怪西人和陸海防也先他被捕，他即使想出賣也無從出賣起。

「那麼，所謂誘捕王瑩是怎麼回事？」，我當然要搞個水落石出，他做了一些剖白。

吳醒亞走後的第二天，袁殊被轉移到偵緝隊部的大客廳被安置下來了，室內搭上了臨時床位。

午飯時來了另外一個似也被軟禁的人同桌吃飯。那人進來後就對袁殊點頭致意，袁因為是陌生人而不理他。

吃飯時那人主動搭訕道：「我們到了這種地方，是沒有辦法可想的。」袁殊認為此人是偽裝的勸降人，堅持不理。飯後各自無聊，袁殊決心不與之講話。

那人拿起筆紙寫畫了起來，袁殊起初不留意，一旦目光觸及到那人一手漂亮瀟灑的字體時，便突然驚呆了。那人望袁殊笑笑說「認得這字體吧」，隨即寫下了「效法乎上得乎其中，效法乎中得乎其下」幾個字。

字體和交通小李轉來的指示信中字體一樣，他就是怪西人約瑟夫·華爾敦的秘書陸海防。陸是湖南岳陽人，大學文化程度，英文很好。正是由於此人的叛變才引發了怪西人案。

當年遠東情報局的成員劉思慕打入了國民黨武漢行營，在行營政務處長甘乃光手下任職。上海地下黨組織因李竹聲叛變革命而遭到破壞，國民黨由此得知劉的真實身份，劉因事先得到當地組織的通知而躲起來。

國民黨特工在劉家撲空後就把劉家暗中監視起來。

上海組織的人不知這種情況，派人到武漢要通知劉避開，來人與劉妻通了電話要劉妻轉移到上海，但被暗中監視的特務盯上了梢。劉妻遵照上海來人指示，到上海後住在上海東亞旅館。

當天下午陸海防到旅館探望，埋伏在旅館的特務以為陸海防就是劉思慕，當場把陸抓獲。

沈醉的回憶文章講到陸被抓獲的情形是「他在慌忙中不慎摔倒被捉」，袁殊聽陸講的則是「聽到槍響以為自己中彈而跌倒」。沈醉的文章說「陸被捕後不待用刑，經戴笠一頓名利誘惑，馬上答應交出他的上級領導人」；陸說「抓了我沒有用，今晚九點有一個比我重要得多的人要來，錯過機會就抓不到了。」就這樣華爾頓被捕了。

為了進一步追查出與怪西人案有關的人員，王新衡每隔兩天就到偵緝隊部來一次，王、翁二人一個唱紅臉一個唱白臉，追問晚上和袁殊常在一起的那個年輕女人是誰。其實王新衡也常看見袁殊和王瑩在一起，有時三人還在一起喝咖啡。

袁殊和王瑩在一起幹什麼呢？

袁殊說由於住的近，而且於一九二九年起就相識，晚間聚在一起沒有任何工作內容，無非是聊度時光而已。由於王新衡以「朋友」的身份加入旁訊，翁、王二人最後也確認了那個女人就是王瑩，但還搞不清她與本案有無瓜葛。

袁殊心裡很有底，建議派部車子，不要武裝人員，由袁殊先打電話給王瑩，讓她來一趟問問即可。半小時後王瑩來了，袁對她說：「他們追問最近晚間和誰在一起，你來了就搞清楚了。」但王瑩也被軟禁起來。

袁殊認為他這樣做不會產生不良後果，他說王瑩沒有參加實際工作。過去僅為上海反帝大同盟的機關做過傳遞信件的事，算不得機密，追問王瑩是問不出什麼名堂的。

袁殊還說到，造成的唯一後果就是王的拍片不能進行了。事實上，一個禮拜左右之後，王瑩即被王新衡保釋了出去。

王瑩出去前，袁殊交代給王瑩兩件事，一是通知日本領事館替代岩井工作的泉，讓他們設法營救；二是告訴一些老朋友讓他們避開。

袁殊對第一次被捕後的思想狀況也有坦誠的表白：「我感到緊張，思想上有動搖心理。」

王瑩被捕事告一段落後，戴笠派了武漢行營的中校法官來考察袁殊的態度。那個人名叫徐業道，他傳達了戴笠的意思說：「你的事我們都知道了，等風波平息後你可以加入到我們的團體來。現在對你也追不出什麼來了。你還年輕，擺在你面前只有兩條路，要麼就此完蛋要麼參加蔣委員長領導的抗日工作。」

徐要袁殊明確表態，袁殊考慮了一會兒後，在紙上寫下了大意如下的一番話：「我不認識怪西人，過去也不認識陸海防，但從事過共產黨的秘密情報工作。現在中日兩國的問題是抗日問題，希望蔣先生領導全國人民抗日」。

我問袁殊為什麼要這樣寫，他做了兩點解釋。他說徐談話時陸海防就在身邊，陸供出了一切，我再隱瞞做秘密工作的歷史也就沒有意義了；他還說抗日是全國人民的心願，故表明自己的抗日心願亦無不可。

嗣後不久，袁殊、陸海防和一個名叫程其英的人，在一連士兵的武裝押解下，乘坐虞洽卿三北公司的馮興號輪船被解送到了武漢。

程其英是何人呢？程是德國留學生，大概和共產黨有些關係，又曾與上海的權貴如楊虎、陳群廝混得很熟，當時住在蘇州，表面上不問政事，用唱崑曲來消磨時光。

特務們抓獲陸海防後並沒有驚動劉思慕的妻子，劉妻後又從上海跑到蘇州躲在程其英家中，故程亦被捕。船行江上時，程其英鎮靜自若，袁殊則坦白地承認他感到緊張害怕，認為不判死刑也要服刑二十年以上，前途無可設想。到了武漢，他們三人被分別送到三個地方，從此以後袁殊再也沒有見過陸海防，但解放後袁殊卻專門請程其英吃過飯，解放後程做德文翻譯工作。

記不清是在什麼場合之中了，總之袁殊說過「恐懼之心，人皆有之。」這本是極為普通的常識之談，但卻給我留下了至為深刻的印象。一時的軟弱會造成嚴重不良影響，這是問題的一個方面；

另一方面是袁殊的被捕事實上沒有使任何一位共產黨員遭到迫害，而袁殊當時知道有共產黨身份的人恐怕不止一、兩個人吧。

怪西人案中的袁殊之表現，沒有給中共帶來任何損傷。「擁護蔣委員長領導抗日」，既符合民眾心聲，又與西安事變後的共產黨主張契合。根本沒問題。但是，中共卻把此事看得甚重。又是組織原則，令人不寒而慄。

人的思想性格是複雜的，袁殊：「人有千面，歸根結底只有精神和物質的兩面。」

下面是文中提到的一些人物的簡介：劉思慕，中國報刊主編、國際問題評論家、作家。一九二五年初，加入中國國民黨，大革命失敗後，脫離國民黨。一九三三年秋，劉思慕進入共產國際遠東情報局從事地下革命工作。一九三五年四月後，因交通員被捕叛變，劉被特務追捕，得到馮玉祥的掩護，於一九三六年春逃往日本。

新中國成立後加入中國共產黨。一九六〇年五月，任上海國際問題研究所副所長。

「文化大革命」期間，劉思慕受到極左勢力的迫害，心身受到摧殘。一九七九年，他任中國社會科學院世界歷史研究所所長。劉思慕曾被選為第一、二、三屆全國人民代表大會代表，第一、五、六屆全國政協委員，中國民主同盟中央常務委員。

甘乃光，黃埔軍校政治部英文秘書兼教官。廣西人。芝加哥大學研究院畢業。曾任中央實業部代理部長，國民政府監察院監察委員。當選國民黨第二屆中央常委。一九四五年後任外交部次長，駐澳大利亞大使，一九五一年卸任後定居澳洲。

沈醉，長期服務於國民黨軍統局，深得軍統特務頭子戴笠的信任。在軍統局素以年紀小、資格老而著稱。先後擔任少校行動組長、稽查處上校處長、軍統局總務處少將處長（二十八歲）、國防部保密局雲南站站長、國防部少將專員、雲南專員公署主任、中將游擊司令。

最後是程其英的香消玉殞。程其英一九〇四年出生於四川萬縣。在留學德國格根廷大學期間，因反對法西斯被驅逐回國。回國後與一些權貴混的很熟，成為社交界的名媛。沈醉回憶似有「黑牡丹」的綽號。

怪西人案中，因藏匿了劉思慕的妻子而被捕。在湖北關押了四個月後釋放。

僅為此事，程其英於一九四九年被宣判為歷史反革命。改名程遠後，到外文局擔任德文翻譯。一九五七年到北京大學外文系當打字員，代課教師。因背負歷史反革命的黑鍋，歷次運動都脫不了關係，更談不上評職稱了。

程其英中等身材，皮膚細膩，有才女風度，年輕時追求者甚眾，但終身未婚。

文化大革命當然在劫難逃，被巫為《紅岩》中的女特務瑪麗小姐，關進秦城監獄。一位當事人說，「一天在秦城打掃院子，發現牆角有一個席捲，掀開一看，是一具女屍，我認出這人竟是程遠。」一代名媛就這樣香消玉殞了。後因劉思慕為她作證，終獲平反，博得了身後清白名。

三、湖北反省院

袁殊被單獨解送到當地運輸公司的一間破舊的又大又空的倉房內，在那裡等候宣判，歷時一個月左右。

那個臨時拘押地久無人跡，到處灰塵，處處穢物，肥大的蛆蟲爬來爬去，蚊蠅日夜沒完沒了地滋擾。伙食倒還可以，是看守從飯鋪叫來的客飯。

大概是因拘押未判之故吧。看守僅一人，是剛剛從警官學校畢業的年輕人，兩個人沒有任何話題，終日百無聊賴。那個看守看到袁殊手上戴了個鑽石戒指，發生了好奇心，命令式地說道：「褪下來給我看看。」袁殊亦不抗命，拿下來讓他把玩一陣之後再戴在手指上。過了一段時間後，那個看守又說出了命令式的話，於是重複了摘下——把玩——戴上的全過程。

老是看個不停，當然是愛不釋手了。因系要犯之物，不能明敲竹槓，只能老是「拿下來讓我看看」。袁殊被纏得不耐煩了，遂心生一計說：「你要喜歡這個戒指，就送你好了，不過你得給我弄一頂蚊帳來，我被咬得吃不消。」那個看守歡天喜地，弄了一頂蚊帳換了個鑽石戒指。袁殊也很滿意，那個戒指是假貨，不值多少錢，戴在手上倒不如弄頂蚊帳更實惠。

法院如期開庭審訊了，經過兩次審判，僅以「文化界思想犯」論處，判決監禁二年九個月，又托詞「投案自首」（實為王新衡誘捕）。減刑為一年又三個月。如此從輕發落是有些原因的。

首先是其父袁曉嵐竭盡全力進行了營救。袁殊和袁曉嵐同住在上海，但往來甚少，不過關係似未斷絕。三十年代初蘄春老家來人募款修袁氏家譜時，袁曉嵐找到袁殊說，這件事錢是要出的，我要拿出錢來，你也要拿出錢來。由此可見他們彼此經濟分開，有點往來。還可以說明晚年的袁曉嵐重視起家譜之類的事了。從而可以推斷他對於「露了臉」的兒子好像有點光宗耀祖的自豪感。也許外加上晚年時對以前沒有盡到父責的內疚而要尋求「心理平衡」吧，

總之父子關係疏淡的袁曉嵐在袁殊被解到湖北之後馬上請了名律師為之辯護。袁曉嵐還以老同盟會員的資格走了國民黨上層門路，我僅知道他給陳立夫寫了求援信，陳的回信只一句話：「令郎的事知道了」。

還有重要原因，大概是當時國民黨不會因「小事」開罪日本人。袁殊在上海被羈押期間，通過

種種管道，日本駐滬領事館知道了袁殊被捕的事，他們認為袁殊是親近日本的人，所以迅速作出了反應。代替岩井英一位置的小泉清一召集了日本記者，於是在上海發行的幾家日文報紙均登出了日方抗議信，使得國民黨政府有了投鼠忌器的顧慮。因此儘管鄂高檢的起訴書是以「危害國民緊急治罪法」提出起訴的，而最終卻以「文化界思想風潮案」論處。

判決後的當天即把袁殊解送到湖北省第一監獄服刑。袁殊看到開飯時犯人們你奪我搶地爭飯吃，飯內摻了大量泥沙，伙食壞得很。袁殊卻被直接解送到病號監去了。

兩天以後，法官徐業道前來探監，他說，「住在這個地方委屈老兄了，馬上給你換個地方，你到黃寶石那裡去住，那裡待遇好一些。」

於是袁殊又被解送到湖北省反省院。黃寶石就是前面提過的原湖北省駐滬代理人，是吳醒亞湖北幫的參謀長。其妹嫁給吳醒亞做了老婆或是小老婆，回鄂後成為武漢的漢陽縣長，但吳仍任命黃兼任反省院長。袁殊轉到黃寶石處，顯然也有吳感化舊部的意思。

黃見到袁後第一句話就是：「老兄你來了，好好！只住八個月就出去。」於是袁殊過了「八個月的老爺生活」。

反省院的犯人可分為兩類：一類是各種政治背景的思想犯、另一類是原紅軍人員。後一類人中有紅軍長征時因傷病留在當地後被俘的戰士，也有紅軍地方幹部，這些人待遇差一些。

據說華而敦也關在反省院，單獨住在一個小院內，大約是外國人的緣故吧，平日受最優待遇，一九四七年國民政府攝於蘇聯政府的抗議，國民政府釋放了華爾敦。

袁殊在監獄環境中對其他人頗有戒心。

袁殊剛剛安頓完畢就有兩個知識份子犯人前來主動攀談。其中一個人名叫喻堃，另一個名叫陳易黃，過去都是《文藝新聞》的讀者。他們問袁殊對抗日的看法。袁對我說：「這兩個人是來偵察我的。」

我個人無論如何不理解「偵察」之說，在我看來，既然《文藝新聞》大力宣傳過抗日，那麼過去的讀者和過去的編者面談時局中重要的抗日問題是順理成章的，我覺得在那時袁殊已染上了一點多疑的職業病。

袁殊也進行了反偵察，原來喻埜參加了馮玉祥的抗日同盟軍，先關在北平，因其有個伯父在湖北法院當法官，故受照顧轉移到武漢。袁殊說這兩個人都是托派，但我不知根據何在。

袁殊在監獄中過的確實是「老爺」生活。遠道來探監的人不少。首先是馬景星，她從上海來到武漢，送來皮袍子和日本石川達三寫的中篇小說《蒼茫》，袁殊在獄中翻譯了這部描寫東北抗日事件的小說，但不知出版了沒有。翁從六也從上海來武漢探過監，送給袁殊一點錢。

董純才回憶他到湖北反省院探望袁殊的過程時說：「他身穿長袍，養得胖胖的，一點不像囚犯。」

最奇怪的是，袁曉嵐病故後，袁殊居然能出監辦理喪事，把袁曉嵐的靈柩送回湖北蘄春老家後才回監。

袁殊在被關押期間，平日讀書、寫字、打球，有時也寫點新聞學的短稿。

袁殊在反省院辦了個《誠化》半月刊。原來黃寶石為表明自己管理有方，決定辦個犯人刊物，又可因此名目向上級多報經費，遂要袁殊辦個刊物。

袁殊起初推給喻埜等人辦，但黃寶石不同意，只好答應下來。黃寶石根據《中庸》語「誠則靈，靈則通，通則化」定了刊物名稱。其實刊物內的文章大多數是犯人寫的無聊散文，青洪幫掌故等消閒之作。刊物出了幾期，也印了幾百部，袁殊感到非常無聊，遂藉口沒有稿源，說無法再辦下去了。黃大光其火說：「那麼多犯人都不肯寫文章嗎？」黃無計可施，又因當時紙張供應緊張，刊物不了了之。

當時聯合新聞社的鄭庸之和主管該社經濟的呂文奎已移居武漢。他們兩人定期輪換去看望袁殊，時時接濟些零用錢。

在一張袁殊照片的背後，袁殊當年寫了一首短詩：「疑是阿福癡自歡，囚裡光陰笑等閒，倦眼不觀牆外事，此中樂亦似桃源。呂文奎兄為攝此影，作打油詩如上」。

無可奈何的袁殊只能「癡歡自福」了，他似未頹喪委頓下去，流露出「笑傲囚陰」的豪情。

四、考個文學博士的夢幻

「從前我一度產生過『兩間餘一卒，荷戟獨彷徨』的苦悶思緒，後來在實踐活動中，這種思緒也就自然地消泯了。」這是袁殊在武漢來信中寫下的一段話。

在大軍山的日子裡，他時時沉浸於往日的反思之中，做出了在人生特定時期中個人心志的剖白。這個「從前」，當指一九三五年到一九三八年的幾年。

一九三六年五月間的一天，黃寶石找到袁殊說：「老兄恭喜，一兩天之內就可以出去了。出去後你先休息幾天再到我家來。」

袁殊出獄了，當天住到鄭庸之家中，鄭款待了袁，送給袁二百元錢。

袁殊又到黃寶石家中去辭行，不想黃要袁殊到南京面見陳立夫，並要送袁殊路費。袁說鄭已給了錢，沒有接受路費。看來陳立夫在袁殊案件中起了重要作用，中統他們似仍要使用袁殊。

說來是有些奇怪的：袁以左傾的面貌在社會亮相，又以吳醒亞心腹幹將的身份在社會上活動，在怪西人案中他的「白皮紅心本質」完全暴露，卻仍有機緣去效力國民黨。CC系總不會那麼講人情吧，或者袁殊有特殊的作用？對於這個問題，直到聽他本人講了戴笠來訪之後，我才猜出了一點答案。

中統、軍統都向袁殊招手了，袁何去何從呢？

他儘管不知道個人在革命道路上的前途如何，卻毫不遲疑地在上船前給「上海舊人」拍了電報：「病癒出院，即將回滬」。

袁殊從一開始就對「到南京面見陳立夫」的指示下決心不理。對於CC系，可以說袁殊演盡了虛與委蛇之事。到上海的輪船停在南京碼頭時，袁殊把帽子蓋在臉上假裝睡著了，一直等到輪船繼續航行後才起來。他害怕路上有CC特務監視，其實什麼事也沒有。

袁殊走到甲板欄杆邊，面對滾滾東流的江濤而思緒萬千，他暗自慶倖人身自由了，他不甘心繼續為中統效力。但作為一個劫後餘生之人政治上奔向何方呢？他寫下了短詩：

〈題舊照〉

（一）

疑是阿福癡自歡，

囚裡光陰笑等閒。

倦眼不觀牆外事，
此中樂亦似桃源。

（二）

今朝猶幸有歸途，
愧望長江水東流。
落拓相關非病死，
朝暉重上劫餘摟。

袁殊在大軍山勞改期間，寫了個附記，可以算是註腳。「附記：近日檢出的照片，——為一九三五年被囚於武昌國民黨之反省院，有呂奎文兄來見，並為攝影，後送來照片，即於背面題詩如上，時為當年十一月三日晚燈下。一為一九三六年出獄回滬，暫住德鄰公寓時，景星妻為我攝影後題上詩，時為當年六月。此兩詩均寫於四十年前，記憶往事，仍歷歷在目。呂兄已於抗戰時死於日機轟炸下之重慶。景星亦於一九五三年病故於上海，俟我與其獨生女小寶在北京得知。乃托人去滬收殮。小寶則由昭妹陪同，於同年寒假去火化其遺體。幽魂寂滅轉瞬已二十餘年矣，檢視舊影，慟悼故人，悲愴不已，此時我年六十四歲，小寶亦屆中年，且有二女。我既念其亡母，尤盼見新生之後代！但歲月流逝，事無常住。老者情懷，當知自勉矣。」

到上海後的最初兩、三天內，老朋友一個也見不到，袁殊心急如焚，他只有打電話給黨外人士孫師毅約見。孫在政治上同情革命，過去和袁殊私人關係很好。

孫如約到某個小咖啡館見到袁殊，劈頭就問：「你回到上海是幫助特務抓人的呢，還是來看望老朋友的呢？」對於公開表態過「轉向」的人，老朋友們是警覺的。袁殊說了不見陳立夫的事，誠懇地說：「我回到上海來就是要向老朋友請示今後個人行止的。」第二天，孫師毅打電話給袁殊說：「有個老朋友要見你，請約定時間、地點。」

袁殊選定第二天下午一點鐘在北四川路海寧路「一茶」茶店見面。見面的時間、地點是有講究的：下午一鐘點是公開場合中私人談話的最好時間，北四川路是日本人的勢力範圍，國民黨不敢輕易逮捕人。

袁殊等到的來人是馮雪峰，袁向馮彙報了過去八個月生活的概況，並請示今後行止。馮雪峰查明袁殊的態度是誠懇的，即向袁殊提出了建議：找個中學教師的職業暫時躲避一下再說。

袁殊說，他自己打算到日本去學習一段時間，馮雪峰表示要考慮一下。幾天以後他們又見面了，馮雪峰鄭重地說：「我們同意你到日本住上一兩年，國內時局若有重大變化，你馬上回來。」

袁殊講了一句頗令人玩味的話：「革命不成了，我也要考個文學博士回來。」馮雪峰感歎道：「時局如此之糟，也只好如此了」馮交給袁殊五十元錢，說：「是朋友們湊的一點路費，雖不多，表示心意。」又和袁殊約定到日本去後通過翁從六保持通訊聯繫的具體方法。

以今日眼光而論，袁殊在這段時期中，個人政治歷史的透明度不太清晰，他自詡馮是他當日的連絡人或可商榷，但是老朋友沒有把袁殊拒之門外卻是事實。

怪西人案後，袁殊和中共的關係很怪異。

一九三六年五月馮雪峰見袁殊，似代表組織而實不代表組織。如果說「不代表組織」，那麼袁殊要去日本留學，馮為什麼說要考慮一下、幾天後才說我們同意你去日本留學。

如果說「代表組織」，那麼為什麼袁殊的黨籍沒有了呢？

事實上，一九三五年以後，袁殊不再是「前衛」（中共組織）了，他的一切具有共產黨身份的政治作為均被清零了。自此以後他只是被共產黨「運用」（或為「利用」）的人。

《潘漢年傳》的作者尹琪說，「潘漢年利用袁殊取得重大戰略情報，顯現了潘的超人智慧」，這是極幼稚的說法。事實是，袁殊明知自己被清零了，仍甘願被共產黨驅使，心甘情願地做中共的牛馬走。俗話說「上趕著不是買賣」，袁殊則是上趕著為共產黨做事。這表明了袁殊為個人信仰而戰的純情，這其中沒有絲毫的個人利益盤算，在像我這樣的俗人看來，甚至有點「傻」。怪西人案後的袁殊和國民黨的關係是「浪子不回頭」。

客觀地講，袁殊的政治血緣關係是國民黨CC系。不是嗎？袁曉嵐和陳立夫，袁殊和吳醒亞，《文藝新聞》和蕭同茲，袁殊青年時期人生之旅的每一步都有國民黨CC系的印痕。袁殊是不折不扣的國民黨CC系的逆子貳臣。CC系認為袁殊是個浪子，期待著「浪子回頭」但袁殊卻「破帽遮顏過長江」，沒有回頭。

怪西人案後，袁殊和日本人的關係一如既往。

案發期間，日本人大力施援手，案發之後，日本人慷慨助留學。日本人視袁殊為嫡系，精心培養安置袁殊，就是因為「日中關係破裂的大局已定」，日本人要尋找關係破裂後的中方代理人。

袁殊找到日本領事館接替岩井工作的泉（小泉清一），說明去日留學的意願。泉很痛快地辦了簽證，送了二百元路費，告訴袁殊「岩井現在東京」。

小泉還談到袁殊被捕後他幾次登門拜訪吳醒亞均吃了閉門羹，日文報紙關於袁殊的消息也是由他發出的等等，看來日本人出力營救袁殊是事實。

袁殊順利地到了東京後，馬上去見岩井英一，兩人依舊到飯店聚談。袁殊告訴岩井，打算在日本學習歷史，但尚無具體計畫安排，並且經濟上可能發生困難。

岩井對袁殊提出的困難滿口應承下來。他答應每月給袁一百五十元做生活費，但要求袁殊對外保密，自稱是中國官費留日學生。

岩井直言不諱地講，「日中關係破裂的大局已定」，要袁殊「乘此機會先好好休息，日後再專門談日中問題」。岩井介紹日本新聞記者椎原勝三郎給袁殊作為朋友，委託外務省的小林事務官為袁殊安排留學事宜。小林介紹袁殊拜訪了早稻田大學歷史系教授清水春次先生。

清水要求袁殊寫一篇歷史論文。袁殊把平日所學的歷史知識網羅在一起，寫了一篇不知題目的論文交了卷。清水看過之後評論的大意是，寫作者的歷史知識雖不全面系統但有見地，故可深造，於是袁殊成為清水教授的研究生。

清水問袁殊要研究什麼題目？袁殊說，想研究秦漢以來的文字獄或民間秘密結社史。清水認為題目太大，他要求袁殊先看他的著作寫筆記，專題日後再說。於是袁殊研究了一年多的中國歷史，除每週一兩次接受清水教授的指點外，主要是靠自己讀書進修。

日本人為什麼對袁殊這個人照顧得如此周到呢？的確，袁殊和岩井英一兩人個性相投，是私人關係很好的朋友。

但袁殊的「機遇」絕不能簡單地歸為「人生感義氣」的私人情誼。從根本上說，日本侵華國策既定之後，日本各種軍政派系都要尋找各自在中國的代理人。在日本人眼中，袁殊顯然是親日派，外務省自然會對袁殊下一番功夫，以備日後的不時之需。

袁殊這個人亦有他思想溝回曲折之特徵（這也是他個人有些傳奇經歷的內因吧）。袁殊自稱「善打亂仗」，在特殊戰線的勾心鬥角之中，袁殊是不讓於人的。此刻他和岩井的關係，為日後他獲取日方的重要戰略情報進一步奠定了基礎。

第二次留學日本時，袁殊認真地讀了些文史書籍。他師從清水教授研讀清史，學習蕭一山的《清史通典》（據他自己說，這是當時唯一的清朝正史。）

他主動找上門去拜訪住在日本的郭沫若，拜郭沫若為師學習甲骨文，據他自己說學會了一百多個甲骨文字。

袁殊對個人的學問根底是有自知之明的。他評判自身為「充其量不過是個三腳貓式的文字工作者」，他對我也很老實地承認自己沒有受過系統教育，因而知識學問根底不深。這都說明他對做學問的態度是實事求是的。

袁殊只斷續地讀過私塾三年，高小一年，初中二年，新聞學一年多，歷史學一年多，學歷總計八年多，至多九年。以今日學曆的術語說，他算是讀過小學、中學、大學和研究生的人，但哪樣正式文憑他都沒有得到過。

學識功底不深厚，卻極擅長運用於實踐。

他是寫文章的快手，有時成文的東西不免有些粗糙。他研究過新聞學、日本問題、情報工作問題，在這三個方面都留下了問世的和暫時不能問世的著作。有人統計，他的文字總和超過幾百萬字，尚且不把他寫的電訊稿和社會新聞包括在內。才思敏捷但凝重不足，他自己說「年輕時有些浮躁氣」。

袁殊喜好文物是我早知道的，但他確實知道一些文物知識的事實，我卻知道得較晚。一九七七年他第一次回北京後不久，我毫不客氣的問他：「你過去是不是也有過附庸風雅的傾向？」我的話講得很刻薄，兼有嘲諷自詡文人之流的不懂裝懂和一個真實的革命者不應如此的兩重含義。以袁殊的精明而論，他當然懂得我的諷意。他非常老練地笑答道：「不是附庸，而是自有風雅的情趣。」

慢慢地我才知道，他在文物方面下過一點功夫。在舊社會官場中搞情報工作，古玩之好不僅是保護色而且是交際手段之一。

就在二次留日期間，袁殊學習了中國瓷器、漢鏡的一些知識，看過《古董瑣記》、陸羽的《茶經》等書。解放戰爭時期，他在大連任《博古堂》經理（實際另有任務），接觸了一些真正的考古專家和文物鑒賞家，從而進一步提高了他文物方面的知識素養。

個人的文化情趣大概是和個人的知識素養分不開的吧，袁殊後來也確實染上了文物的嗜好。小時候，他經常帶我去東安市場和琉璃廠的古玩攤。因解放後經濟力量有限，只能買「元押」之類的小玩意兒。元押是元代錢糧官的小印章，一般是銅製的。

記得有一次他和一個古董販子對一把鏤文扇骨討了半天價之後終因嫌貴而沒買。

晚年的袁殊更沒錢了，他仍然有興致看畫展、瓷器展、工藝展。袁殊也寫過幾篇關於文物、中國民間工藝的雜文，他把這類文章收於《故都文物美》這個總標題之下。我個人只看過幾篇，有的文字寫得清新別致，較之他的早期文章，文字功夫顯然大大提高了。

袁殊不是學者，所學雜博不專，但他對知識學問的消化力甚強，他對知識學問能夠「學以致用，為我所用」，這是很不簡單的。他這個沒受過系統教育的人能夠寫出一些書籍文章刊行於世，卻是不少正規文科大學畢業生們所不及的。

我曾設想過，以他充沛的精力和較發達的智力而論，倘若能潛心向學，皓首窮經，那麼他在學術領域當有建樹。但他既不具備皓首窮經的客觀環境，也不具有潛心向學的淡薄本性。

常言說，性格即命運，但性格又是環境的產物。自幼清貧如洗的袁殊在動盪的青少年時代在為求生存、在為理想的奮鬥中養成了他的躁動式的性格，而這種多膽汁的性格又註定了他必然要過顛沛流離的生活。袁殊終於沒能考個文學博士回來。

五、被日本員警驅逐回國

「七七」事變的前半年，日本當局即開始有計劃地驅逐所有的中國留學生離境。袁殊是於一九三七年春季被日本員警趕回國的最後一批留日學生中的一個。

一九三七年三、四月間，日本員警突然來到東京千葉縣船橋町袁殊住處，通知袁殊和同居的佐藤時子後天到員警所去接受問話。

袁殊準時前往，兩個日本員警極為橫暴地訓斥了袁殊一番，大意是袁殊非法和日本女人同居，破壞了日本國優良風俗，必須離開日本等等。當時袁殊和時子的同居已將及半年了。員警在藉故趕袁殊回國。

佐藤時子是日本人。獨居日本的袁殊因感生活寂寞常去一家舞廳跳舞，認識了舞女佐藤時子。起初時子以為袁殊是日本人，稍熟後問袁姓名，袁告說名叫「袁立德」，時子不勝驚訝：「原來你是中國留學生！」

佐藤時子原是日本沼津一帶的鄉下姑娘，其父是木匠，因兄弟姐妹多，家境艱難而到東京投奔已婚的姐姐，離開家鄉時父母只給了兩元錢的車費。佐藤做舞女，陪一場舞只掙兩角錢，老闆還要扣除一角錢。住在姐姐家又多有不便，生活難處很多。

袁殊約她同去看電影，途中佐藤哭了，要求給袁殊燒飯洗衣，尋個住處。袁殊說自己有家室，這樣做恐怕不好，佐藤還是搬了過來，兩人同居了。這件純屬個人隱私的事袁殊對許多人講過，看來袁殊對時子有懷念之情。

袁殊在被強迫回國前，對時子的前途表示關心，問她能不能住在姐姐家，勸她不要做舞女了，最好回到老家做繅絲女工。時子說做女工每月只能掙十一元錢，還要受工頭、老闆的層層剝削。可見當時日本的勞動人民生活也很艱難。

兩人分手時，時子的姐姐前來致謝，因為袁殊收留了時子，袁送給時子一套和服。

一九四二年袁殊作為汪偽政權的副代表（周佛海是代表）訪日時，袁殊提出了要見佐藤時子的要求。日本官方在不暴露袁殊身份的前提下，安排他們見面了。袁要給時子一些錢，時子不要，但很高興袁殊不忘舊情。這件事既表明了袁殊對個人生活問題的隨意性，也說明袁殊富有感情，同時也是日本員警廳驅趕袁殊回國的口實，故此一記。

此時的袁殊已不是秘密戰線上初出茅廬的新手了，臨回國前，他憑直覺冒了一次風險，辦了一件漂亮事。

他在東京大百貨公司看到出售過時的軍用地圖，是大政年間繪製的日本本土東京、大阪一代的軍事地圖，因年代久遠、失去時效而出售給平民，但只賣給日本人，不賣給中國人。

袁殊認為地圖上的地名雖多有變異，地形區域卻還是老樣子，將來或可派上用場，決計冒險。

袁殊穿上日本學生制服，操一口流利的日語，順利地買回了地圖。

怎麼帶出海關呢？袁殊把地圖分散開來，有的夾在舊書報雜誌中，有的塞進雨傘把裡，平安無事地混出了海關。

袁殊在日本期間一直和翁從六、馮雪峰等人保持通信聯繫。一九三六年暑期，袁殊回上海度假，仍在北四川路「一茶」店和馮雪峰見面。回到上海後袁殊首先和馮雪峰、翁從六取得了聯繫。當時袁殊和馬景星的關係若即若離，個人無固定的經濟來源，生活發生困難。

新聞界的朋友湊了一點錢，袁殊買了船票把母親和八歲的小女兒馬元曦送回了蘄春老家。他自己住到上海一所給狗看病的醫院亭子間裡，恰巧江青和一個姓謝的黑大漢也住在那所狗醫院裡。

打倒四人幫後，中央專案組的人到武漢大軍山找袁殊調查江青舊事，袁殊當時還認為江青是個吵吵鬧鬧只好出風頭的無聊女人，他根本不知道，也不相信江青在十年動亂中扮演了什麼樣的腳色，當時的袁殊隔世太深了。調查還涉及了三十年代舊上海與江青有關聯的人，袁殊和唐納、崔萬秋、王瑩等人都熟識，對江青也有一定的瞭解。

翁從六當時住在杜月笙的秘書張師石的家中，地點是法租界天臺路。張師石是江蘇崑山縣國民黨黨務人員，老婆是跑江湖的戲班子演員出身，兩人都嗜好鴉片煙。

杜月笙有政治野心，張師石在為杜月笙競選國大代表活動。翁從六對這一切毫無興趣，但寄人籬下，不得不做一些奔走聯絡的事。

因有這一層關係，馮雪峰對翁從六建議說：「袁殊回來後沒有辦法，不如找杜月笙先想辦法。」袁殊採納了這個建議，以青幫身份給杜月笙寫了一封求援信。

杜月笙馬上送錢托張師石轉交，張師石交給袁五百元錢。杜還提供了中國銀行大樓（中匯大樓）三樓的一間房子作為辦公地點，袁殊便成立了「時事新聞刊行社」。袁殊聯絡一些左翼文化人如張天翼、董純才等寫抗日小冊子，由該社出版。

在該社出版幾十本時事小冊子中，有一本《中日時局橫斷面》，碧泉著（碧泉即袁殊）張師石主編。現今網上還有拍賣。這本書是上述歷史片段的佐證。後來潘漢年不讓袁殊辦這個時事刊行社了，該社自然垮臺。

以後杜月笙見到袁殊，問為什麼不幹了，袁答說錢用完了，杜吃了一驚說：「兩千元用得那麼快？」這時兩人才知道張師石中飽了一千五百元錢。

袁殊是一九三七年四月份回國的。潘漢年同年六月以八路軍駐上海辦事處主任的身份回到上海。從那時起到一九四六年投奔解放區前，潘漢年成為袁殊的直接領導人，馮雪峰不再和袁殊聯繫了。

六、紛繁複雜的上海抗日統一戰線之一隅

在抗日統一戰線形成的初期，在紛繁複雜的上海政治舞臺上，袁殊在潘漢年領導下積極地參加了抗日工作。

袁和潘定期在善鐘路拉菲德路口的一家高級咖啡店見面，每週最少見一次。為了推動國共兩黨的合作抗日，袁殊力所能及地做了一些奔走聯絡工作。

潘漢年帶著袁殊拜見了陳銘樞、蔣光鼐等人，見面時潘總是介紹說「這是和我們一起的袁殊」。袁殊認為潘的用意是樹立袁殊和共產黨在一起的社會形象。

但此時袁殊的「前衛」身份已被清零。他們的關係是潘「運用」遠的關係呢，還是潘領導袁的工作關係呢？袁殊的行止，「事事請示潘漢年」。袁殊自然認為，自己仍是潘漢年領導下的共產黨情報人員。

袁殊也為潘聯繫了一些國民黨方面的人，如CC系的陳寶驊。見面後才知道潘陳二人早在一九二六年就認識，他們都是當年「新生命書局」的小夥計，潘陳兩人談了國共抗日合作的大局。

有一次潘漢年問袁殊有什麼可資利用的情報。袁殊想了一想說有，就把偷帶回國日本過時軍用地圖一事告訴了潘漢年。

兩人計議後認為，地圖對中國政府雖沒有用處，但可通過國民黨政府轉交蘇聯和英美，這些反法西斯國家在將來轟炸日本本土時可能有用，這樣做可推動兩黨合作抗日。潘漢年認為這是重要收穫，可以借此進一步發展和國民黨上層的關係。潘翻拍了袁殊帶回來的十幾張地圖，拿去派了用場。

國共雙方也有尖銳的鬥爭。陳寶驊找到袁殊，問他在幹什麼，袁說靠老婆生活。陳拉袁替他搞日本情報。陳寶驊對袁殊說：「你不會幹壞事，也不會做真正的亂世風雲人物，有機會給我幫幫忙，我每月給你四十元。」袁將此事彙報給潘漢年，潘認為可以敷衍。

那時吳醒亞已死，陳寶驊是徐恩曾的人，陳派一名叫稽希京的人和袁殊聯繫。陳寶驊抓袁殊抓得很緊，他委派叛變中共後後成為徐恩曾情報的顧建中和季蘇瞭解情況，問袁殊的日常行止，問《時事新聞刊行社》收容了哪些人等等。

袁殊認為拿了陳寶驊的錢後麻煩不少，想斷絕和陳的關係，但潘不讓放手。

陳寶驊的人生也有傳奇色彩。他與陳立夫是堂兄弟關係。參加過北伐。歷任國民政府軍事委員會調查統計局駐滬辦事處主任，少將軍銜。（注：當時的軍委會調查統計局局長為陳立夫，下設三處，第一處為中統前身，處長徐恩曾；第二處為軍統前身，處長戴笠，駐滬辦事處由陳立夫直屬領導。）

抗戰時期陳寶驊佈置鄭蘋如行刺漢奸頭目丁默村，此刺殺也導致了丁默村以後的行動有所收斂。陳寶驊奉也命策反漢奸頭目周佛海，致使周佛海從一九四〇年底起即暗中向重慶方面靠攏，一九四二年周佛海正式向重慶中央政府秘密投誠自首「戴罪立功」。

一九四九年上海臨解放前夕，陳寶驊聽從了中共地下工作負責人潘漢年的勸告，留在了上海。一九五五年潘漢年事件發生後，陳寶驊被牽連入獄近二十年，一九七五年初，病重被釋放回家。於一九七五年十一月中旬在上海家中去世。「四人幫」被粉碎後，隨著潘漢年平反昭雪，陳寶驊也被中華人民共和國最高人民法院宣告無罪，徹底平反，恢復名譽。

不知道陳寶驊和中共的具體關係。四十九年末為什麼留在上海，後做什麼工作？一九七五年恢復什麼名譽？

一九三七年袁殊辦「時事刊行社」期間，收留了一些抗日的留日回國學生。當時國共兩黨都在爭取被逐回國到上海的留日學生。國民黨潘公展把多數留日學生集中到位於霞飛路巴黎大戲院對面弄堂內的青年中學，後又把大多數人轉送到江西廬山訓練班。

共產黨則把留日學生中的少數進步分子分散安置在上海各種社會關係的環境中。袁殊也接受了安置任務，把留日青年學生張香山、魏進安置在家中住亭子間。個把月後張、魏二人不辭而別，到解放區去了。魏進在抗日戰爭期間犧牲在太行山區。

一九三七年袁殊也為《救亡日報》出過力。這張國共兩黨創刊的報紙，在上海創辦之初存在著比較尖銳的政策上和思想上的鬥爭。

郭沫若從前線寄回一些抗日文章，《救亡日報》國民黨方面的經理周涵梅要改動內容，夏衍不同意，袁殊受夏衍委託向周交涉，告訴周涵梅、陳寶驊等人不要過分為難。

當時擔任《救亡日報》社長的郭沫若曾手書給袁殊一首詩：「猛論如虎貪擊狼，狂寇而今已碰牆，十萬健兒爭死國，拼將碧血染戰場！」下款「學易兄郭沫若」，這件當時的舊物，已成為個人歷史的見證了。

袁殊還談過，一九三七年他參加過創辦《譯報》的工作，說是受夏衍之托，利用社會關係，用英國人貝茨（Bess）作為發行人，打開了創刊局面，發行後即由梅益接管不再過問了。

一九三七年，作為一個新聞工作者，袁殊也是「青年記者座談會」（簡稱「青記」）的發起人之一。方漢奇在〈黨領導的人民進步新聞事業的發展〉（刊於《中國新聞事業簡史》兩百二十七頁）中寫道：「隨著抗戰的爆發，上海新聞界『記者座談』同人為了積極地推進中國新聞事業向前發展，為民族解放而努力，都感到有進一步組織起來的必要。一九三七年十一月四日下午，長江、楊東（即楊潮烈士）、夏衍、碧泉、邵漢溪、朱明、逸群等一起商量，決定組織一個永久性團體，定名為「中國青年記者協會」。中國青年記者協會於一九三七年十一月八日晚上七時，在上海山西路南京飯店宣告成立。出席成立大會的發起人計有楊東、朱明、邵漢宗、章丹楓、長江、彭新集、傅于琛、王文斌、王紀元、惲逸群、碧泉等十五人。……通過簡單章程之後，即推長江、惲逸群、楊東、碧泉、朱明為總幹事。」

「中國青年記者協會」成立時的五位總幹事是：長江、惲逸群、楊東、碧泉、朱明：長江即范長江，一九〇九年十月一六日生於四川省內江市，原名范希天，中國近代著名的新聞記者、新聞學家。曾經先後擔任《解放日報》社社長、新華社社長、《人民日報》社社長、新聞總署副署長等職務。以他名字命名的「范長江新聞獎」是中國新聞界的最高獎項。據范長江的弟弟范長城考證，他們兄弟是范仲淹的後代，是范仲淹家族三十一世傳人。

惲逸群，名鑰勳，江蘇武進（今常州）人；一九〇五年一月生，一九二一年考入上海大同大學，因家貧輟學；一九二五年參加國民黨；一九二六年七月加入中國共產黨；一九三二年，他投身新聞界，先後在上海《立報》、香港《生活日報》、上海《導報》、《譯報》任編輯、總編輯等，並參與發起成立「上海文化界救國會」。建國後任上海《解放日報》社長、總編輯兼華東新聞出版局局長；一九五五年因「潘、楊事件」被捕入獄，備受迫害折磨，一九七八年十二月含冤逝世，終年七十三歲。一九八〇年始獲平反昭雪，一九八二年恢復黨籍和名譽。

楊東即楊潮，一九三三年加入左聯，同年加入中國共產黨。一九四六年一月，被國民黨特務暗害於杭州。

朱明即朱伯琛，一九三〇年入黨，是周南女校朱劍凡校長的兒子。以新聞記者的身份在上海活動，實則為蘇聯克格伯服務，解放後任中央社會部的一位局長。

碧泉即袁殊。大約在一九三二年時，袁殊根據馮雪峰的要求，在沈起予和張庚主辦的《光明》半月刊上發表了一篇重要文章〈上海論〉，用的是「碧泉」這個筆名。

七、戴笠來訪

不知什麼時候，袁殊和馬景星又住到一起去了。他們的住所是一幢三層小樓（馬景星的財產）。由於平日往來的人沒有乘汽車的，因此前大門常關著。家人和極熟的朋友從後門進出。

一天早晨八點左右，前大門想起了喇叭聲叫門，袁殊很奇怪地打開門，看見前門口停著一輛小汽車，車旁站著兩個人，一人身穿將軍服，另一人穿便服。

袁殊一眼就認出了穿便服的那人就是十年以前見過照片的戴笠本人，心中好生驚訝。口中說道：「戴先生親自光臨敝舍真沒想到，請裡邊談，請裡邊談」。

戴笠沒有立即回答，他派頭十足地打量了那座小樓一番後說：「你過的生活蠻不錯嘛！今天我沒有空，明天早上九點你來找我。」旁邊的人告知明日見面的地點後，兩人就上車走了。和戴笠同來的人是軍統局上海區的區長周道三（周偉龍），黃埔三期畢業生，湖南湘江人。

談話不過幾分鐘光景，袁殊感到極為意外，認為事情重大，當天找到潘漢年彙報了這個情況並請示處置辦法。潘漢年認為機會極為難得，要袁殊勿失良機，答應戴笠的一切要求。潘漢年分析戴找袁是要給袁事情做，要袁殊「迎合」戴笠的要求，替戴笠做事。

第二天袁殊稍微提前一點到了戴笠指定的地點。袁殊看到戴笠的接待室中滿屋都是國民黨的高級將領，除了吳醒亞女婿孫元良外，袁殊一個也不認識。戴笠非常忙，正與人談著話。

袁殊等了一會兒後，戴笠和周道三走了過來。戴笠一句客套話沒有，劈頭就說：「你現在靠什麼生活？」袁說：「我表面上過的還可以，其實是靠老婆生活。」袁殊回憶到此時解釋說，國民黨特務喜歡聽人這麼講，這種講法實際是變相地向戴笠討事做。

戴笠說：「那你就給我做事，一個月三百元夠不夠？」

袁殊馬上說：「一個月三百元很夠了，不知戴先生要我做什麼事？」

戴說：「留日學生不做抗日工作做什麼？」

戴笠簡潔地交代了任務後說：「我很忙，以後你一切聽周道三區長的指揮。」說畢就和別人談話去了。

這次戴笠的召見，前後談話不過十多分鐘。袁殊一躍成為軍統局上海區國際情報組的少將組長。戴笠交代給袁殊的任務有兩條，一是收集日本方面的情報、二是將來無論時局怎樣變化都要袁殊堅持留在上海。

袁殊不是黃埔學生，過去和軍統局基本上沒有淵源，戴笠為什麼突然重用起袁殊了呢？抗日戰爭開始時，國民黨對日情報工作的需求急劇增加。由於平日準備不足，戴笠一時找不到熟悉日本問題、又有相當的日本關係的人。

袁殊本人說，「日本加緊侵華，上海吃緊，軍統頭子戴笠積極佈置潛伏任務，準備向後方撤退。杜月笙提醒戴笠，曾被軍統逮捕過的袁殊是日本留學生，與日本領事館副領事岩井英一的關係不錯，何不佈置他一些任務。戴笠一聽，大為高興。」（根據袁殊口述、李之撰文的《傳奇式的人物》）

杜月笙為什麼會想到推薦袁殊呢？三十年代初袁殊就認識杜月笙，但關係不密切。因為袁殊最親密的朋友翁從六在三十年代中期住在月笙的秘書張師石家，也因為杜月笙在袁殊從湖北反省院出來後接濟了袁殊，故在當時袁殊和翁從六與杜月笙、張師石、黃金榮等青幫大亨非常接近。辦「時事刊行社」期間，杜月笙還曾介紹袁殊去見國民黨中宣部長邵力子，但只見到邵力子的主任秘書徐蔚南。袁殊說現在從事民間抗日宣傳工作，急需經費。徐蔚南拿出兩百元說，「先拿去用，等邵部長回來後會統一籌畫民間抗日事業。」

由於上述種種，杜月笙頭腦中有袁殊這個人，所以向戴笠舉薦袁殊也是順理成章的事。

袁殊參加軍統以後，以什麼方式搞了哪些活動，個人的思想態度又如何呢？

首先，周道三派了個軍階比袁殊低的劉某人領導袁殊，由軍統上海區每月出資五百元成立了職業掩護機構「上海編譯社」並出版一本名為《雜誌》的雜誌。

南方朋友給我寄來一篇文章的影印件，是周楞伽幾年以前發表於《古舊書訊》上面的〈關於《文藝新聞》〉。這篇幾百字的短文搞錯了許多事實，當然也無需逐一糾正，現僅就「盜用」問題做一說明。

周文末段寫道：「袁殊於一九三七年『八一三』抗戰爆發前後就變節投敵，早在太平洋戰爭爆發前就主編偽《新中國日報》並盜用抗戰前期有相當聲譽的集納刊物《雜誌》……」。

其實，戰前的《雜誌》也是袁殊辦的，不過袁殊當時的化名叫袁立達，故「盜用」二字不甚妥當。我個人沒有讀過任何一期的《雜誌》，更不知道它「在抗戰前期有相當聲譽」而且是集納刊物。在當時人的眼中，《雜誌》是沒有政治傾向性的自由主義文化刊物。

我曾寫信問過當年參與《雜誌》編輯工作的某人，此人也不知道《雜誌》的政治背景，可見不知真情的人不少。

袁殊辦《雜誌》和「上海編譯社」的真實目的是以職業文化人的身份來刺探日本方面的動態。他從日本報刊雜誌瞭解日方情況，也從日本駐滬記者口中瞭解日本種種傳聞。

袁殊與當時日本共同社記者山上正義和村上謙兩人混得很熟。山上正義是日本共同社上海分社的社長，早在辦《文藝新聞》時期，由鄭伯奇的介紹，袁殊就認識了山上正義。村上謙是留美學生，不太懂中國問題，他當時和袁殊相約互教中日文，袁殊幫助他把魯迅的《阿Q正傳》譯成日文。

袁殊加入軍統後，工作上積極努力，甚至到了晚年，他還認為他在軍統工作的時期是國共合作的時期，他的所作所為全是抗日的事，無愧於中國人民的抗日事業；同時袁殊把所幹的、所知到的都及時報告給了潘漢年，也無愧於共產黨。由此可見當年的袁殊非常積極活躍地投入了抗日工作。

袁殊還使用純粹特工手段收集中小國家對中日問題的看法。方法是收買各使館的博依（boy），用高價收買使館字紙簍裡的廢紙，用高價收買電話接線員，用這些方法可以收集到一些內幕情報。

袁殊除刺探日方情報外，還搞起了以抗日為宗旨的特工外勤活動。一九三七年「八一三」淞滬抗戰期間，袁殊不顧生命危險，親自化裝成日本學生，深入到日軍陣地一邊親自偵查日本軍隊、兵車的調動情況。當時袁殊的身邊是清一色的日本人，日本軍隊就在身邊調動，如果身份暴露，就會立即遭到日本侵略軍的殺害。

袁殊身材矮壯結實，圓頭闊臉，不僅外貌像日本人，日語講得也和日本人沒有差別，他順利地完成了實地偵察的任務，提供了重要的抗戰軍事情報。袁殊去世後，我聽別人說他在「八一三」抗戰期間立了大功，當系指此事。

袁殊還以軍統局少將的名義成立了以王鐵民為首的抗日秘密行動小組。

王鐵民是王亞樵的同鄉，也是安徽幫的成員，抗戰前夕，王亞樵成立了抗日鐵血團，王鐵民是該團幹部。

袁殊只與抗日行動小組長王鐵民一個人聯繫，其他幾個成員僅知道有個軍統的後臺老闆，而不知道袁殊是幕後領導。

每吸收一個新組員時，先由王鐵民出面請一些江湖行幫的人吃飯，袁殊也是被請的人之一，席間話題海闊天空，從金錢女色一直談到抗日時局，借此機會袁殊對發展人直接觀察，決定取捨。小組成員因多係王亞樵介紹的，故有些江湖氣，但都是堅決抗日不怕犧牲的青年人。

上海成為孤島之後，日本人扶持成立了一個短命的維新政府，上海灘混亂不堪，有各式各樣的小組在打漢奸、打日本侵略者的散兵游勇，有的是真打、有的是假打，除非當時的過來人，後人難以明辨真相。

據袁殊說，王鐵民領導的抗日行動小組開始也打了一些日軍散兵。日本侵略者對日軍士兵被殺，採取了瘋狂報復的手段，每死一個日本兵，他們就要殺死十幾個乃至幾十個中國平民百姓來「抵命」。

袁殊遂命令王鐵民停止這種使中國平民遭到無謂犧牲的暗殺日本兵的行動。袁對王說，「以後不要這樣幹了，即使弟兄們再幹，我也不會轉報上峰代為領獎了。」

行動小組還伏擊了當時的江蘇省省長陳則民，是在江蘇省的公路上伏擊的。但是沒有打著陳，只打傷了偽大民會的會長馮心如，為此軍統局發給狙擊人顧緯二十萬元獎金。

行動小組幹的一件最大的事是炸掉了日本海軍軍火倉庫。炸藥是袁殊從軍統系統搞到的，具體行動的是王鐵民，據說是買通了日本海軍軍火倉庫裡的一個中國廚子，把炸藥偷運了進去，事後那個廚子拿錢到別處安家立命去了。

為此軍統局給袁殊記了大功，併發獎金三十萬元。

我問袁殊如何分配這些巨額獎金？袁殊說，領獎金的收條是他簽的名，拿到錢後他把收條和錢都交給王鐵民看看——意在帳目公開，然後說，「我這裡先放下一萬元，其餘的你拿去論功行賞，放在我這裡的一萬元，弟兄們以後要用錢也可以隨時來取。」

袁殊曾說過，「舊社會的馭人之道無非『威逼利誘』四個字」。他對王鐵民完全放開手，因此王肯出死力。

袁殊不貪財，我的母親端木文琳也這樣評論過他，我個人也相信這一點。他前半生有許多發財的機會，但他沒有購置私產，這是他本人和舊社會官僚有著本質區別的一面。

在那段時期裡袁殊也援救過軍統罹難人員。軍統上海區行動小組長劉芳雄不知為什麼事被租界捕房拘捕了，理由是他持槍在租界地段行走。袁殊奉命援救。袁殊通過上海青幫潘梓新的關係找到捕房負責的法國人，事先不說營救人的事，只說請吃飯，酒酣耳熱之際袁殊突然問道：「你們抓了個名叫劉芳雄的人？」在法國人還沒摸到頭腦的時候，馬上口氣一轉：「劉芳雄非放不可，否則下次就不是請吃飯而是要請你們吃香煙罐頭了。」

所謂香煙罐頭是把炸彈塞進香煙裡的香煙罐頭，這大概是當時流行的恐嚇術語吧，於是劉芳雄放出來了。

從以上記錄的事情中可以看出，袁殊參加軍統後幹得非常積極賣力。是什麼動機驅使他這樣做的呢？晚年的袁殊回憶說：「當時軍統的工作緊張冒險有刺激性，我以為所做的事都是抗日的事，所以態度積極。」

一九三七年到一九三八年間，袁殊的活動可分為兩個方面：一是搞軍統活動已如上述，二是接近岩井英一收集日本方面情報。

一九三七年下半年岩井英一又回到了上海，他在文師監路的一所新建的五層樓房內的一個公寓裡，成立了日本特務機關「特別調查班」。袁殊參加了其中的工作。

這個特務組織的內勤工作是將中國方面的情報譯成日文交給日本領事館。情報來源是經陳彬龢多方收集後交給日本駐香港領事館的小泉，再轉寄到上海。

其外勤工作是訓練新的日本情報員和培養漢奸。受訓人有二十多人，大多數是「東亞同文書院」的學生。訓練內容主要是灌輸「八紘一宇」的思想，即所謂普天下人都是日本帝國臣民的皇道中心思想，還有所謂「置個人生死於度外」的武士道精神的訓練。

袁殊參加「特別調查班」，不僅潘漢年知道，軍統也知道，實際上袁殊在從事反偵查工作。這個調查班內有個接受訓練的青年日本學生，名叫武井龍男，中毒很深，只知絕對服從不懂得動腦筋想問題。

在汪偽時期，岩井派武井龍男做袁殊的保鏢，命令武井「要對袁先生的安全絕對負責，袁先生走到哪裡你就要隨從到那裡」。一九四五年日本戰敗投降後的一個多月之內，武井龍男還是愚忠如故地緊跟。袁殊十月份到解放區去了兩天了，武井龍男在上海到處找不到袁殊，急急跑去向岩井報告「袁先生不見了」，早已知情的岩井狠狠地打了他一個耳光把他關押起來了。

一九三八年春天，岩井對「親日分子」袁殊進行了深化的工作。他們約定在河南路江西路口的大都會旅館秘密會面，會面時除武井龍男之外無其他人在場。

岩井首先拿來河相達夫著的一本小冊子《東西之指標》，要袁殊譯成中文，譯好後付給袁殊六百元稿酬。據袁殊說，那本小冊子僅三萬字，以上海的譯稿市價而論給兩百元就到頭了。

岩井進一步問袁殊是否同意書中的觀點，袁虛與委蛇，於是岩井英一和袁殊開始談起中日關係的大局問題了。

當時汪精衛的漢奸活動已經公開了，袁殊對岩井表示了如下的看法：若要達到中日全面和平的目的，必須要開通新的管道，找蔣介石實力派談判，但在香港搞全面和平不容易保密。應動員影佐禎昭先生到澳門區和中國實力派代表談判。我推測袁殊很可能是根據所掌握的情報而有意提出這種「建議」的。

總之，岩井聽了這個建議後非常高興，從此對袁殊更加親近、尊重。瞭解到這個內幕，就不難想通為什麼一年以後岩井英一大力營救袁殊了。

河相達夫於一九三二年任駐華使館參事官，同年四月任外務省情報部長。一九三九年以特命全權公使出訪歐美。一九四一年任駐澳大利亞公使。一九四五年七月任大東亞省顧問。同年九月任內閣情報局總裁，兼外務次官，終戰聯絡事務局次長，負責處理終戰工作。當時河相達夫岩是井晴的上司。

陳則民。抗日戰爭爆發後，日軍攻佔蘇州，陳則民任蘇州地方自治委員會會長。一九三八年（民國二十七年）三月，他參加中華民國維新政府，任教育部部長。五月，他改任江蘇省省長。

一九四〇年（民國二九年）三月中華民國維新政府同汪精衛政權合流後，他獲得留任。此後，他任監察院監察區監察使。日本投降後，陳則民以漢奸罪被蔣介石的國民政府逮捕，後來被判處無期徒刑。中華人民共和國成立後，他繼續被收監。一九五一年，他在蘇州的監獄內病逝。享年七十一歲。

撥開迷霧說《雜誌》，一九三八年五月十日在上海創刊。初為半月刊。一九四二年八月第九卷第五期起改為月刊，一九四五年八月出至第十五卷第五期後停刊。」

《雜誌》社的骨幹：主編吳誠之（又名吳增城，解放後經袁殊介紹到中社部工作，潘漢年案發生後被捕入獄，八〇年先於袁殊平反）、上海地下黨的工作遵循中共指示：「隱蔽精幹、長期隱伏、積蓄力量、以待時機」的方針，對文藝工作則強調「不動聲色的鬥爭方式，力避在創作中拖光明尾巴的傾向，文藝宣傳要「大眾化」，經營管理要「事業化」」。

袁殊以「君匡」之名在《雜誌》上寫了〈長春集帖記〉、〈不完篇記〉、〈古城的遲暮〉等文，並為汪正禾《曲園記》配圖攝影。

袁殊在《雜誌》上還寫了〈冬心〉一詩，末句「天寒道苦，走著過來，冬心蟄眠著為迎春潛躍」，也可看作心境的表露。

《雜誌》是主張「出名要趁早」的張愛玲「文壇登龍」的重要陣地，〈金鎖記〉、〈傾城之戀〉、〈紅玫瑰與白玫瑰〉等均首刊於此，並由雜誌社結集出版了她的第一本書《傳奇》。

顧緯是袁殊領導的、王鐵民負實際責任的軍統抗日行動小組成員。生於一九一七年，江蘇蘇州人。八一三抗戰後，顧緯參加中義救國軍阮清源部。除打傷偉大民會長馮心如外，一九四〇年，發生於蘇州滸墅官的「天馬號」爆炸事件也是顧緯策劃並指揮的，得「蘇州壯士」的稱號，被破格提拔為軍統蘇州站站長，年僅二十三歲。

八、香港之行的苦悶

因為「軍統潛伏人員袁殊抗戰有功」，戴笠於一九三八年下半年電召袁殊到香港參加軍統骨幹會議。同時香港的杜月笙也打電報給青幫老頭子潘梓新去香港。於是袁殊和潘梓新同船赴港。同行的還有軍統北京站的馬漢三。

到了香港碼頭後，杜月笙派人接走了潘梓新。有個人問，「哪位是袁殊？」隨即叫車把袁殊送到六國飯店，傳話說明天王新衡來探望。王新衡是當時軍統局香港區的區長，副區長是受袁殊營救的劉芳雄。

王、劉兩人第二天來到六國飯店，對袁殊非常親熱友好，要送錢給袁殊用，袁謝絕了。臨分手前，王新衡突然說：「有個老朋友小開就在香港，你想不想見？」袁殊心裡一動，「小開是共產黨方面的人呀！」袁隨即連連表示願見。

過了沒幾天，潘漢年、廖承志、朱伯琛、惲逸群等人來到六國飯店，袁殊和老朋友暢敘別情，談論了上海孤島的種種情景。

袁殊在香港的半個月中，只接觸了上面這些人以及王新衡和劉芳雄兩個人。我初聽這段往事時感到目亂神眩，現在似理出了頭緒：第二次國共合作初期，雙方雖未合爐共灶卻也不至於處處水火不容。政治角逐撲朔迷離，袁殊扮演了什麼樣的角色呢？

軍統局骨幹會議開場了，戴笠訓話。軍統頭子戴笠首先大大表彰了潛伏人員的抗戰功績，稍事停頓，從腰間掏出一把加拿大造的最新式無聲手槍往桌上一拍，說到：「你們每人可以帶回兩把這種新式手槍，可以用它殺敵，但是——」戴笠話鋒一轉，望著袁殊說：「誰要是對黨國和團體不忠，也可以用這個來對付他！」

袁殊表面鎮靜自若，心裡明白這話是對他說的。會後，戴笠單獨召見了袁殊，特別嘉獎了袁殊的抗日功績。戴笠給了袁殊五百元港幣，指派原香港區長——一個花花公子作陪，要袁殊在香港、澳門好好玩幾天再回上海。（在澳門賭場，那個花花公子賭紅了眼，把戴笠袁殊的五百元港幣都輸光了，還要賭。袁殊一生不賭博、不吸鴉片。）

袁殊詳細地彙報了工作，戴笠對袁殊和岩井英一的關係聽得特別仔細。最後，戴笠鄭重地給袁殊下達了兩項特別任務：一是暗殺李士群；二是深入日本關係，交換和平意見。

戴笠對袁殊特殊地恩威並用是有原因的，袁殊過去是共產黨的情報人員，在香港開會期間依然和共產黨人士公開往來，這種非軍統嫡系分子當然要特別注意。

在香港期間，袁殊和潘漢年有仍有秘密接觸。為了避人耳目，他們的接頭地點是海邊的下等妓院區。袁殊說他和潘漢年「也進行了思想上的暗鬥」。

某天潘約袁九時見面，他們在一家一家的下等妓院一直談到凌晨三點鐘，袁殊說：「談話談不下去硬是要談」。談什麼呢？

潘漢年首先說：「你這次來開會說明戴笠待你不錯，他們對你的行動也很信任。現在雖說是國共合作時期，但本質上兩黨是對立的。一個人的前途是在關鍵時刻決定的，向右，你可以跟著他幹下去，成為他的紅人，但我看你成不了戴笠的紅人，軍統的人是清一色的黃埔派。現在看你自己怎麼決定吧。」

袁殊聽了這番話產生了迷惑，感到了渺茫，心想，「是你讓我加入軍統的，我的全面活動你都知道，怎麼現在將出這種話，我實際上是跟著你幹的呀！」

現在看來潘漢年講出這番話是不足為奇的。不錯，是潘漢年讓袁殊加入軍統的，但袁殊加入軍統後不僅取得了較高的地位——少將級別，不僅戴笠賞識袁殊的工作——調袁殊去開會，而且袁殊幹軍統的主觀意態是積極努力的，袁殊這個人會不會在名位權勢的利誘下轉向呢？在那種關係複雜的政治角逐中，誰又能擔保袁殊不會向右轉呢？潘漢年的話是坦誠的，也可以說是給袁殊敲政治警鐘。

因為談到今後的前途，袁殊猛然聯想到個人的組織問題。自一九三七年和潘漢年直接聯繫後，袁殊原以為就是和王子春關係的繼續，到現在才醒悟了個人的組織問題懸而未決。

袁殊便回答到：「我的一切事依你做主，想不到你會這樣問我，我想知道我的組織問題是怎麼決定的？」

潘漢年不做聲，談話成了僵局，但雙方都要硬談下去。潘問袁準備幹哪行，袁未做明確答覆；袁問潘自己的組織問題，潘說：「看以後表現，將來再說。」臨分手時，袁表示「將來再說就將來再說」，袁認為自己眼下做抗日工作問心無愧。話雖說開了，雙方的關係卻沒有中斷，袁殊後來始終接受潘漢年的領導從事革命工作，由於他的表現而終於一九四六年重新加入了共產黨。

袁殊的內心世界是苦悶的，國共雙方都表示了一定程度的不放心。他感受到「兩間餘一卒，荷戟獨彷徨」的苦悶，政治上何去何從呢？

袁殊的苦悶心情並未持久，如他自己所說，這種苦悶「在日後的現實鬥爭洗練中，自然地消泯了。」他在潘漢年的領導下，置個人的榮譽、前途於度外，為反法西斯戰爭貢獻了自己的力量，跟著共產黨走下去了。

第六章 國破山河在

一、從杜甫的〈春望〉談起

袁殊在大軍山時，在寄往北京的一封信中寫道：「近時詩興不高，三月三十日夜，飲虎骨酒三錢，沉吟中宵，隨手寫了〈春興〉二首，抄寄如附頁。抗日戰爭期間，我頗經歷了一些「傳奇」生涯，時常反復默誦杜甫的〈春望〉：國破山河在，城春草木深，感時花濺淚，恨別鳥驚心。烽火連三月，家書抵萬金，白髮搔更短，渾欲不勝簪。儘管我一家四口並無流離載道的「恨別」之傷，然而看到的一切，都感到這首詩的真切殤——說出了在國殤的處境下，花為什麼哭，鳥為什麼恨。我寫春天，則是另有一番情景，這裡既無什麼『甜蜜的感傷』，倒有意氣風發中的躊躇意態，歸根結底，是歌唱社會主義在勝利前進！」。上文提到的〈春興〉二首詩，抄錄如下：

杯裡藥石沉虎豹，江風春雨遣愁醪；喜數枝頭花正發，輕寒薄霧上眉梢。
珍重世情非病酒，人間遠懷望兒孫；軍山桃李爭春麗，霞輝洗灩灑層林。

門前臨近有「喜樹」一大叢，花色嫣紅，此是灌木。軍山桃李，緋紅爭豔相陳，是到醫院治牙的途中所見。

袁殊雖以帶罪之身拘於大軍山農場，卻並不自甘為「劫餘」之人而苟且，他觸景生情，憶昔思今，為革命大業已成發出了由衷的讚歎。

〈春望〉這首詩，是我存留於記憶中的兒時聽父親袁殊口述的唯一的一首唐詩，那是我上小學六年級暑假中發生的事了。

上初中一年級的二姐曾昭，某天興致勃勃地誦讀起剛學過的唐詩〈賣炭翁〉，父親饒有興趣地介面背誦了幾句。稍後，袁殊問二姐：「你學過杜甫的〈春望〉沒有？」不待回答，便像是自語般地背誦出了〈春望〉詩句。我在一邊默默地鸚鵡學舌似地讀著，一邊奇怪著「感時花濺淚，恨別鳥驚心」的文意。當時的我，哪裡懂得袁殊誦讀此詩的深刻內涵呢。

直到高中二年級以後，祖母才告訴我，父親袁殊做過「漢奸」，母親來信也證實了這一點。但是祖母和母親都是不懂政治也不問政治的人，她們講不出怎樣做的漢奸。做革命工作做到漢奸隊伍裡去了，這不僅僅是幼稚如我者不可理解的事，而且在過去極左路線的環境下也是一般人不可思議的事。

在一般人心目中，漢奸最可恥，袁殊本人又何嘗不知道這一點呢？晚年的袁殊在一次酒後吐露了內心的苦悶：「要不是潘漢年叫我那樣做，我怎麼會鑽那種狗洞呢？」袁殊是怎麼鑽了狗洞的呢？

柯靈在〈上海抗戰期間的文化堡壘〉一文中寫到：「八一三」抗戰初期，胡愈之辦過一張日報（報名已忘），袁殊和我都是記者，但才出幾天，就因為國民黨軍隊撤退而煙消火滅。上海淪為

「孤島」，一時烏雲密佈，天地變色，陷入彷徨無計的困境。那時我住在蒲石路（今長樂路）蒲石裡，一天外出，剛到弄口，劈面遇見袁殊，他立即從黃包車上下來，悄悄告訴我說：胡愈之還要辦刊物，約我參加。我十分高興，巴望他的消息，但從此沒有下文。

我參加《文匯報》不久，忽然看到一份所謂「興亞建國運動」的宣傳品，六四開本，薄薄的小冊子。這個團體的地址，標明是在百老匯大廈（今上海大廈），那時日本侵略者直接控制的地方；這個「運動」的主持人嚴軍光，是一個完全陌生的名字，但在宣言中用鋅板製成的簽名式，卻是我所熟悉的，赫然是袁殊的筆跡。

我滿腹疑雲，不知是怎麼回事。後來他公然出任「南京政府」的「江蘇教育廳長」，同時在上海辦了兩種偽政府半官性質的報刊：《新中國報》和《雜誌》（月刊），我判定，他是落了水。

但一九四九年五月，我從香港回到解放不久的北平，在北京飯店的電梯裡忽然看見了他，久別重逢，心裡的疑團才最後打開，把「落水」的想法推翻。聽說他現在還在擔任黨內的工作。（一九八五年四月一九日《人民政協報》）

袁殊公開出面當「漢奸」，是一九三九年九、十月間的事，做偽官則是一年以後的事了。袁殊是在急迫的情形之中，接受了潘漢年的指示才「鑽了狗洞」的。

二、和李士群的暗鬥

袁殊從香港回來後，一方面繼續和岩井英一保持聯繫，落實戴笠佈置的「深入日本關係」；另一方面積極策劃幹掉李士群。

李士群在南京被關押期間，遭到國民黨特務的嚴刑拷打，由於他的老婆葉吉卿上下使錢，李自己也表示轉變態度，中統才把李放了，李留在南京成了一名小特務。國民黨政府從南京撤退時，李跑到武漢充當中統的鐵路特警，後轉道香港回到上海，先投張師石家。

得道袁殊是軍統後，李立即找到袁殊，要求安頓一個住處。袁把李安頓在霞飛路一家飯店的包房中，那間房子是袁殊和王鐵民會面的地點，晚上沒有人住。袁殊送給李士群一點錢，李用三十元錢買了一套舊西服，開始在上海活動起來。

有一天晚上袁殊去看李士群，看到桌上堆了許多錢，袁對李說：「你過河了吧？」李笑而不答。原來李士群秘密投靠了日本駐上海總領事館參贊清水董三。李為了巴結日本人，奴顏地對日本人說願意和「滿洲國」女子結婚，也確實娶了個東北親日商人的女兒做「妻子」。李的老婆葉吉卿回到上海後見狀大鬧，葉對李有救命之恩，李無可奈何地把那個女孩子送回「滿洲國」了事。

李士群的特工組織開張之初勢力並不大。由於李受過國民黨特務的刑而急於報私仇，也由於極力為日本人效力，李對國民黨特務大打出手。

當時上海有許多秘密行動小組，李知道袁也有這麼一個小組，也知道袁殊是軍統的人，但袁在李未投敵前幫過李的忙，也許是為了回報吧，李找到袁殊說：「你是軍統我是日特，你幹抗日我乾親日，有一天很可能刀對刀槍對槍地幹起來，我倆約定，你不殺我我不殺你，如何？」袁殊表示「同意」。兩人從沙發上站起來「鄭重其事」地握手，表示密約完畢。其實李士群和袁殊的關係是表面友好、暗中鬥法，私人友好、政治對立。

李士群住在原屬唐紹儀的位於大西路（今延安路）六十七號花園洋房時，對袁殊「客氣」地威逼利誘，妄圖拉袁殊下水。袁殊去香港開會前，李贈五百元港幣作路費。一九三九年五月份袁回到上海後，李士群把袁殊找去劈頭就問：「你在香港會到了什麼人？」袁殊暗暗後悔不該接受李士群的五百元港幣，袁回答說，只會到軍統的劉方雄。

李士群只知道袁殊是去香港玩的，不知道是戴笠電報招去的，李更不知道袁殊和日本人、共產黨人的關係沒有斷。李說：「有個老朋友要和你見見面。」出來的人是丁默村。丁對袁說：「你搞軍統但不是黃埔出身，軍統只能把你當客員對待，不如和我們合作搞親日，有錢有勢大有發展。」

李士群在一旁幫腔說：「大半個中國都滅亡了，給蔣介石幹不如給日本人幹。」袁殊內心有些急慌，推諉道：「你們搞的名堂我不知詳情，要仔細考慮考慮。」李送袁出門時又威脅地加了一句：「到我們這裡來的不同意我們要求的，回去的不多。」

袁殊把李的動作報告了軍統上海區長王天木。王天木是東北人，是張學良把王介紹給戴笠的。袁殊又把此事對岩井講了，表示對李士群搞的這一套不贊成，說中日問題是根本性的大局問題，不是殺人放火能解決得了的，願與岩井合作為大局問題盡力。

岩井很高興地說，「你要想做官發財，可以和李一起搞，但我（岩井）看你不是那樣的人，還是從日中全面和平的思路考慮問題好。」

岩井告訴袁殊，「李的後臺是梅機關，而梅機關的成立又是土肥原到日本大本營備了案的」。這其中有個日本內部派系問題，岩井是日本外務省方面的人。袁殊作為「日特」，只和岩井單線聯繫而沒有開闢其他蹊徑，這使得岩井更信賴袁殊，袁殊也就瞭解了更多的日方情況。

李士群剛剛搬到吉斯菲爾路七十六號就給袁殊打電話說：「有事請你幫忙，明天下午兩點鐘一定準時來。」袁殊與李士群已有一個多月沒有聯繫了，接到電話有些猶豫，但一則不去不好，二來李說是「請你幫忙」，還是去了。

去後才知道，李要袁擔任臨時翻譯。幾分鐘後，影佐禎昭、晴氣、周佛海的日軍顧問小林中佐等四五個身穿便衣的日本軍人進來了。這是日本方面的人首次對七十六號做禮節性的拜訪，說了些應酬話即行告退。

臨走前影佐用日語對袁殊說：「李先生在這裡成立他的指揮部，我們派晴氣少佐負責這個地方。」

袁殊把這個情況報告了王天木，也對岩井講了。沒想到岩井說，「我已經知道了，你和李士群是機關負責人代表。」袁殊馬上表示：「只是去當翻譯的，想不到李士群誘我上鉤，怎麼辦？」岩井說：「不要緊，你幹你的，我們還是朋友。」

李士群始終沒有拉動袁殊，直到袁殊「鑽了狗洞」一年以後，李和袁才「聯合」起來。

三、被日本憲兵司令部宣判死刑

李士群瘋狂鎮壓抗日運動，殘害人民，對國民黨軍統、中統人員大打出手。李士群和軍統結了不解之仇，袁殊奉命加快幹掉李士群的步伐。

「七十六號」戒備森嚴，袁殊決定採用挖掘地道的方法爆炸「七十六號」汪偽特工總部來炸死李士群。他親自偵察地形，繪製了地圖，計畫得到王天木的批准。

正當計畫加速執行時，軍統局上海區的區長王天木和另一個區長陳恭澍叛變投敵了（據袁殊說，軍統在上海有兩個區）。李士群掌握了軍統留滬人員的全盤情況。李給袁打電話說：「你的那套不行了，你來吧。」袁殊還蒙在鼓裡，與李約定在靜安路小咖啡館見面，李說派車來接他。

袁殊先到了小咖啡館，等了一會兒不見人來，出去看看。剛一出門，意外地碰到樓適夷正要走進來。

樓適夷在「八一三」後離開了上海，先到武漢又到香港，此時正是剛回到上海的時候。樓適夷正在靜安寺同普路口散步，要進這家外國人開的小咖啡館時，見到袁殊跑出來東張西望。袁見到樓後連聲說，「進來，進來！」樓走了進去。

樓對袁說：「你就這樣死心塌地當漢奸了？」

袁殊答道：「你忘了我們是老朋友了？今天沒工夫多談，一會兒有人派車來接我。明天這個時候你來這裡可以見到潘漢年。」

袁告樓，以後有事可通過關露找他。樓適夷離去了。

第二天樓按時來到小咖啡館，看見馬景星一個人坐在那裡。馬景星見到樓適夷後說：「老袁出事了，昨天丁默村請他吃飯時被扣在那裡了，我在等小開來。」

過了一會兒潘漢年來了，聽了袁殊被扣的消息卻不慌不忙地說：「沒事。」他寫了個電話號碼要馬給岩井打個電話就行了。

樓適夷只是偶然的目擊者（以上情節是樓適夷親口對我講述的），其他情況他當然不知道。袁殊本人卻詳細地敘述了被扣的經過。

「七十六號」的車子來後，從車上跳下三四個彪形大漢，闖進小咖啡館，架起袁殊就往外走。袁殊厲聲說：「幹什麼，你們是什麼人？」一個領頭摸樣的人說話了：「袁先生最好不要動，李先生指示我們如果你反抗就當場打死你。」

袁殊被抓到「七十六號」，在一間臨時改成審訊室的會客廳內，李士群和唐會民坐在桌後，李嚴厲地說：「你的事我們都知道了，擺在你面前的路只有兩條，要麼與我們合作，要麼就地打死你！

袁殊明白事情敗露了，他這次毫無惶恐之感，做好了為國捐軀的準備，他說：「幹我們這行的就和打仗一樣，打仗總是有勝有敗，今天我失敗了，聽憑你處置。」

李士群大發雷霆，拿出了袁殊繪製的「七十六號」地圖副本，袁殊簽名的領取軍統三十多萬獎金的收條，袁殊發給軍統衡陽總部的電文副本。袁殊這才知道王天木、何天鳳都叛變了。袁殊一語不發，靜候處理。

李士群仍不死心，把袁殊帶到一間小客廳，換了副面孔說：「你這事太糟了，王天木不過來，你們還不是天天打漢奸，我只能給你兩、三天的時間考慮，你違背了我們兩人的私人約定，我也無法向日本人交代。」

李拿出了日本憲兵司令部的通知給袁殊看，上面寫著：「凡有以武力反抗日本皇軍佔領者，一律就地處決」，李接著大談成功者流芳百世，失敗者遺臭萬年的人生哲學。

袁殊心想，你拿日本人嚇唬我，我也可以拿日本人嚇唬你嘛。袁對李說，「你給日本人辦事，我就沒有日本人的關係了嗎？」李士群當時不清楚袁殊和日本人的關係，但是在「幹社」時知道袁殊有許多日本人的關係。李怔了一下，沒有說話。

袁殊接著說：「我一要洗澡吃酒，二要從家中取換洗衣服，三要老吳（指吳四寶）把我的汽車開來。」李一時摸不清頭腦，對上述三條完全照辦。李的老婆葉吉卿親自到袁家取換洗衣服，開回汽車，並告訴馬景星袁殊被扣了。

馬景星及時地通知了潘漢年，潘要馬打個電話給岩井英一求援。岩井馬上又和李士群通了電話，約定第二天在「七十六號」邊上一所日本人住宅內和袁殊見面，要求李士群不能武裝押送。李士群和岩井沒有直接關係，但那時岩井已經是副領事了，李不得不從。

岩井見到袁殊的第一句話就是：「你看你到底落在他們手裡了。」以前袁殊曾對岩井說過，搞恐怖活動會影響全面和平，此時的岩井當然知道了袁殊爆炸日本海軍軍火倉庫，計畫爆炸「七十六號」等事，故有譴責之意。岩井答應盡力幫忙，要袁殊等待一段時間。

李士群看到岩井如此關心，對袁殊的態度有了很大的轉變。當晚，李士群請袁殊到他的房間喝酒。袁殊進去時看到另一張桌上堆滿了鈔票，領會道李在引誘他到「七十六號」入夥。李對袁講，「我這裡最多只能拖一個禮拜，再長就不能向日本憲兵交代了。」

事實上，袁殊在「七十六號」被關了一個多月才轉移出去。

據袁殊說，日本軍隊一般不收回成命，除非同級軍官向發佈命令的人提出有理由的要求。上海的日本憲兵司令是將級軍官，官職低微的岩井是沒有資格收回處決袁殊的成命的。袁殊不向李士群投降，李士群就只能在一個禮拜之內把袁殊處決。

岩井只能和當時在東京的影佐貞昭聯繫。影佐表示對袁殊的問題很關心，故拖延了一個月之久。影佐回到上海後，以袁殊係外務省情報人員，當由外務省偵查後處置為由，把袁引渡給岩井。

八月份岩井把袁殊轉移到百老匯大廈，加派了特別調查班的兩個學生：武井和川島「保護」袁殊，袁殊也可以上街轉轉，但總有人跟著，岩井要袁殊先休息幾天再說。

袁殊馬上讓武井接來馬景星。囑馬儘快找到潘漢年告知已半自由並請儘快見面。馬景星通過孫師毅、藍馥清夫婦和潘聯繫上了。袁殊派「保護」人把潘接到百老匯大廈。

袁殊向潘漢年請示行止。潘漢年分析說：「日本人內部鬧派系鬧得厲害，許多日本人批評汪精衛軟弱無力，沒帶出一個兵來。岩井很可能要你公開出面做漢奸，你一切聽岩井的安排。」潘漢年說了一句意味深長的話，「存在就是發展。」

作為秘密工作的負責人，授意袁殊打入漢奸內部是不足為奇的。以後的事實證明，潘漢年的謀略完全有利於抗日鬥爭。

幾天以後，岩井來了，要袁殊寫一篇中日關係的文章。袁殊知道是要自己表態，儘管潘漢年有言在先，思想上還是激烈鬥爭起來，這是有關個人民族大節的大事情。

袁殊想了潘漢年的話，想了目前的處境，也想了馬景星對是否「下水」的意見：「那要看你自己怎麼做，只要對抗日真正有益就可以做。」

於是袁殊用了幾天時間寫了〈興亞建國論〉一文，概括了他和岩井「商談」的關於中日大局的「意見」。岩井把文章交給影佐過目後，派人譯成日文，在各種日報紙上發表了。

袁殊當時天真地講了個小條件，即從此以後使用「嚴軍光」這個名字，上海地區「嚴」「年」同音，袁殊的用意是：作為潘漢年軍隊的一員是光榮的。岩井當然一口答應，但後來李士群把「嚴軍光」即袁殊張揚開了，況且還有簽名的手跡是許多人熟悉的，從此以後大家都知道袁殊「落水」了。

岩井稱讚袁殊的文章觀點對頭。果不出潘漢年所料，日本人要扶持袁殊作為掣肘汪精衛的另一漢奸派系頭頭。

袁殊被拘禁期間，「上海編譯社」和《雜誌》社的人員苦撐局面，尚未散夥。此時袁殊和軍統方面的關係在日本人的眼中已不成為秘密了。岩井對袁殊說，「既然你在上海有些人，何不叫他們都搬過來，房子我解決。」

於是在影佐機關讓出的一座四層小樓內，成立了「興亞建國運動本部」，這個地方也稱為「岩井公館」。岩井拿來二十萬元日本軍票作為活動經費。「興亞建國運動」是日本外務省一手扶植起來的為掣肘汪精衛派的一個新派系，其內部成員魚龍混雜，不能一概而論。

袁殊爆炸七十六號的計畫敗露，是因為王天木的叛變。王天木的真心反水又是因為李士群的離間之計。李士群的離間計促成王天木的叛變。

王天木的面相酷似戴笠，如孿生兄弟一般。王天木是軍統的四大金鋼之首，曾任軍統華北區副區長，天津站站長。抗戰之初，王天木暗殺了多名漢奸。調任軍同上海區區長後，李士群認為王天木為首要攻擊目標。

一次，王天木在準備接頭的時候，被李士群的手下捉住，架到了七十六號。李士群把王天木請進來優待室，好茶好飯地伺候了王天木三個星期，但是之後，李士群又把王天木釋放了，根本沒有提到策反他的事，這讓丁默村很不理解，而李士群則沒有回答，一笑置之。

不久後，王天木又到了七十六號，但這一次是他自願來的，那麼這究竟是這麼回事呢？原來，王天木被釋放後，引起了戴笠的懷疑。戴笠認為，王天木有被策反的可能性，於是命令王天木手下的特務除掉王天木，王天木知道了之後大罵戴笠不仁不義，於是怒而投敵。

王天木被策反後，後果可想而知。軍統在上海等地的多個單位被破獲，戴笠苦心經營起來的南北兩大特工中心上海、天津受到嚴重破壞，更為重要的是王天木的叛變，使得其同僚之間的信任蕩然無存。雖然王天木被策反是因為戴笠對手下的不信任，但是李士群也正是利用了戴笠的心理才策反了王天木，在這個事件上，李士群的狡猾可見一斑了。

四、取得重要戰略情報

潘漢年知道上述情況後，要袁殊大張旗鼓地活動起來。他從香港找來社會地位比袁殊高的陳孚木做「興亞建國運動委員會」主任，袁殊任主幹。

陳孚木是廣東東莞人，雲南講武堂出身，因看不起蔣介石而參加了汪精衛的改組派，曾任國民黨政府廣東建設廳的廳長，後改任廣東省書記長。汪、陳後來不合，陳到了香港和陳銘樞來往，遂成為十九路軍的政客。蔣介石收容陳孚木當交通部長，陳孚木又任交通部屬下招商局督辦，後捲款逃到香港，與中共人士又有接觸。

「興亞建國運動委員會」還有幾個委員：彭希民，原是北洋政府時期國會議員、北洋政府司法部長，抗戰前在上海做律師，是老牌政客。

周伯甘，原是滇軍師長，做蔣介石的侍衛長時吃過蔣介石的耳光；張資平，前面已介紹過了，此外還有原軍統分子白星州，洪幫人物汪浩然，原新聞記者張平。這些人後來出路如何呢？

「陳孚木在抗戰勝利後轉入中共新四軍區，再赴大連。新中國成立後，任中國國華銀行董事長，一九五一年到香港，職務被解除，閒居多年後又赴廣州，病死。」

彭希民以後「在日本東京病死」，周伯甘在香港「辦星期六晚報」。（參見臺灣劉心皇著《抗戰時期淪陷區文學史》）「興亞建國運動委員會」下屬五個委員會。

張資平是「文化委員會」主任，出版漢奸刊物《興建月刊》，翁毅夫負責「實業委員會」，下屬「建國印刷廠」、「建國書店」、蘇州的「新國民書店」、「街燈書報社」等十幾個企業機構；

王鐵民負責「特種委員會」，王的手下有個安徽幫；此外還有「專門委員會」和「勞動委員會」，「青年委員會」的主任是唐某。

本部設五個科，總務科長餘某，情報科長鄭某某原為新聞記者，交通警衛科長沈千里，副科長是日本人岩田幸雄（所在地是日本勢力範圍，故用日人對付日人）。

潘漢年一九四一年前後去香港之前，佈置了兩件事情。袁殊給戴笠寫了一封信。第一件事是找了個名叫張子羽（又名張叔平）的人幫助袁殊到重慶去溝通戴笠的關係。袁殊給戴笠寫了一封信：「……暌違多時，儒慕至深。億昔香港受命，未敢一日懈怠。不料王天木叛賣，以致功敗垂成，陷弟於九死之地，萬般無奈，違心偷生，然李陵豈敢忘漢室？弟初衷未改。茲趁友人入川赴渝之便，書此數行以達左右，區區微忱，尚乞見諒。如有驅使，敢不肝腦塗地以赴？言不盡意，敬請賜示為禱。」

張子羽就是任庵。此人是國府人員，不是共產黨但不滿國民黨。任庵是華克之（張建良）的至交。潘漢年通過華克之的關係，促成任庵成為信使。兩個月後張子羽帶回來戴笠的親筆回信，慰勉袁殊繼續為軍統效力，此後袁殊和重慶方面一直保持電臺聯繫。恢復了軍統滬上潛伏特工的身份。

第二件事，潘漢年還出奇制勝地在岩井公館內部安設了和延安聯繫的電臺，袁殊設法配齊全套電訊器材後，平時不過問電臺的事。有一次某人向袁殊報告說電臺可疑，那人被袁殊好生訓斥了一頓。袁殊說，電臺所在的地方他自己平日不大去。負責電臺工作的是潘漢年通過組織關係從延安調來的共產黨員楊靜遠（劉人壽），當時楊只有十九歲。

由於電臺收發電訊稿的量過大，干擾了就在附近的一家日本海軍機關的電訊工作，日本海軍追查到了岩井公館。袁殊解釋說是接收英美台的電訊稿，敷衍了過去。

後來日本人又來盤查，只得請岩井出面，應付了事。延安電臺設立了十個月，終因敵方盤查過嚴而轉移他處。

這位當年的青年共產黨員後來一直秘密工作到上海解放而從沒出過事，奇怪的是這種自身毫無疵漏可言的人也因潘案牽連蒙冤廿載。

一九四〇年十月下旬，袁殊以汪偽「興亞建國運動」代表身份赴日。外相野村吉三郎對袁殊說，振興東亞最大的障礙是西方列強，尤以美國為甚。美國向國民政府提供大量物資，抵抗日軍，而蔣亦甘被西方殖民者利用。根據此段談話，袁殊認為日美關係已然破裂，日方認為美國是其稱霸東亞的主要對手。

參謀本部宣傳局長石島和中國課長吉野，再度向袁殊表示必須驅除英、美在東亞勢力。更為關鍵的是，石島認為西伯利亞東部荒涼寒旱，居民以斯拉夫人為主。言下之意「大東亞共榮圈」並不包括蘇聯亞洲部。

吉野明確表示，「大東亞共榮圈」包括日、滿、中、緬甸、印度支那、馬來半島、英屬印度、菲律賓群島、荷屬東印度群島，十億人民二千萬平方公里的地區。同時強調南下以取得石油的重要。此後，與首相阿部信行、樞密院議長近衛文麿的談話，也使袁殊相信，日軍的戰略將是南進，而非北侵。

一名自海南島歸來的共同社記者，向袁殊表示，日軍兩師團於當地山區進行熱帶叢林戰事訓練。袁殊從日本外務省還得知，野村來西正在和羅斯福談判，探明日本海軍陸戰隊準備開往南方和英美軍隊作戰。

袁殊又對日本軍隊活動的動向加以分析，最終判斷了日軍準備南進的戰略動向。

二戰期間，日本軍閥內部原有戰略南進與北進的分歧。諾門檻事件就是日軍北進的試探性進攻，但在蘇軍的沉重回擊下幾乎全軍覆滅。蘇聯也抽調兵力到遠東，以防日軍進攻。日軍準備南進，這就意味著蘇軍防備日軍進攻的遠東兵力可以減少。

回顧上述歷史背景就可以看出「日軍南進」情報的重大價值。在袁殊畢生的情報生涯中，這是他最輝煌的成績，這也是他畢生最大的功勞。我個人約在一九八〇年初，聽到此事，隔了好幾年後才有根據的確信無疑，這件事使我對袁殊的一生、特別是他公開當「漢奸」的那段歷史時期，做了重新估價。我個人認為，袁殊對抗日事業確實是問心無愧的。

袁殊將這重要戰略情報彙報給潘漢年，潘即刻發往延安。日軍動向的情報計有：

一、從華中日軍參謀部獲悉，德蘇戰事爆發後，日皇表示對蘇作戰不得魯莽從事，須靜待時機。

二、從日本駐滬領事獲悉，如美堅持對日禁運，日軍將侵佔荷屬印尼、菲律賓。日本將先發制美。

三、日本海軍及近衛首相主張利用美國對日妥協，先占安南、再染指緬甸，然後才轉攻蘇聯。

四、七月，近衛首相將主張北進之松岡逐出內閣。陸軍方面則主張直接北進蘇聯。

五、九月，在華日軍已抽調一部南下，圖謀泰國。

六、九月，日本御前會議通過《帝國國策實施綱要》，繼續對美談判，同時加緊備戰，以十月上旬為限，完成對美發動戰爭之準備。

七、十月十八日，東條組閣，繼續與美談判，以為煙幕，準備作戰。

八、日本制定互不侵犯條約，蘇德戰爭爆發在即。

劉仁壽是當年潘漢年從延安調到上海，主管安插在岩井公館內部的延安電臺負責人。根據劉仁壽的回憶，袁殊從「岩井機關」獲得的重要情報主要有：

（一）一九三九年英法企圖犧牲中國對日妥協的遠東慕尼克活動。

（二）一九四一年六月德國即將進攻蘇聯，德蘇戰爭一觸即發，南方局早幾天亦有類似報告。為此蘇共中央曾向中共中央表示感謝。

（三）德蘇戰爭爆發後，日本動向是南進而非北進，以及日美談判的情報。這是涉及蘇聯遠東紅軍能否西調的事情，對國內的階級動向也很有關係。

上述情報轉至莫斯科；蘇聯因而抽調東邊防禦部隊西緩，保衛莫斯科城，最終擊退德軍。請注意，這些重要戰略情報的取得，多出於袁殊之手。這一點，中共也是承認的。中調部老幹部局局長朱玉林十分肯定的說，「是袁殊首先提供了日軍南進的情報的，袁殊立了大功。」將近兩年之後，蘇聯情報員佐格爾、中共日籍特工中西功等，對日軍南進「開戰日期」都發出了情報。與上述二人不同的是，袁殊在事發前一年多所提供的是戰略，而非戰術情報，參考價值更大。

蘇聯歷史文獻記錄片《莫斯科保衛戰》解說：「根據來自中共的可靠情報，史達林果斷調兵」，從而擊退納粹軍隊，取得莫斯科保衛戰的重大勝利。

袁殊對二次大戰盟軍勝利所作的貢獻，應得充分而公正的認識。

五、岩井公館和興亞建國運動

「興亞建國運動」，是日本人扶持的意在掣肘汪偽政權的一個漢奸組織。這無疑是汪精衛派系的一根肉中刺。周佛海等人向影佐做了抗議性的聲明：「假如日本在汪偽政權下要扶掖一些背景複雜的人另樹一幟、公開活動的話，汪政權即停止組織。」於是，「至民國二九年三月間（一九四〇年三月），影佐命令岩井解散「興建運動」。

岩井公館和興亞建國運動的交錯關係。若干年來看了些相關史料，又佐以袁殊生平年月的旁證，初步形成了一個脈絡。

岩井公館和興亞建國運動兩者同源，源頭就是一九三八年日本總領事館成立的由岩井英一負責的特別調查班。

蘆溝橋事變後半年左右，日本佔領了半個中國，日寇急需中國情報和情報分析即所謂「特別調查報告」，因此於一九三八年四月成立了日本外務省情報部直屬機關「上海日本總領事館特別調查班」，負責人就是岩井英一。

成立伊始，袁殊即為成員之一。成立時，成員僅十幾個人。這就是岩井公館的雛形。只不起初不叫岩井公館，而且「上海日本總領事館特別調查班」成員基本上都是日本人。待「興亞建國運動」搞起來後，「興建」本部就是岩井公館，中國人占了大多數。一九四四年，岩井公館遷址後，名稱又恢為「特別調查班」，岩井公館不存在了，「興建」名亡實也亡了。

調查班成立不久，又隸屬於日軍在華中地區的最高行政機構「興亞院華中聯絡部」。這也是後來不久興起的「興亞建國運動」名稱中「興亞」二字的由來。

再說興亞建國運動。汪精衛政府表面上是個多黨制政府，雖然青年黨、民社黨之類的小黨只是尸位素餐的擺設。

一九三九年初，周佛海代上海籌建汪偽政府，但是日本人對汪精衛並不十分信任。影佐貞昭授意岩井推動創立一個中國人的親日新黨。為什麼呢？袁殊說，「意在掣肘將成立的汪精衛政府。」袁殊沒被李士群逮捕時，推動成立中國人成立新黨的工作就已開始了，只不過八字沒有一撇。

一九三九年七月，袁殊被李抓捕。八月即被岩井通過影佐保釋到百老匯大廈。現在看來，日本人是想抓住袁殊成立親日新黨，掣肘汪精衛。

潘漢年指示袁殊，「利用日本派系矛盾，趁機打入敵偽」。於是展開了共產黨、日、汪偽的三方鬥法角逐。由於袁殊還是軍統特務，實際上是四方亂戰。照袁殊的話說，「我慣於打亂仗」。

上文提到，一九三八年，岩井要袁殊翻譯河相達夫的《東西之指標》，河相達夫何許人？是當時的日本外務省情報部部長。

外務省的對華政策是什麼？是推動面向重慶的「發展日中關係，日中全面和平」。這是岩井啟用袁殊的思想基礎。

應當指出，當時日本外務省和日本軍部不是完全一致的，一文一武手段不同。

在百老匯大廈，岩井要袁殊寫文章表態，袁寫了〈興亞建國運動論〉，三萬字，主旨是闡述河相達夫「發展日中關係，日中全面和平」的思想。岩井滿意、日本外務省滿意。於是〈興亞建國論〉出籠了。

岩井公館的機關雜誌《興建》旨在宣傳日中長遠和平。當然，侵佔了中國領土再講親善和平，偽善可惡。

名為雜誌的《雜誌》停刊又復刊，而且復刊前後《雜誌》的方向大變，不少文史研究者不明就裡，其實這和袁殊的被捕、《興建》出籠有直接關係。

《雜誌》創刊於一九三九年，社長是袁殊。《雜誌》以軍統為背景，首刊時反日情緒明顯。一九三九年中，袁殊「失蹤」了，斷了經費來源，《雜誌》被迫停刊了，但因時間不長人員還在苦撐沒有散去。在百老匯大廈，袁殊把「《雜誌》班底」告訴了岩井。這正合岩井招兵買馬的心願，說，「既然你有些人，那就都過來一起幹」。事實上袁殊領導的以王鐵民為首的行動小組也「過來」了

袁殊是名記者，袁殊在上海人脈甚廣，袁殊是軍統少將有些人馬，袁殊是多年的日本特務，更重要的是，袁殊「贊同」河相達夫「發展日中關係，日中全面和平」的思想。基於上述理由，日本外務省選中了由袁殊出面組建擊肘汪精衛的新黨。

袁殊開始活動了。五花八門的角色不少是潘漢年找來的，如陳孚木等。有的是袁殊的舊部、老朋友，如行動組長王鐵民等。或許也有毛遂自薦的。總之，日本人的意向，潘漢年、袁殊的搭台，促使《興建》粉墨登場了。

「興亞建國運動」本部就是「岩井公館」。地址是東寶山路九百三十八號的院子，內有四幢小二層樓房。房子是岩井出面向日本海軍要的，岩井本人住在百老匯大廈。

「興亞建國運動」的機關刊物是《興建月刊》，張資平負責，主旨是宣傳「中日和平東亞共榮」的思想理論；「興亞建國運動」的准機關刊物是《政治月刊》，主編張修明；《雜誌》於一九四二年八月復刊，由袁殊的朋友共產黨員吳誠之負責，文體多樣，偏向文藝；政治色彩最少。張愛

玲的很多作品是在這個刊物上發表的。

還有一張大型日報《新中國報》，總經理翁從六（潘漢年調來的共產黨員），總編輯魯風（共產黨員），後由惲逸群（潘漢年調來的共產黨員）接守。《新中國報》漢奸味道足，發刊不幾天就刊登了日本天皇的照片，施展對日障眼法。報社地址在河南路三〇八號。一九四四年停刊。

一九四四年，「岩井公館」遷址到江西路一百八十一號建設大廈三層三〇三－三一〇室，易名為《日本大使館特別調查班》，包括岩井在內共二十七個日本人。

「岩井公館」的活動，可概括為四方面：政治、情報、文化、武裝。

四個部門的工作人員分別在「岩井公館」的四幢樓房內工作，又互相交叉溝通。

袁殊說：「『岩井公館』對內對外由我總負責，老翁負責人事和經理部門，老惲負責文化、教育事業。我們三個人是一輛三駕馬車，一定要緊密團結。我們對外都是『漢奸』，但我們都在潘漢年的領導下，完成黨交給我們的任務。」

到一九四〇年中，「興亞建國運動」已發展形成由四十萬人參加的一股勢力，組建新黨的準備完成，但新的政黨沒有組建起來。

「興亞建國運動」是日本外務省扶植的原意掣肘汪精衛的一股勢力，後與汪偽政府合流，成了內部的一個派系。它的出現和不久後的名亡實存，都是日本內部派系鬥爭的外在表像和日本人控制並利用汪偽的手段。

面對「興亞建國運動」，汪偽如芒在背，從堅決反對轉變到「擬網羅之」。日本人在權衡了「興亞建國運動」和汪偽政權的利弊後，下令解散「興亞建國運動」。

一九四〇年十一月前後，岩井應過政信少佐強烈要求，並征得影左意見，揮淚將興建運動與汪精衛的《東亞聯盟總會》合流並發表〈告興亞建國諸同志〉文，宣告興建運動結束。解散「興建」是輔佐監視汪偽的影佐貞昭的旨意。「興建運動」名亡實存當然也是影佐貞昭的旨意。為什麼說「興建」名亡實存呢？

（一）一九四〇年十月下旬，岩井派袁殊和陳孚木作為「興建」參加日本皇室紀年式典，並與日本文武官員面談。（由此袁殊獲取了重要的南進情報）

（二）一九四一年，袁殊籌建小型自強學院，為「興亞建國運動」暨「岩井公館」培養幹部。共辦兩期，每期三十一名學員，一九四三年六月結束。畢業學員都分到「岩井公館」各單位。

（三）一九四一年十二月，《申報》開辦，岩井推薦翁同龢任社長。日方資助一百萬元，嗣後補發「興亞建國運動」資助費一百萬元。

（四）一九四二年，特別調查班刊行〈興亞建國之理論和主張〉，文章五十二篇是從《興建》、《政治月刊》、《新中國報》的一百七十篇文章中選出來的。

（五）作為一方勢力的代表，袁殊參加了汪偽政權。

（六）袁殊任鎮江清鄉公署主任時，請岩井來視察。汽車路上，兩側間隔有內向持槍武裝警衛。

岩井看到不到四年的時間裡，袁殊借興建運動成就了大力量，知道這是袁殊對他的成績彙報。袁殊對岩井說，「這全是借助你的力量。」此情此景，令岩井終身難忘。

「興建」名亡了，但在「岩井公館」的招牌下實際上還存在，只不過不再組建新黨罷了。「岩井公館」轉向思想文化宣傳，實際上宣傳的還是「興亞建國運動」的那一套。

作為一方勢力的代表，袁殊在汪偽政權的任職很多。計有，（一）汪偽宣傳部副部長、（二）汪記國民黨中央執行委員、（三）汪記國民黨中央黨部訓傳部副部長、（四）憲政實施委員會委員、（五）清鄉委員會政治工作團團長、（六）東亞聯盟中國總會理事兼宣傳委員會副主任、（七）中日文化協會上海分會常務理事、（八）《政治月刊社》社長、（九）「新中國報社」社長、（十）鎮江清鄉公署主任、（十一）江蘇教育學院院長、（十二）偽江蘇正教育廳廳長。

我想這是影佐分治汪偽政權的手段。袁殊真的作了漢奸走狗嗎？當然不是。發動「興建」籌備組建新黨，需要大量經費和日寇集團認可的。人不不禁要問，僅憑一個副領事岩井就推動得了嗎？這個問題是過去疑惑之點之一：地位不高的岩井有那麼大的神通嗎？近閱相關資料放得解惑。「興建運動」是得到日軍高層首肯的。

辻政信於一九四〇年任支那派遣軍部司令部助理。一九四三年任侵華派遣軍參謀。他以嗜殺成性聞名。日本投降時駐軍曼谷。後受蔣介石庇護，與岡村寧次一起充當蔣介石發動內戰的顧問。一九四八年五月化裝回國，以戰犯罪被捕。一九五〇年一月因美國庇護又被解除戰犯罪名。一九五二年起四次當選為眾議員議員。一九五九年當選為參議院議員，曾到中國訪問。一九六一年赴東南亞旅行時下落不明，一九六八年確認已死亡。

袁殊談辻政信：「辻政信往往有意外的舉動，有一次忽然坐飛機到新疆旅遊，原來是在空中拍攝了很多照片，在高空攝影偵察地形地貌。有一次他突然跑到浙江奉化溪口，去拜謁蔣介石先人墓地。辻政信在馬來號召日軍吃人肉，他第一個吃。」

「興建」解散的直接推手是石原莞爾日人擬令汪統一所有非汪系的偽組織。日軍人石原莞爾中將首創建立《東亞聯盟運動》。該組織於一九四一年二月一日在南京成立。於是影佐下令解散《興建》。汪精衛發表談話，「共和黨、大民會、興亞建國運動本部先後聲明解散。此種解散是積極的、發展的，對造成一國民黨為中心勢力，是一個有力推動」。但是，各偽派系實質上陰魂未散。大民會後也一度復會（汪精衛任會長）。

《興建》出籠和日軍侵華政策。日軍侵華的兩手是軍事打擊和政治誘降。第一階段（抗戰爆發到一九三八年十月武漢失守）打擊為主、誘降為輔。第二階段（一九三八年十月到一九四一年十二月太平洋戰爭爆發）誘降為主、打擊為輔，以武力——轉變為重視政治。今井武夫展開只開花不結果的「桐工作」。第三階段（一九四一年十二月到一九四四年七月東條英機內閣垮臺）。為抽調主力對抗美英，日軍採取了加緊誘降的策略。蔣一方面向美索要抗戰物資，另方面派員加入汪偽政府。第四階段（一九四四年七月小磯國昭組閣到一九四五年八月日寇無條件投降）。日寇為了垂死掙扎，急於尋求與重慶政權「和談」成功，以全力應付美、英的強大反攻。

「興亞建國運動」出籠於日軍侵華的第二階段。由此也不難理解，在香港開軍統會的時候，為什麼戴笠仔細聽取袁殊提供的「深入日本關係、發展和平運動」的情報了。

也不難理解在第三階段，重慶派唐聲明等要員參加汪偽了。還不難理解勝利後戴笠授予袁殊中將軍銜，誇讚袁殊「對日本人應付得很好」了。

房建南〈從日文檔案看「岩井機關」與「興建運動」始末〉的部分引文。一九三八年四月岩井英一任日本外務省直屬情報機關特別調查班負責人。應負責建立汪政權的影佐貞昭大佐的要求，組織華人政黨，發動以袁殊為中心的興亞建國運動。岩井為興亞建國運動本部（岩井公館）總顧問。

一九三九年四月，岩井的工作納入日軍華中最高行政機關——興亞院華中聯絡部。這對岩井借助軍方勢力益見方便。

一九三九年十月，興建運動獲得四十多萬大眾，完成結成新黨的準備。

一九三九年十一月，岩井帶興建最高級幹部八名赴東京。拜見了阿布信行首相，樞密院議長近衛文麿合陸、海、外務三省首腦。

特別調查班刊行〈關於中國各黨派的政綱及其主張〉、〈關於CC團的調查〉、〈川康建設方案〉、〈西南支那經濟建設諸問題〉、〈戰時支那農業諸問題〉等。

一九四〇年二月，因周佛海強烈反對，岩井決定不再組織政黨，轉向換為文化思想活動，即加強對重慶的全面和平呼籲。除了機關雜誌《興建》外，另創大型《新中國報》。

一九四〇年四月，支那派遣軍總司令部思想班主任辻政信強烈支持興建運動。在隸屬師團長會議上，板垣征四郎總參謀長認為，其乃對重慶思想工作的核心。由此岩井受聘於擔任日軍直接組織的南京大民會將官待遇最高顧問，以為指導。岩井因侵華之功獲勳——六等單管旭日獎及獲賜三百八十元。

相關的周佛海日記。一九四〇年六月三十日，「下午晤日人岩井英一及袁學易——興亞建國運動之主幹也，擬組大眾黨，為余所阻。今日不期而遇，托余幫忙。余意，與其逼之為敵，不如聯其為友，因允援助，渠等溢滿意。」

一九四〇年七月一八日，「反寓後，接見岩井，袁殊——興亞本部之分子，予以獎勵，並允月給三萬。今後此一部人，至少不反對吾輩也。」

一九四〇年八月一四日，「旋，岩井英一來見，談興亞建國同盟與國民黨關係，」

一九四〇年九月二二日，「岩井英一來，談興建運動，擬網羅之。」

興建運動接續的活動。一九四〇年十月，岩井人興亞院調查官，任內閣式典委員。

一九四〇年十一月，帶興建運動一〇一名幹部及大民會幹部組成日本視察團，作為民間使節，參加在東京二重橋前舉行的日皇紀二六〇〇年式典。具體帶隊人是日本上海總領事館書記生小池靜雄。

應汪政信少佐的強烈要求，岩井揮淚將興建運動與汪精衛的東亞聯盟總會合流。並發表〈告興亞建國諸同志〉，宣告興建運動結束。但此後名存實亡，興建魂魄繼續遊蕩。

一九四一年六月，袁殊為培養繼續興建精神的青年幹部，創設小規模的自強學院。設址在閘北青雲路三二三號。袁自認院長。八月自強學院開學，岩井講話。第一期學員三一名，學生的一切費用由學院支出。

一九四一年十二月，偽《申報》開辦。岩井推薦陳彬龢任社長，日本在滬毒梟里見甫捐鉅資一〇〇萬元。

一九四二年六月，自強學院一期學生畢業，續找二期學生。

一九四二年十一月，日本創設包括中國在內的最高行政機構——大東亞省，以取代興亞院。特別調查班歸入該省。

特別調查班刊行〈興建運動之理論和主張〉，是從袁殊等人一年來在《興建》、《新中國報》、《政治月刊》三個機關刊物上發表的一百七十篇文章中選出的五十二篇構成的。

一九四三年，岩井任領事，敘高等官五等。

陳彬龢其人。袁殊說，「陳彬龢是岩井的第一號中國情報員，我是第二號。」上上世紀初，陳彬龢留學日本。

一九二八年成為日本間諜，在上海發行《日本研究》，迅即停刊。一九三二年任上海申報主筆。一九四一年，經岩井推薦任為《申報》社長。一九四三年發起組織偽「上海新聞聯合會」，自任理事長。

戰後，陳彬龢被列為文化戰犯第一號，後潛逃到日本，人與岩井有聯繫。一九七〇年八月病死在東京。陳彬龢翻譯、著述頗豐，是名副其實的文化漢奸。岩井在戰後的回憶錄裡，認為陳彬龢與袁殊兩人，還是袁殊的作用大。

六、約法三章

汪偽政府委派袁殊擔任偽中央宣傳部副部長，一則袁殊本是報人出身，在上海新聞界有一定影響，二則袁殊欣然接受，因此袁殊就可以列席汪偽政府的最高會議了，汪偽動向盡在眼底。袁殊實際沒有管偽中宣部的事，他只是每兩周參加一次汪偽最高會議，因而對汪偽政權的大動向瞭解得很清楚。他把這方面的情況既告訴岩井也彙報給潘漢年和軍統。

袁殊實實在在地加入汪偽政權、負些實際責任是一九四一年初的事。且看袁殊在〈放眼亭畔話往事〉中的自述：「一九四一年三月的一個晚上，潘漢年同志到上海的百老匯飯店（現為上海大廈）我的房間裡來秘密相見。這時我剛收到李士群的一個電報，電文大意是，「奉主席（指漢奸汪精衛）諭，委兄為清鄉政治工作團團長。」我知道這意味著敵人的清鄉馬上就要開始了，便立即告訴了潘。

潘即指示我打進去。在此以前，我原是表示不同汪精衛合作的，汪曾給我一個「憲政實施委員會委員」的虛銜，我沒有睬他。後來我就在上海辦《新中國編譯社》作為掩護，暗地收集情報，直接彙報給潘漢年同志。而當潘漢年同志做出打入汪偽的指示後，我即覆電表示接受清鄉政治工作團團長之職。」覆電是三月的事，到南京『上任』卻是六月的事。」

潘漢年當時對袁殊接受偽「清鄉政治工作團「團長一職，做了三點原則性指示：

一、政治工作團不得做危害人民的事；

二、注意收集有關清鄉方面的敵方情報；

三、對無組織關係的被俘地方幹部要儘量營救。

那麼，人們不禁要問，袁殊是否遵守了潘漢年的約法三章了呢？

汪偽公佈成立清鄉委員會是一九四一年五月間的事。汪精衛自任委員長，陳公博和周佛海任副委員長，李士群為秘書長。聲稱清鄉的目的是「肅清匪共，安定民生」。

同年十月，清鄉在江蘇省的吳縣、崑山、太倉、常熟四縣正式開始。

據袁殊說，日寇汪逆把清鄉區劃分為一、二、三期，每期清鄉時間為兩、三個月；第二期清鄉地區為無錫、常熟、江陰一帶。第三期清鄉是鎮江、常州、江陰一帶。

在第三期清鄉中，袁殊成為清鄉的重要人物。除在三月份袁把即將清鄉的消息當面告訴潘漢年外，袁殊在清鄉中確實救過幾位共產黨地方被俘人員的性命。

七月間，袁殊在蘇州大石頭巷——原為女作家張愛玲的老家——成立了政治工作團團部。政工團共三、四十人，下設幾個分團，做清鄉宣傳工作，張貼標語，開會演講，表面大轟大嗡，骨子裡不起什麼作用。

日本派了一個名叫廣瀨進的人作為聯絡人。此人原是日本拓殖大學學生，專攻馬列主義，故以國事犯罪名被判二十年監禁。拓殖大學以漢語為外語學習的語種，學生都有些中文基礎。日本發動侵華戰爭後缺少懂中文的知識份子，就把關在旅順監獄的廣瀨進放了出去。那時廣瀨進已被關了十四年，思想萎頓了，日特把他分配到上海梅機關。

袁殊很善於應付有如此經歷的廣瀨進，為他找牙醫，送他香煙和錢（梅機關的一般人員幾個月才領一次特別費），廣瀨進實際不起什麼作用。

講講吳中女士的離奇故事。日軍抓到一個女嫌疑犯，經過是這樣的：日寇駐常熟東壙地區的西尾中隊化裝成中國人，悄悄潛入農村地區進行所謂「剔抉」，拉出許多群眾，問新四軍在哪裡，都不得結果，後來竟有一、兩個人說某某地方有個女的，可能是新四軍。於是這位女青年被俘了，她的真實姓名叫吳中。

常熟東壙區姓顧的區長是兩面派區長，他向政工團報告說有個女俘關在西尾中隊，不知是不是新四軍。

袁殊想到要盡可能營救被俘地方黨人員的指示，馬上去見西尾。

袁殊知道日本下級軍官驕橫自大，喜歡拍馬屁，去時穿一身中山裝，見面即脫帽鞠躬，一邊遞過名片一邊說是前來配合工作的，一點不擺「偽官架子」。

西尾稱讚袁殊日語說得很地道，袁告知在日本留過學。談了一陣，西尾的態度隨和了，但隻字不提「公事」。

袁殊知道日軍下級很講紀律和服從，就主動轉到正題，「聽說前天你們抓了個女的，可是新四軍早走了，中國人管中國人的事可能好辦些。」

對於袁殊委婉地要求接收女犯，西尾僅說：「那個女的什麼也不肯講」，就沒下文了。

袁殊只得援引清鄉條例中的規定：軍事歸日方負責，政治歸中方負責。西尾翻出了清鄉條例，看到確實如此，說「還要審一下，下午送團部。」

袁殊無奈，激了一句：「一個女的，沒什麼了不起，我們不要了。」

袁殊回去後，馬上佈置陳介立前去辦交涉。陳把吳中接收並轉到東壙區時，吳中已被日寇吊打了幾天，但她堅強不屈，什麼也沒有招供。

奉蔣介石之命打入汪偽的唐生明，當時是清鄉保安處長。袁殊在唐生明處掛了個中將參謀的虛名不去上任。袁殊和唐生明關係不錯，但唐只知袁殊和軍統有聯繫。常熟滸浦也抓到五、六個被俘的新四軍抗日地方人員，唐生明把這幾個人也交給了袁殊。袁殊指派葉德銘招待他們，讓他們洗臉吃飯。

從日本人手中接收過來的那個吳中仍一言不發。袁殊在一九四一年出任偽教育廳長後，準備把這些人暫時安置起來，才知道，政工團內的被俘人員只剩下兩個人了，一個是吳中，一個是史徵，其餘的人經吳中鼓動都跑到蘇北解放區去了。

這些人由袁殊接管後都可以自由行動。那麼吳、史兩人為什麼不跑呢？原來李士群聽說抓到新四軍女俘虜，馬上趕到政工團對吳中、史徵兩人大吹大擂了一個晚上，要她們寫自傳登報宣傳。她們兩人寫的是假自傳，一句不利於抗日的話也沒有。

袁殊考慮到這兩人已為李士群和日軍所重視，敵人意在拿著兩人作清鄉成果的宣傳品，因此沒有幾句敷衍的話必遭殺身之禍，就自己添加了幾句親日的話，讓李士群拿去發表了，既已登報就不能眼開眼閉的放走了。

袁殊找吳中談話，要她做教育學院的指導員，吳中一言不發、神情冷淡、敵對態度。袁殊突然說：「抗日工作是非常複雜的事，難道就你有愛國心？你的事什麼都不要說，現在派這個工作給你，只要你鼓勵學生愛國就行了」。從一個漢奸口中講出這樣的話自然有些奇怪，吳中抬起頭來望瞭望袁殊。袁殊堅定地重複了三個字：「愛國心」。史徵則被安排到教育學院搞財務工作。袁殊的想法是，幹過共產黨的人不貪汙。

一九八二年暑天，年過六十、毫無老態的吳中從上海到北京專程來看望寓居香山南營、尚未平反的袁殊，當時我也在場。

吳中是蘇州人，被日寇逮捕時僅二十出頭，當時她是蘇州共產黨宣傳部長，潛伏在常熟東壙鄉村做抗日宣傳工作。吳中告訴袁殊，她被轉到政工團後又與地下黨取得了聯繫。這個情況袁殊當時根本不知道。吳中走後袁殊對我說，「你看這就是共產黨人的精神。」

解放後，吳中很自然地受到多年的株連，吳中的愛人一九五七年成為右派，發送青海勞動，吳中的日子過得很悲慘。

袁殊平反後，於一九八三年「履痕重印江南路」，到上海吳中家回訪，吳中盛情招待。他們談到袁殊的平反結論「一九三一年參加革命工作，一九四六年重新入黨」，中間十五年的黨齡到哪裡去了？袁殊說「欺負我。」並留下了眼淚。這是袁殊平反結論中留下的一個長長的尾巴，當然現在已無追究的意義了。

解放後，吳中的黨籍成為多年的懸案，是因為她的履歷登了偽報。但吳中的「履歷」是假的。

袁殊加上幾句親日的話是為了救吳中，這反倒使吳中蒙受了多年的不白之冤，當時袁不那樣做的話吳中就勢必遭到殺害，這筆賬怎樣算才好呢？現在吳中離休了，已恢復了黨籍。

在第三期清鄉中，袁殊成為清鄉的重要人物的解釋：一九四一年六月，袁殊接任偽清鄉政工團長一職，同年十月任江蘇省教育廳長，兼任蘇州教育學院院長。一九四三年袁殊任偽蘇州黨務辦事處副主任（主任是李士群）。黨務辦事處下設秘書室、黨務組、民訓組、青年組、宣傳組、新國民運動指導委員會、東亞聯盟指導委員會（袁殊兼任主任）、中國國民黨政治工作團（袁殊兼團長）。

清鄉的第三階段以蘇北、鎮江兩地區為主。袁殊又是鎮江地區清鄉公署的主任兼鎮江地區的保安司令。

唐生明，其兄是唐生智。毛澤東在湖南發動秋收起義，缺乏武器彈藥，唐生明率一個連從漢口坐火車到瀏陽文家市，送給起義部隊「漢陽造」步槍三百多枝、子彈近萬發。

唐生明一九三五年任軍事委員會中將參謀。抗日戰爭中、後期，唐生明被蔣介石暗中派往汪偽政府，從事策反工作。日本投降後，蔣介石在上海召見唐生明，讚揚其工作很有成績，委任為國防部中將部員。

唐生明在上海期間，認識了中共上海市地下黨負責人潘漢年，逐漸向共產黨靠攏。一九五四年回到北京，任國務院參事。唐生明是全國政協第三、四、五屆委員，第六屆全國政協常委。唐生明奔波於港、澳與中國之間，為開展對外貿易和推動祖國和平統一貢獻了力量。一九八七年十月二四日在北京病逝，終年八十二歲。袁殊等待平反時，住香山南營，唐生明專程看望了袁殊。

七、進入拙政園

袁殊在〈放眼亭畔話往事〉中敘述道：「一九四一年下半年，汪偽又派人找我到南京會面，要我參加汪偽省政府當民政廳長，我得知後，便返回上海向潘漢年同志報告。恰巧潘不在，就與潘派來的翁從六同志商量。翁是浙江慈溪人，那時改名為翁永清，做我的助手，名義上是「新中國編譯社」的秘書。潘派來另一個得力的同志就是惲逸群，當時用「介生」的名字寫文章和編印雜誌，有時也代我寫稿。翁認為我應該趁機打入汪偽省政府，但民政廳長不起什麼作用，還是當教育廳長。可以接觸影響一部分青年，並可控制部分財源。這樣，汪偽就於九四一年十月任命我為偽教育廳長。我去「上任」以後就住在省政府的拙政園中，前後在蘇州有四年左右。」

前面提到過，翁從六曾一度住在張師石家裡，那時翁還不是共產黨員。翁不願寄人籬下討生活，袁加入軍統後，翁托袁找工作。

一九三八年黃琪翔組建政治部缺少人手，袁把翁介紹了去，翁從六自此離開張師石。黃琪翔的政治部沒有組織起來，翁轉到戰地服務大隊任大隊副，大隊長是袁文彰。戰地服務大隊在隨國民黨政府撤退的同時也作抗日戰地服務工作。

長沙大火期間，翁積極表現了抗日傾向，被國民黨扣押起來，後被田漢保釋出獄，於一九三八年加入了中國共產黨。

翁轉到桂林後經李克農安排，擔任《救亡日報》經理。翁為買印刷廠設備到上海見到袁殊，袁問翁有錢沒有，翁說，一個錢也沒有。

袁交給翁五萬元日本軍票（日本人發給「興建運動」的活動經費，當時一元日本軍票相當於五元法幣），翁到香港買了機器回到桂林，把多餘的錢交給了李克農。

潘漢年要袁殊放手大搞時，問袁需要什麼人做幫手，袁提出了翁從六和惲逸群二人。潘即把這兩個人調到上海工作。潘還調來其他一些中共黨員參加了岩井公館的工作，如魯風等人。我猜潘個人也不可能有擅自調人之權的，社會部的康生、李克農自然也知道這些事。

袁殊出任偽教育廳長之後，為接觸並影響一部分青年，在一所地區學校的基礎上辦起了江蘇省教育學院。袁殊自任院長，汪馥泉任副院長。

江蘇省教育學院確實培養選拔了一批純正青年。

據我所知，有些學生早在四十年代初就過江投奔到革命隊伍中去了。如海軍離休幹部、中共黨員林辰夫就是其中一個。當年思想進步的學生胡肇楓、梅丹馨等人都先後加入了中國共產黨。還有的人解放後在河南大學、文學出版社、農業部等單位工作，成為有用之才。

根據原教育學院的一些學生回憶，他們當時明顯地感到袁殊和其他的「官」不一樣。

袁殊不僅沒有偽官的架子，而且講話中總有些朦朧的內涵寓意。

他還安排學生參加體力勞動，男生一律赤膊只穿一條短褲，他本人也是如此，在植物園內拔草植樹，這在漢奸環境中的確是非常獨特的舉動。

袁殊為教育學院題了含有深意的「忠誠」二字，單從字面上講「忠誠」，可以有各種解釋，他的曲懷究竟是什麼呢？

一個當年教育學院的學生用筆名「肖非」寫的〈難忘的記憶〉中有這樣一段記述：「我對老師印象較深的，是另外一件事。那時我年輕不懂事，只知讀書，不問政治，對老師在敵人營壘做

「官」所遭到的非議並不關心。

一天，我在一座藏書樓上，找到一本題為《哲學的貧困》的課本。這是馬克思於一八四七年針對一個名叫蒲魯東寫的《貧困的哲學》而發的一本名著。全書既批判了德國哲學，又評論了流行法國的政治經濟學。作為一個初學理論的青年來說，啃這種書是很不合適的。但我卻如獲至寶，馬上讀將起來。

正在這時候，老師來了，他忽然問道：「你在讀什麼書？」我幾乎沒加思索，便衝口回答說：「在讀馬克思的《哲學的貧困》。」話一出口，又後悔起來。因為我雖不關心政治，但卻知道馬克思是德國共產黨人，他的譯著在敵佔區是列為禁書的。老師既是敵人營壘中的一個「官」，我怎能這樣和他對話呢？

出乎意料的是，老師並沒有為難我，反而微笑地說：「這本書太深了，有一本艾思奇的《大眾哲學》比較好讀，先從這裡學好。」還講了一些學習方法。

這時我還不知道艾思奇同志是一位馬克思主義哲學家，《大眾哲學》是他為初學馬克思主義哲學的人寫的入門著作。

只覺得老師明明在做敵人的「官」，卻不禁止自己的學生讀馬克思的書，也明明知道在敵戰區獲取一本艾思奇著作和獲取一本馬克思譯著有同樣困難，卻仍然鼓勵我去尋找和學習這樣的書。真是不可思議！也許就因為這個緣故，老師在我的心靈上刻下深深的印象。」

一般做漢奸的人自然是沒有民族尊嚴和良知的，他們自然也知道認賊作父會遺臭萬年的，為什麼還要對踐踏祖國河山的日寇俯首稱臣呢？

原因可能各不相同，所謂「忠奸一瞬間」，說到底是一個「私」字。

我曾問過袁殊：「舊社會的官有沒有不貪汙的？」

袁殊回答說：「據我所知，舊社會官場從上到下沒有一個不貪汙的，國民黨如此，汪偽尤甚。」

他說取代陳則民做偽江蘇省省長的高冠吾有個諧音綽號叫「催銅鈿，交把吾」，高冠吾搜刮民脂民膏，公開出售偽官，而花錢買來偽職的漢奸更是變本加厲地刮地皮。

偽江蘇建設廳長廖家楠以修公路為名領取了幾十萬元的經費，實則一寸公路未修，經費全部落入私囊。

偽江蘇財政廳長董修甲整天動腦筋撈錢，蘇州人也給他起了個諧音外號叫「總搜刮」。偽上海市公安局長（大概是蘇德成）的一個姨太太就有一提包鑽戒。

陳群把江浙一帶的大塊田黃石收羅殆盡（一塊田黃石比同等重量的金子更值錢）。

偽官都是腐敗之至的貪汙犯。

袁殊做「漢奸」，也確實控制了部分財源，但他個人沒有發私財。當時日本人每月給「興亞建國運動」二十萬元軍票，汪精衛給《新中國報》提供三萬元經費，加上教育廳和教育學院的經費共計四十萬元左右，這些錢完全由翁從六一手經營。

袁殊特別對翁從六交代：「老嚴（潘漢年）要用錢，要多少支多少。」一部分錢財事實上成為潘漢年領導的秘密抗日活動的經費。

潘漢年也明確指示過，把錢變作不動產做長遠打算。袁殊和翁從六執行了這個指示，在幾年之內陸續購買了上海市內一百畝的地產，又在上海郊區買進一座有幾十畝地的小農場。由於選用了一個有各種關係背景的人胡慧其做不動產登記人，因此在日寇投降後國民黨沒有沒收這些財產。

解放初，袁殊到上海和惲逸群一起親手把這些財產交給了潘漢年，也就是全部交公了。

有些人認為，儘管袁殊受黨指派打入汪偽政權是事實，可誰又能保證他在那個時期未行漢奸之實呢？

袁殊對一九五五年判決不服的理由之一是：我在敵偽時期沒有做過一件殘害人民的壞事、沒有為個人謀私財。事實上，袁殊在上海、蘇州、南京等地沒有一處個人的房產。

漢奸大發私財也是緣由日本人故意開了方便之門。袁殊談過日本人掌控漢奸的大致的做法和態度：在汪偽機關內，所有副職都是起實際作用的日本人擔任（江蘇偽教育廳的日本人是宮前），漢奸正職實際做傀儡，方針大計都唯日本人之命是從。

偽官貪汙弄錢日本人不管，偽官任用私黨到不十分重要的崗位工作日本人也不管。

偽官終日昏昏醉生夢死，日本人反倒放心。在日本人心目中，這樣的漢奸是一錢不值的。

日本侵略者為了維護敵佔區的統治，又大肆推行「一貫道」組織，以此來麻痹中國人的心靈。

袁殊講過一件事。有個偽官聽說一貫道能刀槍不入，便找來個一貫道徒盤問，這個一貫道徒硬說他能刀槍不入，於是那個漢奸立即以活人實驗，結果一槍打去，那人立時斃命。

這顯然是拆了日本人的台，能容忍或縱容貪汙的日本主子對這個不知趣的漢奸發了真火。這件事不僅暴露了漢奸殘忍、麻木的心態，而且表明了漢奸不過是日寇掌中的政治玩物而已。

有些日本人對這樣的漢奸是很瞧不起的。對於袁殊，日本人的態度總體說來有所不同，他們認為袁殊是與日方早有淵源的親日派，袁殊能說日語、懂得日本風俗文化，故袁殊有許多日本「朋友」，這也是袁殊能夠在汪偽政權內部從事秘密活動的一個重要條件。

袁殊在進入拙政園的四年中即公開「當」漢奸的時期，確實遵守了潘漢年提出的約法三章，他沒有幹過殘害人民的壞事，他營救了被俘地方共產黨員，他提供了清鄉情報。

自一九四一到一九四五，袁殊居住拙政園四年之久，袁殊沒有停止文化活動，著有《拙政園記》、《長春集帖記》對該園歷史遺跡園內的楹聯詩文等作過些考證研究。

拙政園是中國一座著名的園林，始建於明朝正德年間，一九九七年被聯合國教科文組織（UNESCO）列為世界文化遺產。

袁殊也發表了不少散文、雜談、詩歌，有的很晦澀，多是抒發當「漢奸」內心不是滋味的情感。

胡慧奇是上海的名媛，人脈很廣但無任何政治傾向。袁殊在汪偽時期的很多不動產是以胡慧奇的名義置辦的。解放初，袁殊把這些不動產交給潘漢年。潘漢年退還給胡慧奇五萬美元，作為一九四六年到一九五〇年的財產管理維持費（要交地稅）。胡慧奇帶著這筆錢去了美國，終老在美國。

談談袁殊這階段的文化活動。袁殊談尊師，〈尊師〉：「六月六日，是被定作教師的節日，為教師定一個節日，雖然還是一件新底事情，但從這新底事情上，一方面固然可以看出政府對於教師的尊崇，另外一方面也可以看出教師地位之落在被拯救的景況。

本來教育事業是民族國家的大根大本，擔負教育責任的各級教師，由於他們的任務之神聖，向來最受尊崇，在古代「君之所不臣於其臣者二：當其為師，則弗臣也；當其為師，則弗臣也。」教師地位，從歷史上來看，也有其傳統底尊嚴的，而人類文明的果實或種子，究竟是保持並培養於教師的手中，為什麼現代教師的地位，會落在要被拯救的景況中呢？

劇烈底現代生活鬥爭，從經濟上來看，僅僅依賴薪水過活的教師們，身上決沒有黃金光彩，當然再不能適用「士農工商」這種陳調，而要顛覆他們原有的社會地位，終日在柴米之間掙扎，挨受人們的憐憫，甚至卑薄，而況教師們多以清高自許，絕不理會奔競是什麼意義，黃仲則說：「百無一用是書生」，這話雖說憤激，特別是如此動盪的時代，抱著書本做人的教師們，儘管在政治上，文化上，有著如何重要的作用，在事實上他們總是被放置於被動的地位，在勢利的眼睛之前，他們除遭受輕侮以外，再就只有受斥逐了。

當然，由於教師們本身招致的不為人所尊教的原因，間或也有。《禮記》上說：「師嚴然後道尊，道尊然後民知教學」，然而「嚴師為難（範）」，從古如此，這不是一個教師本身的修養問題，而是一個國家的體制問題，學而優則仕，仕而優則學，古代政學一體，所以有「作之師，作之君」的說法，我們現在來引述這些古典，並不是懷古，要重建活不過來的古代國家，而是說一切事情，有待於政治之走上軌道。因為政治不上軌道，一切都亂了，也正因為一切是亂糟糟的，所以政治也不能納於正軌，完全因於社會經濟，生活思想之分崩離析，所以今天我們更加重視這一個節日，第一個意義就是要求從速完成新的國家體制，將在全國教師的熱望中被教育起來，日本之強盛，德國之復興，歷史家都能夠數出那些功績，教師是占著最多的分數，今天中國之復興，東亞民族之再起，我們感激前線作戰將士之勞苦，我們更有熱望於儲育人才的教師們之辛勤，謹此向全國教師致敬禮。」

上面的都是袁殊寫的「字話」。私下裡，袁殊對我說，「教師是吃粉筆灰的工人」，有點輕蔑教師。袁殊做過偽教育廳長，他也知道教師行業的幫派。他說：「幫派把持教職，外人濟南打入，我是教育廳長，寫條字介紹人任教，硬是打破幫派的行業壁壘。」

袁殊與《中國內幕》。《中國內幕》雖說是袁殊主編，但只是個名義。袁殊說，中國內幕的作者是惲逸群，運到解放區後，重新訂正後以《蔣黨真相》的名稱再版。

《中國內幕》一集一九四三年六月作為「新中國叢書」第三種推出，二集作為「新中國叢書」第五種在七月一日推出，到一九四五年六月三十日，一集已經出到第十版，可見其轟動程度。《中國內幕》（一至六）中收文來看，這個開始幾集署名歐陽宗，後來署名《新中國報》編譯社的編者完全是站在汪偽與日本的立場上的，即渝方，陝共和歐美的負面內容比較多，而針對汪偽與日本的沒有一篇。

這些東西袁殊本人怎麼看？陝共當時怎麼看？渝方怎麼看？答案在哪裡，我也不知道。袁殊處在這樣特殊的地位，他對自己的角色是怎樣定位的？他是如何掌握作為五面間諜的因應分寸的？這些隨著袁殊與潘漢年的去世，都變成一個永久的謎了」。（網路引文）

八、建立秘密交通線

一九四三年，袁殊被任命為清鄉區蘇州黨務辦事處副主任（主任是李士群）、鎮江清鄉專員（即鎮江清鄉公署主任）、鎮江地區偽保安司令。

袁殊在鎮江發表就職演說時，潘漢年就站在台下旁聽。在這段時期內，袁殊給潘漢年提供了不少重要情報，協助潘漢年建立起一條通向蘇北解放區的秘密交通線。

且看袁殊在〈放眼亭畔話往事〉的回憶：「我在同敵偽頭子來往時瞭解的情況，都設法及時報告潘漢年同志。潘漢年是直接領導我的，聯繫不經過交通。他出入龍潭虎穴，從容自若。

太平洋戰爭爆發前，潘來往於上海與香港間，我們兩、三個月見一次面。太平洋戰爭爆發後，潘經常隱蔽在上海，我們見面就多了。潘的地址不告訴我，有時約定地方談，有時就上我住的地方來，我常用自己的汽車接送他。

潘很注意戰略方向情報，如日偽軍的清鄉部署、太平洋戰爭的進展情況、梅機關的內部活動、偽江蘇省政府的方針大計等，像廣瀨進等人透露的零碎資料，他還不太重視。

如前面提到的開始清鄉的情報，潘得悉後即電告中央，據後來某某告訴我，中央通知了新四軍，在清鄉重點地區的一支部隊隨即在群眾的協助下，準備了大量的方桌和門板。在夜裡跳過竹籬笆撤退了。

再如，有一次影佐來見李士群，我當翻譯，他們談到要把清鄉行動擴大到蘇北，這也是很重要的情報。

金子（即金子俊冶，是日本蘇州特務機關長）有一次同我談得興高采烈，無意中透露了蘇州日軍將調往越南等地的消息。

一九四四年的一天，我從上海海軍報導部得悉，雖然當時日軍已深入貴州境內，但因兵力不足，難以為繼，即將後撤。像這類重要情報，我都立即報告潘漢年同志。

下村定曾把鎮江地區五個縣的軍事地圖給我一份，我即拍了照片給潘。袁殊向潘漢年提供的情報還有汪偽內部派系、日方特務組織情況和所知的日軍部署等。

當時日本在南方的最高特務機關是梅機關，它的總頭目是影佐禎昭，平時負實際責任的是晴氣慶胤。

有個中島中尉手段陰險，他指揮一批拓務大學的學生操縱偽江蘇省政府，還收集各種情報，後成為梅機關住蘇州機構的主持人。此人參加過日本陸軍的「二•二六」政變，判刑後被赦免。

此外上海還有個不太被人知道的「竹機關」，它是日本浪人裡紀組織的的所謂「民間」特務組織，實際是效力日本軍部的黑社會機構，表面上專幹販毒、控制賭娼的營生，實際也收集各類情報。

住蘇州的地方特務機關是另一派系，屬於駐上海的日軍的，頭子金子俊治後升為大佐。梅機關和金子機關時有摩擦，結果總是梅機關取勝。潘漢年說：「就是日本內部也有派系矛盾，可以利用。」

日寇在蘇南的軍事部署，袁殊尚記得，蘇州住小林師團部（住在城外的一個學校）及一個團、常熟一個團、無錫一個旅（旅長姓堤）。

負責蘇州太湖地區、崑山、太倉、吳縣、嘉興等地水面清鄉的日本海軍頭子是一個大佐，他們軍事行動很機密，常在夜間調動，對中國人防範很嚴。袁殊只與那個大佐有過幾次官場往來。

在南京駐有日軍下村定師團，浦口一個團、鎮江一個團、丹陽一個營。

鎮江另有一個騎兵團，頭子是岩崎大佐，營房在七里甸，負責華中地區的馬匹飼養和訓練。鎮江的海軍港口司令是龍田大佐，此人和袁殊相處得不錯，可利用他的炮艇往來。該部隊管轄南京至江陰一段水面，隊部設在江蘇醫學院。

在蘇州還駐有日本憲兵隊，隊部設在城外，行動消息從不透露，同汪偽機關軍特完全隔絕。該憲兵隊逮捕的人很多，實際捉到的共產黨極少。

一九四三年前後，潘漢年佈置袁殊提供來往江南江北的交通和安全。袁殊協助潘漢年建立了鎮江這條秘密交通線。袁殊本人所做的事可分為兩個方面，第一是協助潘漢年打通汪偽上層關係，第二是利用職權起掩護作用。

鎮江是通往江北的要道，偽鎮江專員這個角色在清鄉中是個重要職務。袁殊善於和汪偽官僚周旋，又有岩井英一和影佐貞昭的支持，汪精衛對袁殊不得不另眼相看。

在李士群的舉薦下，袁殊於一九四三年三月「就任」偽鎮江公署專員，同年九月離去。在鎮江時期袁和潘見面很少，袁的周圍也沒有像翁從六、惲逸群那樣的組織上派來的同志，袁殊基本上處於單兵作戰的環境中。新來乍到，不免人地兩生，既要站住腳，又要收集情報，袁殊施展了交際手腕。

「對喜歡吃中國飯菜的日本人，就經常設宴請吃；遇有愛好文藝的就與之大談文藝創作和世界名著；對愛好書畫的，則與之研究書法繪畫。他是三次去日本的留學生，也瞭解些日本情況，常同這些離鄉背井侵略中國的日本人談談他們的鄉情，引起思鄉；同時暗示自己與岩井、影佐的交情，使這些日本人把袁殊看成是個朋友。但掌握清鄉實權的陸軍團長對袁殊卻抱有戒心，每次的軍事行動從不事先告知袁殊。

袁殊到鎮江後，發現監獄裡關著十幾個新四軍俘虜，以查無實據為由，囑縣政府把人放掉。鎮江清鄉公署內設有封鎖主任之職，專管清鄉區的封鎖事項，領導車站、碼頭、交通要道的檢問所，與日本人直接接觸的機會也很多，他就採取此職輪換制的策略，一個月換一個人，不等封鎖主任弄清地形、人情，就調離此職，使當地人民和抗日力量少受其苦。」（李之〈傳奇式人物袁殊〉，載《鎮江史志通訊》，一九八六年九月，本文是根據袁殊自述整理的。）

〈放眼亭畔話往事〉：「我在鎮江還暗示手下幹掉了兩個漢奸，一個姓巫，一個是楊中縣的密探。有次，潘漢年同志要過江，我就對鎮江特工站長劉毅說，我有個朋友要往返蘇北，你親自陪他去，潘果然安全到達目的地。後來得知劉毅是潘、李商定的連絡人。潘還通過李士群打通清鄉區特工實驗區長胡均鶴的關係。韜奮、范長江同志到上海，以及梁國斌、李亞農的經過鎮江出入根據地，我都在暗中照顧和保護。」

以上引文都是根據袁殊的自述，要還原歷史的本來面目，當然不能只根據當事人自己的敘述。在一九八二年四月份文史資料選集中載有王惠農的一篇遺稿〈汪偽清鄉見聞錄〉，其中在「汪偽清鄉的迴光返照」的小標題下，談到袁殊任鎮江清鄉主任公署主任時寫道：「在清鄉區以政工人員為中心，經常派出政工分隊、宣傳隊下鄉，開大會，貼標語，表面做得熱鬧，骨子裡虛張聲勢，主要是為蘇北清鄉、奪取權力作陪襯。」

袁殊當時還兼任鎮江地區保安司令，一個縣一個中隊，但實際一個兵也不能動，都歸日軍控制。

上面提到的胡均鶴也是個離奇的人。他早年參加革命，曾擔任過共青團中央書記的重要職務，被捕後背叛革命加入國民黨的特務組織「中統」，抗戰時期又墮落為一個著名的漢奸特務。然而在此期間他卻為中共、為抗戰做過不少有益的事。上海解放前夕，他棄暗投明投奔革命，作為「特情」人員被吸收參加上海肅反工作，還擔任了公安部門諮詢機構「情報委員會」的主任職務。

一九五四年被當作「潛伏特務」關押了近三十年，直到一九八二年才澄清歷史真相被宣告平反。胡均鶴一生的經歷充滿了曲折離奇，反映了特定歷史年代的一個側面，反映了複雜多變的政治生態環境對一個人物的重要影響，同時也為我們對歷史人物的研究提供了一個難得的具體標本。

九、與李士群的周旋

李士群這個人面和心惡，手段殘忍毒辣。李士群殺了很多人，但袁殊認為據他個人所知，李士群沒殺過真正的共產黨人，為什麼呢？袁殊解釋了三點理由：

第一，李士群所重視的是戴笠的軍統，而較輕視我黨的地下力量。李士群的青幫老頭子季雲卿、特工總部無線電臺台長徐階等都被軍統暗殺。李士群、吳四寶曾費盡心機抓了大批軍統人員，比較徹底地破壞了上海軍統組織。他曾經對我講，「對共產黨用不著抓得多，他們都是些窮孩子，只會搗搗亂，就像我們年輕時一樣，沒什麼了不起。」

第二，李士群手下偵查共產黨的情報力量不強。他的第一號助手吳世寶不識幾個大字，只能充當打手。還有一個得力助手是唐惠民，無錫人，曾混入我黨，一九三二年或一九三三年時向國民黨自首叛變，當了中統特務。此人早已臭名昭著，找不到我黨的線索。

李士群在蘇州的特務組織還有特工總部實驗區，區長是蘇州人胡均鶴，下轄有特工站，站長似是李（無錫人），副站長葛天民（嘉興人）。葛曾是中共省共青團書記，後投降陳立夫，抗戰後又歸順李。這些人在中共眼中早已臭名昭著，他們難以發現地下黨的組織。另外當時蘇州一帶的地下黨力量也比較薄弱。

第三，李士群野心勃勃，因此同汪精衛、周佛海有矛盾，他曾對我講過，「我有遠大的計畫，我們有遠大的前途，要進軍南京」，實際是想取而代之。

李的消息也很靈通，戰爭開始後不久，他就知道日本海軍中最精銳的以「大和」號為旗艦的艦隊已被美國打沉在海底了，空軍更不能和英美抗衡。隨著中國人民抗日力量的壯大，他更感到前途不妙。

有一次同我談了一夜，說，「戰事不利，我們怎麼辦？弄個什麼考察團的名義到日本去吧，你也不要幹了。他在日本買了一些產業，準備到日本流亡做寓公。又曾派人到香港找我們黨拉關係，結果空手而返，李還幾次要我找共產黨。」（〈放眼亭畔話往事〉）

袁殊和李士群私人相識得很久，本質的政治關係是敵對的，長期以來公開的政治關係也是對立的和分屬不同派系的。

一九三二年袁殊奉王子春之命監視李士群和唐惠民的《社會新聞》時發現，該反動刊物發表的「共產黨十二個半明星」的資料是李士群找來的。當時有人用「黃學易」的名字在《社會新聞》上發表文章，袁殊學名叫袁學易，但該文不是袁殊寫的。李在南京坐監時求救於袁，袁沒有理睬只是寄了點錢。李回到上海後，袁幫助過李。李士群逐漸得勢時極力拉攏袁而不成。直到袁「接受」李的清鄉任命後，袁和李表面上算是「走到一起」了。

清鄉機構蘇州黨務辦事處副主任一職原有多人爭奪，第一任是戴，第二任是汪曼雲（副秘書長），等候的是唐惠民（有的資料說該職由候大春任）。漢奸認為這個職務很最重要，爭吵不休，結果因李的推薦而袁擔任了此職。袁殊指派戴湘雲做主任秘書，負實際責任，而戴和共產黨有些關係。以上情況說明瞭袁、李二人的關係複雜微妙。

日本軍事失利，李士群惶惶不安，急覓個人出路。一九四三年七月的一個晚上，李士群和老婆葉吉卿一起到鎮江伯先路一號袁殊住所，對袁談了一夜話。開始時李反復追問袁有沒有和江北聯繫的路子，表明要和共產黨搭關係的願望。袁硬是頂住了，說自己過江的辦法一點沒有。午夜過後，李爆發了瘋狂性，一會兒說到日本考察，一會兒說亂世出英雄、必要時可進軍南京，李自吹關於前途辦法多得很。袁殊則表示自己毫無辦法。李士群沒有政治信仰，只有政治野心，他的人生哲學是「人不流芳百世，也要遺臭萬年」。潘、袁二人談到李士群時，認為李有很大的瘋狂性。李的思想動搖，潘漢年瞭若指掌，經過深思熟慮之後，又大膽心細地加以利用。再看〈放眼亭畔話往事〉中袁殊的自述：

「一九四三年初夏，李士群看到日本軍事不利，我黨武裝力量發展，想同我黨拉關係，我即彙報給潘，潘就同我商量，由潘用「胡」的假名寫信到《新中國報》，大意說：日本人佔領了租界，我在上海出不去，請給以方便。

我拿去給李士群看，李士群一見就說：「這是小開（潘漢年的外號）寫的呀！」我故意說：「是否要回絕他？」李連聲說：「可見，可見！」我說：「那麼你親自見他，我不干預你們的事情，我是擔不起這個責任的。」

我在約定日期晚上九點，駕車送潘到上海愚園路李士群的住所。李妻葉吉卿也認識潘，他們在樓上會談，我坐在樓下，談完後吃了夜點才出來。以後潘還來過蘇州，他與李士群接觸的情況就不清楚了。」

李士群吃了日本人的毒藥點心肚子感到疼痛之後還和袁殊談過話，作為一個見證人，袁殊比較瞭解李士群之死。袁殊所述和其他資料所述是一致的，現將袁殊所述整理如下，作為歷史資料的一個旁證：

「李士群是在眾叛親離、漢奸日人群起攻之的四面楚歌之中一命嗚呼的。李士群貪財攬權，張牙舞爪，在漢奸內部樹敵極多。

李效仿戴笠，只唯汪精衛之命是從，其他人都不放在眼裡，對其特工下屬也是專橫得很。李的後臺是晴氣，直接指揮是中島。由於在漢奸群中對李怨聲載道，這兩個日本人對李產生了不滿。

李依恃梅機關的勢力，和日本住蘇州地方特務機關金子俊治對立得很，還有許多日本人圖謀奪取李士群在日本的房地產。總之，李失去了日本人的歡心。

一九四二年李士群當上偽江蘇省長後，其漢奸特工組織內部起了分化。李的南京區長馬天嘯（黃埔四期）帶了些人槍分化出去了。

李的特工機構的中心人物之一、曾擔任過偽上海公安局長的蘇德成與李先是貌合神離，終於分道揚鑣了。李的另一個重要下屬、湖北人萬里浪，在中島的扶持下準備取代李的位置。

李的最得力的打手吳世寶原是開汽車的小流氓，後來變成了杜月笙在上海巨籟達路開設的賭場的抱台腳（打手），這樣一個人，因和李是青幫老頭子季雲卿的同拜兄弟，便成了李的警衛大隊長，其手下多是流落在上海的蘇北籍的地痞流氓。吳世寶於一九四二年被日本人抓去，吃了日本人毒藥死在唐生明家中。李的基本武裝垮了台，等於砍去了李的左膀右臂。

直接置李士群於死地的是熊劍東和小林中佐。熊是老留日學生，出身軍統，被日本憲兵抓獲後投降了。小林是日本憲兵司令部的特工，也是周佛海的顧問。

日本人派熊劍東和胡蘭成到湖北一帶搞漢奸活動，胡創辦了一個《大楚報》，熊組織了一個皇衛軍。皇衛軍軍紀渙散，燒殺搶掠，垮臺了。熊轉到蘇州，投奔了周佛海。熊瞧不起李士群，據說仍暗中效力軍統。

熊盡力挑撥日本人、周佛海和李士群的關係，終由小林以請客為名毒死了李士群。

李從小林處吃了毒藥點心後的當天午後一點鐘，袁到李處時，李已喊肚子疼了，袁兩點離去返回鎮江，晚九點接到電話，知道李已於下午五點死去了。

袁殊晚十一時趕回蘇州，到李處看了屍體。李的住宅內聚了李的一些特工，已是群龍無首了。李的老婆葉吉卿跪在地下哭求袁殊維持看護李的財產家庭，袁沒有理睬。

李臨死前，上海和蘇州日特各派了一個軍醫來為李「看病」。袁說上海來的軍醫是毒藥專家，是來檢查毒藥效果的。

李死後，日軍中島中尉到李家對胡均鶴公開表示，「我們日本人的細菌科研研究得很好了，能計畫出一個人何時吃藥何時死亡，能掌握死的時間長短。」這番話是告誡未死漢奸，誰要對日本主子有貳心或不俯首聽命，就將置誰於死地。

李士群死後幾天，靈柩運回上海，出了一回死風頭。李士群像一條不聽話的狗一樣被主子宰殺了，他果然遺臭萬年了。

李士群雖有政治兩面派行為，其本質卻是日寇鷹犬。李指揮吳世寶一幫打手，殘害愛國之士，喪盡天良地做了許多壞事。

日本佔領上海後，強制推行淪陷區的幣制改革，遭到中國人民的反對。日寇指令汪偽財政部長彈壓。李士群就指使手下提著機關槍，在光天化日之下衝進中國銀行和農民銀行等金融機構，瘋狂掃射手無寸鐵的銀行職員，製造了聞名一時的銀行慘案。此類暴行不勝枚舉。

一般平民視「七十六號」為殺人魔窟。李士群踏著中國人的血跡，步步取得個人權勢。李為日本人奔走效力，反被日本人殺死。

袁殊說，「李士群的死和熊劍東有關聯。」熊劍東何許人也？熊劍東抗戰爆發後任忠義救國軍別動總隊淞滬特遣支隊司令，在蘇常一帶抗擊日軍，一九三九年三月在上海被日軍俘獲，一九四一年七月由周佛海保釋出獄後投降日偽，任偽皇衛軍總司令抗戰勝利後任國民政府上海行動總指揮部副司令，一九四六年三月任交通警察第七總隊少將總隊長，八月二十二日在江蘇丁堰受傷被俘後死亡。

李士群有政治兩面派行為的注釋：作為中共情報工作的領導人，潘漢年的工作絕不僅限於幕後，往往要親入龍潭。李士群是汪偽政權的警政部長和江蘇省長，同時牢牢控制著「七十六號」特工總部。潘漢年認為，應該利用漢奸內部的矛盾，利用李士群想留條退路的投機心理，加強對他的爭取和策反工作。這對中共在上海的情報工作以及地下黨的活動安全都是有利的。

為此，一九四二年初，潘漢年親赴愚園路李士群公館。他的策反工作是成功的，李士群表示：中共和新四軍方面有什麼需要他說明的，他將盡力。他還有意識地向潘漢年透露了下一步清鄉行動的某些計畫，並告知日偽軍即將在蘇北地區進行掃蕩，希望新四軍及其他地方政權能夠有所準備。雙方還商定：今後他們之間的聯繫，潘漢年仍將通過袁殊，李士群則委派他的助手，時任特工總部副廳長的胡均鶴負責。

漢奸汪曼雲的下場。汪曼雲抗日戰爭爆發後，附汪精衛投敵。任汪為中央社會部副部長等職。一九四五年九月被捕，以漢奸罪判處有期徒刑十五年，一九四九年二月疏散出獄，一九五四年七月再次被捕，以反革命罪判處無期徒刑，一九七二年病逝獄中。

漢奸唐惠民的下場。唐惠民三十年代初與丁默村、李士群在上海共同編輯《社會新聞》。後在汪偽特工七十六號總部任副主任。後投河自盡。

漢奸文人胡蘭成的下場。胡蘭成是張愛玲的第一任丈夫，漢奸，汪偽時期的宣傳部次長。後去日本，又到臺灣講學。

十、詩文袒露心聲

作為文化人出身的袁殊當了「漢奸」之後，很自然地辦了一些報刊雜誌。根據臺灣劉心皇著《淪陷區文學史》一書統計，計有：

《新中國報》，社長袁殊，主編魯風。日出一張，副刊有兩種：《學藝》是新文藝副刊；《趣味》係製造笑料專講趣味的通俗副刊；

《新中國週報》本附屬於《新中國報》發行，後來獨立，每期八版，內容通俗；《雜誌》係月刊，為《新中國報》社長袁殊主辦，吳江楓主編。該刊在上海戰事之初已出版，中間停刊，於民國三十年恢復。其特點是無政治、外交等硬性文章外，包括各類文字，其中有現地報告與人物評述，以及特輯與座談會記錄。撰稿者為蘇青、予且、黃果夫、文載道、張愛玲、柳雨生等。

《政治月刊》亦為袁殊所辦，至民國三十三年，已有四、五年的歷史，內容雖重於國內外政治經濟、軍事、外交各方面的評論分析，而學術思想文藝等，亦有刊載。

創辦這許多刊物，固然是為了掩人耳目，以文化人的姿態從事政治活動，更重要的是安插了一些共產黨員在其中做秘密工作。如共產黨員惲逸群是《新中國報》的主筆，《雜誌》主編吳江楓也是共產黨員，《新中國報》主編魯風也是共產黨員，共產黨員翁從六是《新中國報》社的經理等等。

袁殊作為一個文化人，在汪偽時期，發表了一些文藝性雜文，刊登在《新中國報》副刊、《雜誌》等刊物上。其中的有些篇章，是袁殊用曲筆表達苦悶的心聲的。

袁殊〈三十三年九月秋分〉

被羞慚所毀了，凝視赤子們的瞳睛。
萬斤重載，擔在肩頭。
彷徨的，還得再收拾，失了教養的靈魂。
秋分，心近中年的節序。
白事哀傷的淚洒呀！泣啼隨落葉無聲。
簇集毒矢，投來創痛，是一人的，是一人的，潛潛，淡淡，無光淒慘的幽園。
被羞慚所毀了！
詩人無告，沉默走去。
容忍也是一人的，愛，生活置於俎上，大地的孤幽。

這首詩為當時許多讀者所不理解，有的人還把其中的「詩人無告，沉默走去」作為名句，默誦於心。直到袁殊的政治面貌大白以後，大家才瞭解這首小詩的深邃含義。但是，已對現實沒有什麼意義了。

袁殊在散文〈無言之書〉中，解剖了自己。在我看來，這篇文章是打開袁殊當時乃至一生心扉的鑰匙。從其中我們可以窺視到他的性格、人格、思緒、情感等等精神要素。間諜袁殊的神秘色彩消失了，袁殊的真實情感展現了。我們多少把握一些袁殊曲折人生的心路歷程。〈無言之書〉

（載一九四二年四月九日《新中國報》「學藝副刊」袁殊）

「當苦澀與煩惱襲來，心境落在空虛與無可奈何的時候，我便想到高爾基《母親》劇本裡的歌句：「生活像你何以言的流！」

真的，我的生活，自來便是滾在泥河裡的。濁浪滔滔，遍身濘地，在泥和水中升騰翻轉，任何時候自己都在掙扎激勵的；然而任何時候，自己還是不得不抹煞自己的意念，否定自己的感情；甚至麻痺自己的明朗的心胸的。

我本能的具有強烈的生之意志，強的生命力，沉默的矜持與自我愛好，沉默的自尊與自傲。而所表現了的，則是隨和，遷就，委屈，怯懦，甚至是近於自瀆的謙讓。這是相反的二重性，揉雜了多端的矛盾於一身的。因此，我有憤怒，我有狂暴，我能夠時刻記住分明的仇怨，也更有對人間的傷感和哀情，我想，我為什麼不曾是一個文學者，或者是詩人呢？我為什麼不能將自己的現實也看作旁人的現實呢？

如果能專心一致的謳歌人間的幸福，記錄生活的美；再不然詛咒生活的苦難，宣傳醜惡與悲哀。這也是應當是一種生活之道，不是其為自我的「真」。

可是，我不幸。我竟每每是背道的，我總不得不隱匿了「真」。所遭際的環境環境，很難容許「真」的出現。於是壓抑和抑制，勉強的拘謹；反正常的洩憤，自暴自棄的結局。這樣的結局，固然是不幸的，而事到臨頭，只好當作自然了。人們是難於理解的，或者，這就是所謂個人主義的、最高的自私表現。

在失掉了「信仰」的時候，會有極大的痛苦。我又想，我為什麼不是一個有神論的信者呢？應該追求（或者自己建立）心的至尊的宗教，讓我有殉道的路，懂得寬恕，甘於馴服，執役於人，留戀在狂想中。或者，這也是生活之道的一面吧。然而，我也不曾獲得。

人，社會，生活。對於這些，我老是在尋求終極的解答。在日常的行為舉止上，我活潑而且活躍；好似總要完成一些什麼似的。類似於事業的欲念，甚為熾烈。這應當是本能的。愛好社會與生命，受不了欺辱，這也應當是自然的。但是，世俗的社會，並不允許這「本能」得暢其發展，「自然」得暢其生成。人為的人類性的道德律，在制約著。於是有行為的批判，有心理的反常，有輿論的毀譽，但求其「真」而必遭致襲擊，必蒙受誣衊。「人格」的問題，由此而發生。

應用之於世俗，為爭取生活，「人格」也是一種伎倆。做政治家尤然。特別是要以完全撇開「感情」的存在為必要條件。

我只不能是一個文學者、詩人，或是神之信者，也有所當然。人格道德云云，居環境條件而判斷，誰有平衡的尺度呢？

長時間的「心病」，何以醫療？不是憤激所能了，不是強為歡笑所能治癒。結果是遊離。

我有十遍萬遍愛的呼喚，結果也無非聲嘶力竭罷了。生活的愛，人性的愛，人格的愛，失了穩固基礎，根本與理想相悖，其不為失愛與無愛者幾希？

天下事，本難於一時一地一人之間，苛索曲直。世事渾濁，沉淪無盡。我在泥河中，我無言於苦難可矣。而有生不息，何以常窒？要當視苦為樂才對。從今而後，我正不必再計較了。」

晚年袁殊教導我：待人行事勿求「心之所安」。看來，他一生行事的準則都是：「行心之安，揆諸良知，沒有愧負」袁殊迷樣的人生，為許多常人（包括以前的我）所不解。

再引用幾句他的文章話語：「倘使超越了常人的便是英雄，那麼，這些「英雄」也許就是瘋人」。「我們只要肯定了人生與生活，就不會再究詰人生與生活的本體，現在瘋狂過了，而又好了。這是何等慶幸之事」。

袁殊畢生都在經歷精神的折磨，非得有點「唾面自乾」的精神而不能免夭折。現在我徹底理解了他為什麼說「我很懷念趙家樓的生活」。袁殊是堅強的，七十六歲逝去，也達人壽之年了。

一九四三年十月三日，袁殊寫了篇〈自嘲〉，從中我們可以透視袁殊對於當偽官的無奈與嘲諷。

〈自嘲〉

人不可太聰明瞭。太聰明瞭，為聰明所誤，反而成為無用的人。

做人與做事，可於「道德文章」中包括一切。做人是道德如何的問題，做事則可表現於文章。然而道德是一件事，文章又是另一件事，真如會做人者，不必定是文章的好手。而有的文豪，也許根本就沒有道德。

世間事，能如此透徹地瞭解了，也許就是一個聰明人，也許這一點聰明，變成了他的煩惱。我常會本能的，質白的做人，總要透徹的去領悟一切。可領悟著了以後又怎樣才好呢？急如果，我感到一種苦惱，或即是我也聰明的緣故吧。

一位有滿腔青年氣概的年長者，似諷刺的批評我：「老兄何竟如此老衰了呢？」的確，這樣的生活，是漸漸的在老衰了。他也指示著我，聰明是本質，太懂得一切，隨著「懂」的程度，使生活的情緒發生變化，當然就沒有辦法可以超解。所以，懂事要懂得的。做就不妨做得糊塗些。所謂「知之明，而行之拙」，這亦是必要的涵養。如此，我更領悟聖賢所說的「大智若愚」的話了。

這是一個很好的啟示。不帶三分傻氣，是怎麼也活不下去的。比如說做官，看過《官場現形記》與《二十年目睹之怪現狀》之類的稗官小說，總知道「官」的這種行業，是怎樣滑稽的。可是雖然滑稽，卻非是聰明的人不能幹，更非是聰明而有些傻勁這而幹不了。

不幸擠在「官」的行列之中，其況味，真是一言難盡。「為政不在多言」，實也是只可以意會，不可以言談之意也。

偶然有一次與許多同僚遇在一起，有人談到如何才是好官的問題，於是便有了發明，有道是：

一筆好字二等才情
三杯酒量四季衣裳
五子圍棋六朝風度
七句歪詩八圈麻將
九品官銜十分和氣

這是做好官的十大條件。雖云嘲弄，但不失是一種實。還有一種謔近於虐的說法，簡直是對做官的詛咒，是鄙薄的侮辱。據云，十大條件之外，還需四大綱領：

強盜心腸婊子手段
烏龜耐性小丑面孔

這更使人聽得難堪。然而也不失是一種現形之象。把做官當作為個人榮達的職業，不以為是國家的公職，自不免要成為嘲笑的資料。如其認為是一種神聖的奉公，有主張，有懷抱，又肯舍己，當然問題便不能相提並論了。但是，不成為嘲笑的資料的，能有幾人呢？

這裡，我又想起另一位前輩先生的話來。雅說：「混吧！」，雖說混，可是怎能夠掩耳不聞閉目不視呢？見之，聽之，又怎能沒有一點反應呢？聰明人的吃虧處，恐怕就在有反應，才就生苦惱，於是，蓬勃的銳氣消泯了，棱角都磨平了，而且漸漸的老衰了起來。若問焉得混下去？我現在要努力學習，文章不要巧，道德不要暴露，知其所知，行其所拙矣。自傷畢竟是無濟於人世，為自己也非是求福之道。

秋深了，庭院裡還聽得出蟲鳴。寫這類文字，雖是做人的火候未到，自嘲未臻愚境罷了。

十一、「合法」鬥爭二、三事

利用偽職，拯救國人。

（一）惲逸群曾被日本人拘捕。

與漢奸特務隔絕的蘇州日本憲兵隊的松田中佐，從大革命時期的資料查起，追查共產黨的線索，查到惲逸群是一九二七年入黨的老黨員，把惲逸群抓了起來。在獄中受盡了酷刑，始終沒有透露真情。

袁殊說：「老惲在很堅強，沒有供出任何人」。袁殊幾次去和日本人交涉，派日本留學生嚴（無錫人）專門和日方打交道，說惲逸群是袁殊的人，在報上發表了許多文章等等。

惲逸群被關押了十個月，由於日方查不出一點現行的共產黨線索，又由於袁殊力保，最後不得不把惲逸群釋放了。惲逸群當時和上海地下黨有組織關係。惲逸群被捕的時間是一九四四年十月。魯迅的夫人許廣平也被日本憲兵抓起來，關了一年多。

（二）魯迅夫人許廣平也被日本憲兵抓關過，關了一年多。

原因是她是魯迅的夫人，瞭解熟悉上海文化界左翼人士，妄想從她身上找線索。在獄中日本憲兵對許廣平拷打凌辱，日本人無隙可乘。

潘漢年特別指示袁殊營救。袁殊找到李士群，「勸說」李，「關許廣平沒有用，反而在文化界引起很大反響，不合算，不如放了」。李同意了袁的「建議」，把許廣平從日本滬西憲兵隊引渡過來放掉了。

（三）日軍佔領香港的初期，在香港困住了一批文化人（其中有些是中共黨員）撤不出來，潘指示袁想辦法營救。

袁指派潘漢年安排到袁殊身邊做秘書的留日學生葉文津專門辦理此事。袁殊向岩井打了招呼，又因葉的日語不夠好，另派日本人德田郎陪葉前往。

這兩人和日本香港領事館取得了聯繫，有些文化人，如張唯一、華蒂（田漢）、蔡楚生夫婦等乘日本軍用飛機回到上海後又分別轉移到別處。袁殊本人沒有直接出頭露面，那些回到上海的文化人，他一個也沒見。

為什麼此事辦得如此順利呢？袁殊說，日軍佔領香港後糧食供應一時緊張，日本軍人又不重視文化人，認為是個包袱，想甩包袱，所以事情辦得順利。

解放初，田漢寫介紹信，我大姐馬元曦入讀了北京外國語學校（後來的外院）。袁殊表示感謝時，田漢說，「不用謝，當年你好把我從香港救出來過。」

（四）樓適夷也回憶起了一件當年的往事。

樓住在上海孤島時期，住址非常保密，平日深居簡出。有一天突然接到四馬路書店的一個老闆打來的電話，約樓寫文章。樓適夷心想糟了，日本的漢奸特務知道了住址，那個老闆原是個文化特務。

樓適夷找到關露說有事要見袁殊。關露約好時間地點後，樓在上海孤島第二次見到袁。袁問有什麼事？樓說，「巴林那個傢夥不知道怎麼知道我的地址了，要找我麻煩。」袁殊說，「沒關係，我關照一下就行了。」後來那人果然沒再和樓適夷糾纏。不久，樓即投入到新四軍根據地去了。

（五）袁殊的一位朋友給我的來信中，記述了這樣一件事：「記得在無錫，袁殊巧妙地抵制漢奸教育局長沈的「刷新教育」，果斷地排難阻險，支持無錫工商人士的抗敵偽稅活動，機智地恢復了商會主席陳的自由，在我鼓動縣中學生去蘇北參加新四軍後，被漢奸縣長告密日本梅特務機關時，袁矢口否認，並以生命財產保釋脫險等等，至今仍記憶猶新，常縈於心。鄉親老年人，也常以此為美談！」此類事實當屬可靠，但我沒有聽袁殊親口講過。拒納同鄉當漢奸。

袁殊當偽官的消息傳到了蘄春縣。有一個童年時代一起玩耍的堂弟，因生活所迫，千里來到蘇州找袁殊求職。袁殊食宿招待了幾天，給了一點錢，讓那位堂弟回鄉去了。後來那人背後罵袁殊六親不認，袁殊聽說後一笑了之。袁殊對我解釋，他不願因他自己而使袁族其他人當漢奸。籌建武裝力量。

引史料（〈從日文檔案看眼睛機關與醒亞建國運動始末〉房建昌）補記：「袁十分注意發展軍事實力，一九四四年初岩井調往廣東後，由武井龍南（戰後改名柴田）接替與袁的聯絡工作。袁與武井談到要以在清鄉主任任上歸順的一支軍隊為核心，創設自己的部隊。為此武井龍南差不多冒著生命危險找到當時日軍負責與敵方（指國共）方面因軍事的必要交流物資的梅機關，得到了協助。在浙東國共無人地帶，創設了自稱的「浙東自由聯合軍」。當日軍急速投降到來時，還從梅機關獲得了武器。」

袁殊說：「這支隊伍由共產黨掌握，一九四六年在海寧起義，投奔了解放軍。」文中提到的葉文津又名葉德銘，一九三七年抗日戰爭爆發，葉文津參加革命。

一九四一年九月，他奉黨的指示返上海，化名葉德銘，先後出任偽《新中國報》記者、「東亞聯盟上海分會」主任秘書、《中國與東亞》月刊主編等職。曾由袁殊委派，到香港成功解救困在香港的一些國內文化人轉到內地。

一九五一年，葉文津任上海市公私合營電影院聯合管理處主任一九五五年五月，因受潘漢年案株連，被錯捕入獄達二十年之久。

一九八〇年二月，葉文津獲徹底平反，任廣東省文史館副館長、廣東省政協副秘書長。同年六月十五日病逝。被追認為一九三七年入黨的中共黨員。

值得一提的是，袁殊說，「『潘案』被捕人員中，只有葉文津一人，在長達二十多年的時間裡，始終認定，『潘漢年是為黨工作的』。」求實不屈的精神，殊堪可貴。

十二、孔祥熙對袁殊的調查

抗日戰爭時期，孔祥熙在上海的情報據點在一份向重慶當局發的密電中說：「袁殊雖幾度在中央機關（指國民黨的軍統）服務，實則為共產黨工作。前年袁被捕後在日方組織偽黨（指漢奸組織「興亞」），亦為共黨指使。現袁為共黨擔任工作有四。共黨在滬安全問題與共黨在淪陷區之交通亦由袁負責，共產黨利用日偽報紙攻擊中央（指國民黨中央）皆由袁辦理」。

第七章 光明生活的十年

一、投奔解放區

袁殊自稱是鼴鼠式的人物，搞情報的人常被稱作——有時也自稱是鼴鼠。袁殊從一九四六年到一九五五年，這十年是真正在陽光下度過的。一九四五年底他結束了鼴鼠式的生活。

一九四五年初，日本帝國行將覆滅的命運已成定局，在翁從六的建議下，袁殊辭去了偽教育廳長及所兼各職，僅保留了一個偽上海市政府的參議的名義。抗戰勝利前後，潘漢年和袁殊談論時局，認為「國共雙方可能打出個劃江而治的南北朝局面」。

「八一五」抗戰勝利後，王新衡作為軍統局的先行人員首批飛抵上海。王從唐生明處打聽到袁殊的住址後，即打電話約袁作為軍統留滬人員相見。王以好友姿態向袁敲了竹槓，「恭喜老兄發了財，送禮吧，光送我一個人不行，還有其他朋友。」袁知道避免不了，答道：「錢有，但不是現錢，要等我變賣之後才有錢。」經過一番周折，好不容易把《新中國報》的不動產賣了出去，打發了王新衡。這就是判決書上的「把部分財產轉交給軍統」的真相。

九月底或十月初，王新衡代表軍統局委任袁殊為忠義救國軍新編別動軍第五縱隊指揮和軍統直屬第三站站長，授予中將軍銜。王對袁說，「戴笠認為你對日本人應付得很好，他要見你。」袁殊滿口答應，王安排袁殊十月十號去見戴笠，可是十月七號那天袁殊就投奔了解放區。

袁殊與共產黨的工作關係始終沒有間斷，但當時組織關係問題卻懸而未解，政治大方向上的何去何從是要由他本人表態拿主意的。我問過袁殊，是否因形勢所迫才投奔解放區的？袁殊坦誠地說，他當時有三種可能的選擇：第一、舉家移居日本去做流亡寓公，當時的人事和財力都允許，「那樣一來，我就成為實實在在的漢奸了，這是我不能考慮的」；第二條路是幹軍統，「我已接到委任狀，王新衡告訴我，戴笠打算派我到遠東軍事法庭去參加審判日本戰俘工作，我和共產黨的關係戴笠不知道，我當然不可能幹真正的軍統」；在歷史轉折關頭，袁殊依然選擇了跟共產黨走。老幹部局局長朱玉林說，「袁殊的平反根據之一是『一九四六年投奔了解放去』，那時的形式是敵強我弱。」

潘漢年認為袁殊在敵偽時期公開拋頭露面太多，已不適於再在敵人營壘中做秘密工作了。但那時潘不在上海，於是由上海地下黨組織安排袁殊到解放區去了。

對於袁殊、翁從六、惲逸群、魯風等人，在抗戰勝利後一起轉移到解放區一事，就連臺灣文化人劉心皇也認為：「看來他們原來是一夥的」。這說明如果袁殊仍繼續留在上海做地下工作確實不合適。

同行的梅丹馨在南京《週末報》撰文記述了當年從白區到解放區的情形：「日本投降以後，國民黨『劫收大員』在上海一方面各拉山頭，你爭我奪；一方面大肆迫害堅持地下鬥爭的共產黨員和進步人士。面對這一形勢，黨決定讓一部分在上海與敵人周旋的同志，轉移到解放區去。

轉移在當時是擔風險的，一九四五年十月上旬的一天清晨，我們一行五人（袁殊、翁從六、李欽方、丹馨、黃偉）在約定的時間到達兆豐公園（今中山公園），在交通員的護送下，彼此心照不宣，分乘幾輛三輪車沿滬青公路直駛當時新四軍淞滬支隊的駐地——青浦觀音堂。一路上大家都沉默不語，保持著高度警惕。遇到關卡，則由交通員去應付。一直到進入支隊防地六號橋後，大家才下車步行，沿著曲折的鄉間小道，來到支隊司令部駐地。

淞滬支隊司令員是現在江蘇省的顧復生同志，政委是曾任天津市委第一書記的陳偉達同志……

我們原以為這下可算到家了，誰知不久，《雙十協定》簽訂了，根據協定，淞滬支隊要撤到蘇北解放區。於是，我們又開始了第二次轉移。

第二次轉移的景象和上次又有所不同：我們坐的船上要懸掛國民黨青天白日旗，還有數艘美國軍艦沿江「護送」，我軍戰士則持槍戒備，隨時應變。

渡江歷時三天，因遇大風，船一直在南通狼山附近江面轉，直到最後一夜風平浪靜，才順利進發。

我們登陸的新港鎮是解放區。小小的集鎮熱鬧非凡。當地群眾為了歡迎北撤部隊，已在街頭貼滿標語，還以豐盛的飯菜招待我們，使戰士們興奮異常……」

在渡江的三天裡，風大月高，江面不時出現國民黨的軍艦，氣氛緊張。同行的一位大學生，擔心文化人袁殊感到恐懼，有意與袁談詩說文，以圖分散袁殊的注意力。四十年後袁殊還清晰的記得他們談到過「寶刀明月共光輝」的詩句，並說「那位同志的擔心是多餘的，他不知道我參加過北伐的經歷」，袁叮囑我查那句詩的出處，我沒查到。

渡江後他們一行人行軍去淮陰，有一次露宿橋面上過夜，袁殊亦坦然入睡，這與他少年時期從軍的經歷有關係，他雖然過慣了優裕生活，卻並不視艱苦生活為畏途。

一九四六年初，國民黨已確知袁殊到了解放區。「抗戰有功人員袁殊」立即變成「共黨漢奸袁殊」。軍統對袁殊下了通緝令，派一連人到蘇州抄家。母親端木早一步得到消息，抱著剛出生幾個月的曾虎從後門跑回了上海。

袁殊一行人到蘇北淮陰後，才算是正式到了家，從此他開始在光明中坦蕩生活，工作了十年光景。

國民黨知道袁殊投奔解放區後，馬上通緝「大漢奸」袁殊，派了一個連的兵力到蘇州抄家。母親王端抱著剛出生幾個月的曾虎從後門逃出，跑到上海。一九四七年，我奶奶袁仁惠帶著我大姐馬元曦（當年十歲）在青島，因是通緝犯袁殊的家屬，被國民黨扣押了幾個月。我和曾耀隨袁殊到了解放區江蘇淮陰。在淮陰，國民黨特務要加害一歲多的我（曾龍）未得逞，我受驚大病。

二、從文化人到革命軍人的轉變

袁殊是從舊社會滾過來的人，在舊社會官場又混了多年，其待人接物、生活習慣不免帶有舊社會環境的烙印。初到解放區時，袁殊處處感到新意。在光明正大的革命環境中他受到磨練，首先完成了從文化人到革命軍人的轉變。

袁殊在解放區受到隆重接待，楊帆親自接他到淮陰。以後陳毅和饒漱石又分別宴請袁殊，對他來到解放區表示歡迎。袁殊說，饒漱石的宴請飯菜簡單，談話正統，袁評價饒「待人接物完全是一副組織面孔」。談到陳毅時，袁的話題活躍起來，他談到陳毅在贛南游擊時艱苦鬥爭的經歷（注），表示了由衷的欽佩。陳毅請客飯菜非常豐富，有許多繳獲來的罐頭煙酒，席間談笑風生，不拘一格，平易可親。袁殊還說，「陳毅在贛南打游擊時極其艱苦，經常餓飯，有的人利用男女關係搞點飯吃。後來有人要追究這種事。毛澤東說：「那時他們那麼困難，不提了。」

從袁殊的談話口氣中，我猜他是受到生活上的特殊優待的。在淮陰，他碰到了樓適夷、黃源等老朋友，樓適夷也說他們有時晚間到袁殊處聚談，說「袁殊處的伙食好一些」。

最初的幾個月內，袁殊整天寫資料，寫汪偽、軍統、日特等敵營內部的資料。一九四六年，華東局組織部長曾山找袁殊談話，說現在處於戰爭時期，以前的組織問題等到和平時期再說，現在可以重新登記入黨，並建議袁改姓名隨曾山姓曾。袁殊即以曾達齋的名字重新加入了中國共產黨。

以前我相當單純，認為既然是從白區來的同志，為什麼還要改名呢？（注）後來漸漸地理解了名聲太壞實在很糟糕。當時打入汪偽政權的共產黨員關露也在淮陰，她是三十年代的女詩人，後奉命打入汪偽機構，出席過日本一手操縱的偽亞洲作家代表大會。有一天關露在外行走，幾個從上海來到淮陰解放區的見到關露就喊起來：「漢奸從解放區滾出去！」據當時目擊人說，關露臉色慘白，轉身就跑。關露後來晚景淒涼，抑鬱而逝，心靈上也是創傷累累。關露始終沒有改名，袁殊卻改名為曾達齋。

曾達齋被任命為華東局聯絡部第一工作委員會主任，定為旅級幹部。梁國斌說，「你的軍齡不夠，只能定為旅級」。看來，袁殊的軍齡是從一九四六年進入解放區時起算的。

應該說袁殊是徹底的內部同志了，但是他的自由主義習氣和受到特殊照顧，卻使一些同志提了意見：如果他是內部同志，就應該和我們一樣；如果他是統戰對象那我們沒意見。

袁殊經歷了融合於革命環境中的思想磨練過程。他本人談了兩件事。

第一件事是在膠東行軍途中養狗。雖沒有明文規定不許養狗，可很明顯這種做法在當時的環境下過分奇特，有人提出了勸告，袁殊認為是小節而不理會，後來上級讓人背著袁殊把狗處理掉了。晚年的袁殊反省道，這是上級對他的愛護：即不直接傷他的自尊心，又消除了在群眾中的不良影響。

第二件事是下館子。袁殊從上海出來時身上有些錢，在山東行軍時，每到一個小休地，袁就約幾個人去吃館子。這本是生活小事，但群眾也有議論，袁也是以反省的口氣談及此事的。當時的條件還很艱苦，常下館子就是腐化。

通過點點滴滴的生活小事，袁殊在改變自己的思想作風，到解放初期我完全有記憶之後，他已成為一個嚴謹的革命軍人了。

在大連相對穩定的環境中，他也養過狗，解放後在北京，當那條「老黑「被打狗隊套去之後，他就不再養狗了。解放初期他也下館子，但僅限於星期天，而且和朋友聚會的時候少，帶著孩子改善伙食的時候多，我認為不算過分奢侈。有一次在街上，他被一個執勤的軍人問了幾句，他當時主動對我說，「因為穿軍裝沒扣好風紀扣，這是不應該的，下次上街穿便服。」這件事表明袁殊固有的文人渙散作風有了很大改進。

三、大連的春天

離開淮陰後，袁殊在膠東一帶，參加了梁國斌領導的肅清國民黨潛伏特務的工作。也負責對被俘國名黨將級軍官的情況調查，和談們談話。

一九四七年秋，袁殊到了大連。他歸屬的建制我搞不清楚，只知道他既由李一氓領導、也接受梁國斌和馮弦的領導。他的實際工作是以博古堂經理的身份參與對香港的秘密貿易工作，並在遣返回國的日本人中間剔除出日特。

當時我很小，袁殊本人對這一時期的具體工作講述也不多。我只能他在大連時期發表的文章中發掘袁殊當時的思想、感情和心態。

袁殊在〈大連的春天〉（一九四八年二月九日《關東日報》第一版，署名「丁未」）一文中，以寫景寄情的方式抒發了生活在解放區的感懷：

「曾在寒冷中汙濁荒廢了的小園，怒茁一片青苗，算季節的氣候，這裡比江南要遲上一兩個月。快到五月節，芍藥盛開了，白的黃的薔薇也盛開著。比南方，這遼東海域，可以說是『春遲』。但是想起了南方，看著這裡的一切想進步的『變化』——南方的人正在度著最後的陰沉的無奈的冬天——這裡，人們的心，是早就迎著春天了。」

在〈關東好光景〉一文中寫道：「幼稚園的兒童唱著童謠：說關東，道關東，關東是個好光景！蘇聯紅軍來解放，民主政府有保障。他們這一代，在解放的年代裡新生起來的這一代，他們只有歡樂的歌頌！但是他們——幼稚園的孩子們，也是從苦難中生長起來的。記得那時苦難的，是他們的父母，苦難把他們孕育到這解放的新生的年代。

今天，他們——我們民族的精靈，在光輝地生長著、生長起來！他們有歡樂的歌頌，他們是光明和希望……

在日本人統治下的中國人的生活，是悲慘的。貧困、饑餓，到處是奴隸的生活，到處是死亡！整個日本人統治的地區，整個是悲慘的人間地獄，大的、黑暗而悲慘的地獄。

當時我和三姐曾耀在上幼稚園，袁殊看著新一代的成長，他不由得聯想起日寇鐵蹄下的魍魎世界，這篇文章的筆名是「大獄」。

當時的袁殊已不是專業的新聞工作者了，他仍然寫了許多時論文章發表於《關東日報》和《海燕報》上。他以極為振奮的心情，謳歌了中國人民解放事業的迅猛發展。

一九四八年的九月，秋高氣爽，解放軍在與國民黨軍的中原逐鹿中取得了節節勝利。袁殊以「溫超」的筆名撰文〈祝捷之秋〉，發表於一九四八年十月三日《海燕報》報第一版，他熱情地歡呼了革命事業的勝利：

「我們望著夜城南京，正是秋風落葉的時候。

讓那些在戰爭中蜷縮在死亡邊緣的階層——中國最後的一個反動頭子及其狐群狗黨，挨著愁慘的秋天去吧！那些無恥的人群，在秋風中瑟縮；在秋葉中發抖，也在秋風中凋零。

壯健的人民在勝利中成長，更壯健起來。人民流自己的血汗，取得戰爭的勝利，人民向前，人民的心如無雲的澄清的秋空。在人民，這是勝利祝捷之秋。」

一九四八年十月，長春解放了。袁殊撰寫了社論性文章〈長春頌〉。文章抨擊蔣介石的用兵是「高踞白骨塚的金字塔尖之上，足踐著呻吟哀號的人民」；文章借古論事說明瞭吳化文、曾澤生的起義本因：「黃石公也說，「夫能扶天下之危者，則據天下之安；能除天下之憂者，則享天下之樂；能救天下之禍者，則獲天下之福，故澤及於民，則賢人歸之。」（注：黃石公就是《史記》中記載的三試張良的黃石老人。「黃石公也說，「夫能扶天下之危者，則據天下之安；能除天下之憂者，則享天下之樂；能救天下之禍者，則獲天下之福，故澤及於民，則賢人歸之。」」）

文章也以吳化文、曾澤生為例，向將軍官兵進行了政治宣傳：「來者安之，謂之懷。所以勞其遠而慰其誠也這也是至理名言」——不願為四大家族賣命，不願為賣國賊和美帝充當走卒做內戰炮灰的國民黨將士們，舉起你們的義旗吧！回到人民溫暖的懷抱裡來，可以雪恥、可以贖罪、可以復仇——光榮等著你們。」（注：吳化文，山東人，原馮玉祥部任參謀，他先是追隨馮玉祥，後投奔蔣介石，再投靠汪精衛，又反投蔣介石，最後加盟解放軍，一生事四主。曾澤生，雲南省永善縣人。原國民黨高級將領，一九四八年長春起義。後編入中國人民解放軍。一九五五年被授予中將軍銜）

袁殊思想感情的脈搏隨著勝利的節奏在跳動。一九四八年十一月，淮海戰役初戰告捷，袁殊在同月發表的〈取徐州〉（十一月十四日《海燕報》第一版，署名「曾石」）一文中寫道：「解放軍進軍的神速，誠如在解放濟南時，戰士與人民所說「太快了」，使人難以捉摸！黃河已是北中國解放區的內河，渤海灣也將變成為東北與華北解放區所鄰抱的內湖——現在是摧枯拉朽到了飲馬長江的時候了。」

十二月，徐州解放了，袁殊又發表了〈下江南〉一文（一九四八年十二月五日《海燕報》第二版），文中末尾寫道：「歷史的大風暴向前席捲，瞬息之間，就將要淹沒掉這個中國最後的一個反動統治者了。『兵以勢勝』，這是人民民主高潮排山倒海的大勢。『兵敗如山倒雪崩』，這是所有的反動統治階級及其所代表的舊社會制度與體系的必然的命運。徐州的解放，加速了新中國的催生。人民解放大軍的巨步，將下江南，取活捉兒皇帝。」

一九四九年之春，人民歡慶了新中國誕生之前的最後一個春節。在這歷史巨變的時期、人民普天同慶的節日中，袁殊在〈桃符話春華〉（署名「胡文」）一文中抒發了個人對光陰倏忽的感懷，他談到了剛剛解放的揚州：「想到揚州，這是位居江北而有江南物華的城。往日瘦西湖上的船歌，寫那十里煙花的景色，曾說：『揚州好，第一是虹橋。楊柳綠齊三尺雨，櫻桃紅破一聲簫。處處係蘭橈。』這是我們北國所不能見到的風光。鄭板橋的『道情十日』，也曾幽怨地唱過揚州人民的疾苦。可惜揚州曾是退了色的、隨著舊時鹽商巨賈、封建豪紳的沒落，它不僅遭受了長期的蹂躪，特別是在國民黨的統治下，更把她摧殘得零落了。

但是現在，揚州解放了，這卻又適應了趙子昂為歌頌揚州所做的春聯：『春風閬苑三千客，明月揚州第一樓。』昔日揚州的俊美，當隨解放軍進駐而重光。」（注：夢香詞・調寄望江南：其《夢香詞・望江南》一百餘首，詠唱傳誦一時）

袁殊在大連時期寫的文章，重新煥發出了《文藝新聞》時期的文章光彩：光明熱烈，不過文風老練多了。在此期間，袁殊還寫了一些思想雜談，如〈談「話」〉、〈說「謊」〉、〈牛後之談〉等；也寫了一些散文，如〈盆菊〉等，還寫了一些文物雜談，如〈古文物的研究與保存〉、〈故都文物美〉等。這些文章反映了袁殊對文治文物的愛好，對人生哲理的思考，對養花草的喜好。這些文章是袁殊精神世界的外在反映：他就是真麼一個人。

在一九四八年到一九四九年的一年多時間裡，他發表了三十多篇文章。這是他在光明生活的十年中，業餘寫作最多的一個時期。後來袁殊告訴我，他當時是《海燕日報》的主筆，很多社論出自袁殊之手。

在大連時，我已有朦朧的記憶。大連的住所是一幢日式二層小樓，前院有幾棵樹，父親袁殊住二樓。家中有姓李的警衛員，另外有個做飯的女人。

有一次袁殊帶回來一條德國小體型狗，名叫「荸薺」，當晚小狗汪汪叫，大人們拿肉餵小狗。還有一條大狗，有一次袁殊外出很久，警衛員時導原把狗吊在樹上殺死了，接下來吃狗肉，很辣，吃完後我大病一場。

還記得，我和三姐曾耀那時同上一所幼稚園。有時袁殊帶我們到大連老虎灘去遊玩。後來袁殊告訴我，「在大連時，『高級幹部』發人蔘補品，我吃了流鼻血，不能吃。」當時袁殊三十七歲，正值壯盛之秋。

袁殊在大連的職業掩護是博古堂經理。真正的工作是甄別遣返回國的日本人，協助李一氓開展在香港的貿易。

四、我很懷念趙家樓的生活

十年前，袁殊還沒有平反時親口對我說過：「我很懷念趙家樓的生活」。在袁殊曲折複雜的一生中，他為什麼單單懷念解放後在趙家樓工作的五年光陰呢？我認為他的這句話反映出他在心靈深處對光明生活是非常渴求的。上文提到袁殊的文章〈無言之書〉，闡述了他對隱匿的壓抑和對追求光明生活的渴望。

趙家樓的生活，沒有「泥河」，沒有「偽裝與周旋」，完完全全光明的天地，是純「真」的淨土。

一九四九年，李克農調袁殊從大連來到北京，到情報部門工作。對袁殊說，「你就是一本舊字典，也有翻閱的價值」。李克農當時中共情報系統負責人。該部門的另一位領導人張唯一對袁殊說，：「『神龍見首不見尾』，袁殊這個名字今後在社會上銷聲匿跡了。」

曾達齋在機關裡是一名普通的幹部。解放初期，袁殊用六十袋麵粉頂租了位於南長街東河沿的曹汝霖的女兒曹四小姐的一所三層小樓。我母親和祖母相繼從上海和青島來到北京，一家人團圓了。依稀記得住在曹家房子的幾個月內，家裡的生活多少還有點講排場的味道。地下室是廚房，家裡有做飯的大師傅。

李克農來訪過，我猜有考察袁殊生活現狀的用意。曹四小姐的房子被作為敵產由政府沒收之後，袁殊用潘漢年退還的錢買下了南長街老爺廟十號一個小院，祖母搬進去住了。潘漢年為考察袁殊是否有貪汙，還探視過南長街老爺廟十號。那只是一個普通的四合院：南北各四間，東西各兩間。

我的母親帶著幾個孩子先搬到東堂子胡同機關宿舍的三間平房。住了一些時日，後又搬到蘇州胡同《新觀察》宿舍的四間平房安頓了下來。

父親袁殊早上騎自行車上班，晚上回家。孩子們平日住校，週六日和寒暑假在家。我們過著普普通通的生活，腳踏實地。這種正常人的生活在袁殊動盪的一生中是不多見的。

袁殊工作的地方在南小街趙堂子胡同被稱作「趙家樓」的地方，那座大院子原是被稱為賣國賊曹汝霖的家，就是「五四運動」時愛國青年火燒的那個趙家樓。院內北面尚殘存的幾間房子當時成為了開水房，東面是飯廳，院中央空地上建造起了一座四層辦公樓，袁殊在這座樓內度過了四個忙碌的春秋。

袁殊在四樓向陽的一面佔用了兩間通連的房間，一間作為辦公室、一間作為臥室。

自一九五三年他和母親王端離婚後，他在這裡度過了兩年獨身的生活。臥室裡有兩張床，一個五斗櫥和一個堆滿書的書架。在最後兩年裡，這兒成了我和曾虎的家。每到星期六我們就直接從學校回到這裡，星期天一早和袁殊到南長街的奶奶家。

在記憶中，當時父親給我留下的最突出的印象就是忙，他幾乎終日伏案工作，不是看就是寫。

辦公桌上常常擺放著厚厚的手寫的資料，袁殊用筆墨將刪去之處塗得一絲不苟。當時我不關心也不知道他忙些什麼，二十多年後才得知，他們做的是以日美動向為主的調研工作。

袁殊說：「抗美援朝時，有些資料是送交政治局參考的，因此每個百分數都要百分之百的準確。」那時袁殊的工作和生活就像一個每天擰緊發條的鐘錶一樣有規律。他每天六點起床，七點下樓到食堂吃早飯，稍事休息後即工作到中午；午休一小時後再工作一下午，晚飯後聽聽廣播，看看文藝性雜誌，然後又伏案到至少夜晚十二點以後。

那時他獨身生活，他的全部生活內容幾乎全是工作。那時他正當年富力強之際，身體原本非常強健，能吃能睡，但是長年累月的過量工作使他的血壓增高，有時也頭疼。

回憶起來，袁殊是個要強的人，至少中年時期的袁殊有一股頑強工作的韌性。晚年時期的袁殊曾教育我們說：「人生要有一點精神、有一點操守的」。我認為趙家樓時期的袁殊體現出了頑強工作的精神和堅持不懈的恒心。

我猜袁殊懷念趙家樓時期的生活，重要的原因是這段時期他身處正大光明的環境之中，在堂堂正正地做人。

解放初期，部隊機關環境充滿了革命朝氣，寒暑假我住在機關內，看到的是每個人都在緊張忙碌地工作，完全沒有上班時間品茶讀報的悠閒景象。

革命隊伍中人與人之間的關係也是極為坦誠的。我記得有個個頭較高的同志當面對袁殊提出意見，說他審改資料稿的速度慢。

我也記得袁殊和一位患神經衰弱的同志談過心，瞭解了病人的苦惱並立即應允研究解決實際困難。

在趙家樓環境中，人際關係沒有虛偽的做作，沒有勾心鬥角和爾虞我詐，這種環境對於嚮往革命但又常年不得不與骯髒汙穢周旋的袁殊來說，顯然具有極大的吸引力。

如果沒有一九五五年的變故，他肯定能跟上時代的步伐，他將會適應光明世界的一切。可惜五年的時間不過是漫漫人生中的一個片段，袁殊臨終前的心態基本上是過慣「鼴鼠式」生活的被扭曲了的心態。

趙家樓時期的袁殊與文藝界基本隔絕了，但他個人生活作風中仍保有一些文人特色。

他的辦公室佈置得頗有一點書卷氣。辦公桌玻璃下壓著毛筆寫的條簽：「橫眉冷對千夫指，俯首甘為孺子牛」，以及兩枚魯迅頭像的郵票。室內有些文物小標本，屋角擺放一個精緻的細瓷炭盆，有時用炭火燒煮咖啡，冬時則用於夜間取暖。

他常年訂閱《譯文》和《美術》雜誌，這是他工作間隙的讀物。他也偶爾寫寫稿子，但數量不多。

他給《新觀察》雜誌寫過一篇思想雜談〈唯我論〉，是我知道的。那片短稿寫完後擱置了一個禮拜後拿出來修改，再帶著我送交給《新觀察》主編戈揚的。他的寫作態度嚴謹多了。

他給鄭森宇主編的《世界知識》寫文章多一些，內容多是些日本問題研究，國際問題述評之類。

當時他多用「丁未」、「方正」、「達齋」的名字發表文章，寫了哪些文章我不清楚。他把稿費都存了起來，總計一千四百多元，按當時稿酬算約有幾萬字吧。這筆稿費直到二十八年後袁殊平了反才取出來。袁殊平反後，向組織提出要求退還解放後的稿費存摺，存款兩筆，數額一千四百多元，存款的地點時間和存款人的姓名都確實無誤，組織經與銀行核對後開具證明取出該存款發還給了袁殊。

袁殊當時是軍委聯絡部二處（亞洲處）的處長。我還記得在袁殊辦公室，袁殊的兩次談話。

（一）一個很憔悴消瘦的中年人端著水杯進來後坐下。袁殊問：「現在怎麼樣了？」那人回答，「只有自殺一條路，天天晚上睡不著。」袁殊皺起了眉頭。那人要求一間單身宿舍，當時的條件下不可能辦到。當時的我很奇怪，「幹嗎要自殺？」

（二）一個身材魁梧的中年人進屋，坐下後提了意見：「你的審稿能不能加快速度？我們寫完了，在等你」。

我出於好奇，偷閱過一次放在辦工桌上的審閱稿件，看到刪掉部分用毛筆塗黑，被刪字一個也看不見，有些地方用朱筆做了下標，厚厚的一摞稿，乾淨整齊。每天請清晨，袁殊就打開大功率收音機，聽日本電臺的日語廣播。

晚年袁殊說，「那時抗美援朝，我們專注美日動向。我們對戰場情報分析匯總，寫出報告，直接送政治局參考，所以一個數字也不能錯，要修改好多遍」。

名叫關鍵的年輕人是處裡的是年輕幹部，為工作需要，自學日語，時常請教袁殊，袁當時送他一塊歐米加錶。

袁殊平反後，關鍵專程看來望他，帶來幾聽香煙和食品。袁殊說，「關鍵當時很年輕，聰明談不上，但是踏實勤懇，認真努力，勤奮向上。」

還記得在機關例行舉辦的春節聯歡會上，有一則謎語「打牙祭」，猜一種牙膏名。我瞎猜猜不到時，父親過來了，他說「這個我知道——固齒靈」，猜對了。我急想獎品，袁殊卻走了。當時我（八、九歲）不懂打牙祭的意思，還納悶「打牙祭和固齒靈牙膏有什麼關係？」

回憶上述瑣事，是為勾勒趙家樓生活的環境與氛圍——誠懇、敬業、純真。正常的人都有追求「真、善、美」的願望，在險灘激流中周旋半生的袁殊，在趙家樓找到了「真」，所以袁殊「很懷念趙家樓的生活」。

當時袁殊四十歲，已和我的母親王端離異，獨身。他先後兩次談婚，均未果。第一個女人帶著當時就讀香山慈幼院的兒子李光達生活，家東單附近。袁殊帶我到她家去過兩次。記得袁殊對我說，「李光達不好，偷東西，少和他玩」。

那個女人是母親王端的朋友。當時住在上海的王端知道此事後，專程來到北京阻止了這件事。組織上關心她的個人生活問題，又介紹本機關女幹部，名叫岳虹。她當時帶兩個孩子過日子，好像八字有一瞥，因一九五五年袁殊被捕告吹。

晚年袁殊講組織介紹，「你和岳虹的工資加起來有四百元，你還有些稿費，再多的孩子也養得起嘛」。現在的年輕人不知道，解放後很長一段時間，組織包攬一切，婚姻更不例外。鵲橋由組織搭拆，關露和王炳南就是被組織拆了鵲橋的。

記得奧地利哲人阿維德曾說過，人生三要素是：事業、婚姻和社交。

趙家樓時期的袁殊，雖有一些社交，但總的來說工作性質保密，忙迫，社交不多。婚姻生活狀況是中年離異，只有工作（事業）是他的精神支柱。但是在他人生的後三十年裡，連這賴以生存的精神支柱也不復存在了。

年近古稀的袁殊在背負「歷史反革命」罪名、在沒有家庭生活的狀態下，發出了「懷念趙家樓」生活的感慨，足見事業之於袁殊是多麼的重要。進一步說，這又何嘗不是袁殊本人在困境中發自內心的求光明、求生存的呼喚呢？還原扭曲心態的本來面目，一個具有正常人生欲求的脈搏在跳蕩。

五、袁殊的兩次哭

晚年的袁殊，因患腦血栓病控制不住情感，常常無端痛哭。我這裡談的兩次哭，是他沒有得病之前的事，一次是在一九五三年，一次是在一九七七年。

住在東單蘇州胡同的時候，暑假中的一天下午，我和曾虎發生了一點小矛盾（什麼事早已忘得一乾二淨），我的母親脾氣很急躁，她立時大聲斥責我們，曾虎放聲大哭起來。剛剛回家不久，坐在旁邊目睹著小小鬧劇的父親突然把我和曾虎緊緊地抱住低聲抽泣起來。大家都吃了一驚，屋裡的空氣頓時凝住了。

過了幾秒鐘，媽媽說：「咦，好笑吧，這麼大的人還哭。」聽了這話之後，六、七歲的曾虎頓時破涕笑出了聲。媽媽也笑著遞過來一條毛巾：「快給你爸爸擦擦眼淚。」父親非但置之不理，反而埋下頭失聲痛哭起來。

記不得最後是如何收場的了，我當時雖然年紀很小，可是感到非常壓抑，自此以後我對父親的愛中又摻進一些同情和憐憫的成分。

那次哭發生在父母衝突加劇的時期。過了不久的一天晚上，母親帶著我和小阿姨端木成霞到蘇州胡同口的一個西餐小館子吃飯，飯後到平安電影院看電影，電影剛開始，母親就拎著一隻皮箱走出了電影院。第二天晚上，父親回家後急急問我昨晚去了什麼地方，並帶著我重走了昨日的足跡，又過了一天，父親告訴我：「你媽媽一人回上海去了」。父親和母親離婚了，不久我們搬到南長街奶奶家。父親平日不回家了，他在趙家樓過了兩年左右的獨身生活。

小時候我確實鮮明地感到父母二人很不一樣，父親天天工作，母親常常逛街，但他們有什麼矛盾我也說不出。

二十多年後，父親對我講述了他們之間思想上的尖銳衝突和他與王端的結合與離婚。

大約一九三九年前後吧，母親和大他十二歲的袁殊同居了。過了兩年有了孩子，袁殊不得不和馬景星正式分離，袁殊和端木文琳正式結婚了。

端木文琳當時只有十八歲，對政治毫無興趣，袁殊的一切內情都不告訴她，她也不聞不問，解放前的端木文琳只過著闊太太的生活。解放後，生活環境有了本質的變化，袁殊希望端木文琳在思想上也有相應的變化，袁殊讓端木文琳改名為王端，介紹她參加情報總署做簡報工作，希望她去掉海派作風，安心平民生活。

人的改變是不容易的，一點也沒有思想基礎的王端受不了嚴格的機關紀律制約，幹了不久就不辭而別了。袁殊對此事很惱火，但毫無辦法。接下去袁殊敦促王端進了會計學校學會計，希望她有一技之長能自食其力。

王端卻一如既往地帶有濃厚的海派作風生活。兩人的矛盾越來越尖銳，終於導致了離婚。

幼年喪父，中年喪妻，晚年喪子是人生三大災難。人到中年婚姻破裂，遭遇這樣的變故是人生的大不幸。不滿十歲的我有時也能朦朧地感覺出父親心靈的孤寂。他失去了夫妻孩子團聚在一起的天倫之樂，我親眼目睹他晚間從櫃中取出一小瓶酒，湊著瓶口，沒有任何酒菜，一口氣喝掉大半瓶酒的情景。他常常帶著我買些熟食，自飲自酌，我只在旁邊吃點菜，父子相對無言。

一個星期天下午，他帶著我在前門吃了小吃，送我回到學校的車站後，轉身走了。我望著他離去的背影消失在人群之中，內心深處感到一陣淒涼。

還有一個星期天，我和小同學相約都不回家，在遊藝室玩，中午時分，突然他帶著曾虎出現在遊藝室門口，我因為正玩得興高采烈，怎麼也不肯跟他走。他無可奈何地領著曾虎走了。當天剩下的時光裡，我心中很茫然，後悔沒跟他走，空落落的，那是不幸家庭生活的哀愁。

初夏的某個夜晚，父親破例地不在週六日時回家了，他一進門就急匆匆地對我說：「今晚帶你看電影去，現在就走。」父親只帶我一人看電影，由於受寵我很高興，父親的興致也非常高，我們邊談笑邊走。

走了一段路後父親突然說：「我帶你出來不是去看電影，是去看一個人。「我問是誰，他笑而不答。我纏起來沒完沒了，他只得照實說了，「你媽媽來了，我帶你到旅館去看她。」我一下愣住了，「媽媽」的印象過去就很淡薄，現在更是很疏遠很陌生了，我鬧起了彆扭，不要去。父親連哄帶拖地把我拉到了旅館，當晚我和母親睡在一張床上。第二天早晨醒來，陌生感消退了許多，母親女性的味道侵襲著我，使我感到一種新奇異樣的舒適。媽媽問我：「你為什麼不願意來、為什麼不願意來？」我答不出來，當年的他們也不懂自幼失去母愛的兒童的細膩脆弱的情感變化。

一九七五年末，父親袁殊在第一封實質性來信中就提出了一個他稱為「很不愉快的問題：「你母親的下落如何？希望告知你認為可以告知的情況。關於她，我必須向你說如下的話：她是一個舊社會受毒害的女性。對她幫助不到，有我的過錯，但幫不上是事實，委屈也不能求全……」

以後多次來信中他又重複了這個問題，我實在不能在信中作答。

母親王端回上海後，生活沒有保障，求袁殊幫忙找工作。袁殊請求潘漢年想辦法，潘起初不做聲，袁便強求了：「以前我和你搞過那麼多名堂，現在你是地方長官了，連我的老婆也安置不了？」潘還是不響，可實際幫了忙，安排王端到上海市人委做財會工作。安排前潘還問袁，王端會不會有經濟問題，袁殊十分肯定地說，「不會」。（袁殊說，在敵偽時期，我一次給了文琳六萬法幣，很大的一筆錢，她隨手就扔在床上，無所謂的樣子。）

袁殊對我說，「就是從舊社會的人情關係來看，潘漢年也是幫忙幫到了家。」母親有了工作，也確實沒有發生過任何經濟問題。

一九五五年，王端受到潘、袁牽連被拘留審查了兩年之久，因確確實實是政治的局外人而獲釋。她住在上海，我寒暑假中看過她幾次，她也到北京來過來兩次。母親因生活的挫折患了嚴重的失眠症，她在自食其力的平凡生活中，思想作風起了很大變化——少了海派的虛華。

母親王端，原名端木成秀，袁殊為她改名為端木文琳，解放後改名王端。

王端出生在南京六合縣，父親是一個帳房先生，因有六個子女，家境貧困，從小就把王端過繼給南京的一個姑表親戚家。王端中學畢業後，在一家日本人的商店工作，日方經理貪圖王端的美貌，起了歹心，王端逃離了該商。

在社會上認識了大他十二歲的袁殊。潘案後，王端也被捕入獄，一九五七年獲釋，轉到錦江飯店做財會工作，文革期間自盡。

母親王端是不幸的。一九五七年被釋放出來後，經人介紹與一位姓曾的男人結了婚，育有一子，名叫曾毅。誰想，一年後曾姓男人化成右派，已成驚弓之鳥的王端堅決離婚。自此獨居。

王端的工作轉到上海錦江飯店，當會計，月工資五十多元。在上海還有個親姐姐，是浦東紗廠的工人，王端原也可以平淡地生活下去。誰料，文化大革命爆發了，王端受到衝擊。工作室潘漢年介紹的，前夫是袁殊，不可能不受到衝擊。原本就患嚴重失眠症的王端，更加日夜不能眠了。她先吃安眠藥自殺，被人救活，沒幾日失蹤了，再也找不到了。很顯然是跳黃浦江溺水身亡了。

王端消失後，小曾毅無依無靠（父親在勞改農場），生活苦不堪言不說，也飽嘗了被欺辱的滋味。但他沒有學壞，後來當了司機，自食其力至今。

一九七七年他回北京探親，分別二十二年了，確有談不完的話。夜闌人靜後，我們在燈下對坐，他又當面提到了王端的現狀問題。

「母親王端自殺了」，我告訴了袁殊。「怎麼她死了？」袁殊聽完我的敘述後乾噎了起來，幾秒鐘後，六十七歲的袁殊老淚縱橫。這是我目睹袁殊的第二次哭。

袁殊的話語無倫次了，他談到了他們的相識，他積存於心中的對端木的舊情，他的不滿……，「我原打算和她重婚的，我有把握她一定會同意的，沒想到她自殺了，愚蠢啊！」愛和恨交織在一起，哀思中寄託著真情。

我不忍心把王端對他的懷念講給他聽。王端曾為袁殊祈禱過、算過命。母親反省過自己的不足，母親也指出過他們思想上的分歧：「我喜歡窗明几淨的安逸生活，他老是要搞冒險的事。」母親也自責過，「他吸煙，我很討厭。要能容忍一些就好了。」母親說過袁殊的脾氣，「糗糗的，有時也暴躁。」母親說過一句總結性的話：「吵歸吵，孩子都養幾個了，怎麼能沒有感情呢？」

和父親談話的第二天一早。父親拿給我一張紙說，「這是我昨夜寫的，你看看。」他兩眼佈滿了血絲，顯然又是一夜未眠。他寫的是悼念端木的一首詩：

〈傷逝〉，寄昭兒及弟。一九七七年十月七日夜，枕上：

噩夢秦淮夜未央，華燈宴罷哭國殤；
濁酒難酬知己意，埋海東流化大荒。

浮生鴻羽慟輕狂，設奠無由祭浦江，
告君有子爭前茅，我枕琴書老舊鄉。

「浮生鴻羽慟輕狂」的意思，我的理解為輕如鴻毛的浮生，哀慟毀於一時的輕狂。袁殊認為，自殺是愚蠢的行為。「墳前樹草，穆穆而已」，父母均已作古了。如果母親當時健在，如果他們確實能重婚，那麼袁殊的晚景或者不會那麼淒涼。

袁殊去世後，我在他的床頭櫃中找到了一張母親王端從會計學校畢業的結業證，上面有母親當年的照片。我默默的流下了眼淚。

六、隱秘的心聲

我上高中時，在南長街的家中翻出過父親解放前後寫的一些詩稿，都是用毛筆寫在榮寶齋信箋上的感懷詩。這些詩稿在文革期間破四舊時都被我燒掉了。

其中有兩首詩給我留下了較為深刻的印象，但因年代久遠，記憶可能有失誤之處。其中一首題名〈無題〉：

遲夜月華照九京，中天雨過太澄明。
誇君遊子能承續。我自無礙此浮名。
並將恩怨擲流水，且為高懷倒履迎。

三村四野百花發，一院新栽正向榮。

另一首是題名為〈清明小院〉，只記得兩句了：「清明小院正春時，楊柳新栽喜綠枝，瓜蔓宜牽棚架上，……」

南長街的小院，是座典型的北京四合院，南北各四間房，東西各兩間房。上海的敵產交公後，潘漢年給了一筆保管費，袁殊就買下了這座小院。

袁殊請人把小院修葺一新，門楣窗楹重新油漆了一遍，門洞的山牆下壘起了一個花池，栽上了幾株綠竹。在院內的東南西北四面各挖了一個細長的花槽，換上從筒子河裡挖出的沃土，在南北屋簷下拉起了一條一條的細鐵絲，形成了齊房高的鐵絲棚架，院內方磚地上擺放著兩盆夾竹桃和一盆石榴，又在院內散放了一些盆景和草本花卉盆栽。每到清明之際，袁殊自己鬆土播種，種瓜栽花。入夏時節，天井的棚架上滿布著瓜藤和青葉，花蕾引來蜜蜂嗡嗡地鳴叫著，稚嫩的果實長了出來，一天天地茁壯起來。

暑假時節的每天晚上，奶奶和孫兒們常在院中乘涼。院內的茉莉花剛剛綻開，看著噴壺中飛灑出來的水霧順著墨綠的茉莉花葉流下去，提水壺的我內心充滿欣喜。袁殊就是在這種環境裡寫下〈清明小院〉和〈無題〉那些詩的，詩言志。

袁殊喜好養花，尤愛盆景，他是一個有多方面生活情趣的人。一九七七年他回北京時，每月僅二十多元生活費，他到前門去了一趟，竟買回了一個三元錢的小文竹盆景。在他的精心養育下，小文竹生長得很快。他在薄如蟬翼的一大片豎向生長的大葉片上掛了一個曲別針，大葉片彎曲下來了，過了一些時候，文竹形成了雲松的形狀，非常好看。袁殊的花卉愛好，一直伴他離開人世。

造就了這樣一個隱於鬧市、充滿農家樂情趣的小天地，似乎反映出了袁殊安於隱名埋姓生活的恬淡心態。〈清明小院〉一詩，似為言其恬淡之志的寫照。

然而稍微瞭解袁殊的人大概都知道他是一個事業功名心很強的人，他的前半生奔騰活躍，在社會上有一定知名度，難道曾達齋就那麼安於工餘之後的庭院之樂嗎？我認為他的真實情感是複雜的。〈無題〉一詩，似為言其真實情感的寫照。

一方面，他已有較強的組織紀律觀念，既然有類似經歷的關露解放後沒有得到適當的安置，那麼對於袁殊變成曾達齋的命運就應該安之若素了。但是他不可能沒有其他的隱情。「並將恩怨擲流水，且為高懷倒履迎」，值得玩味。他似乎有難言之隱。

我過去曾猜測過，不甘寂寞的袁殊必有對自己的地位不滿的一面。後來母親告訴我，「你爸爸當時想調到上海來工作」，最近袁殊的一位朋友對我透露，他當時想過「出去重新搞起來」。解放後的陳孚木、吳某某都是經中央同意放出中國到香港去的。

袁殊的「恩怨」與「高懷」似乎都與他當時身處微妙的政治地位有關。

他是中共正式黨員，在機要部門也是一名幹部，應該說是絕對的內部同志了。另一方面對他的使用卻有嚴格的控制。

袁殊對我說過，解放後原有意讓他參加日內瓦會議做文字資料工作，當時劉少奇也同意了，但最終沒有成行。

一個背負「漢奸」名聲的人確實不宜拋頭露面。在工作上他受到重視，常去一些內部單位做報告，工作經常受表揚；朱德聽完袁殊的一次報告後曾說過，「袁殊是我黨不可多得的情報人才」。他當過幾屆人民代表大會代表。每逢五一、十一，都到天安門觀禮。

另一方面，他身受部分人的政治歧視。袁殊對我講過：「除了公務外，我不理鄒大棚先是情報總署署長、後是社會部副部長，為什麼這樣呢？袁殊說，鄒談到袁殊時曾說過，「幹了那麼多事（係指偽職），我只要隨便拿出一件，他就受不了。」

我至今也不明白鄒怎麼會講出這樣的話？難道袁殊不是共產黨員嗎？袁殊的解釋是，他是部內唯一的潘漢年的人，所以他還想到上海跟潘漢年工作。

黨外有黨，黨內有派，黨內無派，千奇百怪。政治嘛，據說是最高智慧的學科，愚魯如我者流，只能高山仰止罷了。驕傲的鄒大鵬不也在文革中服安眠藥自殺了嗎？

趙家樓時期的袁殊，生活是光明的，工作是勤奮的，婚姻是不幸的，他有隱秘的政治心聲，但卻將個人恩怨拋擲流水，倒履迎新生了。

說是具有「恢弘的氣度」也好，說是有點阿Q精神也好，應該說這是具有無可奈何之情的明智心態吧。他以坦蕩的態度漠然處置了每個人都會遇到的——於他尤甚的——種種煩惱。

在光明的生活中，他的思想作風得到不斷的磨練。他懷念「趙家樓時期的生活」，是因為生活中充滿勤奮求實的精神，他過的是正大光明地為自己的理想而奮鬥的生活，這段生活可以說是「大寫的人」的生活。

如果袁殊能在這條生活道路上繼續走下去，他會做出更多的成績，他的內心世界會越發光明，這對國家和個人來說都將有益無害。誰又能想到，平地風波突起，潘漢年事件發生了呢？這一首開先河的黨內大冤案，雖有著極其錯綜複雜的原因——恐怕連當事人本人也難以剖析清楚，但可一言以蔽之：這是中國歷史進程中特定時期的必然產物。

袁殊等人在厄運即將到來的前夕有明確的感知，他們是抱著聽任「命運」安排的態度來迎接人世滄桑之變的。

袁殊對解放後組織上對他的安排和生活待遇倒沒什麼怨言。他對我說過，「在聯絡部工作待遇不錯」，他這個人對地位也不甚計較，只要有事做，足矣。

他的人生價值觀是「做點什麼，不負此生」，他事業上的功利心很強，但不是個人名利心。他那時的惶恐，來自於鄒大鵬等人對他的態度。他以前跟潘漢年是單打獨鬥，根本不瞭解共產黨大小組織內部尖銳的派系鬥爭，人治嘛。他感覺到政治上存在無形的壓抑。

晚年袁殊回憶說，「那時潘漢年在上海的處境也很不好，呆不下去了。僧多粥少，又無處可去。」潘案未發生前，時任《解放日報》社社長的張春橋，就刊文指名點姓地攻擊過潘漢年。雖遭禁止，但是個強烈的信號：潘為黨核心的異類。他的感覺是敏銳的，不久就被捕入獄了。

戴「罪」之身

（一九五五年－一九八二年）

第八章 坐獄秦城

一、第六感官

搞情報工作的人都有「月暈而知風」的敏感性。我先後從母親的口中和袁殊本人的敘述中確切地知道，他在被捕前的幾個月中，就已經感知了即將發生變故。

袁殊雖然和王端離婚了，但沒有完全斬斷舊情。「你爸爸每次出差到上海都來看我，我有時也去他住的上海大廈看他。」母親對我直言不諱。

「一九五五年初，他最後一次到上海來時，心情很沉重，對我說了一些他從不講的話，我只是感到莫名其妙。」

母親向我講述了他們最後一次見面的情景：「他來看了我幾次，心情很沉重，我問他會發生什麼事，他不響。有一次來後，他突然對我說，「某某人不見了，被捕了。」我問他怎麼知道的，他說，「是從上海市公安局查到的」。我對他說，「既然這樣，不如到香港去算了」，他只是搖搖頭。

最後一次見面時，他說：「我馬上要回北京了，誰知到今後會是什麼樣子，我們可能不容易再見了，你自己多保重。」他說這些話時，臉色難看極了，我不知道該說什麼好，默默地看著他走了出去，就這樣分手了。」

一九七七年五月間，袁殊第一次回北京探親。面對重逢後的父親，我也問過他「被捕前是否有感覺」的問題。

父親的回答簡要概括：「一九五五年初的時候，從各種跡象看，我明確感覺到可能要出事。」根據何在呢？他談了自己分析的三個原因。

第一，他認為三十年代的工作是執行王明路線的；

第二，他認為自己有過失，即有政治原因；

第三，他認為人事關係處理得不好，他舉了鄒大鵬的例子，即有派系原因。

應該補充一句，他所列舉的三條未必就是一針見血，他明確提到康生，認為康生搞了鬼。

他也明確地告訴我，潘漢年對即將出事也有鮮明的預感：「每次潘漢年到北京或我到上海都會會面。潘漢年最後一次到北京出差時給我打了電話，我到北京飯店去看他，我們都預感到馬上可能出事，潘非常感傷地講了一句話：「凡是搞情報工作的，大多數都沒有好下場，中外同行都一樣。」

我問他出了事，我們應該怎麼辦？他說：「一切照實講」。袁殊說，那時潘漢年在上海的處境已經很困難了。

在情報戰線前沿陣地上工作的人，從事的是你中有我，我中有你的鬥爭。絕對的純正清白是不可能的，這裡有個至關中要的總傾向性問題，有個最高決策人的信任問題。

如果像文革時期那樣抓小辮子的話，那麼可以說這類人渾身都是辮子。不幸的是，極左思潮的特點之一，就是抓小辮子，攻其一點，不及其餘；只看事物的一面，不看事物的另一面。這種形而上學的方法在文革期間造成了太多的悲劇。

袁殊等人默默地等待著厄運的降臨。作為立志革命事業的人，除此之外，他們還能做什麼呢？等待著他們的是一條考驗意志的、漫漫的人生路。

二、被捕入獄

胡均鶴於一九五四年九月被捕。

楊帆於一九五四年十二月三十一日被捕。

潘漢年與一九五五年四月三日晚被捕。

袁殊於一九五五年四月五日被捕。

被捕的時間表說明，被捕的起因不同。胡均鶴大概因漢奸罪最早被捕。楊帆被捕的初因據傳是因為兩封揭發江青的匿名信（其實是林伯渠的夫人朱明寫的）。潘漢年、袁殊被捕日期緊連，被捕的初因相同。

當然，隨著案件的調查展開，這四位慢慢地混為一淡了。所謂潘楊事件，潘楊的交集是解放後共同啟用敵特。

其實潘漢年被捕的核心問題和袁殊無法分割。兩人二十七年後的平反日期也緊密相連。（潘漢年一九八二年八月二十三日，袁殊一〇八二年九月二十九日平反。）被捕與平反的日期都是潘先袁後，這不是巧合。潘、袁兩人後來都關押在秦城監獄，監舍相鄰，兩人在獄中都不知道。

一九五五年四月五日，袁殊接到李克農的電話通知要他去開會，袁殊穿好軍服帶著兩隻自來水筆去了，沒想到汽車竟開到監獄門口，袁殊被捕了。

「羅部長要你投降！」初審員對袁殊說。

「我作天還見到羅部長，他沒說這話」袁殊有些頂撞的味道。

「不是羅青長，是羅瑞卿部長，」初審員糾正了袁殊的誤會。

投降什麼呢？過去的一切對黨都不是秘密。他到解放區已有十年了，他是中共黨員，是黨的幹部。

袁殊產生了巨大的痛苦，他對我說：「關進監獄初期，我幾乎發瘋，天天捶打房門喊叫，看守人員勸說也沒有用。有一天我突然意識到，這樣下去會真的喪失理智，極力克制了自己。我借了一本講述德國狂飆運動的書，在看書的過程中，思想逐漸安靜下來子，從此以後再也沒有發生過類似的瘋狂舉動。」

被捕頭幾天，袁殊必須服用安眠藥才能入睡，思想情緒安靜下來後就不再服用安眠藥了。

袁殊經受了厄運突然臨頭的考驗。在巨大的痛苦與不平中，他沒有走到發瘋的一步。想到他坐的是自己人的監獄，而且坐了那麼長的時間，他依然保持著較為正常的理智，實在是非常不容易的事。

偵查審判期持續花了整整十年，在等待宣判期間，他沒有抱絲毫的幻想，他做好了長期坐監獄的打算。

政治上的事，他一切照實說，對於個人命運，則完全置之腦後。在他要求平反時對我說：「監獄的審訊記錄，都是我賴以平反的依據」。

在常年高壓之下，他的供詞是否會有違心之言呢？大概會有吧。對他宣判之日，他當庭表示「不上訴」，就是違心的。

據我所知，受到牽連的人當中，只有一個葉德明（葉文津）（袁殊任偽蘇州黨務辦事處主任時，潘漢年派給袁殊的秘書，實際是潘的連絡人），坐獄二十多年，一口咬定潘漢年是共產黨，始終沒有改口。葉德明平反後擔任廣東政協秘書長。

有不少人在特定形勢下的言行表現違背了本意，是因為環境能使一個人自我懷疑，逼供信總會扭曲真實的。

常年與世隔絕，沒人交談，袁殊的聲帶功能退化了。有一天，姚文元突然帶著一群紅衛兵到獄中提審袁殊，主要是盤問三〇年代初文藝界的情況。袁殊只能啊啊地發聲，講不出話來了。過了一天，袁殊才恢復了講話能力。據說，姚文元主要追問姚蓬子的事，問了幾天後，袁又被棄之一旁，無人過問了。袁殊接受了常年不開口而失語的教訓，以後他時時念報紙保持著講話功能。鄰近的建房中有人天天唱京戲，既非無聊自娛也不是發神經，同樣為的是維持講話發聲的功能。

常年的孤獨和寂寞能摧殘弱者的意志，能使人精神萎頓，雖然二十多年的牢獄沒有摧垮袁殊的意志，但是與晚年袁殊接近的人，都很容易地擦覺出袁殊的精神世界充滿了累累的傷痕。二十多年的牢獄生活，能使人的靈魂畸變。

對於袁殊這樣的人來說，精神上的痛苦確實比生活上受苦難熬得多。歷經磨難的人大約都不願重提往日的哀傷吧，袁殊也是這樣。

袁殊回到北京後，鄰居們來看望他，閒談道：「這麼多年了，在裡面一定很懷念孩子們吧！」，回到出人意料：「不想」，這怎麼可能呢？「因為顧不到想家事」這種不近情理的回答，實質是不願談或在掩蓋往日精神的創傷。作為一個情感豐富的鮮活之軀，怎麼可能不想念自己的孩子呢？

且看他的來信語句：「天下沒有比不能盡父職更遺憾的事了，為補償於萬一，我在獄中寫了〈生活十事〉」，在一九六五年宣判後，袁殊給大女兒馬元曦來了一封信，附詩中，有「苦雨滴淚心」的哀歎。

一九六四年，母親王端對我說，「袁殊很可能不在了，他怎麼會受得了呢？我不是說他吃不了生活上的苦，他怎麼能忍受得了精神上的痛苦呢？我懷疑他不是被殺死就是自殺了，否則，怎麼一點音信都沒有呢？」

有必要講述潘漢年的被捕，這與分析潘漢年案之必然發生，有重要關係。一九五五年三月，陳毅和潘漢年率上海代表團到北京參加黨代會。

毛澤東針對高饒問題講話。說，高級幹部有歷史問題沒交代的都要向組織講清楚，否則，查出來罪加三等。

會議印發的關於饒漱石、楊帆在上海「重用、包庇和掩護一批反革命分子」的資料以及胡均鶴於一九五四年九月間被逮捕，楊帆于同年十二月三十一日被送往北京隔離審查等事實，使潘漢年精神緊張。

（一）因為他是上海市公安、政法的實際領導人，是楊帆的頂頭上司，胡均鶴等人的處理意見，雖然最後由饒漱石拍板，但潘漢年不點頭，胡均鶴也不能得到「重用」。

（二）更何況，他自己還有一塊難於啟齒的心病，那就是一九四三年在李士群、胡均鶴挾持下在南京會見汪精衛一事，由於種種原因，一直沒有向中央說清楚。

事情到了這個地步，潘漢年深深感到應該主動向中央講清楚自己的問題，檢討自己的過失。四月一日，潘漢年找到陳毅，詳細講述了自己十二年前在李士群、胡均鶴挾持下去見汪精衛的經過，檢討了自己長時期沒有向組織上彙報的原因。同時將自己寫的有關報告交給陳毅，請他轉告中央。

第二天，即四月二日，陳毅親自赴中南海直接向毛澤東報告了此事，並將潘漢年的那份資料交給了毛澤東。毛澤東批示：此人從此不能信用。隨即作出了立即逮捕審查潘漢年的決定，由時任公安部部長的羅瑞卿親自組織人員執行。

四月三日晚上八時許，潘漢年突然接到一個電話，說樓下有人找他，請他馬上下樓一趟。由於毫無思想準備，潘漢年穿著拖鞋下了樓。找他的人正是公安部部長羅瑞卿。當潘漢年來到客廳後，羅瑞卿向他宣佈了對他逮捕審查的決定，然後由幾名便衣幹警「陪著」，走出了北京飯店大門，乘上了等候在那裡的一輛小車。轉眼間，小車便消失在夜幕之中。對個重要史料，我將在後文中分析。

三、秦城的生活待遇

獄中生活如何呢？袁殊所談甚簡，偶爾談到，言善的時候居多。他說文革前住的監舍很寬敞，大概有二十平米，內有抽水馬桶和洗臉盆。生活待遇好，每週洗澡一次，定期檢查身體，伙食也好，有時甚至吃烤鴨，每到夏天，看守每天都送來黃瓜、番茄，他把這些瓜蔬浸泡在水桶中，幾個小時以後污泥去淨，再拿出來吃。

這些敘述可能完全真實，但他有意避開了重要的一面：失去自由、背負黑鍋的精神痛苦。

文化大革命以後，袁殊移到一間小監舍。「新犯、要犯」源源不斷地湧進秦城監獄，他這個過了時的「反革命」被放置一旁不聞不問了。

新看守人員堅決捍衛「革命路線」，對於「階級敵人」當然毫不留情。一天，一個年輕戰士走進牢房，二話沒說，拿起桌上的鋼筆就折，折斷了吸墨水的筆頭還不算，又把筆尖別彎了。

犯人袁殊忍不住提出抗議，「好好的鋼筆，為什麼損壞掉？」，「那是上級對你們的愛護，怕你們自殺」，回答的很乾脆。

為了防範新的反革命罪行，有一個時期袁殊接到命令，晚間睡覺時必須面朝窗口側臥，不許翻身。受到這樣的「監護」之後，袁殊落下了腰腿神經痛的病根。伙食大不如前了，有時也吃棒子麵了。袁殊到覺得沒什麼，他認為也很好吃。

秦城監獄是個什麼樣子呢？何殿奎〈秦城監獄中的二〇四監區揭秘〉：「中國第一監獄」秦城監獄，是一九五〇年代蘇聯援助新中國一百五十七項經濟與國防建設的工程之一。高級別、高規格、高待遇，使得秦城監獄成為特殊監管的別名。何殿奎離休前是秦城監獄監管處的處長，在秦城監獄及其前身功德林監獄擔任監管員近四十年。

何殿奎永遠記得這個日子：一九六〇年三月十五日，秦城監獄落成的第一天。從那天起，他就在那裡工作，直到一九九二年離休才離開。

「蘇聯援建的秦城監獄，由四棟三層青磚小樓組成，編號分別為二〇一、二〇二、二〇三、二〇四。其中二〇四監區的待遇更非一般人所能想像。

二〇四的監房約二十多平方米，鋪著地毯，床是沙發床。伙食標準是按部長級待遇，到東華門「高幹供應點」採購。早餐有牛奶，午晚餐是兩菜一湯，飯後有一個蘋果。蘋果是剛從冷庫里拉來的，放在稻糠裡保鮮，拉來時那蘋果都冒著氣兒。還給他們發固體飲料，一盒十二塊，一塊能沏一杯檸檬茶。方糖分白色和咖啡色的兩種。每天如此，即便在困難時期都一樣。

給他們做飯的則是專門從北京飯店調來的乙級廚師劉家雄。就是在那裡，何殿奎第一次見識了魚翅。他以為那是粉絲，劉家雄告訴他，是魚翅，就是鯊魚的鰭。只有劉家雄一個人會發海參、魚翅這些東西。」

每天，都由何殿奎給他們送飯。「每人一個四層的飯盒，分別裝米飯、兩個菜和一個湯。冬天用棉罩保溫。每個飯盒的顏色都不同，以示區分。一共十五份。

這些重量級犯人是從功德林監獄的「特監」遷來的。一九五六年七月，功德林設立了一個專管高級幹部的「特監」區，把這些人從不同監區集中起來管理，何殿奎是監管員。

「特監」一共八個人：原來的中央組織部部長饒漱石、上海市副市長潘漢年、上海市公安局局長揚帆、從事特情工作的袁殊、外貿部副部長徐雪寒、廣州市公安局副局長陳泊、《人民文學》編委胡風和一位公安部的局級幹部。

秦城監獄建好後，這些人全部遷入二〇四監區，但他們並不知道彼此。放風是嚴格隔開的。絕對避免見面。哨兵也只知道其編號。」

唯一知道他們身份的，除了領導，只有二〇四監區的管理員何殿奎一個人。」

我們草民在困難時期餓肚子，這八位「特監」「犯人」在裡面卻大魚大肉。這顯然是最高的旨意。

無獨有偶，鳳凰網披露了一則往事：「『九一三』事件之後，李作鵬給關押了一段時間。有一天獄方送飯來，他一下子就把飯桌掀翻了，衝著他猛吼起來說，沒肉不吃，老子要吃肉。毛澤東聽說這件事後，做了三點批示。我們現在有條件給他們吃好寫，他們有資格吃好些，我們應該讓他們吃的好些。最高指示出來之後，伙食立刻改善。不但有肉，而且以後又有了牛奶和水果，比在家裡吃的還好，身體自然就結實了」

有沒有條件不說，為什麼「他們有資格」、「我們應該」讓他們吃的好些？當然這是最高旨意。大概認為，這些人的過去也有功勞。

四、「這老頭在監獄裡沒閒著」

袁殊也沒有在獄中百無聊賴地耗去生命時光，借用原安全部老幹部局局長朱玉林的話：「這老頭在監獄中沒閒著」。

「天行健，君子自強不息」——讀書、翻譯、寫作、鍛煉，充實了他的獄中生活。

袁殊來信說：「多年來飽讀了馬列著作，特別像我這樣在大風大浪裡翻滾過來的人，讀毛著，真有說不出的真切的親身感受！已經出版的《馬克思全集》，尚未讀完的，只有三、四本。如在一般環境中，恐怕畢其生也難於做到。文化大革命前，編和譯日文書四、五本，寫學習筆記、札記五、六十萬字，總計筆耕收穫約百幾十萬字以上。沒有一個適宜的安靜堅持的環境和必要的領導支持和幫助，又何能臻此？」（袁殊來信）。

所謂「領導支援和幫助」，是指獄中可以看到報紙，允許從圖書館借閱各種書籍。袁殊說，「甚至王爾德的小說都能借到。」

是袁殊主動要求做點翻譯工作的，他翻譯的都是科技書，監獄當局拿來各種字典，確實開了方

便之門。他翻譯了七、八本科技方面的日文書。囚裡光陰並未等閒流逝

後來我還瞭解到，袁殊在獄中寫了約十萬字的情報工作的專論《南窗雜記》，此書轉到了當時的中央調查部。也以陸伍的筆名寫了《大流氓杜月笙傳》，但大概沒出版，至多是個內參資料。

他把二十多年的監獄生活變成了讀書、學習、寫作的生活。可惜身陷囹圄的袁殊不能出版他的著述。

為了求生存，袁殊積極地進行了鍛煉。每天放風他都出去，夏日放風時，他赤膊曬太陽，在四周高牆的院落裡，享受著空氣和陽光。他從一九六〇年起開始做氣功，堅持到七十年代末，從未中斷。

是什麼力量支撐著袁殊度過了人生長達四分之一世紀的監獄生活呢？袁殊在出獄後的來信中作了回答：「客觀現實與主觀願望的矛盾，這是思維活動的必然規律。要之，壯心猶烈，雄心不泯，則是主流與本質——要幹點什麼，不負此生，是二十四年來始終一貫的主導思想，也就是佔據支配地位的生命力量。」

一九七五年五月，袁殊「刑滿」釋放了，直到徹底平反，他又經歷了年將近八的漫長時光，袁殊沒有落入心同槁木死灰般的萎頓狀態，他經受了煉獄的考驗。

五、認「罪」態度

袁殊被捕後「一切照實講」了嗎？沒有資料，我不知道。袁殊自己說，他「供認的一切，都是經得住時間的檢驗的」。等待檔案解密吧。

袁殊對我講過一些關於審訊的話：「一九六五年對我判決後，我當庭宣佈不上訴」。看來也是對高檢的控罪照單全收。

但是袁殊內心不服，一九七五年釋放到大軍山農場後，袁殊向高檢多次寫寄申訴書，在大形勢不變的情況下，當然無果。

平反後，我勸袁殊寫自傳，袁殊不寫，他說，「我在獄中寫了幾十萬字的交代資料就是自傳，都是真實的」。

潘漢年通過袁殊與日本人勾結，袁殊一開始就把「胡越明就是潘漢年」告知了岩井，而潘對袁的佈置，是以宋子文的朋友、在野政客的身份見岩井，顯然袁殊違反了潘漢年的指示，在共產黨看來，這是個大錯誤。袁殊在獄中如實交代了這個情況。

平反時，這件事成了能否平反的攔路虎，辦案人員曾暗示袁殊換種好接受的說法，袁殊堅持不改。從入獄那天起到平反日的二十七年中，此說不改。這也許就是平反結論中所謂的「犯過嚴重政治錯誤」這個情況是朱玉林告訴我的三姐曾耀，曾耀轉告我的。

經過深入思考，我認為這算不得錯誤，我想袁殊內心深處也不認為這是錯誤。

潘漢年和袁殊對庭審的態度有相似之處：當庭認罪，心中不服。除了認罪不認罪結果都一樣這個原因之外，袁殊還講，「為了革命，有些人死了還背著黑鍋，我背了黑鍋還活著。」

我的反應是」：上一代人不可捉摸，為了「主義」，連個人的青紅皂白都可以不分辨了，實在有悖人的天性。我猜潘、袁對事實是要講清楚的，至於對事實的看法，可以「逆來順受」。

潘漢年被捕後「一切照實講」了嗎？

現在已有網路資料證明，潘漢年在獄中，有反復，並沒有始終如一地「照實講」。

彭樹華《審判員披露共和國第一冤案「潘漢年案」審判前後》，審訊潘漢年，主要有三個問題：第一，自一九三六年四月起，和國民黨中統的關係；第二，自一九三九年起，和日特的關係；第三，解放後引入胡均鶴及一九五〇年二月六日的大轟炸。

彭樹華的書中有下面的一段話：「但是在長達七年多的預審關押期間，潘漢年並未始終堅持，時而承認，時而否認，以致本來是秘密工作的正常活動，最後被問成了犯罪。最高人民法院根據最高人民高檢察院起訴指控的犯罪事實，對潘漢年進行了審訊，潘漢年對犯罪事實都做了肯定的回答。

潘漢年是基於什麼原因，做了這種違心的供述，我們不得而知，但有一點是肯定的，那就是有關領導告知潘漢年，認了罪，法院判決後就釋放。……起訴書指控的犯罪，潘漢年都供認不諱。」

國家安全部老幹部局局長朱玉林告訴我：「文化大革命前。潘漢年對袁殊幾乎沒講什麼，文化大革命以後，就講了袁殊許多不好的話。」

也就是說，潘漢年的口供，有反復，有前後的不一致。說實話，在當時的環境下，潘漢年認罪與否，結果都一樣。認了「罪」，順應了上面的意志，個人的境遇或許會好一點嗎？根本不可能。

六、五點反證及謝覺哉談潘案

李克農一九五五年被授予上將軍銜，當時是中調部部長。潘案發生後，周恩來指示李克農組織一個小組，就情報部門的有關檔案以及一九三九年到一九四八年潘漢年和中央的來往電報進行審查，搞一個審查報告。

李克農責成專人審查了解放前潘漢年的全部檔案資料，於一九五五年四月二九日，向中共中央政治局和書記處寫了正式報告。在報告中，李克農以超人的膽識提出了有力的反證資料：

一、中央屢有打入敵偽組織，利用漢奸、叛徒、特務進行情報工作的指示；

二、潘漢年利用李士群、胡均鶴等的情況都有正式報告；

三、潘漢年為中央提供了大量決策性的情報——

1.潘漢年於一九四一年六月十三日在給中央的報告中說蘇德戰爭一觸即發，該報告中央於六月二十日收到；

2.潘漢年上報了侵華日軍在蘇德戰爭爆發後究竟是南進還是北進的情報；

3.潘漢年上報了有關太平洋戰爭爆發的情報，這一情報受到中共中央和毛澤東同志的極大關注；

4.潘漢年所參與、瞭解的組織機密，一直未被洩露，直到上海解放；

5.潘漢年所屬的重要關係，當時還在起著絕密的現實作用，這是毛澤東、周恩來同志所知道的。

李克農的報告，有理有據，十分有力，他認為潘漢年雖有疑點，但根據大量檔案資料反映的事實，請中央予以重視，慎重考慮。令人遺憾的是，在當時的情況下，李克農的報告並未受到重視。袁殊論及李克農時說，「李克農原是中學教員，經過多年歷練，政治上很強。」

謝覺哉談潘漢年案。謝覺哉生於一八八四年，是清末秀才，和董必武、林伯渠、徐特立、吳玉章並稱「延安五老」。在一九五九年舉行的第二屆全國人民代表大會上，他當選最高人民法院院長，用今天的話說，就是首席大法官了。到了一九六二年，這位年近八旬的首席大法官，卻遇到了一件棘手的案子，當事人便是大名鼎鼎的潘漢年。

潘漢年也是一個老革命，一九二五年加入中國共產黨，長期擔任中共秘密情報戰線的負責人。中華人民共和國成立後，為上海市委副書記、常務副市長。一九五五年潘漢年被捕，一個半月後，妻子董慧被捕。

關押七年之久後，中央於一九六二年決定對潘漢年案進行審判，命最高人民法院刑庭庭長曾漢周、最高人民法院刑事審判庭審判組組長丁汾和助理審判員彭樹華三人組成合議庭，審理此案。丁汾和彭樹華到關押潘漢年的秦城監獄，用一個月時間查閱了全部案件，發現對潘漢年的主要指控，如在國共談判中投降國民黨，投靠日本特務機關，與汪偽勾結，包庇反革命，向臺灣提供情報，都站不住腳，於是提出了八點質疑，向曾漢周彙報。三人達成共識，又向最高人民法院副院長吳德峰彙報。最後向謝覺哉院長彙報。

謝老聽完彙報以後說：「你們辛苦了。你們對潘漢年案件資料看得很仔細，提出了你們的看法，很好。不過你們提出的問題，我們最高人民法院是搞不清楚的。德峰同志跟你們說過了吧，潘漢年案是中央交辦的案子，我們只是辦理法律手續。最高人民法院不負責案件事實審查」

謝老見幾位神情茫然，就問彭樹華：「你讀過王勃的《滕王閣序》嗎？有兩句話是這樣說的；『屈賈誼於長沙，非無聖主。竄梁鴻於海曲，其乏明時』」賈誼這樣有本事的人，又處於聖主漢文帝時代，也遭遇這樣不公平的待遇，這說明什麼？無非是說天下沒有絕對公平的事，好人也常受冤屈。梁鴻博學多才，路過洛陽時，見宮室侈麗，作了一首〈五噫歌〉，被奸臣詆毀，只好改名換姓，逃到邊陲，為人舂米為生。在東漢初期這個所謂政治清明的時代，梁鴻這樣有才華的人卻遭遇這等不平之事，失志如此，又可奈何？

謝老接著談到宋代的岳飛，說他積極主張抗金，但卻被誣蓄意謀反，被宋高宗殺了難道當時沒有人知道岳飛是被冤枉的嗎？當然有人知道，但在當時，宋高宗一意要與金人議和的情況下，試想誰人救得了岳飛？明朝書畫家文徵明很有見識，他為秦檜翻案。岳飛冤死風波亭後，當時及後人都一致痛罵秦檜奸賊，指斥他是謀害忠良的罪魁禍首。而他說秦檜的能耐，只是善於迎合宋高宗一己私欲而已，岳飛被害，秦檜罪在不赦，而真正的罪魁禍首，確實宋高宗趙構。岳飛的功過，後人已有評說，也無需再議宋高宗和秦檜誰是罪魁禍首。

我只想說明一點，在一定的歷史時期發生的事情，都有他的時代背景和特殊原因，不是無緣無故的。

謝老說：「潘漢年案是很複雜的，涉及中央許多重大機密，直接領導潘漢年的是周總理和康生，許多事情毛主席也是知道的，對潘漢年的處理，是黨中央定的。毛主席要有指示不判死刑。人不殺，就好辦了，是非功過，總有一天會弄清白的。」

司法不獨立，首席大法官面對欽定的冤案也無可奈何。這就是謝老內心深處的痛苦。

謝老以史論今，精闢的很。好人受冤，古今皆同，源於對人的不尊重。現在中國敵人司法改革，就是要改造這一傳統的積弊。

七、過時的機密

袁殊「誘降潘漢年」一事。這是一九六五年判決書上寫明的一個關鍵問題。由此我多少窺測了一點已有許多人朦朦朧朧知曉的歷史上的這一機密內幕。

一九四一年初，潘漢年找到袁殊，突然提出要面見岩井英一。袁殊一下子愣住了，袁回答說：「岩井根本不知道你我之間的關係，你的身份能原原本本告訴他嗎？」

潘回答說：「他不是在找拉攏全面和平的人嗎？我當然不能公開自己的身份，我可以作為宋子文在野的朋友說明我對時局的關心，這樣做是否合適？你介紹時可以說，這個人，學生多，朋友多，蔣介石系統之中能拉得起直接的和間接的關係。」

袁殊這才明白潘漢年是有全盤打算的，不再多問了。潘指示要發展和岩井的關係，在香港也要拉起一條線。

潘和袁商定，潘化名「胡先生」，身份是幕後活動人物。袁照上面的意思和岩井講了，在四、五月間，岩井、「胡先生」和袁在北四川路的一個名叫東語的高級日本餐廳見了面，袁擔任翻譯。岩井聽得多，講得少。「胡先生」講話大意是，「原為和平活動奔走效力，上海雖有各方面的人往來活動，但因是日本佔領區，不及香港自由方便，願到香港奔走，瞭解一下各方面的內情。」

袁殊插言道：「希望岩井很好地和胡先生結識。」

岩井竟然說了這樣一句話：「我們搞全面和平運動，最好見影佐閣下。」

潘遲疑了一下，岩井又說：「影佐對中國問題有發言權，見不見影佐閣下？」

潘回答道：「見見也好。」

袁說：「影佐閣下對中國問題很熟悉，他在背後支持岩井。」

在規模更大的一流飯店六三花園，「胡先生」和影佐見了面，仍是袁當翻譯。見面後對時局只做了一般分析，就散了。

「胡先生」談話大意是：「蔣介石依靠英美勢力進行中國抗日的路線不易改變，蔣也依靠蘇聯，但是不會完全相信蘇聯。中日問題，戰爭發展到今天，大局不可收拾，個人作為中國人，對現狀很苦悶，希望找出和平辦法來。」

影佐表示同意，認為蔣一心投靠英美，有長期對日作戰的打算，但美蘇的態度是把德國放在第一位，而日本對蘇聯只處於警戒狀態，等等。

後來袁殊告訴岩井，「胡先生雖對政治有相當研究，但不宜直接拋頭露面，他本人打算近日去香港，希望岩井安排胡先生的代表和香港日本人聯繫。」

岩井安排了香港領事館的泉（小泉清一）和潘漢年派的人陳曼雲發生了聯繫。

潘漢年在香港辦刊物《二十世紀》，日本人每月提供兩千元活動經費。從此，雙方每隔半個月就互換情報一次。

解放後，潘漢年請袁殊、蔡楚生夫婦吃飯，潘指蔡楚生的夫人陳曼雲說，她就是當年和泉（小泉清一）聯繫的人。陳曼雲解放後任華僑事務委員會辦公室主任等職。

我個人在一九八〇年之後出版的《上海黨史資料通訊》看到一篇回憶文章，其中也談到陳曼雲到香港做地下工作，從而間接證實了袁殊所述，是有其真實性的。

仍舊無法解開的謎。讀王彬彬先生的〈潘漢年的白喙莫辨與在劫難逃〉，摘引該文相關段落如下，供後世學人研討，尹騏所著的《潘漢年的情報生涯》，這樣敘述潘漢年與日本特務的交易：「數日後，岩井英一就約請潘漢年在虹口一家日本餐館見面……席間，岩井像潘漢年詢問了一些香港和重慶以及整個大後方的情況，潘漢年適度地講了一些香港和內地的概況，包括國民黨和共產黨以及其他各黨派的情況，還講了一些蘇聯、美國和英國與蔣介石政府的關係，等等。岩井對這些情況顯然很感興趣，雖然其中並沒有什麼特別的機密資訊，而大多數屬於新聞背景資料和即時觀察分析，但潘漢年的侃侃而談和獨到的評論，還是令岩井聽得津津有味，」

按這位作者的說法，潘漢年是在用沒有價值的資訊從日本特務哪裡騙取有價值的情報，這恐怕有點說不過去。日本的「特務水準」之高，間諜技術之強，是世界公認的。中國現代傑出的軍事家，堪稱日本通，他曾說過，日本男人最適合當特務、日本女人最適合當護士。岩井英一是一個特務機關的首領，他的上司是影佐貞昭。他們怎麼可能輕信被騙。如果潘漢年的確從他們那裡取得了有價值的情報，他們一定從潘漢年那裡得到了他們所需要的東西。日本人不可能做虧本生意。

潘漢年在上海與岩井等日本特務來往時，雖化名「胡越明」，但他的真實身份，日本人其實是很清楚的，尹騏寫到：「岩井這個人是很值得注意的，他既然已經總袁殊的報告中知道「胡越明」的真實身份就是中共要員潘漢年，何以又會答應讓袁、潘合作共同開展情報工作，並且一直不點破潘的身份，而且裝出很相信「胡越明」是一位普通左派人士的樣子放手讓袁、潘去從事情報活動呢？這正是岩井這個職業情報主管和普通日本特工人員的區別。」

岩井能識破潘漢年的偽裝，說明確非等閒之輩，潘漢年連實際的真實身份都瞞不了岩井，能用沒價值的情報哄岩井嗎？

關於潘漢年與岩井等日本特務來往的情況，尹騏書中還有這樣的一些敘述：「以後每半月要交給小泉清一的情報，在潘漢年的指導下……負責編寫，內容以大後方情況為主，包括國共合作情況，美、英、蘇在香港和重慶的活動情況，等等。不用說，這類情況的編寫必須仔細斟酌，不能太有價值，也不能沒有價值.他（岩井英一）當然會想到潘漢年這位中共情報官員會利用袁殊和「岩井公館」獵取日、汪方面的情報。但他更重視潘漢年所能為他提供的有關中國內地以及重慶政府和蘇、美等大國關係的情報。」

「經過一段時間的接觸、試探和商討，潘漢年通過袁殊和日本情報機構「岩井公館」及其主持者岩井英一之間便建立了這樣一種特殊關係：袁殊不斷從「岩井公館」收集情況供給在在香港的中共情報機構；潘漢年則以胡越明的名義在香港定期為「岩井公館」提供情報。互相利用，各取所需，這正是情報戰場一種特殊的一種政治遊戲和智慧角逐。」

「香港淪陷前，潘漢年以香港為情報工作的根據地，自己則常往來於港滬之間。香港淪陷後，潘漢年決定到上海定居，並向岩井英一尋求保護。尹騏說，潘漢年「希望岩井能為他的人身安全提供必要的保證」。而岩井經過兩年和潘漢年的交往，已經清楚潘漢年的特殊身份和他的不尋常的活動能量。他知道潘漢年在內地的情報班子和在上海的情報幹部必將繼續發揮作用，因此，他當即答覆說：「我們歡迎胡先生繼續和我們合作。就請胡先生給我們你一份在上海開展工作的計畫，我們仍將在經費上給予必要的支持。至於胡先生的安全問題，我們可以為你辦一個特別通行證，就不致引起麻煩了。潘漢年當即表示同意。」於是第二天，潘漢年便拿到了一張由日本駐上海總領事館簽發的特別通行證。上面明確寫著，凡日本軍、憲、警如對持證件人有所查詢，請先與日本總領事館聯繫。這就等於一張「護身符」了。同時，岩井還以自己的名義在惠中飯店開了一個房間供潘漢年使用.這無疑者為潘提供了一個既安全又方便的活動條件。」

潘漢年這樣與日本人合作，這樣尋求日本人的照顧和保護，應該都得到了上級的認可。

該文對日本人接納潘漢年，互換情報事匪夷所思。我也無法徹解，僅僅有個猜想。當時抗日戰爭進入相持階段，日本侵華方針改為「政治誘降為主，軍事打擊為輔」。日本人、特別是日本外務省系統有可能希望聯絡中國各派力量，一廂情願地兜售他們的「和平路線」。毛澤東抓住日方的需求，為我所用，派潘漢年與日方接觸摸底，不是不可能的。從這這個角度看，日人接納潘漢年就不足為奇了。這只不過是猜想，無事實根據，不能結論。

袁殊的組織平反結論很短。要點如下：（一）一九三一年參加革命，一九四六年重新入黨，（二）曾為黨提供重大戰略情報，（三）犯過嚴重政治錯誤，（四）四六年進入解放區後未發現有政治問題。

平反結論是袁殊主動給我看的。看後我問，「你犯過嚴重政治錯誤？」袁殊瞪起眼厲聲回答，「是的」。語氣、表情、態度均是拒人門外，我無法問下去了。

此後，我一直誤認為，「嚴重政治錯誤」是指一九三五年被捕事。直到袁殊去世，我動筆寫這本書時再次想搞清「嚴重政治錯誤」是怎麼回事。為此我拜訪了國家安全部老幹部局局長朱玉林。他明確回答，「『嚴重政治錯誤』不是指一九三五年的事。」

「那是什麼呢？」我又問。朱說，「潘漢年化名胡越明見岩井，袁殊告訴了岩井『胡越明就是潘漢年』。」朱還說，「這件事延誤了袁殊的平反。辦案人員甚至暗示袁殊換個說法，因為這件事只有潘漢年、袁殊兩人知道，潘已不在了。但你爸爸堅持不改口。這就是重大政治錯誤。」

停了一會兒，朱玉林繼續說，「關於岩井知不知道胡越明就是潘漢年的事，袁殊在秦城監獄的口供和後來的說法一致：『胡越明就是潘漢年，是我告訴岩井的』。從袁殊沒有改過口。潘漢年的口供改變了兩三次，說過『岩井知道我是潘漢年』的話，也說過『岩井不知道我是潘漢年』的話」潘漢年指示袁殊把「胡越明」引薦給岩井時沒有說用真名見岩井。袁殊自作主張告知岩井「胡越明就是潘漢年」，事後也把這個情況對潘明說了。但是，岩井與潘漢年之間均不捅破這層窗戶紙。大概是政治鬥爭的伎倆吧。

從共產黨的組織紀律來看，袁殊的「自作主張」，確實犯了嚴重政治錯誤。從客觀實際情況來看，這個「自作主張」說得通：潘漢年不是無名之輩，很容易找到潘的照片，岩井英一必然很快知曉「胡越明」的真實身份。況且，僅一個幕後政客「胡越明」，日本人當然不會有很大興趣的。

有人不禁擔心起來，「這樣做，潘漢年不會有危險嗎？」潘、袁、岩井都是情報高手，談的是「和平運動」，何來危險。

如果潘漢年真的出事了，袁殊跑得掉嗎？翁從六、惲逸群、魯風那些共產黨人跑得掉嗎？在那個時期，那個環境裡，潘袁一體，榮辱與共。我想袁殊對此是熟慮在心的，潘漢年也認可的。

精明的特工潘漢年當然知道岩井瞭解「胡越明」的真實身份，不認為這是個事。所以直到一九五五年，潘也沒向組織彙報袁殊的這個「嚴重政治錯誤」。

一介草民，力求客觀論事，認為這實在不是什麼「嚴重政治錯誤，潘漢年不是無名小卒，岩井知道胡越明就是潘漢年不過是早晚的事。」除非用組織紀律苛求。

一九八〇年代後期，中共發佈了十六號文件，主要精神是，「對白區工作同志的評價主要是看客觀實際效果，不必糾纏採取的手段」。這才是實事求是。

「不管黃貓黑貓，抓住老鼠的就是好貓。」如果說袁殊有「嚴重政治錯誤」，那麼請問：給中共帶來什麼損失？

以左的眼光挑剔情報人員的手段，就產生非實事求是、不公正。照有些人的想法和評判法來當間諜，得的到情報嗎？

好論事者提出了一個個的問號，問號的前提是他們篤信「日本侵華非武力而無它」。政治鬥爭不簡單，戰爭不簡單。日本彈丸小國，有心吞象但吞咽乏力。日寇侵華，有軍事打擊和政治誘降的兩手。特別是日本武力侵華已感到力不從心的時候，可能急不擇路的。

當年中共派員與日本人周旋，也不止潘漢年一個人。馮少白（馮龍）是另一人。馮龍在解放日報撰文〈歷史不容偽造〉：「新四軍派我到上海做地下工作是一九四一年十二月間。陳毅開門見山地對我說，「組織上決定派你到上海去辛苦一趟，利用你的親戚朋友關係，籌募捐款，採購藥品，瞭解敵情，早去早回」。」

又據馮少白（即馮龍）生前發表的黨史回憶錄載，他此次（一九四三年）由蘇北解放區來到南京，是新四軍軍部接到毛主席從延安來的指示，要他們速派人策反陳公博、周佛海起義。馮是奉命趕來南京的，並帶來張雲逸同志的親筆信件。

一九四三年三月八日周佛海日記：「筱月帶馮龍來見……渠言來滬即奉毛之名令，僅其最上層三四人知之晤餘，甚快即當返回延安報告等語。談一小時辭去，其用意何在，殊難揣測，當面與之周旋，一面視其發展也，公博對此事亦頗注義，允與馮晤談。」從周佛海日記看，當時中共方面，與汪偽的聯繫，並不只有潘漢年這一條線。

八、與日寇打交道不足奇

潘漢年和日本人談了些什麼，袁殊半個字都沒講過。一九四〇年前後潘漢年深入日特機關，是毛澤東派遣的。去幹什麼，當然也是最高授意的。在當時是最高機密，根據謝覺哉的談話（見前文）只有毛澤東，周恩來，康生知道。

七十多年過去了，現在我們後人力求客觀地分析這段歷史，就不得不探究一個問題：潘漢年找日本人幹什麼去了？要尋找答案，就要先看看一九四〇年日戰爭的態勢。

日本全面侵華戰爭的幾個階段：

一、第一階段：一九三七年七月七日－一九三八年一月廣州武漢失守。以軍事進攻為主，日軍佔領平、津之後，採取速戰速決的戰略方針，集中約二百萬軍隊的兵力，沿平綏路、平漢路，津浦路三路進兵，妄圖在三個月之內以武力滅亡全中國。

二、第二階段：一九三八年十月－一九四一年十二月太平洋戰爭爆發前，戰略相持階段的前期。

日本內閣三十八年十一月三十日召開御前會議，決定了「調整日華新關係的方針」，大本營頒發了《中國命令第二四一號》。在對中國政、軍兩個方面作出新的方針與決定。

政治：提出所謂建設大東亞新秩序的口號，其核心內容是日、滿、華善鄰友好，共同防共，經濟提攜的三項原則。

軍事：決定了確保佔領地區，促使安定，以堅強的長期圍攻的陣勢，努力撲滅抗日的殘餘勢力的方針。

十二月二十二日，近衛第三次發表聲明（一月十六日，十一月三日）提出要求中國政府投降的「睦鄰友好，共同防共，經濟合作」三原則。二十九日，汪精衛發表〈豔電〉響應，公開叛國投敵。一九四一年十二月太平洋戰爭爆發到一九四三年底戰爭相持階段的中期。

三、第三階段：一九四一年十二月太平洋戰爭爆發到一九四三年底戰爭相持階段的中期。世界反法西斯陣營正式形成，十二月九日國民黨對日正式宣戰。中國戰場為世界反法西斯戰爭的重要戰場。日本加緊對國民黨政府的誘降和對淪陷區的掠奪。

四、第四階段：一九四四年初到一九四五年八月，是戰略相持階段的後期和最後戰略退卻階段。

日軍侵華的第二階段，在政策上有了重大變化。作為對手的國民政府和延安中共，必須深入日方，瞭解敵情並加以利用。知己知彼，方能百戰不殆。

先看國民政府方面。

一九三八年下半年，正值日本侵華第二階段初期。戴笠在香港召開軍統骨幹會議後，單獨聽袁殊彙報。對於和岩井英一的關係部分，聽得額外認真。並明確佈置袁殊下一階段的任務之一是：「深入日本關係，交換和平意見」。對袁殊這樣的小腳色來說，這個任務只能理解為令袁殊摸日本新政策的底牌——刺探戰略情報。

一九三九年日方發動「桐工作」與重慶方面假扮的宋子良談判。日本急不可待，中方則要摸日方底牌。這齣戲是戴笠導演的，讓一個小腳色假扮宋子良，玩弄日方於股掌之中。目的還是刺探情報。

以蔣介石為首的國民政府，抗日是堅決的。當然也有滲透日偽的舉動。一九四〇年夏末，蔣介石欽派中將唐生明打入敵偽。

「……戴笠笑道：「校長對你始終都是很器重的嘛！他知道你跟汪精衛、陳公博等人都很熟，你如果說受不了後方的苦，私自去上海，只為了生活舒適一些，他們會相信你，歡迎你的。」

唐生明想了想說：「好！這個任務我可以接受。」他知道軍統紀律嚴明，他不願意受那種約束。戴笠當面交給他三項任務。

第一是要他運用過去的人際關係，掩護軍統、中統在上海、南京的特工人員，設法營救已經被捕的特工，並在他家中安置一部特工電臺，隨時與他聯絡；

第二就是要他與汪偽組織的重要官員多接觸，相機轉達蔣介石對大小漢奸的「寬大政策」，策反他們，為重慶所用，並重點介紹了汪偽特工總部李士群和丁默村、羅君強、熊劍東的矛盾，建議唐生明利用他們內部的矛盾，分化他們，並盡力拉攏李士群，將來好通過李士群把後方和淪陷區的特工連成一片；

第三則是要他利用敵偽的力量，去消滅江南的新四軍和共產黨領導的地方抗日武裝。」。

日本人也想利用唐生明的上層關係對重慶政府開展「和平運動」的談判蔣派唐滲透日汪，為己所用，是抗日戰爭中的必然舉措。解放戰爭後期，唐生明在湖南起義。

潘漢年與日本人聯繫也處於第二階段後期，即戰略相持階段的中期。日方一方面急迫「求和平」（如果滾出中國自然和平，但日本的「求和平」有其底線。），另方面要「努力撲滅抗日的殘餘勢力」。日軍加緊了對中共抗日地的掃蕩，以圖「確保佔領地區，促使安定」。事實上，根據地受到了很大壓迫。

在這種情況下，我猜，毛澤東派潘漢年與日方接觸，談判摸底鬥智，都是可能的，談不上是與日寇勾結，我認為是鬥爭的需要。問題是談什麼，效果如何？這個，我們一般老百姓就無從知曉了。

有一段網上資料披露了談判的一個內容：潘漢年密會都甲大佐的光輝事蹟時間：二〇〇五年十一月八日出處：節選自《潘漢年的情報生涯》（一九九六年出版）在上海期間，潘漢年還由李士群介紹會見了他的軍事顧問、日本華中派遣軍謀略科長都甲大佐。李士群說，獨家是日本軍方人物專管津浦、滬寧沿線的「清鄉」任務。可以和他談談。潘漢年沒有拒絕。他正想從都甲那直接聽一聽日本軍方對目前軍事形勢的看法。於是，仍由胡均鶴陪同在一座日本軍官的公寓裡會見了都甲。會見中，他們交談了情況並各自說明瞭自己的看法。

都甲說：「清鄉的目的是為了強化社會治安。日本方面目前最關心的是津浦線南段的鐵路運輸安全。只要新四軍不破壞這一段的鐵路交通，日方則希望和新四軍之間有一個緩衝地帶。

潘漢年說：新四軍發展很快，目前正在穩步地鞏固和擴大農村根據地，也無意要立即佔領鐵路交通線和其他重要交通據點。日軍方面要給新四軍有一定的生存條件，否則游擊隊就會隨時襲擊和破壞鐵路交通線的。」

《潘漢年的情報生涯》是尹騏寫的。八〇年代，原公安部一個副部長違紀讓尹騏看了潘案的資料，寫了此書。尹書基本上採用拿來主義。但有疑點：（一）潘漢年和胡均鶴不懂日語，難道都甲是個中國通？（二）潘漢年毫不掩飾新四軍身份，為何在岩井面前化名胡越明？

講個小故事。二〇一一年，我在美國小住。我和女兒一家人驅車幾個小時到猶他州一個叫lava（火山岩）的小鎮泡溫泉。這個溫泉存在幾百年了，據說幾百年前，當地印地安部落經常打仗，但戰鬥雙方約定，雙方人員可以同時在lava泡溫泉。泡完之後，騎馬出去幾里地後接著打。休息一下喘口氣接著打，看誰的後勁大。我猜戰爭也會有短暫的間歇吧。

一九四〇年八月，彭德懷發動百團大戰。毛澤東不滿意，認為過早的暴露了自己。毛是大謀略家，有高人一籌的考慮。但我絕不懷疑延安中共抗日到底的決心。

分析日方，急迫推動「和平」，主要對象是重慶政府。面對延安中共難道不可一試嗎？

我認為我的猜測可以講通：潘漢年與日打交道——鬥爭雙方階段性的需要。如果一方十分強大，就不會有這種需要。如果雙方僵持不下，就會產生這種需要。

袁殊猶豫當「漢奸」時，潘漢年對袁殊也說過：「存在就是發展」。個人如此，一方力量也如此。如此理解這過時的機密，或能解開潘案必然發生之謎。

在潘漢年接觸日本人的謀略戰中，袁殊是個小腳色。袁殊穿針引線，充當翻譯，當然也是知情人。這就決定了潘袁之間休戚相關的共同命運。一條繩上的兩隻螞蚱，誰也跑不了，當然是同抓同放了。

九、潘案發生之探究

我住西苑時的一位鄰居是原中調部的一位退休局長。閒聊時，她形象的比喻了間諜戰：「就好像兩個小偷相互掏對方的口袋，雙方都會有收穫，就看哪方的收穫大了。」

七十年後的今天，我們反觀潘漢年奉毛澤東之命接觸日本人的事情，沒什麼見不得人的彼此滲透，互摸底牌，「相互利用中為我所用」，這本是政治軍事鬥爭中的司空見慣事。要是誰吃虧，誰佔便宜，就是客觀實效如何。

李克農的五點反證中已經講得很清楚了，延安中共沒有損失，中華民族沒有吃虧。

但是「掏兜」畢竟是不光彩的事，鼴鼠是不能見天日的。所以即使在當時，潘漢年的「潛行」也只有兩三個最高知道。時過境遷後，就更應該令其石沉大海了。

中共在抗戰後接納袁殊是有道理的，如果袁殊投奔了戴笠，把事情和盤托出，豈非產生很大的負效應？接納了，再藏匿起來，是最佳選擇。

所以主管人事的張唯一對袁殊說：「神龍見首不見尾，今後袁殊在社會上消失了。」

所以儘管劉少奇同意了，袁殊也不能到日內瓦擔負文字工作。所以袁殊要改名為曾達齋。古今中外的間諜，當完成一件重大機密的間諜任務後，都會被束之高閣、銷聲匿跡的。潘漢年名氣大，地位高，解放初期的上海也需要他這個上海通來整治，所以他當了上海市副市長。但是好景不會長。

被捕前潘漢年在上海就感受到了壓迫。袁殊的話是「潘在上海感到有些困難了」。一九五四年，胡均鶴和楊帆相機被捕，嗅覺敏銳的張春橋在報上公開發文指名批評潘漢年，儘管被制止，但是個信號。潘漢年對袁殊表示過，想到外交部工作。袁殊說，「以潘漢年的地位，總要給個安置，但北京人滿為患，不好辦。」

對執行過「最高機密任務的人」，最高一定會格外警惕洩密。陳毅四月二日晚，拿著潘漢年「見汪精衛」的交代資料，向毛澤東彙報，毛當即批示「此人不可信用」。四月三日潘漢年就被捕了。真是當機立斷，雷厲風行。這說明，毛澤東對潘漢年疑忌、警惕很久了。

有人說，早在一九三六年，毛就認為潘是王明的人，必欲除之。潘漢年是高幹，但不是核心層，權利上對毛澤東沒有威脅。偉人毛澤東沒那麼狹窄。一九三六年以後，毛澤東很長時間都很讚賞潘漢年。

有人說，汪精衛曾提攜過毛澤東，潘見汪令毛背黑鍋。這只是街頭巷尾的瑣談。傻瓜才相信毛會派潘向汪敘舊。

有人說，潘見汪事後沒回報，違反了組織紀律，招來橫禍。此說經不住推敲。潘是被挾持見汪的，見汪後沒有任何正面或負面的效應。

如果潘漢年私下向毛澤東彙報見汪精衛事，什麼事都沒有，還可能加強點信任。偏偏潘漢年告訴了陳毅，還寫了交代資料，事情就大了：這是最高機密可能外洩的一種信號。最高機密已經時過境遷了，舊事不應該重提。如果往日的最高機密外洩，對毛澤東個人，更重要的是對中共會帶來不必要的麻煩。為什麼這樣說呢？

（一）只有最高兩三個人知道的絕密，未必可以到中共高層的一致理解和同意。一如百團大戰，中共高層認知不完全一致。

（二）鼴鼠的作為，儘管必要，但拿不到檯面。

我沒有能力更無意評判國共在抗戰中的作用。但是解放後很長一段時間，輿論一邊倒地認為共產黨的抗日根據地抗擊了九〇%的偽軍和六〇%的日軍。中共是抗日的中流砥柱。

中共過時的機密一旦外洩，必會貶損中共高大光輝的抗日中流砥柱的形象。為全黨名譽計，潘漢年非抓不可。以後定性「國民CC，內奸，投降日本人」，那就責由潘負了。

（三）楊帆和胡均鶴被捕，潘與他們有關係。於是審查潘漢年就有了全黨接受的理由。（事實上，最初幾年，莫須有的上海二六轟炸鬧得沸沸揚揚。）

毛澤東逮捕潘漢年，還是站在中共全黨利益上考慮的。只是犧牲了潘漢年個人。

可以說潘漢年的突然被捕，是「咎」由自取，誰讓你舊事重提，對不知情的陳毅說了不該說的事而且寫了書面資料呢？

潘漢年也是因為楊帆和胡均鶴被捕在先，所以承受不了毛「罪加三等」的威懾才說的。捕潘應該說是突發事件，背後卻是多年的警戒與防範。汪精衛早死了，胡均鶴已身陷囹圄且位卑言輕，若潘緘口不語此時，我認為當年會暫時無事的。但今後的日子不會好過。

潘漢年聰明一世，不能急流勇退，是發生悲劇的個人原因。從個人角度講，「凡是間諜，都沒有好下場，古今中外，概莫能外。「不成功，就成仁」了；成功了，也是曇花一現永遠消失了。

從上世紀抗日戰爭的國家大局講，間諜是必要的、不可或缺的；從黨派利益講間諜仍是必要的、不可或缺的。用後棄之如舊履，也是必然的。

在一定的歷史時期發生的事情，都有他的時代背景和特殊原因，不是無緣無故的。

十、獄中詩抄

我國第一顆人造衛星上天時，袁殊在秦城賦詩慶賀。一九七一年我國第一顆人造衛星上天，獄中作詩二首，懸寄〈記諸兒〉：

其一

少赴國難走艱途，
江湖放縱挽沉舟；
豪情自負忘生死，
咐盼兒孫記寇仇。

其二

毀譽一身甘自羞
豐碑壇下敬低頭，
仰聽衛星鳴大宇，
老來何幸頌宏圖。

對既往的歷史既然「豪情自負」，又為什麼「豐碑壇下敬低頭」呢？他以帶罪之身「甘自羞」，又對現實生活「頌宏圖」。在他的人生旅途中，罪人的現實身份和畢生追求的理想，尖銳的衝突著，他又必須在內心做個「合理」的調和，才能生存下去，這正是他痛苦的所在。

壓縮一下這首詩為四句，就是袁殊的自我寫照了：

少赴國難走艱途，
江湖放縱挽沉舟。
豪情自負忘生死，
毀譽一身甘自羞。

袁殊在一九六五年正式受到審判。定性為軍統特務，軍統特務，自首變節，日本特務，漢奸。袁殊當場認「罪」，當庭宣佈不上述。那是無可奈何。他的內心淒苦，流露於詩作。

經年累月囚於一室，終日所見所聞所行，無非是，斗室，跬步，蟲鳴，桃花開榭，以及晨昏變化和夏日的蛙鳴，自然想到人境結廬。這些都成為袁殊吟詠的題材。這幾首抒發情感的小詩，仍然隱含著袁殊那股剛勁之氣。

一、〈斗室〉（一九六七年）

斗室無涯天自闊，
襟懷坦白自長春。
歲寒風雪青松茂，
根深幹實骨嶙峋。

二、〈跬步〉（一九六七年）

跬步斗室千萬里，
千秋萬壑漫沉吟。
東風浩蕩開生面，
高潮大浪見斯人。

三、〈天蟲〉（一九六七年）

天蟲化蛹身非死，

飛蛾脫繭命長春。
多謝東園採桑子，
飼得華絲織錦文。

四、〈碧桃〉（一九六八年）

春殘枝老碧桃紅，
依然爛漫度清風。
珍惜年華遲逝水，
看它點綴綠叢中。

五、〈黎明〉（一九六八年初春）

一

落寒潮露冷，
雀噪雨初晴。
囚窗窺曙色，
念子計歸程。

二

蛙聲催夢覺，
雨淚滴愁心。
霞光掃沉霧，
天地遍清明。

六、〈有願〉（一九六八年）

結茅為廬舍，
窩棚好作家。
憂患共勞生，
安樂恬大廈。

第九章
等待平反

一、大軍山風雨飄搖日

一九七五年春，袁殊走出秦城監獄。袁殊被安置在湖北漢陽縣大軍山農場成為無帽就業人員（不帶歷史反革命帽子），算是給出路了。

出獄後的頭一個年頭，在相對自由的生活環境中，儘管袁殊百感交集，卻仍抱有「要做點什麼，不負此生」的一念執著。

他回首個人走過的曲折道路，想到時代的變遷，發出了內心的感慨：「現在，杜詩所謂『無邊落木蕭蕭下，不盡長江滾滾來！』這後一句很使我神往，我尤其喜愛劉禹錫詩句：『芳林新葉催陳葉，流水前波讓後波』！這兩句。我現時正住在長江之濱，早晨面對江上日出（做氣功），近數日來每夜深思於明月朗照之下（獨坐堤上守月），反復默誦這些詩句，豈不信然。這並不是什麼牧歌或田園詩。這不但是自然辨證法。而更是歷史的——社會生活的革命的辯證法。聯想到你們的今天，豈不信然！聯想到在舊社會我所走過的某些曲折的彎路，我也很受李賀的兩句詩：『霜雪壓客棧，駿骨折西風！』這也是我深思反省的意境吧。」（一九七五年九月）

他意識到自己過時了，他說：「父親年老了，意志雖不衰，但畢竟是歷史舞臺上來去匆匆的過客罷了。我一生過失很多，雖力求補償於萬一，但也不能隨心所欲。」他定下了個人的操守：「……隨手寫了四句話『勞動學習，分秒必爭，閒話少說，實踐第一』。貼在牆上作為我們座右銘之一。其實，我在此珍惜每一分鐘。即不偷懶，更非處閒。但每有不速客來說寫『沒有鹽』的閒話，後兩句則有待客的自警，願與你共勉之。」

他對生活的態度是認真的，儘管他處竟如此不堪，仍保持著「人生向上」的精神。

他描述了他的生活狀況：「我現在參加體力勞動，因年齡和體力以及技能等原因，操作的時間比較機動，事實上我不會幹農藝活，不過揀石渣，清畦溝除草，門前拾糞，哄豬和幹點環境衛生的雜務，輕微勞動。「他的半日體力勞動完全由他自己掌握，「沒有人強要我幹」。他寫道：「父親老了，但不以老賣老。世上始有「八十」學吹打」的堅強老人。我勞動勤奮，學習不懈，雖身在改造之地，但絕不為你們「抹黑」。（袁殊來信）

身處逆境之中，正視現實，努力圖強，這反映出了袁殊的人生態度。除了保持這點可貴的精神之外，在當時當地的環境下，他還能做什麼呢？

袁殊說：「我唯一的願望，是在新的革命形勢下，堅持在無產階級專政下繼續革命，此志不渝。俄國十月革命時有過不少的『非黨布爾什維克』，為革命工作保持了光榮的最後一刻。再說工業三廢，牛溲馬勃，皆為有用之物；我雖然被現實生活拋棄多年，但從實際情況說，我還不是廢物，一息尚存，也當為祖國和人民鞠躬盡瘁而後矣。這並不是不切實際的幻想，例如做些圖書管理和資料工作以及翻譯文學工作，我自信還能能勝任。」

袁殊強壓下政治上的苦悶，希望變廢為用。對社會主義事業作力所能及的貢獻，這種曲折的心懷表現出他積極人生的意願，表現了他執著於有價值人生的信念。

但是，現實與信念的矛盾衝突必然會一起袁殊深沉的苦悶，他沒有也不可能完全做到「並將恩怨擲流水，且為高懷倒履迎」。

年餘之後，袁殊的心情發生了很大變化：「二十多年來，除偶爾有病和住院外，從來都是黎明或是黎明前即起，唯獨今晨遲臥到九時，經人催促始下床。原因是有深沉的苦悶，有暗然自傷的情緒。

空著雙手吃閒飯，真不免憂心忡忡，枕上躊躇，正是為此。……我躺在社會主義的桃源聖地，勞動上起不了什麼作用，飽食終日，幾乎守著精神上的苦刑，心理上的不安和痛苦，無以言喻。但是，人是要有一點精神的：「一切聽從黨的安排，我絕不氣餒。」」

農場有個李隊長，監管袁殊，每次去信都要注明李隊長轉。袁殊還不是自由之身。

袁殊和一個叫楊銘之的就業人員同住一個裡外間。袁殊住裡間裡間，每晚開燈閱讀直到深夜。燈光透到外間，惹得楊銘之很不高興。一年多以後，楊銘之對隊袁殊堅持夜讀一年多反倒佩服起來，兩人友好了，有時搭平夥共餐。

四人幫倒臺之後，袁殊在家信中，以寫景抒情的方式，流露出喜悅的心情：「此間梅雨將過，初夏方臨，五月薰風，榴花似火的季節快到了。

今日是假日，於細雨霏霏中寫此家信，春風有便，善告諸兒：窗前油菜，蔥蒜滿園，黃花青葉，濛濛在目，正是非可望而不可及的勝景；「故人兮祿米，鄰舍與園蔬」，堪足自矜。本信署名「快樂的老頭」。

「大江之濱，爽朗明月，足以曠我胸懷。放下包袱，開動機器，老夫能夠擅自為止。『風聲、雨聲、讀書聲，聲聲入耳；國事、家事、天下事，事事關心』。這是明代有明智的讀書人的自勉之言。借來作為自己思想改造的他山之助，未嘗不可。」

不便信中直言的袁殊，似乎感到國家的命運出現了一線曙光，他的思想既有更積極活躍的一面，也有黯然神傷的一面：「求學興趣很濃且雜，蹣跚江畔，年事東流，更有一抹斜陽之苦澀情味。惟願壯盛者學有所得如何？進言之，「天意憐幽草，人間愛晚晴」；老人不肯虛度光陰，有所讀必有所思，倘非憾事，切盼兒孫補憾闕如何？

日常生活無異狀。小酌不暴飲，戒煙在堅持，健飯如恒，唯早功因風雨而時斷，護樹培土為勞動操作，盆栽供養做小實驗，書報為晨夕益友。不頹廢，大可嘉，勿念。

到元宵前後每餐必自酌一、二小杯，微醺而非薄醉，大多時間是沉浸在沉思中。想念你們，顧盼自己，頗有陶然自得的安慰。我們畢竟是進入社會主意時代的人，想到往昔歲月那種「像泥沙一樣流」的生活到底是一去不復返了。這就會充滿了真實的幸福感——懂得革命給「人間「帶來了什麼」。」

他勤奮讀書，學習了毛選五卷本，閱讀了范文瀾的《中國通史》，以及一些能得到的文史小冊子。我以為，他在以書籍為精神支柱，他的讀書表現出他不甘麻木，保持著對精神活力的追求：「我是一個庸夫俗子，說到底不過是一個並非頭腳倒置而腳踏實地的人。如有事事，如你們那樣忙碌，這些遊思遐想，便都拋到腦後去了。……又及，沒有精神生活的人是凍結了智慧的人。我常現在浮想聯翩的沉默中，足證我倘非行屍走肉。」

可悲的是，無論袁殊怎樣發揮主觀能動精神，無論他如何不甘心做行屍走肉，在現實的政治生活中，他扮演的依然是「活屍」的腳色。

可貴的是，照常理「哀莫大於心死」，袁殊還沒有心死，他感受著心靈折磨之哀，但是他不甘這樣消蝕下去。：「今天，五月十五日，是我到大軍山過了滿三年的日子。去年今日，我正在京與你們團聚。日子過得快，人事倥偬。最近我幾乎完全沉浸在迷惘惆悵與苦寂不安之中，真有惘然若失之痛。除「春蠶到死絲方盡，蠟炬成灰淚始乾」之外，尚有「蠟燭有心還惜別，為人垂淚到天明」的情思！……在「做」這個字上，我是個空白點，要做一顆小小的墊腳石，要做人梯也不可得，可悲在此！

說到我自己，一言以蔽之，不得於事功（革命的功利主義）之途，「我以我血薦軒轅」，亦當退隱蝸居以營向學之蟻巢。否則倒真是空虛地倒懸於可悲之境了。」（袁殊來信）

袁殊在大軍山就業的四年時間內思想時時處在矛盾的漩渦中，他忍受著命運的安排而心有隱痛；他幻想有意義地工作而做著「活屍」，他在孤寂中奮力掙扎終不免空虛；他由衷地讚歎祖國的山河之變而自身卻入了另冊。

在大軍山生活末期的一封來信中有段話，可以說是袁殊在那段時期內，心態的自我概述：「我當『夜貓子』確實嘗到『存夜氣』的甜頭。魯迅所說『夜氣』當有二意，一是指的『如磐夜氣壓重樓』（此句或有記錯）即『長夜難明赤縣天』的夜氣，那是黑暗舊時代的夜氣。又一是有所思的夜氣。『存夜氣』，應是沉潛收斂而默有所思的夜氣，對生活的咀嚼，對學問的探求，對往昔的反省，對未來的嚮往，油然於心，靜謐思考，反復回味，有所得，也有恍然若失，自遣，自悟的夜氣。這不是冥思苦索，更不是什麼『慎獨』功夫，亦非禪家的什麼『頓悟』修行。一個有靈魂的人的『存夜氣』的可貴夜氣，不到一定的年齡，不經歷一番苦磨苦練的生涯，恐怕是難以體會的。好在是給兒輩的家書，姑妄言之，以狀此日心境，似無不可！」

袁殊在大軍山少年勞改農場生活了四年。他在家書中，說了許多離奇古怪前後矛盾而又力求自圓其說的話。反映出他在那時內心的矛盾、痛苦、掙扎著力求心理平衡。袁殊的內心所想，我認為，可以概括如下：

（一）我一生革命換來社會主義今天，我為之自豪，

（二）我身為「不帶帽的歷史反革命」實出無奈，只得忍受，

（三）有許多人背黑鍋到死，我又何嘗不能背黑鍋而活呢，

（四）身陷社會的最底層，我不得不安於現狀，但我實在不甘心安於現狀。

他存的「夜氣」，是任何人解不開的疑惑。可悲啊，間諜這類人的命運，奮不顧身為人做嫁妝，落得個近於自瀆的忍受。

曾虎對「大軍山」的回憶：「一九七七年，我到湖北武漢大軍山農場探望過父親。在當時的政治環境下，我哥哥姐姐都有工作，不敢貿然請假。只有我在農村勞動，沒有什麼可再失去的。袁殊住在農場的平房裡外間的裡間，每日除看書寫東西外，還主動要求看菜園，自願做些輕微勞動。他寫的東西和往來書信李隊長都要過目，還不是真正自由。那個年代，誰能自由呢？何況他那麼複雜的背景。坐在農場的大提上可以看到長江，我質問他：如果你是國民黨，或者地富反，資本家，我不在乎，人的政治信仰不同，可是在民族存亡的抗日年代，背叛祖國，是不能原諒的，父親注視滔滔江水，長久沒有回答我。（「詩人無告，默默離去」他不知道能否最終推翻那些加在頭上的重重罪名。）

十年後，在他葬禮上，中調部的老部長說「袁殊提供的戰略情報，對整個反法西斯的二戰有特殊貢獻」，我就想起長江邊的情景，想起那無盡的江水，迂迴，曲折，有險灘，急流和旋渦，不懈的向東流。」

關於是否要求平反的問題，袁殊終於流露真情了。一九七八年底，袁殊二次回到北京探親。形

勢變了，政治氣候變了，大姐、二姐和我不同程度地都和父親袁殊談到了平反可能性的問題。當時袁殊本人尚未拿定主意，或者僅僅剛開始考慮此事，他對我沒有明確表態要求平反。

一九六五年判決後，袁殊當庭表示「不再上訴」，似乎下定了背黑鍋到底的決心。「甘願」是談不到的，袁殊確實對我講過「有許多人死後還背著黑鍋，我背黑鍋還活著」。死了仍背黑鍋或活著要忍受背黑鍋，動因仍然是為革命犧牲，為革命可以犧牲性命，也可以犧牲名譽。上一代人這種「魔症」，不敢苟同。這是特定歷史環境的產物。

我不懂這種扭曲的歷史，但絕不同意「絲可黃可素」的處置方式，從小我就接受了「做人光明磊落，是非分明」的教育。如果袁殊是歷史反革命，他也應當受到對於戰犯從寬釋放的處理。

袁殊回答說：「我的情況不同」。從這袁殊的解釋出發，合理的推論應是：要求平反，但袁殊遲遲沒有動作，為什麼呢？

一九七九年二月，我第一次在給父親的信中措辭較硬地談到他的平反問題：「放假期間，大姐去看了唐勉之（原係汪偽時期袁殊的秘書之一），唐的黨籍恢復了，唐要我們告訴你，組織對他說，翁從六沒有任何問題，惲逸群也平反了，惲已去逝，死後還開了追悼會。

關於你自己的事，由於情況極複雜，我不能說什麼。但是你自己應該最清楚自己，要實事求是。一方面你認為政治上對得起黨、政治上背了黑鍋；另一方面你又不積極努力地爭取平反，這是個極大的矛盾。

前年來京時，我們極力勸阻你，任何人不要找，那是對的，當時環境不允許。現在正是落實政策的時候，以前你們共同工作的幾個人的問題都得到解決，你卻「樂天安命」了，真是怪事。

如果你認為對你的判決完全正確則另當別論，如果你對我們所做的判決書的詮釋站得住腳的話，那麼為什麼你不把這些話逐一的、細緻的寫信告訴組織部呢？」

父親袁殊於三月中旬給我回了信：「寫於二月九日的信遲到了，感慨無量，首先是「訪舊半為鬼，我等亦輕生」（前衛杜甫句，後為魯迅句）。其次痛感「老夫耄矣」，「老而不死是為賊」，賊，是指飽食終日，無所事事之謂。這種情緒反應，或許是你所不以為然的潦倒吧？

其實我並不潦倒。無所事事絕非無所用心。所幸尚能抓緊時間，惜寸陰於深讀而不稍懈。此則頗足自持並告慰你們。

近數月來，晨夕執勤堤上兼巡夜，任警戒勤務，不覺其苦，沉思繁複，日子未曾虛度，正是自強不息的身體力行。

你們對老夫的關心懷念，不在言下。處境如此，要非得已。客觀現實與主觀願望的矛盾，這是思維活動的必然規律。要之，壯心猶烈，童心不泯，則是主流與本質——要幹點什麼，不負此生，是二十四年以來始終一貫的主導思想，也就是居支配地位的生命力量。

堅信黨性的考驗，即是生命的考驗。生活關、生死關、革命關，不易過，但必須過，而且要過得好。都不是徒托空言的事。壯心，絕不是個人主義的虛幻空想之類的「雄心」。童心，也絕不是浮屠邪惡的浪漫蒂克的「稚子之心」。

方寸之間，得失自知，不足為他人到的心情是有的，也是很痛苦的。要之，應歸結於活到老，學到老，改造到老，貴立腳踏實地！

來信似乎覺得我很缺乏主動地積極爭取的意志。其實不然。審度當前內外形勢，大局日勝一日，光明普照；以個人的具體情況，則言而難盡。相信黨。相信群眾，依靠黨。依靠群眾。這兩條是從未有過絲毫動搖的。

前此已向郭、朱寫過信，也向高檢的負責領導人（熟人）寫過信，相信總會引起注意的。投寄這些信這一事實本身，就足以說明我對判決的錯判部分，是有實事求是的（理直氣壯的）充分的根據的，當年的筆供和口述：俱可覆案。

這裡再說一句，我的問題，表面看來似乎「複雜」，骨子裡用兩個字就可以說明一切。政治上，我對黨確實無愧於心，這一點我死可瞑目。

去年十二月，我已經細緻地、逐一地向高院具體地提出了申訴，並把抄附記給中組和郭（原屬單位）。既然有些人的問題都得到瞭解決，對我總該會有個相應的處置吧？所以，我並不是消極地在「樂天安命」，是迫切地（自為地）在努力爭取。如果往日與我有牽連的人都得到相應地解決，這一事實，也足以說明我對判決書的注解是站得住腳的。我不能欺騙兒孫，歷史的真實也不容欺騙。即使死於非命，我也問心無愧。

如果不是一九六五年我已判決，文化大革命期間繼續留獄八年，在「四人幫」橫逆之下，很可能我已不在人世了。就此而言，實在是黨挽救了我！（注二）這是實際經過。當時如果不做那樣的「判決」，一個做了亡靈的人，今天還能在這裡寫信嗎。

到大軍山來後，我決心黑鍋背到底，一是怕鬧「翻案」，格外獲罪；最初絕不敢觸及案情是非，尤其重要的一點是，就是我總想知道你們的下落，也想讓你們知道我的下落和究竟。何況黨給我做了「無帽」的宣告。又給了我「刑滿就業」的出路和生活的照顧。我對黨懷著萬分的感激，總想有生之日，還能為黨工作，以圖報答，成全自己從少年時期投身革命，死而後已的初衷。提著頭顱幹革命，而且是刀吻餘生，我是身歷其境地走過了這條道路的。

但是，我卻不能美化自己，我在政治上是犯過錯誤而且生活行為上有過嚴重汙點的人。所以我堅持了「貴有自知之明」的反省。低首誠心地接受改造。這是我應該坦率地向你們說的。希望你們能夠理解我的心曲。

華主席為首的黨中央無比英明，體現了，發揚了，發展了黨的光榮、偉大、正確的革命傳統，撥亂反正，在政治上於有罪和無罪之間，在歷史上，於大是大非和小是小非之間。正本清源，平凡甄別。正在落實政策，我自信必不見遺於例外，感奮之至，感奮之至！既然已提出了申訴、寫了信，相信遲早總會有個處置的。對我將會做出怎樣的裁決，我只能等待。但是，今日處境如此，只能寫信和呼籲提出請求。我決定再向有關方面發信，陳述我的要求和願望。

我自信在有關的專業工作上，我還有許多工作時能夠做的，並且必能盡力之所及地做好的。絲毫沒有氣餒。法制，經歷了這麼長的磨人的歲月，我的業務能力，絕不是比以前減弱反而倒是比以前能更刻苦，更能深入、更能有益於事業的。

精誠所至，金石為開。黨和領導上對我終會給與諒解並理解我的。這裡的負責領導，亦早已察覺及此。

再過兩個月，到大軍山即屆四年，日子完全沒有白過。知道了許多原來想像不到的人和事，上二十個大學都不能學到。投身期間，也就有照不完的「哈哈鏡」。我確實受到犯罪社會學的現實教育。我的經歷使我積累了頗為複雜的社會知識，大軍山的四年更豐富了我們對於黑暗面的認識。（注四）但是我秉性的（或者說天賦的）最大缺陷，是文學的詩人氣質之中沒有克服淨盡（注五），從而事到臨頭往往犯主觀主義即唯心主義。這主要是表現在個人問題或生活問題上。改造到老，就是需要付出畢生的努力。

一、前此已向郭、朱寫過信：郭是郭達凱，為中央調查部辦公廳主任、全國政協委員；朱是朱伯琛，為中央調查部某局局長，是袁殊在三〇年代的老相識。

二、如果不是一九六五年我已判決，文化大革命期間繼續留獄八年，在「四人幫」橫逆之下，很可能我已不在人世了。就此而言，實在是黨挽救了我！

這是實情，文革期間，袁殊若在獄外，會死於非命的。但是，「就此而言，實在是黨挽救了我！」的陳述，卻有虛實兩面：實的一面是坐監救了命；虛的一面是「黨」發動了文革才會要你的命。

三、「到大軍山來後，我決心黑鍋背到底，一是怕鬧『翻案』，格外獲罪。」

袁殊早年對共產黨是悅服，七十五年刑滿釋放後變成畏服了。但情感上斬不斷與中共的情緣，否則，這輩子怎麼解釋？我猜袁殊和文革後很多的老幹部一樣，心底深處，對終身的信仰產生了迷茫，表面言行上還要堅持。

四、我確實受到犯罪社會學的現實教育。我的經歷使我積累了頗為複雜的社會知識，大軍山的四年更豐富了我們對於黑暗面的認識。

少年時代不算，袁殊除在大軍山四年外，他沒有身處最底層環境，他不瞭解底層人的生存競爭的殘酷，手段的卑鄙齷齪。大軍山是少年犯管教所農場，少年犯信奉的是「叢林」哲學。

五、但是我秉性的（或者說天賦的）最大缺陷，是文學的詩人氣質之中沒有克服淨盡。

袁殊的這句話說對了，他有詩人氣質，神經敏感，有些主觀行事。潘漢年也愛寫詩，恐怕也有詩人的氣質。從先天的氣質而言，潘、袁兩人更適合搞文學工作或宣傳工作而不是最深層的、殘酷的、甚至血腥的政治。潘漢年執行王明路線，已有人在分析，相關文章指出潘的黨內政治敏感性不夠強。有一次我問袁殊，「潘漢年的愛好是什麼？」袁殊毫無遲疑地回答：「愛好什麼，愛好搞陰謀詭計！」。我笑了起來，袁殊何嘗不是呢？拋開黨派、信仰不談，從草民的角度看，他們都不是正常過生活的人。

不久袁殊第一次換腦血栓。在大軍山少管所醫院裡躺了幾個月，可以活動了，但是行動很不方便了在醫院，袁殊見識了少年犯的凶蠻。每逢他們打架鬥毆，躺在床上不能動的袁殊就喊：「不要打，君子動口不動手！」沒人聽他的。

待病況稍微好轉，他就把大軍山管理的混亂寫下來直接寄到公安部。說是反映底情況。反映信有去無回。此時的袁殊，仍然作底層狀況的整理彙報工作，完全不顧自己現實的身份。一個一意孤行的怪人。

在湖北大軍山四年的風雨飄搖日中，隨著政治形勢的不同，思想狀況有不同的有兩個階段。先是決心背黑鍋到底終老大軍山，後是堅決要求平反。兩次回京探親，產生了兩種不同思緒。有兩首詩分別反映了他的先後兩層不同的大軍山思緒。

一九七七年五月，袁殊回北京探親二十五天，得益於離別二十二年的子女團聚。二十二年恍如隔世，他得知了老母與一九七一年去世，前妻王端在文化大革命是自殺，不免感傷。他也看到兒女們均已成家，工作生活安定，又感到安慰。回到大軍山后，寫了遙想一首詩，準備「我枕琴書老舊鄉」

〈遙想〉（準備終老大軍山）

骸股託付軍山上，

留於兒孫憑悼長。

三春堤上鶯歌柳，
暮靄林前燕舞塘。
草木百代凌霜勁，
江流千載洗沙忙。
盛世朝朝新曙光，
故國風景更濃妝。

一九七八年十月，袁殊第二次回北京探親。開始了要求等待平反的漫長之路。他堅信自己是無罪的。

〈感憤〉（他要求平反的心意已決。）

萬錘難裂百煉鋼，
千爍不破一天霜。
風雪年年驅病劫，
晨星旦暮洗寒光。

二、破釜沉舟回北京

一九七九年末，袁殊在事先沒有和子女打招呼，抱著「不把問題搞個水落石出就不回去」的決心，突然來到北京。給我們來了個措手不及。

他行動不方便，怎麼來的北京呢？

原來，他下定決心到北京破釜沉舟要求平反後，把存款全部取出。買了一隻小皮箱，準備好簡單的行裝。突然對醫院的一位叫小李的年輕人說：「想不想到北京玩一趟，我請客。」，「當然想，那好你先買船票到武漢，再買火車票到北京。錢我出，你要幫扶我到北京。」

就這樣，在事先不打招呼的情況下，一天晚上，袁殊和小李突然出現在南長街小院。那時，曾昭住兩間房但有兩個孩子，我住一間房有一個女兒，根本無法安頓袁殊和小李過夜，住旅館一則住不起，二來他們沒介紹信。

無法可想，我只好帶著小李硬著頭皮到學校去了。我撒謊說，老家來人到北京來玩，住不起旅館，能否在學校湊合兩夜。學校保衛幹部和我關係不錯，安置我們在小會議室睡在桌上，沒鋪沒蓋，好在年輕不在乎。

也許，希望越急迫，焦慮就越折磨人，在等待平反的兩年多時間裡，袁殊備受煎熬。過去一向能自我克制、不發脾氣的他，性格漸漸地變得乖戾暴躁了。

初到北京的袁殊，連個穩定住所也找不到：二姐當是只有兩小間平房，每間十一平方米.他們夫妻帶著兩個孩子，難收留他。袁殊只能住到我的那間八平方米的小屋，我個人搬到學校住。

他當時已患腦血栓，行動不方便，自己吃飯、弄煤火都成問題。我經常回去看望他，每每見到他，都是躺在床上咳喘不停，有時三九寒天中屋裡一絲火星都沒有。我當時曾懷疑過，他連當年的冬天都過不去。

住在朝陽區永安里我那間小屋的一個多月中，曾昭夫婦和我常常為他生火做飯，但由於路遠，不可能天天都去，生活非常艱難。後來和曾虎商量，袁殊搬到屬於曾虎支配的紅土店的一間帶暖氣的單元樓房去了。不用自己生火取暖了，我又替袁殊搞來煤氣罐和煤氣爐灶。生活情境好多了。

住在紅土店時期的袁殊，每月僅收到從大軍山寄來的二十多元的「工資」，除了買郵票外，他幾乎一分錢也不花，飯食極為簡單。我每週至少看他一次，帶些菜去，做頓像點樣的飯。別的子女也常去看他，給他帶點吃用的東西。

他很少講話，難得下樓，悶坐在屋裡終日默想和書寫。我對他的這種狀況又憐又急，不知何日是頭。他拿給我看他寫的有關勞改犯的報告文學，我問他是否想投稿，他的回答令我吃驚，說是送到公安部讓他們瞭解下情。我感到真是唐突之舉，非常急躁地表示反對。他在大軍山後期就寫過這類文字，寄送給公安部，至今樂此不疲。

後來公安部放出話來，「袁殊再亂說，就對他不客氣。」我把這些情況都告訴了他、也埋怨了他。袁殊似很不以為然地說了一句「你不看就算了」，此外他什麼也沒有講。

那時我已完全認識到，袁殊有病態的多疑症，這既是職業病也是被囚禁多年只能在冥想中討生活的結果。這是他第三次到北京，前兩次都問過我：「你們是否和李隊長另外有通信聯繫？」（李隊長是大軍山農場的監督袁殊的一名地方幹部），我說沒有。

他又說：「那你們對我的態度怎麼那麼相像？」，我無言以對，生活上能照顧就照顧，政治問題不深入表態，這是當時每個思維正常的人（子女和關係密切的人）對袁殊這種有些奇特的就業人員的正常態度，有什麼大驚小怪的呢？

雖然隔世過久的袁殊理解不了時代造就的一般人對於政治問題的謹慎心態。這次破釜沉舟來到北京之初，他沒有重提李隊長和我們另有聯繫的問題。

待到在紅土點生活較為穩定下來後，有一次他又突然問我，「李隊長是不是讓你們反對我？」「怎麼可能有這樣的事呢？」我啼笑皆非。

他說：「那為什麼曾虎把購糧本、購貨本都拿走了不給我，這不是不讓我住在這兒嗎？」（曾虎當時在通縣永樂店農場工作）曾虎回來後，很委屈地說：「我好意拿本給他買糧買日用品，老頭子倒對我大發了一通脾氣」。

我知道他們已見過面了，誤會過去了。在袁殊這方面，「誤會」或者說疑心似沒有完全消除。他多次對我說，「偌大的北京，竟沒有我立足之地」。我說：「你不是好好的住在紅土店嗎？」他不響了。

有一次他和我穿越樓群時看見一間個人搭的小棚子，他指著小棚子說：「我只要有這樣一間小屋子就滿足了」，這回輪到我不響了。我還能說什麼呢？初到北京，生活受困，這本應是意料中的事，袁殊過去養尊處優，近二十多年來又隔絕社會，他習慣於不考慮生活瑣事，卻疑心到子女對他不歡迎。

他要求平反的活動多少有些眉目了，首先，時任中國社會學科院院長的梅益有意介紹他到社科院新聞研究所工作。袁殊同我商談此事，我明確表示了態度：那怕是看大門也要去，因為只有這樣才能站住腳，才能進一步談政治上的平反。他同意我的看法，認為有了希望。

一、兩個月過去了，他多少有些懊喪地告訴我，「梅益不提此事了，向後退了，我想可能是中央社會調查部進行了干預。」

對於他的「我想…」我內心並不以為然，私心揣測著「為什麼他的事別人不敢沾邊呢？，只有等吧。」現在看來，袁殊認為「中社部進行了干預」是對的，他在政治上確有老道之處。

當年初夏時節的一個下午，我少有地接到他的一個電話，他下樓到公用電話亭打電話時很不方便的。他在電話中說：「我有急事找你」，你來。」他做事習慣於不交代頭尾，我不知道發生了什麼事，馬上趕過去了。「出了什麼事？」我急忙問道。

「我告訴你，我的情況可能很快就有變化了」，他的聲調很平靜。原來社會部的郭達凱（辦公廳主任）專程來看望他，並給他三百元生活補助費，錢是公家出的。既然連生活都開始照顧了，我也以為他的平反在即了。

此事過後的一、兩個禮拜中，他的情緒頗為興奮，也透露了些他與郭達凱的談話內容：他的平反要求的資料已正式轉交給組織，在部落實政策辦公室備了案。

袁殊對今後的前途當面提出了要求：「在國內我已成為一塊廢料，不如放我出去活動」，他打算到香港、到日本重新搞起舊的一套。顯然這是虛幻的想法，新的情況他一點都不瞭解，連走路都不穩便，又怎麼能展開活動呢？無獨有偶，一九六五年潘漢年暫時被釋放後也提出了同樣的要求。兩個人的思想何其相似乃爾。

他只有等待。又等了幾個月，事情毫無進展，我問他如何考慮今後，他慢慢地說：「船到橋頭自會直」。

三、寓居香山等待平反

一九八〇年秋，在梅益同志的熱心幫助下，他借住到關露的房子——香山東宮二號。起初，他以為有了立足之地、暫時解除了居無定所的憂慮。

幾個月過去了，房主歸來，委婉地表示了不願意繼續留客的意思。袁殊發急了，他在日記中寫到：「為住的問題而苦惱——苦痛！流落京華，竟至於無可容身之地。凡事皆以忍為上策，如今已忍到這樣田地」（八十一年六月二十三號日記）

在東宮二號居住的一年時間裡，袁殊加重了他的政治苦悶心情。解放初期，袁殊介紹到到中調部工作的吳增誠和曹成修相繼平反了，而他袁殊的事被擱置起來了。翻開他殘存的日記，有多處連續的「苦悶」：「五日，劉存金，王某某來，告以拖延時日，曰：宜催之，是他們的進言，而我則無可奈何也……」

十日，無事，

十一日，無事，

十六日，無事，

十八日，沉悶的星期六，

二十六日，無事，

三十日，了無所事，讀報刊，

……

十七日，王、劉來，引起我煩躁，不知將怎樣決定生活的下一步，路是多麼艱難啊！

在漫長的等待過程中，袁殊漸漸喪失了自製力，他的脾氣越來越急躁，變得有些不講理了。現在我很懷疑，就是在那時，他的精神開始走向崩潰、開始慢慢地喪失理智了。儘管他開始產生乖戾的言行了，但他依靠組織解決平反問題的決心卻絲毫沒有動搖。

他想盡各種辦法，子女們也幫他找房子，但是在北京找一間價錢不太高的房子是很不容易的。經過將近一年的努力，他終於租下了香山南營的房子，八月底搬進了新住所，機關落實辦預付了一年的房租。

袁殊孑然一身住在南營，因為半身不遂，生活起居極為艱難。一天晚上，北風呼嘯，寒冷異常。我下班後從城裡騎車到香山南營。室內一片漆黑，爐子滅了，袁殊在被窩裡瑟縮，晚飯也沒吃。我趕忙把爐子升起來，煮了麵條。；兩天後我又送去一條電褥子，袁殊後來對曾耀說，「那天晚上，要不是曾龍及時來到，我可能就凍死了。」

我把一歲的曾暘和小保姆安置在南營，照顧老小。但終究不方便。不久，袁殊上海時期的老下屬宋福清和老伴何紹池從東北到北京專程來照顧袁殊起居。

宋福清是袁殊四〇年代的貼身跟班，宋原是孤兒，因故開槍打死了人，袁殊力保下來，成為袁殊生活上的跟班親信。袁殊到解放區時帶上了宋福清。一九六五年的判決書上，把宋福清說成特務。但根本逮捕宋福清。

解放後，袁殊介紹宋到解放軍總後勤部工作，上尉軍銜，潘案發生後，宋受牽連了兩年，一九六〇年轉業到寧夏農場，後退職到東北五常縣當農民，與當地人何紹池結婚。一九八一年前後，他們到北京照顧袁殊的生活很長時間。

安全部每月送兩百元生活費，袁殊的生活有了好轉。等待期間的袁殊也並非事事不盡如人意。他在香山生活時，有時也能安心療養，有時也做一點有益的工作，比如教鄰居小孩丁丁學日語。樓適夷送來兩部原文日本小說，請袁殊翻譯。不是非袁殊莫屬，而是適夷的一片好意——請袁殊幹點事，安心等待。一篇是正宗白鳥的〈牛棚的臭味〉，宇野浩二的〈出租孩子的店鋪〉，各五六萬字。因袁殊書寫有困難，我每週去一次，袁殊口述，我筆錄。大半年後翻譯完。後由上海譯文社出版了。

從日記中可以看出，經過近三十年的磨難，他依然保持著對美術、文化的愛好，生活情趣有時也很濃厚：

三日，移栽小花木二株，紫羅蘭與小石榴。

二十七日，《單口相聲傳統作品選插圖》，丁聰作，很有風趣，妙在神情！現在看起來，丁聰比胡某高明一些？畫題是《連升三級》，傲揚之態可掬！

四日，到美術館參觀埃及現代美術作品及工藝等、水粉、水彩及北大荒木刻四家展。埃及展品很少，但有民族的特點，如特大的大手大腳的誇張形象，郁風的水粉畫和罪楣的木刻也有他們的特點。

四日，到團城參觀中國歷代的瓷器展銷會。展品精選，但不多，參觀者亦不多。

十四日，晨，一人去城內，搭一〇五電車到天橋。到自然博物館看法國的性的自然是的展覽，是科學的人類與生物的自然展現。又看自然生物——動物、植物標本展覽。立觀長達三小時，頗疲累。

三日，與紹池（注五）同往中山公園參觀了日本絲盒民間手工藝展覽，所展的部分展品，種類不多，收容也不很廣，大都是個人製作，尤以樹膠為多，就個人的見解來說，並不滿足。然於病體來說，另有益也。

一九八一年初夏，唐生明坐著汽車到香山南營專程看望袁殊來了。唐身寬體胖，神采奕奕（我真沒想到他很快就死了），他用洪亮的湖南腔述說了他坐監七年的概況，毫不隱晦地大罵共產黨和毛澤東的忘恩負義。唐說：「我當年給了毛澤東幾百支槍和近萬發子彈，竟把我關了起來。」

袁殊坐在旁邊一聲不響。唐告訴袁說在香港有很大的生意。袁笑問說「有多少資本？」，唐遲疑了一下說「要多少有多少」。唐直截了當地說「到我哪兒幹怎麼樣？」袁沒有回答。事後他把此事彙報給了落實辦，落實辦說「不要理唐」。

唐生明來訪是我正好在場，唐身材魁梧，聲若洪鐘，我原以為他能活到九十歲，沒想到幾年後死了。

袁殊在香山南營等待平反期間。有一位研究現代文學的社會主義青年學院的女教授陳瓊芝，開始不定期採訪袁殊。前後有三四年之久。陳瓊芝做了七八萬字的採訪筆記。這是袁殊對自己一生口述的記錄，做了一件有意義的事。現在採訪記錄早已不知去向，好在其精華都收錄在本書中了。一九八八年，我寫袁殊時，陳瓊芝慷慨地把記錄借給我參考。

四、香山懷故人——「怪西人案」細節拾遺之一

樓適夷囑我把「怪西人案」寫得再細點。盡力遵囑，稍加補充。

首先是王瑩。即使在一九六五年袁殊的判決書裡，「誘捕王瑩」也沒寫成「誘捕共產黨員

王瑩」。沈醉的「怪西人案」裡，也只說「牽連到電影明星王瑩」而沒有說「牽連到共產黨人王瑩」。袁殊自己說，「當時王瑩不是共產黨員。」

王瑩當時是不是共產黨員，無從考證。網上有說王瑩一九三〇年加入中國共產黨，但王瑩一九一五年出生（有說是一九一三年），十五歲入黨的可能性小。在「怪西人案」中，王瑩的被捕與釋放與共產黨毫無關係，卻是不爭的事實——國民黨審訊人員翁光輝和王新衡根本沒有任為王瑩是共黨。

抓王瑩什麼用也沒有，為什麼翁光輝和王新衡要抓一個非共女演員王瑩呢？

我以為是為交差的鬧劇；是「辦案盡力」的醜表功。因為王新新衡與王瑩當時很熟識。

關於王瑩，不少人都知道，當年和藍蘋（江青）爭過演女主角，僅此而已。也有些人知道，王瑩的第一任丈夫是金山，又突然嫁給謝和賡。很少人知道，王瑩和袁殊在很年輕的時候有過一段戀情。

一九二九年，十八歲的袁殊和十六歲的王瑩共同參加了馬彥祥主持的聯合劇社，參加了聯合劇社到南京的公演。袁、王二人的左傾言論引起反動當局的注意，為防患，馬彥祥通知二人先行離開一起回到上海。

回滬後，王瑩演戲，袁殊辦《文藝新聞》，但一直保持良好的友誼關係。而且他們都是岩井英一的的關係人（另兩人是崔萬秋和藍蘋）。

一九三四年王瑩赴日本東京藝術大學學習。

袁殊說，「對王瑩的離滬赴日，上海左翼文化界傳言『王瑩消沉了』」。

一九三四年夏，岩井為深化袁殊與日本的關係，請袁殊赴日旅遊考察，提出的誘餌是「暑期快到了，想不想到東京見見王瑩？」

袁殊到東京的一個月內和王瑩過從甚密。據袁殊自己說，「發回國內幾篇文章，以澄清『王瑩消沉了』的傳聞」，王瑩對此心存感激。

當時，崔萬秋在上連續發表〈兩京記〉，披露袁殊和王瑩在東京、南京的交往，炒花邊新聞。袁殊大發脾氣，崔就中止了〈兩京記〉的連載。（察《大美晚報》可以考據）

一九三五年初，王瑩回滬，和袁殊住得很近，兩人來往日甚一日的密切起來，發生了戀情，袁殊說，「我與王瑩相互交換過信物」。

王新衡和袁殊是鄰居，自然認識的，私交很好。一個中統、一個軍統，只談瑣聞不談政治。一九三五年袁殊被捕前，三人頻繁接觸，經常一起去咖啡館敘談。袁殊說，「王新衡也有追求王瑩的意思」。

在這樣的背景下，「誘捕王瑩」就談不到與政治有關了。

事實上，王瑩被捕後受到優待，兩周後即由王新衡保釋出去了。

我以為，一九六五年袁殊判決書上的這條，大概是「欲加之詞」吧，這事和政治扯不上關係。

王瑩回國後繼續演戲且名聲日燥，後與電影演員金山結合。

一九三七年，袁殊在《良友畫報》發表紀念王瑩文章〈為了不忘卻的紀念〉。一九八〇年焦陽在舊《良友畫報》上複印了此文，交給袁殊，牽動了他往日的情懷。袁當是對我說，「金山很帥氣，人長得漂亮」。

一九四二年，王瑩在重慶突然拋棄對仍愛戀的金山，和一個有婦之夫謝和賡結婚了。謝和賡時任李宗仁的秘書。謝、王結合不久，即同去美國學習。大家都疑惑不解。

更奇怪的是，周恩來還關注此事，並為二人送行。一九五二年，周恩來用被捕的美國飛行員，換回了在麥卡錫時代遭到美國軟禁的謝、王夫婦回國。袁殊請回國後的王瑩吃過飯。袁殊說，「周恩來說了一句話，「王瑩再不回來就成老太婆了」」。

謝、王回國後並未受到重用。一九五七年，謝和賡被打成右派，王瑩重病在身，二人寓居香山狼道溝，少有社會活動。

文革時，二人受到江青的迫害，王瑩死於一九七四年，葬於亂崗。謝和賡到活到八十多歲。文革後，謝給王立墓。謝死後，謝家族人把二人墓遷往王瑩的出生地安徽蕪湖安葬。謝王沒有子嗣。謝和賡和前妻有一個兒子，有些智障。

一九八〇年，袁殊住香山，幾次要我和曾虎找王瑩的墓去祭拜，找不到，袁引以為憾。

這本是逸聞。但日理萬機的周恩來的關注，令人匪夷所思。謝和賡是秘密黨員，從事「逼桂系抗日」的工作。所以，謝、王的突然結合與赴美，後又在周恩來的關注下回國，是否有重大的政治隱情？中國的怪事太多了，謝、王也是可憐淪落人。這是奇聞逸事。

夕陽殘照

（一九八三年－一九八七年）

第十章 劫後餘生

一、人間愛（重）晚晴

一九八二年十月七日袁殊日記：由中調部的朱玉琳、劉存金導同公安部十三局劉加玉與劉本懿，送來最高人民法院判決書（一九八二）刑酉子弟一四七號，「……於一九六五年經本院判處有期徒刑十二年，剝奪政治權利五年，袁不服，以沒有反革命罪提出申訴。本院依法組成合議庭，再審認為：原判決認定的事實失實。現判決如下：一、撤銷本院一九六五年度刑——字第十五號判決；二、宣告袁殊無罪；三、原沒收的財務折價人民幣三千七百六十四元四角九分，予以發還。」

中華人民共和國最高法院刑事判決庭，審判長張敏、審判員劉培勤、判員李育英、書記員王玉琦，一九八二年九月二十九日。

至此，繫獄二十載，勞改生活八年，屢經向各方申述（一九七八年起臥病腦血栓歸鬧血栓），在香山安心療養三年，歷亂生涯，使得重見天日！——中國共產黨的偉大光榮及於我身——一切冤案錯案，在實事求是的精神貫徹到底的照耀之下，得到平反」

十月九日日記：「分別寫信給樓適夷、李一氓、張愛萍、梅益、夏衍、馮玄、李士英、周揚、劉仁壽、胡肇楓、金石、陳丕顯、楊銘之、李保喜、徐文清、梅丹馨、廖超群、陳瓊芝去信，告知平反。又去信給軍事科學院張學宗，海軍療養所胡玉木。總後療養所蕭津，去信或面告平反已下達通知了。」

十月十日日記：「曾曜得通知，已與中秋節、國慶日來京，見過多次，她為料理我的事物而來。」（八月潘漢年公開平反後，八月二十九日袁殊平反已成定局。八月底袁殊給時任中共政法委書記的陳丕顯寫信，要求調三姐曾耀到北京工作，得到批准）

十月十一日日記：「連日得各好友來信，祝賀平反。公安部來人調查約二十人等的事蹟。我已分別寫了各人的資料，以憑鑒定。但對其中的張和王二人，我意無從為他們申述意見，因為這不是實事求是。

前兩、三個月，我自寫了如下的自我鑒定：我心純潔正直，（一本忠誠做人）；外貌亂七八糟，（隨機應變對事）；守此正心不二，（始終如一之旨）；革命堅持到底，（光明生活自執）。」

十一月十五日日記：「純才三哥來，離別近三十年。是我見報載高士其的文章，忍不住思念之情，給他去信，告知我已平反。」

一九五四年袁殊的審幹結論是當時的幹部局長王濤江作出的。一九八二年安全部為袁殊平反時，當年的審幹結論不見了。袁殊逝後，我為搞清袁殊的「嚴重政治錯誤」的問題，求教過後來為安全部副部長但已退休的王濤江，他說，「一九五四年袁殊的審幹結論是我做的。一九三五年元被捕的事不是『嚴重政治錯誤』，」王也很奇怪，「一九五四年袁殊的審幹結論多年以前公安部借閱過，怎麼在公安部也找不到呢？」

「唐朝詩人的『天意憐幽草，人間愛（重）晚晴』，我愛之」（袁殊日記抄）。歷盡了二十八年的磨難，袁殊終於迎來了「政治上的晚晴」。

但在他晚景淒涼的晚年生活中，他依然是失意的「幽草」。照理說，他政治上平反了，恢復了中國共產黨的黨籍，分配了住房，恢復了原級別待遇，它已具備了安度晚年的客觀條件。但是他不僅沒能「安度」，反而變得更加狂躁、多疑、乖戾。為什麼呢？我以為有三點糾結在一起的原因：生活態度、身患重疾和長期關押的後遺症。

直到七十歲以後，他在日記中還寫道：「要幹點什麼而不負此生，始終是我的願望」。事實上他最適合做的事就是總結他的一生，搶救存於腦中的珍貴資料。不知為什麼，平反之初的二、三年內，他並不看重這件事。董純才建議他把在汪偽時期的活動真實地寫出來，他回答說，在秦城已經寫過了。儘管樓適宜借給他日文的《細雪》，但同時也勸說他不要搞翻譯了，還是寫寫回憶為好。袁殊事實上也沒聽進去。

他的願望，首先是再搞情報工作，但這怎麼可能呢？

他的第二個計畫是翻譯谷崎潤一郎的《細雪》，其實這也是力不從心的願望。晚年的袁殊已經沒有能力翻譯這部百萬字的巨著了。袁殊執拗地試譯了一些時候，終於不了了之。

二、壯志難酬

袁殊平反後，作為離休幹部退休，享受正局級待遇，分配了住房。

平反後的最初一段時間，採訪他的人很多，甚至可以說是絡繹不絕。有問汪偽政權時人和事的，有問卅年代新聞界事的，有問卅年代左翼文化戰線事的，……。

袁殊隔世已久，對來訪人的態度是來者不拒。使他吃了一些虧。

有個叫沈鵬年的人，訪問袁殊後寫了篇文章〈袁殊同志談周作人〉，文中說，袁殊認為周作人不是漢奸。袁殊知道後，十分生氣地說：「我沒有說過，沈鵬年是個騙子」。

沈鵬年還訪問過許寶騤。後來許給局黨委寫信說：「沈鵬年的所謂〈訪問記要〉，並未經我審閱同意，發表時我也不知，其中多有不實之處。」

查網上有堂亮仁的文章〈他在「學術爭論」的背後幹些什麼？——記沈鵬年造謠撞騙的幾個事實〉。

我對文壇舊聞毫無興趣，但是沈鵬年拿袁殊說事，招搖撞騙當屬不虛。無聊！

後來袁殊小心了，不再對訪問人來者不拒了。也許是病殘外加對自己平反不徹底的憤懣吧，最後兩年的袁殊，一個人都不見，什麼話題都不談了。

袁殊平反後，雄心勃勃地準備翻譯日本作家谷崎潤一郎的百萬字巨作《細雪》。樓適夷熱心地提供了日文原版書。但是半身不遂的袁殊左右手都不靈便了，寫字費力艱辛。他先前在香山翻譯《牛棚的臭味》，是由他口述我來記錄完成的。他便向老幹部局提出配一個秘書的要求。翻譯日文書不是安全部業務，袁殊也不夠可以配秘書的級別，於是老幹部局婉言謝絕了。

袁殊不達目的是不輕易放棄的。他另闢蹊徑，請來了上海舊人徐文清。先不談作翻譯幫手的事，而是由徐料理家務，共同生活。

我只大概知道，徐文清是卅年代上海灘一個青幫大亨的乾女兒。當年袁殊和徐文清共過一些事，而且私交甚篤。

果然，徐文清來京的前兩個月，兩人似有談不完的話。《細雪》，在徐的幫助下也翻譯了幾十頁。有些人甚至認為他們兩人可能結合在一起。我則堅信不可能，因為我太瞭解袁殊多年坐監後精神上留下的內傷了。表面上看不出什麼，其實袁殊已經是個精神重度殘疾的人了，只不過沒有到達崩潰的地步罷了。

果然，袁殊的乖戾在徐文清面前顯現了，多疑，亂發脾氣。徐文清又忍耐了兩個月。袁殊說出了請徐文請來北京的原意：給我做文秘，幫我翻譯。瞭解了袁殊現狀的徐文清當然不可能答應。於是開出了條件：每月工資一百元，在上海的兒子兒媳到北京同住。袁殊不可能辦到。未幾，徐文清留下空箱子，不辭而別回上海了。

儘管十分艱難，袁殊還是獨自寫了幾篇文章。一篇是〈紅色小開〉，萬餘字。我沒讀過，袁殊的長外孫女張曉丹是中文系畢業，當時做編輯，她看過，說「把潘漢年寫得活靈活現」。袁殊對當時社會還不十分瞭解，不經意的把稿子借給兩個年輕人，結果有去無回。

一篇是幾千字的〈人間飛碟〉，由飛碟聯想到間諜，回憶二戰時期的左爾格，此文收錄到《袁殊文集》中，得以保存下來。

一篇是一千字左右的散文〈萱花開了〉，追憶三十六年前的往事。此文在某雜誌上發表了。

獨自寫作使得袁殊認識到，不靈便的手無法繼續搞文字工作了。豈止手不靈便，精神也是七分清醒三分錯亂。他不得不放棄了翻譯《細雪》的宏大計畫。

如果沒有身體和心理的疾病，以袁殊的學養和日文水準而論，他完全可以勝任翻譯日本名家巨作的任務的。但以當時袁殊的狀況而論，他不可能完成，這一點我最清楚。

身殘志堅的袁殊，立志幹力不從心的事，而且不到黃河不死心，是他性格堅毅，強悍的外在表現。

如果說，平反前，支持他生存的動力是等待平反；那麼平反後，他必須確立一個新的生存目標，否則不就是一具「活屍」嗎？（「活屍」，是袁殊自己說的。）

三、故地重遊

一九八四年袁殊在曾虎的陪同下，到江南遊歷了一次。這是袁殊平反後愉快的一次旅遊，他重遊了故地，見到幾個故人，回顧了他人生的往事。回北京後，花了近一年的時間，寫下了人生最後一篇文章。這是落日的餘暉，布於水中的殘陽。我以為此文是袁殊告別人生之作。錄全文如下，以茲悼念。

〈展很重印江南路〉——南遊雜記

江南好，「若到江南趕上春，千萬和春住」。這是宋代大文學家蘇東坡對江南春色的讚頌。

我離開江南已四十多個春秋了，久欲返回故地，和春同住，一直羈於生活的索盼，未有良緣。

今年四月，有幸感到江南一些地方作了短暫而匆忙的旅遊，終於重領了江南春色。

上海一瞥

從西苑來到北京站，只見進出的人群，熙熙攘攘，絡繹不絕，但秩序井然，並不混亂。進入車站，我以殘疾不便行動，比一般旅客稍前一些走往月臺，然後上月臺入了臥鋪車廂因為買的上鋪票是最高的第三層，以我的年齡和腿疾，很難邁得上去，而照應我的同人又在遠離臥鋪車廂的硬座車廂上，極不方便，經向車長說明原因，請求照顧。他很同情，馬上幫助調整鋪位，乃得安全地到達上海。

在上海住到親戚家裡。他家門前舊路已改變為交通要道，那原路雖歷經幾十年，但其舊貌仍能活現在眼前。後來外出過淮海路，只見現代化商店鱗次櫛比，行人穿梭來去，甚是繁忙，也不是舊日法大馬路——霞飛路的風采。再向前行，更像劉姥姥進大觀園了。低頭沉思，頗有不勝今昔之慨。中午在老松盛便飯，口占一絕，以書胸懷。詩曰：屐痕重印江南路，最是盤餐蓴美羹。淮海道上人潮疾，滿目春光四化流。

在上海的幾日裡，先有市委統戰部前副部長劉人壽同志來晤，暢敘了離別四十多年思念之情和上海改革開放後出現的新氣象，頗有教益。人壽同志是當年奉潘漢年之命，協助我從事黨的情報工作的重要成員之一。幾十年過去了，各人都有一番難言的春秋，但時至今日，大家已經不屑再談那些坎坷舊時了。

後又老友吳君來訪，他道及我所不知道的一切情況；談到落實人的政策，我已理解人的心緒囑請他著眼在大問題上，大問題解決了，也就從根，非本上解決了問題，不必再去爭一日之是非。

又有上海譯文社兩個同志來談認為刊載在他們刊物上的〈牛棚的臭味〉和〈出租孩子的店鋪〉，深刻反映了日本戰後國民生活的艱難和陰暗面，今天仍是我國人民瞭解日本的好資料。可惜我殘疾在身，已無能力再從事翻譯工作了。

我的同行者代表我訪問趙家璧先生回來，並轉達了他的講話。趙說，他從二十年代起，編輯《中國新文學大系》時，蔡元培先生希望，「第二個十年與第三個十年，將有中國的拉飛學與中國的莎士比亞出現。」回顧那是以魯迅為旗手的左翼作家聯盟，以及團結他周圍的一批進步作家，在繼承和發揚「五四」新文學革命傳統方面，曾做出了卓越的貢獻。從那時至現在，中國新文學已有許多新的發展。這證明瞭蔡先生的希望已逐漸成為事實。

我來上海最想去看的地方，使浦東六里橋的浦東中學及其附屬第一小學和三林堂高等小學的舊址。這是我少年時代隨姨表兄董純才讀書玩耍之處，那裡有我舊生活的痕跡，我的憧憬和希望葉奇元在那裡。但是因為滯滬時間太短，竟沒有成行。

到是去了江灣立達學院的舊址，這是我在一九二三年秋於此學習的地方。在我的記憶中，它是尊重人的個性發展的學校。有許多思想激進的學生和老師，例如夏丏尊、方光燾、豐子愷、匡互生、柳燕宇等，都在這裡任過教，他們都是主張個性解放、思想自由的人，有的老師還印發過蒲魯東等人的照片，在學生中散佈過無政府主義思想。也有的學生受到前進的社會主義的思想啟發。「五卅」運動時，高中部有個姓賀的學生，曾在學生大會倡議成立「赤心會」，但是這一動議並未得到通過，不久他就失蹤了，據說是被國民黨秘密逮捕槍殺了。我之去立達上學，主要是由於該校導師之一袁紹先的介紹。他是個工團主義者，又是中國無政府主義先進分子之一。我崇拜的夏丏尊和豐子愷的老師弘一法師，就曾受了這些人的影響。這都是六十多年前的事了。我本次想通過參觀再作一番回憶。可惜走到江灣鎮時，早年車站前的模範工廠老大建築和並排立在廠門前大路上的立達學園園址，已變成了工廠聚集的地帶，舊貌換新顏了。正是：隱約蹤跡難找尋，舊日師友逝飛茫。寶山綠葉如華蓋，樹樹新枝更足親。

在回市內的路上，經過寶山路天通庵對面的原九三八號門前，在停留的片刻引起許多遐思。這裡曾是我在潘漢年同志直接領導下，利用合法身份，從事黨的情報工作的地方。建國以後後，潘漢年冤案發生，當年隨我在這裡參加工作的許多人都受到了株連。直到十一屆三中全會後，潘案公開平反，經過複查，這裡的多數人也先後落實了政策。有的人因查證花費時間或其他原因尚待解決，其中不乏含冤逝去的人。回顧這段歷史，真是感慨萬千。

龍華憶舊

我還隨同行者遊覽了南郊的龍華。當年的龍華正像南京的雨花臺一樣，曾染滿了革命烈士的鮮血。著名的「左聯」五烈士，就是在這裡被國民黨反動派秘密殺害的。當時，在很長時間裡，外界都不知道這裡慘案發生的情況。知道的，也沒有哪家報紙或刊物敢於將它披露出來。後來，還是馮雪峰和我商量，決定在我主辦的《文藝新聞》上，以讀者來信詢問形式，加以暴露，這才公之於天下。那時，我還年輕，面對國民黨的種種迫害也不知道哪兒來的那麼大的勇氣！但時至今日，這些往事，已不值得向後來人稱道了。而現在的龍華，久已成為全國人民旅遊的勝地，，昔日的陰風苦雨，已不復存在於人們的記憶中了。當我此次來這裡時，龍華塔正籠罩著手腳架，在作修建的準備；進出寺門的眾多香客或遊客，仍然絡繹不絕，一派興旺景象。令人奇怪的是，有些向國家幹部摸樣的人，竟然向菩薩佛爺焚香跪拜。但仔細想來，也不算怪。因為普天之下，善男信女本是芸芸眾生；照唯心主義說法，他們頭腦裡是由兩個世界的，一個在現實生活中，一個在靈魂深處。這是幾千年的傳統延續下來的。解放後，儘管黨和人民政府作了不少工作，但要全部改變著芸芸眾神的人生觀，絕非幾十年之功力所可奏效。現在，他們之所以如此虔誠地頂禮膜拜，包括那些幹部膜樣的人在內，或許，就是那個靈魂王國在發揮作用。包括從各自的快樂和苦難中迸發出來的吧。

龍華遊覽精彩之處，要數上海植物園中的盆景園。那仙境般的景色吸引著眾多遊客。徘徊在那兒觀賞。這也是我此次南遊中最值得留戀的地方，只因我的殘疾不便久留，終於戀戀不捨地離開了它。

抗日女英。應邀到友人家晚餐。女主人H親手操持烹飪，菜肴豐美，十分可口。萬萬想不到，當年出生入死的共產黨員，今日竟有這樣的好手藝。由此引起了我的一些遐想。記得一九四一年日寇和汪偽軍在江南清鄉時，曾逮捕了許多革命志士，其中就有這位女主人。當時他是新四軍的基層幹部，敵人把她翻吊在一間堂屋的大樑上，嚴刑拷打，要他交出留在地方上的新四軍共產黨員名單和重要軍事情報。她不畏嚴刑，忍受折磨，拒絕了日人的拷問。後來有人告訴我這件事，我利用合法身份，將他引渡到安全地方。不久，她就接上關係，重新為黨工作。這一段歷史，本來是很清楚的，也是很光榮的。可是多年來竟成了她的「政治歷史問題」，在史無前例的文化大革命中，更使她遭受磨難的一大「罪狀」，自然，這種遭遇，在那個時代，也並非為他一人所獨有。但它畢竟嘗受到了，而且弄得身心殘疾，像許多人一樣，喪失了更好地為黨工作的機會，這個損失卻是無法挽回的了。現在，她已年近古稀，早已脫離了工作崗位，昔日的錚錚硬骨，只有從當年受日寇嚴刑拷打的一些後遺症上可找到，其他便是外表上的彬彬有禮，儼然一副家庭主婦模樣了。

花港觀魚

離開上海來到杭州。此時的湖濱公園，已經看不到舊日的西湖水面上匆匆來往的遊艇。宋代著名詞人李清照所哀歎的「可惜雙溪蚱蜢船，載不動許多愁」那種悠閒而又孤寂的情調，更難尋覓。可以見到的，大都是四化建設中人，他們利用公家給與的假日，來此探望西子美人，更是一番沉味。

重修後的靈隱寺，安然無恙。掃興的是，當我在寺附近的素餐館進餐時，雖有豐盛的菜肴，但已失去應有的杭州特色。後來因在靈隱寺入口發現了一個賣泥人的攤子，上錢買了一幅叫你任何一個較大的「阿福」，看其形象生動活潑，才有高興起來。

出靈隱是打公共汽車到岳飛墓。墓地修葺一新；重鑄的四個鐵人依然跪在那裡，身上留下許多骯髒物。幕門前懸掛著一幅木刻的對聯：「三十功名塵與土，八千里路雲和月」。此句出子岳飛的「滿江紅」，言簡意賅，深刻道出了英雄當年精忠報國的成敗；書法是今人張愛萍手筆，遒勁有力，揮灑自如，一派大將軍風度，不過八千里路在還不發達的趙家王朝時代，走起來是要花上許多時日才能到達的，因而反映了宋金兩國戰爭的長期性；然而現在，社會正進入核時代，八千里路，瞬息可達，兩國交戰，可以速戰速決，而且，更增加了殘酷性。但歷史總是向前發展的，科學發達，時代進步，未來世界，正是不可限量的哩！

此時植物園正有一群工人帶領小學生在刈草種樹。我想起了「上有天堂，下有蘇杭」這句古話，深深感到，在前進的歷史徵途中，創造未來「天堂」的，不正是這些孩子們麼！

小坐在湖濱公園休憩，我進入個人的沉思：今日的西子湖，當然不是面前的青山綠水，而是更其深遠的所謂「風流千古」；當然也不是人與事的變遷，而是更其深遠的留戀。不是嗎？我乃不免有今昔之歎。

又去遊覽了「花港」。這裡水中魚兒甚多，特別是一群群紅魚戲水，往返追逐，非常壯觀。和舊日那種只見池庭不見於總的情況大不相同。加上岸邊花、樹相應、曲徑環繞，引逗了許多遊人佇立觀看。這就是著名的「花港觀魚」。

過白堤到虎跑，登上山坡，已很累了。想在茶室休息一下，但茶室裡任人已滿了。只好覓得一露天座位，坐下喝茶。我記得，昔日來此玩的遊客，大都川流不息，很少停留；現在大家不僅要欣賞周圍景色，而且要坐下品嘗山泉新煮的綠茶，真是不可相比了。

稍息後，遊六和塔，觀錢塘江此時不得不想起已故的郁達夫：達夫是太平洋戰爭發生後，因在南洋星島（新加坡）從事抗日活動，被日寇秘密殺害的。他的哥哥郁華則在一九三九年於江蘇高等法院第二分院刑庭庭長任內，因抗拒日偽特務機關威脅，被「七十六號」特工槍殺在馬路上。這一對忠義弟兄，殊值後人驚歎。。他們的家鄉就在富陽縣，據考，錢塘江支流經富陽至桐廬的一段，稱為富春江。這是一個風景秀美的地方，在這一百里方圓內，郁達夫曾讚譽它為「奇山異水，天下獨絕」。看來確有道理。我和達夫弟兄，早年有過來往；達夫還送過一幅手寫的條幅，給我留作紀念，可惜，因我從五十年代中期其遭受變故，這條幅連同郭沫若早年給我的手書，已不只是落在何方。

折至龍井參觀，只見沿街都是新建房舍。有一家手工制茶作坊，裡面的人正在為培植新的綠茶而忙碌著。我和雖行人及如一茶座，一面飲茶，一面觀看往來的遊人。林彪的一座「別墅」也在這附近，從外觀看，雖不算豪華，但也絕不應該是他個人該享受的。現在，他已葬身沙漠，正應了古人說的「天網恢恢」這句話，真是罪有應得。

蘇州漫步

傍晚從杭州乘船，於次日早晨抵達蘇州。市地方誌和園林局同志。從平門碼頭將我和隨行者接至西美巷招待所住下。這個地方並不生疏，他原是當年從事工業企業的嚴姓家宅。此人是日本留學生其妻和兒媳婦均為日籍，他的兒子曾隨我做過事。抗日戰爭結束後，據說一家都去了日本。幾十年過去，它的家宅已成了有現代設備的人民政府的招待所。

蘇州的變化是很大的。在外觀上，除了中心地帶幾條街道還保持著原來的面貌，其他許多地方，由於建築業、旅遊業和商業的發展，都已面目全非了。據說，市代縣後。全市的工農業總產值一直在全省處於領先地位，城鄉人民生活也大大改善了。

市里同志陪我參觀了著名的刺繡研究所。這裡的環境很是文靜，生產的刺繡作品，精湛絕倫，世界有名。我看了刺繡的全過程。一些女青年織工——也是研究人員，坐在小巧的織機旁，將一根帶色的絲線，分成六、七根小線，穿進針眼，運行在繡架上，使人物、建築、風景，各得其所，了然如畫。這天上午來參觀的，還有一批日本來客以及新從臺灣移居中國的一家人。據說，這個所每天都要接待許多來參觀的人。其產品獲取的外匯，也很可觀。主要是藝術，這是國寶，是什麼外匯也買不到的。

在光福鎮司徒廟參觀了「清」、「奇」、「古」、「怪」四顆老樹。這是蘇州名勝之一。可貴的是，他歷經劫難而依然常青而有生氣，又處在太湖之濱，倍增了湖光春色。

又去靈岩山，四十多年前，我曾騎了一匹大馬，來到這裡遊覽。那時這裡的遊人還是很少的。這次改乘小汽車來，遊人如織，已大不相同了。當我坐在一汪泉水旁邊，觀看興高采烈作上山遊的人群，昔日的冷漠之感已不復存。

我們瞻仰了范仲淹祠堂，這位「先天下之憂而憂，後天下之樂而樂」的宋代大政治家，人品正直，久為人道。今天也有「後樂者」，但先樂者並不少，豈不有愧。

回程至木瀆鎮，在石家飯店午餐，可惜，早年于右任老先生推崇的「鲃肺湯」，已嚐不到了。由此想到恢復傳統食品的重要。

夜間，拙政園管理人員錢怡來談該園舊事。我離開蘇州恍惚已有四十年，那時曾住在拙政園裡，並灰色筆調寫下〈拙政園記〉，以求隱蔽真情。現在，這些往事已很渺遠，但仍作了回憶，一一向他談了。

第二天又去拙政園參觀。入院但見樹木參天，東面的奉直會館和西面的補園，都已連成一片，有山，有水，有樹木，有花草，有亭台水榭，曲徑幽深，風物薈萃，井然有序。

我都留在盆景區良久，並對比了今夕的不同。現在，它已成為社會主義的大公園了。每天遊客數以萬計，當年塵土，飄然不存。

虎丘也有盆景園，我亦曾輾轉期間，和參觀拙政園、龍華的盆景園一樣，都有流連忘返之感。匆匆看過西園、留園。劉淵中的明軒，就是已經出洋到美國的那個微型建築的原形，其中有水，但水面積不大，「日到半鳳亭」在水的西北面，一名「待月亭」，取唐代文人韓愈「晚風將秋至，長風送月來」之清趣。古時許多文人在幽僻的地方讀書賞月，遇此佳境，當不勝其樂了吧。即在紐約，那洋人看了明軒微型，料也不免有出世之想。

無錫訪楊

聽說楊帆同志在無錫太湖的華東療養院療養，我一到無錫，顧不得欣賞太湖的美好景色，就與地方有關單位聯繫，去訪問了他揚帆坐在沙發上，聽出了來訪者的聲音，開口就說：」「你來了。」我看到他發胖面孔的雙眼已經失明，心裡一陣難過，他是潘漢年冤案的主要受害者之一，一九四五年秋，我從上海去到蘇北解放區，第一個到碼頭接我的，就是他。那時，他風采奕奕，正值壯年。曾幾何時，他被關起來了，我也被關起來了。幾十年光陰不過一瞬間，現在大家都病殘了，真是不堪回首啊！他說話甚少，也完全不提自己的苦情。他愛人李瓊對我說：「老楊自己說，因為過去說的話太多了，現在已經沒有什麼可講的了。」我也只有默然。此時我看到李瓊此時正在用銅匙向他餵飯，他張口就將滿勺的飯菜吞嚼下去。李瓊說：「老楊已不能自理生活，非得有人陪伴照顧不可；他更怕應酬，這次來無錫療養，就是由上海乘車徑直到療養院的。」總之，他還活著，這是可以大慰老朋友的，臨別時，我祝他健康長壽，方才離去。

辭別了揚帆，便想去宜興一訪潘漢年同志的故鄉。漢年是我入黨介紹人之一，又是我當年堅持在敵佔區為黨收集戰略情報的直接領導人。在冤案發生後，他是受害最重而又未能善終的人。想起他，我更加難過。現在，他雖已不在人間，去看一看他的故居，也可增加一點懷念之情吧。

經宜興縣委夏心元同志聯繫，得知漢年故居正在無錫到宜興善卷洞這段公路的岔道上。小汽車經過生產陶瓷器的丁蜀鎮和大畫家徐悲鴻的故居，在歸徑鄉陸林村停下。漢年故居前部房屋已經傾塌，後部兩間房屋為漢年妹妹潘玉琴暨其丈夫所居住，但也破舊不堪。玉琴同志接待了我們。她談到當年去湖南護送漢年骨灰至北京的經歷。並說，漢年數十年前，從縣立中學畢業就外出，數十年中從未到老家來過。他還拿出漢年生前照片給我們瞻仰。玉琴同志也六十多歲了，他女兒現在是村信用合作社的工作人員，一家生活很好。我們離開她家時，順道來到她女兒家看了一下，他女兒還特意煮了雞蛋送給我們。

歸途，暮色蒼茫。我感到非常寂寞。想到自己一生中和漢年同志的相處，得益甚多；後來又同在秦城坐監，雖相隔甚近，卻無緣相見。現在他去世了，他的愛人也去世了，怎不令人深切悼念呢！

南京屐痕

從無錫坐火車到南京，由有關同志接送到西康路三十三號。這座房子以前曾作過美國大使館，據說，司徒雷登在這裡度過了許多不眠之夜。幾經輾轉，現在成了中共江蘇省委招待所。

我在東樓下一個套間。樓上還有一個套間，為原江蘇省委第一書記江渭清同志的常年住所，我們雖近在咫尺，但素不相識，也未見過面。

住在南京的匡亞明同志有口信帶給我，他離市去山東開孔子的會，不能相見，小車留在家裡，要我使用，一覽南京名勝古跡。他是我的良師益友，一九四七年我在煙臺時，我們還常相見面。今已多年不見，多年不見，現失之交臂，甚為可惜。而他的好意，我也只有心領了。

在南京主要參觀了北郊。先去的是陶行知的紀念館。這個館設在著名的曉莊師範。創辦人就是行知先生。幾十年來，他培養了大批的有用之才。我的姨表兄董純才和其妹妹，都在這裡受過教育。我除了少年時來到這裡看望過純才兄妹外，成年後，還和行知先生有過交往。他是我最敬佩的前輩之一。

進入曉莊師範不遠處就是行知先生紀念館。那裡陳列的各種圖片、實物和文字，重現了先生當年堅韌不拔的辦學精神。參觀以後，進一步增加了我對這位先賢的崇拜之情。當紀念館負責人要我在留言簿上題詞時，我略作思索，隨手寫下七絕一首：五十年前一頑童，再過曉莊憶舊蹤。回首當年多少事，秦淮血淚再建功。

又去拜謁了行知先生墓，陶墓位於曉莊師範西南的後山上，頗為巍峨，但周圍雜草叢生，顯然平時乏人清掃，來瞻仰的人也不會有很多。倒是幕前有一郭沫若題詞，頗為發人深省。詞曰：千教萬教教人求真，千學萬學學做真人。

我面對這位前輩長臥之地，自有感慨萬分。我記得，行知先生原名知行，他因感做人實踐的重要，改為行知。後來早成了我國以行而知之的著名的教育家。時至今日，長於實踐的人已越來越多了，實踐成了檢驗真理的標準，但若像行知先生把一生都貢獻在教育實踐上的人，也還是不多的。

順道遊覽了燕子磯，從前的報紙上常有「×××在燕子磯頭投水自殺」的報導。因為燕子磯緊靠長江，那些人大都因失學、失戀、失業等痛苦，環顧人生，無有出路，只好面對滔滔江水，往下一跳，了結餘生。後來，有人便在磯頭上立下石刻警句：「且回頭，再想想」告誡人們不要輕生。據說，這兩句，就是從行知先生的詩句中擷取出來的。

我拉著鐵鍊，漫步登上石階，鄰近磯頭，俯望長江，但見千里江濤，滾滾東流；幾片白帆，翔游江面；馬達機聲，遙可聽聞。這樣的氣慨，難道是那些失掉了生活前途信心的人的喪身之處嗎。據說，從解放以來，已很少看到有人投江自殺的報導了。

離開南京前，還瞻仰了總理故居——梅園新村。這個地方已經過了整修，陳列室陳放的有關周恩來同志當年生活、工作的許多紀念物和圖片，照片及文字說明等。參觀之後，很受教育。總理當年很重視情報工作，在他領導下建立的一套秘密的情報系統，無論在抗日戰爭前還是在抗日戰爭和解放戰爭期間，都發揮了重大作用。那時，他坐鎮梅園，指揮對蔣介石的有理有節的鬥爭，就很得力於情報工作，這在我黨對敵鬥爭的歷史上，是不可忽視的重要情節。

路過牯嶺路，在昔日住過的一座老屋門前佇立良久。我曾在這裡住了較長一段時間，也在這裡會過三山五嶽的朋友，並與敵人的頭面人物周旋過，曾獲取過一些對黨有意的戰略情報。現在，俱往矣，都成了記憶中的點點痕跡了。

江南好，但江南春色是留不住的，飽覽以後，儘管依依不捨，也有唏噓之感，還是分別了。願他日有幸重來江南。再結新緣。

一九八四年秋

四、怪西人案拾遺之二

樓適夷生前囑我把「怪西人案」寫得再細點。盡力遵囑，稍加補充。本段寫述夏衍和怪西人案及夏衍和袁殊的關係。

一九三五年，怪西人案中，王瑩照被關了兩周後，由軍統少將少將王新衡保釋出翁光輝的偵緝大隊。出來前，袁殊托王瑩辦兩件事，一是告訴老朋友躲避一下，二是通知日本領事館岩井英一。「老朋友」就是夏衍，袁殊說：「因為案發前，夏衍急切地要我打聽「怪西人案」，以為此事和他有關」，而當時案情還沒公佈，夏衍不會知情。」

夏衍在《懶尋舊夢錄》的說法大意是，袁殊約夏衍到某地見面，夏走到半路，突然感到不對，就回去了。

該書後面又說，「當前的主要危險是袁殊」，於是「想法通知日本人，日本人提出抗議，事態才沒有擴大」等等。簡要之，夏認為袁要帶國民黨特務抓人。但是，夏衍在《懶尋舊夢錄》中，對案發前急切地托袁殊打聽「怪西人案」一事隻字未提。

袁殊看到夏衍的相關文字很惱火，當時已半身不遂的袁殊艱難地寫了正式書面資料給組織，主旨是「夏衍的說法不對」。

袁殊去世後不久，我親自問過負責給袁殊平反的國家安全部老幹部局局長朱玉琳同志（已去世）此事。

朱說，「組織認定牽扯到的只是王瑩，夏衍實際沒有被逮捕，組織當然不採納夏衍的說法，至於夏衍為什麼這麼說，就不知道了。夏衍怎麼說不重要，組織是根據事實評判人的」。我也認為，夏衍所述不過是懸疑揣測之詞。

當時朱玉琳還告訴我，「袁殊平反後，夏衍給安全部來信表示，「同意袁殊的平反，為什麼要恢復袁殊的黨籍？」組織沒有理會」。

夏衍反對袁殊恢復黨籍，是依據共產黨的一條紀律：「對叛變自首過的人，革命隊伍可以重新接納，但不准重新入黨」。

看來，夏衍認定了袁殊「叛變自首」。八十多歲的夏衍確實是這麼看袁殊的。八十多歲的夏衍，還坦言在抗戰前夕「不同意潘漢年對袁殊的啟用」，理由是「袁殊不可靠」。不可靠的根據是什麼？還是那個懸疑揣測之詞，夏認定是事實了。

夏衍是名人，名人的話有名人效應。夏衍的說法，影響很大，也是尹騏拾人牙慧的一個出處。一九四六年，袁殊重新入黨，一九八二年恢復黨籍，在中共組織的任何結論中都沒有說過袁殊是叛徒。事實上，袁殊沒有出賣過中共組織的任何一個人。

可以仔細推開一下當年往事：

（一）如果當年袁殊「供出了夏衍、約見面帶國民黨特務抓人」，夏衍跑得掉嗎？

（二）當時夏衍的左傾身份已非秘密，但夏衍不是「遠東情報局」的人，幹嗎要在「怪西人案」中抓他？這有點講不通。

（三）袁殊知道當時許多共產黨人，都安然無恙。「通知」夏衍躲避，是因為案前夏對此案的關心。

（四）潘漢年起用袁殊，立了大功，這就批駁了「夏不同意用不可靠的袁殊」的謬誤。

八十多歲的夏衍，堅持如是說法，不知何為。人老了難免固執，名人老人更如此。也許這和極左時代的極左思維與那個時代的政治高壓氛圍有關吧。

袁殊與夏衍的關係也很微妙。袁殊是敬重夏衍的，夏衍對袁殊一九三五年以前的表現完全肯定，這在《懶尋舊夢錄》裡可見。

兩人晚年的糾葛到底是怎麼回事？說不太清。

但是，在人生沒有發生變故的大部分時間裡，兩人並無糾葛。

夏衍建議潘漢連不用袁殊，但在一九三六年到一九四〇年間，夏衍也運用過不可靠的袁殊：

（一）一九三六年兩人共同參與發起《中國青年記者協會》（碧泉即袁殊為五個理事之一）；

（二）為創刊《譯報》，夏衍托袁殊利用報界關係打開局面；

（三）抗戰前期上海文化界，國共雙方時有摩擦，夏衍要求袁殊與國民黨文化人辦交涉；

（四）夏衍到大後方辦抗日報紙《救亡日報》，委託經理翁從六到上海買印刷機器，翁「一個錢沒有」，袁殊交給翁從六六五萬元；

（五）光復後，夏衍在上海見到袁殊，敦促袁殊到解放區。當時夏衍對認為「不可靠」的袁殊說：「還不快走！」

（六）解放後到一九五五年，兩人在北京、上海也有往來。

（七）最重要的是，一九五四年審幹時，夏衍對袁殊的旁證中，一句貶語也沒有。檔案解密後會自明。

潘漢年案發生後，情況起了變化。潘案發生後，夏衍不可能不寫揭發資料。文革後，夏衍失去自由七、八年，還得寫資料。難免舊事重提並由當時環境使然的重新認識。慢慢的，或可自己都真偽不清了。

夏衍對袁殊的態度有些微妙，一方面對袁殊有微詞，另方面也有友好的表示。請看事實：

（一）一九八〇年，袁殊先打電話，征得同意後在曾虎的陪同下看望夏衍，夏衍和袁殊談話一個多小時，出來時夏衍還對袁感慨地說「你也拿起了拐棍」。當時袁殊沒平反，夏可以在電話裡拒絕袁的來訪。當時能接見，我認為是念舊。

（二）一九八三年，學音樂的曾曜調回北京後，請夏衍幫忙找工作。夏衍熱心介紹曾曜到王昆的劇團工作。袁殊說，「老夏很熱心」。曾曜後在國家安全部工作

（三）袁殊去世，南京胡肇風編輯出版《袁殊文集》，請夏衍題字，該文集扉頁上的書名就是夏衍題寫。

袁殊在平反前對我談過夏衍：「夏衍主動找到《文藝新聞》。我因為夏衍已出版過幾本書對他很熱情。在《文藝新聞》共同工作期間，夏衍對我是純正的、愛護幫助的，有提攜後輩的意思。他在思想上給我不少幫助。但到後來情況不同了，他利用我在官場的地位和社會勢力，求得保護和方便辦事。」發言玄遠，口不褒貶人物，當以逝者尊。我只講事實。

五、人生終點

以後兩年，隨著腦血栓症的幾度復發，袁殊的病況越來越嚴重。他抖動的手不能書寫了，他的語言含混不清了，嚴重的白內障使他讀書報都很費力了，往日賴以奮鬥的能力和精力悄然離去了，他苦惱、狂躁而又無可奈何。在燭光將熄的人生盡頭，被常年關押的惡果也顯現出來。他的思想不

可能再跟上時代的步伐了。

袁殊在很多事情上，思想跟不上時代的步伐，這除了與他被禁閉多年與世隔絕之外，還和老年思想僵化有關。他依照五〇年代的習俗行事，找看護人、甚至找老伴的問題都要依靠組織。儘管他給老幹部局造了許多無謂的麻煩，但是老幹部局大工作人員很體諒他的特殊經歷、滿懷熱忱地對待他的要求。

想找個晚年生活伴侶的想法，成為他晚年思想中的一個興奮點。經歷了那麼多年不正常的生活，這種想法可以理解。不過由於他自身不具備找老伴的條件而難於實現。他老邁病殘，坐在輪椅上，生活不能自理，性情急躁、暴戾，不可能有人真心跟他生活。他為此苦惱而又不善罷甘休，此事一直鬧到他生命去世為止。

他在大軍山時思維尚屬正常，那時在他的來信中寫過這樣一段話：

「老年人在體力衰弱的同時，智力也發生變化，人們稱這種現象為「退嬰」狀態。即人到年邁。往往發生一些語言失常或動作錯亂情狀，醫學或心理學又稱此為老年人的小兒病（日文名詞），就是老年人的幼稚病。

老年人衰退到嬰兒狀態、思想智力衰退到嬰兒似的無知狀態。細心觀察，在日常社會生活裡，每每遇見。我在這裡（指大軍山），從某些老年罪徒身上就遇見不少。

最主要的表現，就在於看到他們生活的最大興趣，只在於追求可以追求到的食物。追求而不可得的時候，則以絮說吃喝為樂事，從而尋求精神的滿足。總之，生理的欲求幾乎達到嬰兒式的「自然人」的獸性狀態。」

這段話不幸而言中了他晚年的部分生活情景。我認為他晚年執著求偶的種種乖離之舉中，在荒唐幼稚的表像下，隱含著是對延續生命的執著追求。

極為要強而心性高傲的袁殊，不願看到也不輕易承認，生命已接近盡頭的事實。要求過正常人生活的心願被壓抑得太長久了，這種貌似不正常的「幼稚的焦慮」實在也有合乎人性的一面。

在他臨終的前一年，原中調部辦公廳主任郭達凱為袁殊介紹過物件，當然不可能成。

那期間，有一次我去看望袁殊。袁殊對我說：「我決定不結婚了。」

這個非常普通的決定，，對於袁殊來說卻有相當的分量，它表明，袁殊終於正視了自己的現狀，這句話在一定程度上也表明，袁殊知道對美好生活的追求已經力不從心了。

幾個月之後，袁殊要求某個子女全家與她同住在一起，說：「我頂多只能活一、兩年了，住在一起熱鬧一些」。

想起心性高傲的袁殊說出了請求子女的話，就禁不住心情的悲憫。

由於他住在頤和園附近的偏遠地區，以及其他種種原因，子女們終未能和他生活在一起。袁殊沒有直接對我說過這種請求，但他做過試探，我因對父親有些不滿再加上意氣用事，很絕情地完全打消了他這個念頭。直到他臨終前的幾個禮拜，在三姐的勸說下，我才決心和他一起生活，但為時已晚了。

一九八七年，袁殊發生了多次自戕行為，他把男看護趕到門外，在房內插上鎖，自己從輪椅上摔在地上，躺在地上長達幾小時，又是拒絕吃食，行為怪異反常，他的精神嚴重失常了，他對生活絕望了，他不只對一個人說過，「不打算活下去了」。

我又想起他平反後不久（一九八三年），對我談到關露自殺的事：

「你知道關露是怎麼死的嗎？」，他有點神秘地問我。

「不是病死的嗎，不知道是什麼病」，我回答道。

「哪裡是病死的，他是吃安眠藥自殺的。」袁殊說。

「為什麼？不是平反了嗎？」，我吃了一驚，關露平反了，是離休幹部，有自己的住房，有生活保障，雖孑然一身，也沒有非得自絕的急迫情狀，我很不理解。

「我能夠理解」，袁殊若有所思地說。

「我搞不懂，究竟是為了什麼呀？」，我當時認為關露和袁殊這類人很奇怪，想瞭解個究竟。半晌，袁殊說了一句話：「她無可奈何」，我當時依然不懂。現在我懂了：老病纏身，沒有了生活追求的目標，當然無可奈何了。現在（當時）輪到袁殊了。

袁殊和關露這種人，心性高傲，有一定的才能，也為社會做出了一定的貢獻，都在後半生壯盛之年遭到壓抑。待到晚年允許他們有所為時候，卻已才智衰竭，力不從心了。

後半生命運坎坷，晚年生活落寞，使他們這類人產生了常人不易理解的畸形心裡。

年華已付東流，韶光不再重現，只有在寂寞的回憶和幻影中討生活。在審視人生的時候，他們很可能深感人生的苦澀、於萬般無奈中尋求徹底的解脫了。這就是我的認識。

臨終前幾個月，袁殊去看望樓適夷，下不了車，上不了樓。年邁的樓老，從樓上下來，坐進小車和袁殊談話，袁說，「我看陳瓊芝可靠，可以發展進來」。袁殊的思想又回到上世紀卅年代。袁殊晚年複雜的心態，難以盡述、難以把握。

一九八二年夏天，有一次我和袁殊一起到香山飯店吃飯，他突然冒出了一句話：「要不是社會主義，我們今天能在這裡吃飯嗎？」

我對他這種身為刑滿釋放人員卻以革命前輩自居的說教口吻很反感，頂了他一句：「那你為什麼做了這麼多年社會主義的監獄？」，他啞言了。

平反後一年，我曾很誠懇地問他：「你在牢裡虛度了那麼多年的光陰，不覺得有點懊喪嗎？我的問題似乎觸動了他心靈深處的隱痛。剎那間，他失去了平日的矜持：「是的，是的，是有點惶惑，但那也是沒有辦法的事。」

對於過去受到的不公正待遇，他沒有對我直接發過一次牢騷，更談不到罵人了，但是我感覺到他時而有強烈的心靈隱痛。

生命的最後兩年裡，他終日坐在輪椅上，不下樓活動，不願參加老同志的聚會，極少與人言談，慢慢地斷絕或疏遠了與親朋故舊的往來。

在生命的最後半年裡，他開始自言自語地罵人了，誰都罵，包括當時的安全部部長凌雲。他失去了自控力，宣洩了內心的憤懣。（上述情況是三姐曾曜告之的）

曾虎在一篇文章裡寫書了袁殊臨終前的情狀：「二十多年的隔世生活，使他認識不到時間的推移和自身衰老的現實，他的思想時時回游到幾十年前去，這時空的錯覺又給他本已坎坷人生平添了新的折磨……往往表現出怪誕的言思和頻頻暴烈的發作……他要呼喊，要掙扎，要和病魔、命運抗爭，有時像個不顧一切的瘋子，做著無望的努力……」

醫生給袁殊開的藥方是一副對聯：「大肚能容天下難容之事，笑口常開笑世間可笑之人」。他對自己的遭遇很可能憤憤不平。

他曾高傲地宣稱過：「庸人的竊竊私議，無傷大雅，世人的譏笑諷刺不在話下，但是作為一個凡人，他同樣需要理解、信任、友情。」道理上他或可想得通，感情上他不可能真正轉過彎來。

變態的心理驅使他對幻想出來的壓力頑固地抗爭著，卻真正招來隔膜。我實在說不清他的乖戾怪異。

一九八七年十一月下旬，我伴著父親袁殊在三〇九醫院度過了共同生活的兩天兩夜。父親已有一個禮拜沒吃東西了，我遵醫囑儘量餵食，對他說：「不吃東西是頂不住的」，他表現得異常順從，困難的吞下一小碗牛奶。凌晨四點時，他清楚地說了一句：「關燈」，第二天中午進食時，他抓住我的手吻了一下，「莫非是迴光返照？」，幾年以來父親少有溫情言語，現在卻有這樣溫情的舉動，我猜這是人生告別的舉動。

晚七點，曾虎來接班看護，我不願講出不吉利的話，只說「父親的病情似有轉化」。其實我很擔心，因為我有祖母逝前迴光返照的經驗。我回到西苑家中，由於過度勞累和心情沉重而難於入睡。十時，電話鈴響了，曾虎說：「父親已經不行了，正在搶救」。十二時，曾虎又打來電話告訴我：「搶救無效，人已去世」。那天是十一月二十六號。

在等待曾虎回來的時候，不知怎的，我想起了清人顧梁汾的金縷曲，這首金縷曲字字血淚，適合袁殊的情狀：

季子平安否？便歸來，平生萬事，那堪回首！
行路悠悠誰慰藉，母老家貧子幼。記不起，從前杯酒。
魑魅搏人應見慣，總輸他，覆雨翻雲手，冰與雪，周旋久。
淚痕莫滴牛衣透，數天涯，依然骨肉，幾家能夠？
比似紅顏多命薄，更不如，今還有，只絕塞苦寒難受。
廿載包胥承一諾，盼烏頭馬角終相救。置此劄，君懷袖。

一個生命的火花熄滅了，一顆閃現即逝的流星隕落了。袁殊畢竟活著等到了平反，「晚晴」的父親也算得上是「河清人壽」了。

第十一章　隨風而逝

一、生活哲理談

父親的來信中，引述過兩句話：「善躍者，翔於九天之上；善潛者，潛於九地之下」另一句是「天行健，君子自強不息」似勉勵子女，又似自表。

父親的來信中，寫了很多對子女的教誨，表達了他對子女的期望。這些「說教」，應是他追求的做人立世的境界。儘管他自己未必都做到，但是他的心願和追求。

袁殊寫到：「你說你們「生活穩定，衣食無愁」。這是無可比擬的社會主義優越性活生生的證明。這話是對我而說，我自然無意見，然而，如果你們自己僅僅是滿足於「生活穩定，衣食無愁」，那就不免是平庸之論。

毛主席說，「人是要有一點精神的」，我的理解是：就是要有一點理想，要有一點志氣——革命的崇高理想和若干革命的志氣」

父親給子女寫下了實踐五條：一、強身；二、健腦；三、紅專、四、多能、五、牛勁。父親擬了四嚴的要求：嚴格的要求；嚴肅的要求；嚴謹的作風；嚴厲的精神。

可以說「實踐五條」和「四嚴」，是他理想的對待生活的態度。「執拗的生活熱情，首先必須貫徹於所學的專業上。執拗，就是執著的精神，鍥而不捨是也——堅持、深入、提高。」（袁殊）

「不過對於你們的某些意見，我還堅持保留態度。這主要是我不願當「現狀維持派」，我要在艱苦磨練中做自強不息的人。佛典有「捨身飼虎」之說，基督亦有；「唾面自乾」的教義，前者是虛妄的自虐，後者是可恥的自辱，托爾斯泰的「惡不抵抗主義」和托司托耶夫斯基的「變態的良心」都歸於此類，都不可為訓。

毛主席說，「人是要有一點精神的」。這精神指的即是革命的精神——積極向上、有所作為、堅持不懈、鬥志昂揚的精神。當然這裡是以反對個人突出，發對什麼「主觀戰鬥意志」為前提的。我們絕對反對個人功利主義，但我們絕對不反對革命的功利主義，而且必須盡其可能地爭取社會主義革命的功利主義，人類解放達於共產主義光輝前景的集體主義的革命功利主義。這個「功利」應該爭爭取大治，即是為此。「治」的對立面是「亂」，有「亂」必「治」，就是歷史使命的功利之爭。

古往今來的仁人志士，不惜生命以赴的，就是爭這個無價的「功利」，當然，逆流總是不可避免的，困難總是很多的，道路總是曲折的，但是置身於現實之中，不為現實的漩渦所吞沒；立足於現實之上，就不能做超然物外的獨善其身的「君子」。現實便是這樣。

以上云云，我不認為是「八股」，我老了，去日無多，留此一片生活的純情，也可無愧於蓋棺論定吧。你們說我「太認真了」，我卻亦有此一念執著為貴。」（一九七七年六月三日來信）

對於如何教育孩子，袁殊來信說：「你們對孩子的愛護，一是功課抓得太緊（對小暉與小元），二是生活照管得太繁瑣（對小晴與張佳），雖然是愛而非膩，卻不足以促其剛強的茁壯地生長。祖國花朵的幼苗，風華不茂發於溫室花圃。而蓬勃於麗日當空的曠野。這不是放任自流，聽其粗率自在之意。而是要培養它們作為社會主義新一代人的剛健的情操和勞動的美德。寒暖饑飽，不必無微不至，最好在衣食、遊戲和智慧發展的細微小節上，著意於他們的自尊心、自信心和自覺心，這個心字，作意志理解。」

「總之，對於你們和你們的小將們，在學業上，要真才實學；在操行上，要剛建不阿；在哲學觀點上，要路線正確。老夫的殷切囑咐，僅此三隅，可概其他。」

「以前，我曾請書家寫過一張條幅，詞句是從什麼書看到的或者是我自擬的：如獅之迅奮，如虎之威猛，如蛇之執拗，所謂執拗，就是鍥而不捨，持之以恆，滴水穿石，鐵杵成針的借喻。」

「厚重自持，剛建自立，勤奮自律，虛懷自謙，是我對你們的囑告。」

「一個人自幼年時代起，處於平穩環境中，『一碗飯長大，甚至嬌生慣養』，是很可怕的。『生於憂患，死於安樂』的老話永遠不會過時。人類就是在大風大浪中成長起來的。」

「沒有精神世界和內心生活的人，是凍結了智慧的人。」

「不做書呆子，又必須做『書呆子』，不沉浸於書的海洋之中，又必須航行於書的海洋之上。這是我的一點心得體會，雖然是很不足道的。」

「平平實實而又深深厚厚，既樸實而又高遠，寓雄心壯志於一釘一錘，襟懷寬廣寄予書冊典籍，這應該是革命的無產階級的美好品質——高尚的人。你是否同意此說？」

「沉沒於庸碌忙迫之中，必遭滅頂之災。」

「偉大存在于平凡，人生的真實意義，生命的光輝，戰鬥不息，奮發有為，蓋可寄此一語。」

「對於生活安樂而庸碌自足的人，要對其說「螢光映雪」和「懸樑刺股」的故事。」

「告小元，好好學習，天天向上，不驕不躁。古語說，「行路不怕慢，只怕站，」記住。」

「精神世界，當本源於知識。」

「然就自己的經驗教訓來說，已能體味到沉潛自持，大有甜頭。沉潛即收斂，自是澄心靜慮的精神世界。這些話，不免空泛，如能從實踐中加以體驗，則決非言之無物。」

「所謂空虛感，可歸之於認識論上的虛無主義。生活上的虛無，必然導致政治上的虛無，這是很不可取的。其結果，或者皈依宗教，逃陷到宗教的天國中去。「逃禪」是其一端；或者，流於各色各樣的信仰主義，十月革命前後，盧那察爾斯基，科倫泰，高爾基等的造神派，又是其一端；或者流於恐怖主義與無政府主義，巴枯寧與克魯泡特金以及一些民意黨人，都是虛無主義的另一端典型。……所以孜孜不倦地學習，勤勤懇懇地工作的人，是不會有空虛的感受的，即使偶爾有此一閃念，也必然會在實踐中克服或排除之。至於青年時期，開始走向生活，在懷疑和探索真理的思維活動中，出現一定程度的生活空虛感，這是認識過程中發生的精神苦悶，是一種思維的表象，無庸詬病。」

以上所引，是依照來信，大致按先後次序摘錄出來的父親袁殊關於生活哲理方面的、思想方面的教誨論述。有些話，很可能是老生常談，也未見得有多精闢，但由於是僅對我個人所發的，所以是真實的。我認為這些「絮談」，閃現了他靈魂的一個側面，他的教誨亦不乏可取之處。

上述引文，可概括為一句話：確立奮發有為的人生觀。但是人生非如此嗎？知足常樂不好嗎？「逃禪」當然也是一種人生。「奮發有為」，詞義優美，但充滿了鬥爭。怎麼生活好？一要自食其力，二要心有所安，求得很不容易。

袁殊的一生可以說求得了「心之所安」，不過求的太辛苦了。（「求心之所安」是袁殊語）

二、特徵和愛好

袁殊是個個性鮮明、愛好廣泛的一個人。談到袁殊的個性，不由得不使我想起他的一段如下的議論：「日本文學的主要特徵，不是你所說的「沉鬱」，而是淡淡的哀愁——含而不露的感傷。這是日本民族的特點：含蓄、堅韌、脆弱、輕狂，兼而有之；即日本人自稱的生活兩重性。」（一九七六年來信）

袁殊的個性也兼有含蓄、堅韌、脆弱、輕狂的特點。他一生個性變化較大，難於全面把握，僅就我個人的印象做個概述。

在我童年的記憶中，父親有威嚴但極少發脾氣，他的涵養是很好的。直到一九八〇年以前，他都有極強的自制感情的能力，從不發怒。他到北京初期，因事先不打招呼而住處發生了困難，我很替他著急，急切中兩次對他說了一些過頭的話，他默默坐在床上，一聲不吭，表現了極強的涵養性、極強的自製力。

堅韌，他的確很堅強。經歷了種種磨難後，依然保持者勤奮向上的精神，很少流露出哀怨和感傷。晚年的父親，因「腦軟化」而不能控制感情了，他常常因小事而興奮和悲傷，可以看出它原有的內心深處，也經常起伏這感情的波瀾。但在他青壯年時，喜怒不形於色。

脆弱，袁殊的兩次哭，就是例證。其實，照惲逸群的說法，在汪偽時期，袁殊逢年必請客，但經常莫名其妙地一人獨坐在樓梯上嚎啕大哭，過一會就好了，我覺得他有脆弱的一面——詩人氣質。

輕狂，多表現在他對私生活問題的處理上，這也是他個人問題處理不當的性格原因。

晚年的袁殊表現出了極強的個性的鮮明的特徵：疑心特重、心細如絲。當他在香山東宮暫時安居下來後，某天他突如其來地對我說：「我已向組織寫了報告，要求和你們斷絕關係，我不想連累你們，等我平反後再恢復關係」。

我回去後經過考慮，認為這是他畸形的個性在作怪。他幾乎對一切人都起疑心，疑心別人監視他，疑心別人別有用心，他和所有照顧過他的人都沒有搞好關係。疑心，是他的職業病。也是坎坷連連致使精神不很正常的表現。

如果他在晚年，個人氣質不那麼剛愎自用，處世態度能夠稍加平和，特別是能聽人勸慰的話，他會活得長久得多。

談到他的心細如絲，我講一件事。袁殊在恢復自由以後就開始寫日記，到一九八三年止，從一九七五年到一九八三年共寫了七、八本日記。偶爾地他也給我看過個別片段。

袁殊去世後，他的絕大部分日記不見了，但是一九七五年到一九七九年間我給他寫的三十封信卻用皮筋困住，整整齊齊的放在櫃中，實踐了十幾年前和我想約保存往來書信的諾言。在他神智半迷半醒的時候，沒有忘記燒毀個人日記的「機密」。（照料袁殊的保姆說他半年前燒毀過一些東西）

袁殊的東西放置的有條有理，多年的收據、單據都保存的很好。平反後他的信件很多，除了定期燒毀的之外，存留的，一般信件上都用紅筆標注「已覆」或「待覆」的字樣。

袁殊很講個人衛生，無論條件多麼不便，他都堅持每天洗腳，每週洗澡。住在香山時期，他進城洗一次澡要花將近一天時間。

他身材矮胖，這種身材的人很容易給人衣衫不合體的印象，而袁殊並不給人留下這種印象。他不講就衣衫的款式、品質，經常換洗衣服，衣服弄得平平貼貼的從沒有綻開線少扣子的現象。

他節儉。一個舊鱷魚皮錢夾子，是三〇年代的商品，伴他度過後半生的時間，至今還完好地保存在我的手裡。他愛惜衣物和個人用品，很可能是他在苦難的童年環境中養成的習性。

總之，袁殊是個乾淨整潔、注重細節的人。袁殊的記憶力很強，七十歲以前他對舊事記得一清二楚。

有個訪問過他的人說，「每提及一人，他便隨口說出此人的籍貫、簡歷，當袁殊談完話後，就形成了這人的完整的小傳。」原機關的一位同志也談到這一點，一九五五年初，這位同志要瞭解一個日本人的情況，有人建議他去找曾達齋。曾達齋讓他準備好紙和筆後開始口述，講完之後，一片資料文章就記下來了。此事給那位現在上海工作的同志很深的印象。

袁殊說他當年在上海做地下工作時，能背記幾十個電話號碼和汽車牌照，每見到汽車在某地行駛，就可判斷出某某人有活動。我認為當非虛言，母親王端也這麼講的。

強記，當是情報人員的特長。袁殊嗜酒，也有抽煙之好，離世前的一、兩年才被迫戒掉。他也嗜茶，對品茶之道有點研究。聽母親說他過去買了許多茶壺，自稱「千壺齋」主人。平反後故舊的送禮，多是茶葉和茶具。

袁殊的文化愛好很多，他喜歡養花，尤喜盆景藝術；他愛好文物古董，尤喜陶瓷；他還喜愛美術展覽，曾常年訂閱過《美術》雜誌。

我想，一個人的愛好和文化素養與個人經歷息息相關。養花之好，可能與袁殊童年時蘄春老家有三畝花紅園有關，他學過歷史對文物有愛好也不足為奇。

不會畫畫的袁殊為什麼喜愛美術呢？我想，這和馬景星當年專攻美術不無關係。這些愛好，構成了袁殊濃厚的生活情趣，此外他對園藝、中日食品文化都饒有興趣。他愛好廣泛，但所學不專（除「新聞學」外），他做過如此的自我檢討：「讀書浮光掠影，是我的大病」。

袁殊特別喜愛詩歌，也常常寫詩，他的詩是「有所感而發，不是給別人看的」（袁殊語）。據人說他過去也發表過新舊詩篇，不過那是一九四五年以前的事了，我沒有看過。他的獄中詩抄以及一九七五年以後寫的詩，也只剩一點殘篇斷章了，在他的來信中有一些對詩歌的論述。

三、門外詩談

我和父親袁殊的通信內容之一，是閒談文藝作品，自然扯到詩歌。袁殊說：「我天賦不夠，詩興到不少，破口而出，當然是拙作，且處境窘困蹇塞，亦難學杜而大多仿創杜的現實主義篇章；拗牙結舌，如同雞肋，竊笑敝帚罷了。」

他對個人的詩歌愛好，還有如下的自評：「我不夠做詩人的條件，然而確是愛讀詩的人。說的美化一些，這也可算得是一種美學的情操。這是我性格的弱點。然而對詩這種形式的文藝及對它的愛好，不一定一概否定。要害是在於無病呻吟的胡扯還是詩可言志。」

那麼，袁殊到底喜歡什麼樣的詩呢？，他寫道：「談到詩，我還是喜愛杜、李，杜詩充溢這現實主義精神，有強烈的生活氣息，李詩則富於浪漫主義情緒。郭沫若稱二人為祖國詩苑的雙子星座，不是溢美之喻。柳永詞我也讀過一些，淒婉纏綿，均可上口，兼有曲或小令之勝。但總不免過於纖弱，使讀者意態蕭疏。勸你不必多讀，免費光陰。我極愛南宋詞人辛嘉軒的詞（商務古典仿宋影印本，題為〈稼軒長短句〉，二三角一冊），鄭重向你推薦。辛棄疾是起於民間的抗金游擊戰愛國軍人，他的此豪邁遒勁，讀之令人胸襟開闊，心神氣爽。」袁殊早年最喜愛石達開的一首詩：

揚鞭慷慨灌中原，
不為仇讎不為恩；
只覺蒼天方憒憒，
欲將赤手拯元元。

三年攬轡歸羸馬，
萬眾梯山似病猿；
我志未酬人亦苦，
東南到處有啼痕。

關於作詩，袁殊也有些「門外詩談」：「杜甫有句「文章憎命達」，蔡文姬如果一生順達安逸，豈有〈十八拍〉？魯迅說，生活的太好，做不出文章（大意非原句）。杜甫又有句：「庾信文章老更成」。這個「老」字，我意概是閱歷和素養的積累，洞察事物和外世情的感受。再加上思維的加工和情緒（感情）的迸發與揮灑吧？所以貴在老成，老成也是練達之意。」

他說：「關於作詩者，第一貴在意境，由此引發為創作衝動（煙絲披里純——insopiration——

靈感）；第二，貴在遣詞，要狀物抒情，發為天籟之音；第三，貴在凝練，求詩情與造句的結合統一，這不是單純的文學技巧問題，要把深切地感受到的思緒組織於字裡行間，做出可以引起共鳴的安排；第四，。積累豐厚的學養。古今中外，論詩的書可謂多矣哉。我也涉獵過一點，認為南北朝人鍾嶸的《詩品》是可讀的；清人袁枚（子才）的《隨園詩話》，是可讀可不讀的，為不浪費時間，以不讀為是（其中流俗卑穢部分且不少）。這不過是極其簡要的家內門外詩談、不足為外人道，尤其不可「班門弄斧」去。」

袁殊寫詩為的是遣懷寄意：「我偶爾有熱烈地詩興（來源於生活的實際感受），寫了出來不過是為了遣懷寄意，遠談不上老成，更不是寫給別人看的。」

抄錄父親殘存詩篇幾首，以作結束。一九七九年七月二十三日，午夜悶熱不耐，下床坐待天明，口占抒懷，寄北京諸兒。

〈病中雜詩〉

夜涼天欲暑，鬥病苦吟哦。
清風拂汗漬，披卷手摩挲。
塵慮未竟滌，感時歎落寞。
何當少壯時，凝志寫長歌。
軍山草木勝，鄉市泊長河。

遙想昔年事，憂患等閒過。
老去莫無為，有子起沉屙。
一身安足惜，但愧前賢多。

一九八〇年元月十六日，即袁殊破釜沉舟來北京的前一天，他寫了題為《答來信》的短詩：

〈答來信〉

風雨過關山，
相期蜀道難，
更信風光好，
策馬上雕鞍。

表達了他要求平反的決心，儘管很艱難，但平反終會成功的信心
一九七五年春，袁殊羈縻於武漢軍都山勞改農場。

〈自嘲〉

豎子昂藏五尺軀，

腹空咄咄缺詩書；
曾擲黃金若糞土，
琴心劍膽小侏儒。
每讀艱危無字書，
不惜身命未躊躇；
人間了無私仇怨，
愛拍蒼蠅掃蠹魚。

文中的「劍膽琴心」還有個小故事，一九三五年，袁殊交給怪西人華爾頓的情報，都鈐印「劍膽琴心」或「流離載道」的印記。一九五〇年後還請齊白石老人篆刻了它們的閒文圖章。

下面是袁殊的最後一首詩。一九八三年遷回機關，黨校唐天然自圖書館找到舊時譯著，已過了五十年了。唐持手冊征句，草上下列拙句。擬題〈記鎮江〉。

〈贈天然〉

甘露興亡說古事
金山火後又重興。
且看南來北往者，
長江湧浪後來人。

四、袁殊身後事

一九五四年袁殊的審幹結論是當時的人事局長王濤江作出的。一九八二年安全部為袁殊平反時，當年的審幹結論不見了。袁殊逝後，我為搞清袁殊的「嚴重政治錯誤」的問題，求教過後來為安全部副部長但已退休的王濤江，他說，「一九五四年袁殊的審幹結論是我做的。一九三五年袁殊被捕的事不是「嚴重政治錯誤」，」王濤江也很奇怪，「一九五四年袁殊的審幹結論多年以前公安部借閱過，怎麼在公安部也找不到呢？」

自潘漢年冤案平反後，先後出版了七部潘漢年傳記，每部都涉及袁殊，分別是譚元亨的《潘漢年》、武在平的《屢建奇功的一代英才：潘漢年》、尹騏的《潘漢年傳》和《潘漢年的情報生涯》、張雲的《潘漢年傳奇》和王朝柱的《潘漢年的悲劇：功臣與罪人》，孫寶根的《袁殊傳》。

六位作者七部書中，所描寫的袁殊是兩種截然不同的形象。譚元亨、武在平的書中寫袁殊是「黨在秘密戰線中的傑出戰士」；尹騏的書中寫袁殊是「腳踏兩隻船」的「特別危險的人物」，是「漢奸、國民黨特務。」張雲和王朝柱的書中對袁殊的描寫先是沿襲尹騏的說法，後再版時進行了修正，接受了譚和武的書中觀點。尹騏後來些袁殊的文章《諜海風雨十六年》，對袁殊的評價也做了不少正面的修改。可以說，對袁殊的認識漸趨統一：袁殊是為抗日戰爭做出重大貢獻的共產黨情報人員。孫寶根的《袁殊傳》，肯定袁殊是中共情報員。

統一認識來之不易。他來自正義的作家、嚴謹考證的學者們的共同努力。

對袁殊認識的分歧來源於兩個方面，（一）尹騏書中對袁殊的提法，尹騏書是違紀看了潘漢年案的資料寫就的。有些人認為可信度高。（二）夏衍說的兩點說法：一是一九三五年差點讓袁殊出賣被捕，二是向潘漢年諫言不要用不可靠的袁殊。名人夏衍的話自然有名人效應。殊不知，黑資料要分析，立論要有事實根據，懸疑揣測並非事實。袁殊已平反卻是事實。

根據尹騏書又拍攝了電視連續劇《潘漢年傳》，原劇本對袁殊的描寫很負面。袁殊子女，老幹部局局長朱玉林，提出異議。最後賈春旺部長批示：「袁殊是內部同志」。於是不得不修改劇本，袁殊在劇中變成了無關痛癢的方知吾，該劇也就成為隔靴搔癢的連續劇了。為此，我們子女，起訴了尹騏，見附錄，不再贅述。

附錄：律師朱元濤在《中國律師》（一九九八年七月）刊文

我對袁殊名譽權案的幾點看法一九九七年四月，我接受永中律師事務所的委派，擔任袁殊名譽權案原告方代理律師。經過近一年的調查研究，我對本案形成幾點看法。

一、尹騏書中並未體現作者後來聲稱的所謂「兩個定位」，袁殊子女狀告尹騏及其出版社後，尹曾對採訪他的記者一再聲稱其寫的《潘漢年傳》、《潘漢年的情報生涯》書中，將袁殊定位在兩個架構之內，即一是「有錯誤的好人」，二是「潘漢年所運用的情報關係」，可是認真讀尹騏書的人，很難具體感受到尹騏的這兩點「定位」。相反，貶低袁殊功績，貶損袁殊人品之處頗多，以至於根據尹書改編，尹騏亦參與編劇的長篇電視連續劇《潘漢年》在正式播出時有關方面不得不將袁殊的真名隱去，而用一化名「方吾」取代。這裡隨便引尹書的兩段話，即可看出與其所稱的「兩個定位」之間的巨大差異：「袁殊這個任務極其複雜表現，常是一些局外人感到迷惑不解。他在中共、國民黨和日本人之間周旋多年，又有過反復，無疑是一種特別危險的人物。」

「袁殊既因岩井庇護才免遭殺害，現在又在事實上被岩井監控著，縱然內心裡不願寫這樣的文章，卻也不敢拒絕，經過一番思考斟酌，終於寫了一篇題為〈興亞建國論〉的文章，內容大體符合日本人的胃口，符合了所謂「大東亞共榮」的論調，岩井看後表示滿意，又叫影佐過目後被譯成日文分別在中日多家報紙上發表。這樣一來，袁殊就不僅僅是岩井的一名秘密情報人員，而且也是岩井所扶植起來的一名公開的漢奸了。」

一九八二年「潘案」平反後，上海、江蘇等地對袁殊有過不少正面評價的文章，但自尹騏到上海為寫《潘漢年傳》召開有關座談會後，上海的黨史工作者，原潘漢年系統的老同志突然將袁殊視為「異類」，認為袁殊是潘案所以發生的禍源。從此，上海對袁殊諱莫如深。

尹騏多次聲稱要同電視劇《周恩來在上海》的作者王朝柱打官司，告其《潘漢年的悲劇：功臣與罪人》、《潘漢年和他的妻子》等書大量抄襲了他的《潘漢年傳》。但臺灣的《傳記文學》恰好依據尹騏書、王書發表了「錯綜複雜撲朔迷離的中統、中共地下黨員、日汪偽的三邊關係—因中共最近為「汪偽漢奸「袁殊同志」平反而引起的話題」系列文章（一）〈袁殊是潘漢年勾結日偽的關鍵人物〉、（二）〈潘漢年是怎樣當上漢奸的〉、（三）〈潘漢年晉見汪精衛和日本軍頭〉……這也從一個側面表明因其在其書中對袁殊的描述、評價同其現在聲稱的兩個基本定位並不是一碼事。

二、引發袁殊名譽權案的責任完全在尹騏。袁殊的子女同尹騏無法協商解決問題，決定正式委

託我起訴後，我曾主動與尹騏聯繫，試圖找到避免訴訟的途徑，卻遭到了尹騏的拒絕。

人民出版社認為尹騏是一個「很嚴謹」的作者，尹騏本人也一再強調「研究的自由與權利必須得到尊重與保護」。但凡認真讀過尹書的人，恰恰感受不到是一個「很嚴謹」的作者，因為該書主觀色彩甚濃且謬誤顯見。僅舉一例即可說明：如三〇年代的上海灘顯要人物上海市社會局局長吳醒亞，明明是中統的大特務，在尹騏的筆下卻成了軍統的特務頭子。寫潘漢年寫舊上海，連各種政治勢力的基本脈絡都未理清，「嚴謹的科學態度」從何談起呢？

三、妥善解決訟爭的關鍵在於尹騏公開認錯。尹騏寫書的主要依據之一是「潘案」的檔案資料，其之所以成為「潘漢年研究權威」，一得益於看到過這一摞摞審訊資料」，包括這場袁殊名譽權案，也同這些資料相關聯。

我們知道，潘漢年、袁殊於一九五五年四月先後被捕。經過公安部多年審查，由最高人民檢察院提起公訴，最後由最高人民法院於一九六三年以「投降國民黨」、「投靠日本特務機關」、「掩護特務胡均鶴等大批特務、反革命分子」和「供給臺灣情報導致二六轟炸」，這三項罪名，認定潘漢年是「長潛暗在中國共產黨和國家機關內部的內奸分子」，判處有期徒刑十五年。最高人民法院於一九六五年以叛變革命罪，充當軍統特務、日本特務和漢奸罪，判處袁殊有期徒刑一二年。一九八二年八月，〈中共中央關於外潘漢年同志平反昭雪、恢復名譽的通知〉中發一九八二（三十七號）傳達到全黨全軍全國。九月公安部、中央調查部即做出了〈對袁殊問題的複查結論〉：「最高人民法院經過複查已於一九八二年八月二十九日撤銷原判、宣告無罪、恢復政治名譽。由中央調查部給袁殊同志恢復黨的組織關係，評定級別待遇，按離休幹部安置。」

但尹對該正式的複查結論視而不見。在一九九七年十月六日海澱區法院的預備庭上，表示要向法院提交五個證據，但又說有關部門不准出示。從他口述中可以瞭解，他所謂的證據是冤獄時的交待、文革中的資料，以及某些個人的說法。更有甚者，尹騏到處散佈袁殊有兩個組織結論。不知尹騏先生是否有權凌駕於黨組織之上，重新給袁殊作結論？

半年多時間過去了，尹騏至今未能向法庭提交這些所謂的證據資料。原因是這些資料是屬於冤假錯案的檔案資料。

中央從延安時起，幾十年來已多次發文強調，凡涉及冤假錯案的任何資料蓋不能相信。因此，即使尹騏先生能在法庭上出示這些資料，法庭也絕不能相信。不然的話，包括潘漢年、袁殊在內的冤案就不可能被平反、昭雪。凡歷經磨難的人，誰不對此心有餘悸？

北京正見永申事務所　朱元濤

袁殊去世後十年，作家譚元亨，根據袁殊生平的事實，是為袁殊仗義直言的第一人，也是袁殊生前接待採訪的最後一人，他採訪後半年，袁殊就離世了。他是看見袁殊逝前狀況的唯一的訪問人。十年後，當時污蔑袁殊占上風，他挺身而出為袁殊講公道話（其中很少的情節與我掌握的不盡相同，但主體一致。），文章立意我完全贊同。自譚元亨的文章發表後，對袁殊的評介趨同正面了。

二〇〇二年，中央文獻出版社出版的《中共黨史人物傳》（第七十七卷）專章講述袁殊的生平事蹟，充分肯定了袁殊的卓越歷史功勳：「袁殊是二〇世紀三〇年左翼代文化人，一九三一年加入中國共產黨，在文化戰線和情報戰線上功勳卓著。是中共歷史上極具傳奇色彩的人物。他以多重身份長期打入敵人營壘，在複雜險惡的環境中，忍辱負重，成功地掩護了潘漢年及其情報班子，為黨獲取了大量有價值的戰略情報，為抗日戰爭和世界人民的反法西斯戰爭做出了獨特的貢獻。他歷盡艱險，幾遭不測，不顧個人的毀譽完成了黨交給的特殊使命，是一位把自己的一切都獻給了黨的革命事業的無名英雄。」（周正海：《袁殊》，載王淇、陳志凌主編：《中共黨史人物傳》（第七十七卷），北京：中央文獻出版社，二〇〇二年，第三百八十二頁。）

二〇〇四年十一期的《黨史天地》刊文〈袁殊的情報生涯〉

二〇〇八年四期的《黨史文匯》刊文〈袁殊：與狼共舞的中共無名英雄〉

二〇一二年五期的《黨史縱橫》刊文〈打入日為高層的紅色特工——袁殊〉

二〇一四年十一期的《黨史天地》刊文〈袁殊的情報生涯〉

上述文章，均正面肯定了袁殊。現在袁殊可以安息了。

茲將譚文全錄如下，以告慰父親袁殊的亡靈。

附錄：譚元亨〈袁殊身後的犧牲〉

那是十年前（一九八七年）的三月七日，下午我獨自騎上自行車，到了西苑中直機關宿舍，扣響了袁殊的家門。袁殊時已坐在輪椅上，說是拒絕一切來訪。我說是樓適夷介紹來的，且為的是寫潘漢年，立時，他半語全無。看上去，他將不久於人世，吐詞也已含混不清了，我費很大的力氣才能弄明白。整整一個下午，我能核實的資料以及所能得到的新資料不是很多。所以後來《潘漢年》

一書關於潘與他的關係，時間上仍有差錯。

面對這麼一位體態不正常的臃腫、行動不方便、言語不清的古稀老人，我感受到莫可名狀。坦率地說，找他並不容易，不僅有人竭力阻撓我去找，說他是「壞人」，不會講真話，自然也不會提供他的住處，甚至還一再告誡我不要提起他，不要把他與潘漢年扯到一起。直到見了人民文學社社長樓適夷，才肯定地稱，他是好人，而且一九八二年黨中央就給他平反了，並說不久前見過他。他給我寫下了他的地址……

出於我們這一代人業已形成的一種責任心，一種尋根究底的敬業精神，加上初生牛犢不怕虎，我沒加考慮，便覺得應該去一趟，無論是紅是白，我得親自做出判斷，我相信我自己的直覺。

他歎了口氣，說，為潘漢年寫書，只有你一個人來找我，沒有別的人來找我。

我不知道此時還有沒有人在寫潘漢年，而在我在湖南洣江茶廠與潘漢年的一面之緣，終於促使我自一九八三年便動筆寫這麼一位讓人崇敬又讓人痛心惋惜的人物。我不願意東抄一行，西抄一頁去拼湊一本書。凡事需親歷親行，得到直接的檢驗才肯下筆。所以一寫就四、五年了。我不可能遺漏袁殊這麼一個重要人物。記得他還艱難地翻找出中央關於給他平反的文件給我看。我說，不用了，我已知道你是平了反的。可他仍執意要我看一遍。我想，這與潘漢年不無關係，也就看了。事後想起來，他這麼固執地讓我非看不可，是懷疑被人不相信他已經平了反。這種多疑，竟已成病態，恐怕一直折磨他到死——然而，為什麼他會形成這種病態的多疑呢？直到他死後十年，我才有點明白過來。

他是我採訪後不久過世的，也就是同年裡。離開他時，我心中一片淒涼，一位為革命出生入死、連身家性命也不顧的他，晚年竟仍生活在這重重的陰影中，未免太慘了。

回到出版社招待所裡，我寫下了這麼一段：這位參加五卅，投身北伐，又加入左聯，為潘漢年介紹入黨的秘密戰線中的一員傑出戰士，幾時可能瞑目？出生入死，充當多面間諜——是軍統，又是日特，但實質為中共，當日尚不能自辯，何況今天呢？

這就是潘漢年手下的人，忍辱負重，以至終生不悔。

我相信我的直覺，我是憑一位中國知識份子的良知而寫下這麼一段文字的。

可我萬萬沒料到，時至今日，已經十年了，對他的種種侮、詆毀仍不絕於書，而他本人也已不在了，無以自辯了。尤其是這些污蔑、誹謗，竟都是寫在潘漢年的書中。甚至某些人認為潘案之冤，似乎一部分也由他所造成的，這就實在叫人費解了。如果僅僅是一時的以訛傳訛到也罷，可人們均分明知道他以平反了。

平反了也沒用麼？

當年潘漢年在介紹他參加中央特科工作時說，一個共產黨員要把自己的一切都獻給黨的事業，除了生命，還有更難的是，要毀掉自己的名譽。袁殊毫不猶豫以一生驗證了這一點。

可是他以經過世了，一切都大白於天下了，憑什麼還要做這樣的犧牲能？

以至於這種誣陷，還在海外產生了惡劣的效果。臺灣《傳記文學》竟以〈袁殊是潘漢年勾結日偽的關鍵人物——因中共為「袁殊同志」平反引起的話題〉為題。諷刺中共為後期案件平反……

為此我讀袁殊女兒曾曜的來信：看了你的書，我感到是目前寫潘漢年的所有書中最成功的一本，有深度，敢於觸及一些根本問題；有激情，出於一個正直的人的良知，創作態度嚴謹。做了大量深入細緻的調查、採訪。因而也是唯一一本對我父親沒有歪曲的書。

讀了信，欣慰之餘，也為之愕然！這裡，我不想也沒有必要去點那幾本寫潘漢年的書名，其中有的，主要是抄來抄去。一人寫了袁殊「有問題」，別的也就照抄不無。然而，無論如何，這種「照抄」是不可以再繼續下去了袁殊已經犧牲的太多了，不能再死後仍要做這種可怕的犧牲。過去在搞地下工作時，因隱瞞身份弄不清楚猶自可，事情過去這麼久了，人都死了，為什麼還得背此惡名呢——也許，是他當時隱蔽的太成功了麼？以至今日仍為人所不瞭解？但這絕不是理由！

我只覺得，有必要在此為袁殊「再度」平反一次，讓人們真正瞭解他。

袁殊父親袁曉嵐是老同盟會員。袁殊誕生於一九一一年，也就是推翻千年帝制的辛亥革命中。他十四歲便參加了五卅運動，十六歲則成為北伐軍中最年輕的軍官，十八歲赴日本攻讀新聞學。回國後，一九三一年創辦了《文藝新聞》，最早披露了左聯五烈士被殺的慘聞。參加了左翼文化總統盟，並成為中共黨員，旋即轉入特科工作，打入CC系吳醒亞的湖北幫，並在黨組織策劃下結識了日本外交官岩井英一。

一九三五年上海組織嚴重破壞，他為營救別人也身陷囹圄，根據中央特科指示，實行「假自首」，從而機智地保護了、王夏衍、瑩等，後在黨與其父的大力營救下，被判兩年多徒刑，後減刑一半出獄。

「八一三」抗戰後，根據潘漢年「機會難得，不可錯過」的指示，他奉命打入軍統並向戴笠建議，釋放華爾敦（即上海著名的「怪西人案」）曾得到國際同情，為此華爾敦得以返回蘇聯。

一九三八年夏，在他指揮下成功爆炸了日海軍軍火倉庫。一九三九年秋在實施爆炸七十六號特工總部計畫時，被軍統王天木出賣。由於潘漢年巧妙利用日偽關係，他被岩井英一引渡出來，從而將計就計打進了日偽內部。

此期間，他及時發出情報，使粟裕部隊連夜跳出籬笆脫險，還利用職務之便，獲得了日軍難進、發動太平洋戰爭的重大戰略情報。後來又協助潘漢年，利用日本人做掩護，將我在香港大批文化人和情報人員順利撤出……做了大量的工作，提供了大量的情報，救出了大量我黨地下人員。

在一九四五年日本戰敗投降後，戴笠派人委任他為軍統第三站站長，中將軍銜，可他卻在地下黨安排下，撤到了解放區。國民黨這才明白真相，「抗戰有功人員袁殊」立時成了「共黨漢奸袁殊」，軍統下了通緝令。

組織建議他從此改名為曾達齋。所以他的子女也就分別叫曾昭、曾曜、曾龍、曾虎。與前妻馬景星的女兒則叫馬元曦。他即擔任了華中聯絡部第一工委主任，履行了重新入黨手續。

後來……恐怕不寫大家也都知道了，由於潘漢年一案的株連，他也鋃鐺入獄，與一九六五年被正式判刑了。

直到一九八二年八月二九日，最高人民法院在此做出判決，宣判他無罪，並撤銷了一九六五年的判決。

但是現在已經是一九九七年了，仍有書在寫他是「軍統」、是「漢奸」、「特別危險的人物」，而且不是一兩句話。

篇幅有限，不可能詳盡寫出袁殊這個人，但有了上述功績，不也已夠了麼？所以讀到他女兒信中所稱「半個世紀前，父親為了中華民族的解放，戰鬥在對敵隱蔽鬥爭的最前沿，忍辱負重十幾載，解放不久又蒙冤入獄二十餘年，家破人亡，妻離子散，晚年身心俱殘。時到今日，父親去世後尚無寧日，又一再遭到誹謗……」，不禁潸然淚下。

平反十來年，死後十年，仍蒙不白之冤，仍作身後的犧牲，這顯然是太不正常了。

為此，我願以此文，為這位我也僅一面之緣的傳奇人物說上幾句公道話。

末了，我想起了採訪老地下黨員、曾與潘漢年共獄的歐陽永全所轉述的當年的一段話：「革命戰爭中，我們的前鋒戰士與敵人短兵相接，犬牙交錯地混在一起，在這種情況下，往往我們自己的炮彈為掃清衝鋒前進的障礙，難免不誤中自己的戰士。我們只有考慮到對革命事業有利，這種犧牲也是有意義的。」

那麼到了如今，我們還有必要做這樣的犧牲麼？坦率地說，當聽到潘漢年的這段話時，心中已經很難受了。

附錄：點滴回憶／曾昭

昨天收到朋友從北京發來的消息，湖北電視臺於六月十日和六月十一兩日播出了一台電視節目：大揭秘——抗戰特工袁殊，分上下兩集。我於今天上午看完。兩集片大約為六十分鐘，講述了中共特工人員袁殊在一九三四年五月至一九四五年八月在中國抗日戰爭中的故事。片尾，主持人是這樣的說的，「袁殊雖然沒有持槍上馬，血戰沙場，可他十幾年來每天都生活在刀光劍影之中。身份變換，世易時移，在亂世中，堅守住了自己的本心。他將一腔熱血，一片丹心，毫無保留地獻給了祖國和人民。」最後，主持人以這樣一句話做為結束語：「尊重一段歷史，講述一個故事。」

是的，「尊重一段歷史，講述一個故事。」這是一句多麼普通的話語，多麼質樸的真理！如果二十八前，我的父親能聽到這句話，那麼他就會毫無遺憾地瞑目了。

關於那段歷史，很多書籍報刊，回憶錄，傳記作品或文章段落，甚至影視劇碼都描寫過了。有惡意的誹謗，有毫無根據的歪曲，說袁殊是漢奸特務；也不乏有真實的描寫，說袁殊是一個情報人員。

做為袁殊的子女，我們沒有發出我們的聲音，因為我們也對那段歷史不清楚，不瞭解。我們也有太多的疑問，可是怎樣去撥開這迷霧，找到真實的公正的答案呢？我們沒有能力，也沒有精力，在無能為力的面前，我們選擇了沉默。

在袁殊去世以後的五六年裡，特別是最近十多年裡，也許是受到中國國內的諜報影視劇熱播的影響，熱心議論袁殊的功過是非的人們越來越多了。但不管是真正的歷史學家或學者，還是熱衷於奇聞的一般讀者，誰也沒有問過這樣一個問題：「袁殊的後人還在嗎？」「他們對自己的父親是怎麼看的？」在袁殊去世後，我的弟弟曾龍於一九八八年，寫了一本書：《我的父親袁殊》，直到九十四年才出版。在那本書裡，做為親屬也對袁殊的那段歷史留下一些疑惑和不解。後來，就只好再次沉默。現在，隨著時間的推移，很多迷霧也漸漸撥開，我們對曾困擾我們的種種的疑惑和不解有了認識。現在，我們，袁殊的子女不再沉默了。我們都是已經步入七十歲的老人了，我們要說出我們的話。曾龍在原書的基礎上，又做了大量的整理修改，完成了現在的這本書。

曾龍的書已經詳盡地敘述了父親袁殊傳奇的一生。他也希望我寫些點滴回憶。我想我也該打開封沉了六十多年的腦中那塊禁區，寫寫那些點滴小事。當回憶起這些在旁人看來是多麼的瑣碎小事裡，七十多歲的我體驗到了一種久違的情緒，那是離我們那麼遙遠的，也是那麼珍貴的，而我們幾乎不曾享受過的親情。

對父親袁殊的點滴回憶。至今我還清楚地記得一九四九年六月，我的奶奶帶著我坐在軟臥列車從上海開到北京（那時還叫北平）。列車開到中部（不記得是哪個省）時，全列車的乘客被要求下車躲在莊稼地裡。至今還記得飛機在頭上掠過的轟鳴聲。到北京後，我們住在南長街南頭一座大房子裡。直到七歲半以前，我對父親幾乎沒有什麼印象，這次的見面是我記憶中歷歷在目的第一次。父親的雙手捧著我的臉頰，對弟弟曾龍和妹妹曾曜說，「她是你們的姐姐。你們看，她的臉胖胖的，你們就叫她「胖姐姐」吧。」從此，「胖姐姐」這個昵稱就被弟妹叫開了。直到現在，我的大姐的兩個女兒和大姐的很多學生都叫我「胖姨」。這個「胖」字就這樣跟隨了我一生。有些大姐的學生初次見到我時，會很驚訝地說：「為什麼叫你胖姨？你又不胖啊？」我從沒有回答過這個問題，但是一提到「胖姐」或「胖姨」，我的心中就會湧現六十多年前父親的那張也是胖胖的臉，那時他才三十八九歲。他年輕力壯，精力旺盛地迎接新的工作；對母親，妻子和兒女重又團聚的家庭生活充滿了期待。

我們的父親有五個子女：大女兒馬元曦（袁殊與馬景星所生），二女曾昭，三女曾曜，大兒子曾龍，小兒子曾虎，我們四個是袁殊與端木文琳（王端）所生。我的妹妹於二〇〇二年初去世，大姐元曦於二〇一三年五月去世。小弟曾虎和我在美國紐約定居。大弟曾龍在北京定居。我們的下一代，即袁殊的孫輩有七人：兩男五女，現在也都步入了中年，各自都成家立業。

記得在我上小學時，一次我的父親帶我坐在三輪車裡，從趙家樓回南長街奶奶那裡去。在三輪車上，他對我說過這樣一段話，「我給你們三個女兒的名字是曦、昭、曜。都是「日」字為偏旁。」他的意思是希望我們一生是陽光燦爛的一生。父親為兩個弟弟的名字是「龍」和「虎」，我們的朋友以為是用他們的生肖起名，其實不然。取自「生龍活虎」，父親的意思是希望兩個男孩像龍和虎一樣頑強，有鬥志。當然，袁殊當時萬萬不會想到他的傳奇曲折艱難的一生會給他的兒女們帶來了沉重的影響：兒女們的生活不可能那麼陽光燦爛，也不可能那麼生龍活虎。

從一九四九年六月到一九五五年五月，我和父親在一起生活了六年。那時我們都是住校生，一周回家與祖母，父親相聚一次。算得出來，我和父親在一起生活的六年之中，實際時間還不到一年。由於母親和父親離異後回到了上海，父親也擔當起了母親的角色。記得父親在繁忙之中，查看我們的學校的學生報告，帶我們去北大醫院檢查牙齒。多年後我的小孩也到了九歲十歲的年齡，當我也帶他們去北大醫院檢查牙齒時，我父親陪伴我去看牙齒的情景是那麼清晰地浮現在腦海，我甚至會想到，多年前我大概就是在這間診室坐在這個座位上吧，牙醫給我看牙，而我的父親在我身邊陪伴著我。當我為人母時，體會到了我的父親對兒女的那份情意。

我記得上小學和上初中一年級上半年時，我們是公費生，吃，穿一切由國家供給。記得過春節時，李克農等一行人到南長街來看望我的奶奶和我們，同時還送來很多年貨。一九五五年四月份的一個星期天，我們在南長街祖母處吃午飯。我至今都清楚地記得，飯後父親召集我們開了一個家庭會議。他說，從今後，開始實行薪金制。他說了他的工資是多少，每月給祖母多少錢等一切事物。我的小阿姨也在北京上四年制的中專學校（不交學費，也包吃穿住），父親說每月也要給她至少五元錢的零用錢。他還說，下個星期日，會帶全家出去吃午飯。可是，這個「下星期日」再也沒有來到，這是我的祖母最後一次見到父親。在相聚六年後，我又一次失去了父親。再一次的見面竟是二十三年後的一九七八年了！這二十多年裡，我們沒有他的一點任何消息：是在什麼地方？是在世或已不在世？我們不知道該向誰去詢問，而且也不敢去詢問。最可憐是我的老奶奶，她於一九七一年去世了。從一九五五年到七一年，她默默地等著她唯一的兒子歸來，可是什麼也沒有等來，哪怕是一個字或一張紙。

對潘漢年的點滴回憶。潘漢年是我父親的上級，也是他的朋友，可以說是非同一般的朋友。潘漢年和他的妻子阿董沒有孩子。大概是在一九五三年時，潘漢年到北京開會。他對我的父親袁殊說起了他們沒有子女的事，當時我的父親就說，我有好幾個子女，你要哪個就領走吧。從這裡可以看出他們的關係不同一般。當時潘漢年就說，那我就把曾昭領走吧。父親對我說了，我沒有認真聽，也沒有認真想。覺得那是遙遠的事。

到了一九五四年放寒假時，大姐元曦的母親馬景星去世，元曦要去上海處理馬景星的後事，父親讓我陪伴大姐一起去上海。這時他就比較認真地同我談起了兩件事。一是陪同大姐去上海辦事，你們住在潘漢年家中。二是潘漢年有過繼我的意願，並說，小學畢業後就去上海讀中學。那時我十二歲剛過，對父親說的話明白，但是仍然覺得那是遙遠的事，還是沒有認真想過。我們到了上海，住在潘漢年家中，潘漢年的秘書小蔡（不記得名字）的房子讓給我和大姐住。記得臥室在二樓，房間很大。二樓還有潘漢年夫婦的臥室和書房。晚上，他們夫婦二人與我們常常在書房裡聊天。書房裡有一對洋娃娃，是一對穿著民族服裝的匈牙利男女，我非常地喜歡，潘漢年就送給了我，我將他們帶到北京，一直保存了很多年。白天，大人們出去工作，我一個人很無聊，就去和警衛班的叔叔們玩。那時我們上小學時，會玩很多數學遊戲，我就教這些警衛班的戰士們玩這些遊戲。對他們來說，那些遊戲很新奇，大家都玩得很上癮。大概是剛到上海的第二三天，快到吃午飯時間我回到我的臥室後，看到臥室裡放了一個漂亮的奶油蛋糕。我看了看，沒有動。晚上，阿董就說：「你怎麼不吃奶油蛋糕阿？不喜歡嗎？」我說：「我不知道那是給誰的蛋糕。」她馬上說：「我每天會給你放一個新鮮的蛋糕在這裡，不要忘記吃哦！」她那樣地看著我，而潘漢年不說話，也總是那樣笑眯眯地看著我，我覺得他們是喜歡我的。小學畢業後我被保送到北京師大女附中，那是北京最好的女中，加上小學同班同學中很多也將要上女附中讀書，我就不想去上海了。一天我對父親說，「我可不可以到上高中時再去上海？」父親理解我的心思，馬上就答應了。潘漢年想要過繼我的事情，說過，但從沒有辦理過什麼過繼手續，就這樣擱下了。現在回想往事，也知道那時潘漢年和袁殊已經對他們的下一步有預感了。在多年後有時與我的朋友談到此事時，他們都認為，虧得我當時留在了北京，如果真在五四年九月去了上海，過了半年就出了「潘楊反革命」事件。那麼那時我會是個什麼樣的處境呢？人生無常。後來當我的父親的問題得到平反後，我再也沒有和他談起過這個問題。

每當回憶起自己一路走來的七十多年，我都會感歎命運並沒有那麼殘酷地作弄我。因為我的一生中在很多重要時候，我遇到過很多好人。在我人生重要的關頭，他們說過的一兩句話，他們做過的一兩件事，得以使我避開了厄運，使我在人生路上走得較為順利。

一九五五年五月父親被捕後，我上初一，曾曜和曾龍上小學六年級，曾虎上小學四年級。還有一位已是六十多歲的老奶奶。在父親出事後不久，我就接到父親原來工作機關的潘在維科長的電話（當時是一家公用電話），後來他與我見了面。他說，機關考慮到我們的情況，按我奶奶和我們四個未成年的孩子每人每月二十元計算，決定每月給我們一百元人民幣的生活補助。這份補助一直拿到一九六十年。有時是我去潘科長那裡取錢，有時有人給奶奶送來。我一直不知道是什麼原因後來機關停止發給我們補助，但是五年多來（五十五年到六十年）機關的這份補助，解決了我們的生存問題。那時，我還不到十四歲，小弟曾虎還不到十歲，小小年紀不僅是失去了父母親，還要面對家庭這種突如其來的巨大變故。但是機關給我們的雪中送炭，使我初次體會到了「人間總有情」，還有人在關心我們，使我們幾個孩子能在基本的溫飽中度過少年時代。

一九六零年七月，我中學畢業了。畢業前的幾個月機關已經沒有發給我們生活補助。我的大姐馬元曦，立刻就挑起了撫養奶奶和我們四個的重任。在面臨中學畢業的前夕，我想得很多。由於知道父親有「嚴重的政治問題」，知道自己不會考上大學，家中有沒有經濟來源，我就想不參加高考，去找一份工作。當張載良（我大姐馬元曦的前夫，張曉丹的爸爸，現是北京外國語大學退休教授）知道我的想法後，對我說：「你不要想那麼多，當然你要去考大學。」當時他們的第一個孩子曉丹一歲多，大姐元曦和張載良除他們自己以外，還要負擔六個人的生活，做為姐夫，他的這番話，他的支持，我終生難忘，終身感恩。而我們的大姐元曦，正如人們說的「長姐如母」，她就是我們的母親，不僅對我們四個姐弟，還對我們的下一代，都給與了熱情的照顧和無私的關懷。

八十年代，我從北京齒輪廠調到了北京市經濟管理幹部學院。一天我去北京市經委辦事時，偶然遇到劉秀瑩老師。她曾是我上北師大女附中時的數學老師，後來是教導主任。我們在北京市委的辦公室相遇時，是她先叫出了我的名字。一番簡短的交談後，她說：「當年，我和蘇靈揚校長（周揚的夫人）一起去北京市高考委員會，請他們把你的檔案調出來，並請他們考慮給你上大學的機會。」這樣六零年九月我上了大學。我在中學六年裡，年年都是三好學生，是金質獎章獲得者。但是如果沒有蘇靈揚校長和劉秀瑩老師到高考委員會的特別請求，是上不了大學的。從六零年到八十年代中，差不多四分之一個世紀的時間裡，我根本不知道我能上大學的真相。劉秀瑩老師的話使我思緒萬千，無限感概。她們的幾句話，可以說在某種程度上改變了我的命運。

大姐元曦，張載良教授，劉秀瑩老師和蘇校長，在我青少年時代，給了我改變命運的機會。

一九六五年我大學畢業後，分配到國家第一機械工業部所屬的北京齒輪廠工作。第二年夏天，文化大革命就爆發了。在那段腥風血雨的日子裡，像我們這種家庭背景的人要背負多大的精神壓力啊。天天都有「被揪出來」，「被批鬥一番」的可能。知識份子都要「接受工人階級的再教育」，那時我在車間當電工。每天我都是兢兢業業，埋頭苦幹，從不多言語。我的第一個工人師傅是女工張淑林師傅，她當時是機械動力科工會的女工委員，一位非常朴實無華的女工。一天，她對我說：「小曾，你一直幹得很好。雖然嚴書記想整你，但我在會上大力讚揚你是和我們工人結合的最好的知識份子之一。人人都不能選擇家庭出身，你不要怕。」我這才知道，有人要「整」我。但是這些淳樸的工人們保護了我。後來，在工廠的知識份子又要接受「一對一」的再教育，電工組的組長，尚英師傅選我做他的「一對一」，處處在政治上保護著我。還要提到的是原北京齒輪廠人事科的一位科長。當時家庭有任何重大變故都要向組織彙報。當我把我的母親在文化大革命中批鬥風最盛之時出走消失的事告訴他後，他沒有多說話，只是輕輕地讓我不要多對人提起這事，又說，現在很多事都不好辦，慢慢再說吧。他的這一兩句話讓我把揪著的心放下了。後來沒有人用我母親的事來干擾過我。「文化大革命」把中國很多人的命運推進了深淵，我能較順利地度過這噩夢般的十年，我衷心地感激我曾經的工人師傅們，他們沒有很多文化知識，但他們為人正直，良心淳樸，使我在擔驚受怕，淒風苦雨般的生活裡再次感受到了人間還是有晴暖關愛的，他們善良的人性的閃光給我帶來了生活的勇氣。

當我有了自己的家庭和子女後，我深切地體會到家庭的重要，親情的偉大。可惜的是我和我的兄弟姐妹們幾乎沒有享受過家庭的溫暖。我們對父母親瞭解甚少，這是永遠不可彌補的遺憾。我記住了父親對太陽的熱愛和嚮往，為了紀念他，我給我們的兒女取的名字是「暉」和「晴」，希望父親袁殊為之嚮往的陽光照亮下一代的生活。為了紀念我的母親端木文琳，我給我們的長外孫女取的名字是「琳」，希望這塊玉在燦爛的陽光下永遠純潔無暇。

後記

／曾虎

袁殊死於一九八七年十一月二十六號，正值北京一場大雪降臨之時。當他的遺體從病房推往太平間時，風停雪止了。庭院裡，滿地白雪，滿樹銀花，交相輝映在清新、晶瑩、潔白的早晨。一個新的黎明開始了，但是父親袁殊再也看不見了。

他的遺體火化後骨灰盒上覆蓋了黨旗，安放在八寶山革命烈士公墓。袁殊終於走完了自己的一生，得到瞭解脫。

那些帶有傳奇性的往事，也成為過眼雲煙，消失在宇宙之間，只有讓後人去評說了。

Do人物58　PC0559

我的父親袁殊：還原五面間諜的真實樣貌

作　　者／曾　龍
責任編輯／李冠慶、洪仕翰
圖文排版／杜心怡
封面設計／王嵩賀

出版策劃／獨立作家
發 行 人／宋政坤
法律顧問／毛國樑　律師
製作發行／秀威資訊科技股份有限公司
地址：114 台北市內湖區瑞光路76巷65號1樓
電話：+886-2-2796-3638　傳真：+886-2-2796-1377
服務信箱：service@showwe.com.tw
展售門市／國家書店【松江門市】
地址：104 台北市中山區松江路209號1樓
電話：+886-2-2518-0207　傳真：+886-2-2518-0778
網路訂購／秀威網路書店：https://store.showwe.tw
國家網路書店：https://www.govbooks.com.tw

出版日期／2016年06月　BOD一版　**定價**／540元

|獨立|作家|
Independent Author

寫自己的故事，唱自己的歌

我的父親袁殊：還原五面間諜的真實樣貌 / 曾龍著. -- 一版. -- 臺北市：獨立作家, 2016.06

面； 公分. -- (Do人物；58)

BOD版

ISBN 978-986-92963-2-8(平裝)

1.袁殊 2.傳記

782.887 105005112

國家圖書館出版品預行編目

讀者回函卡

感謝您購買本書，為提升服務品質，請填妥以下資料，將讀者回函卡直接寄回或傳真本公司，收到您的寶貴意見後，我們會收藏記錄及檢討，謝謝！如您需要了解本公司最新出版書目、購書優惠或企劃活動，歡迎您上網查詢或下載相關資料：http:// www.showwe.com.tw

您購買的書名：______________________________

出生日期：________年________月________日

學歷：□高中（含）以下　□大專　□研究所（含）以上

職業：□製造業　□金融業　□資訊業　□軍警　□傳播業　□自由業

□服務業　□公務員　□教職　□學生　□家管　□其它_____

購書地點：□網路書店　□實體書店　□書展　□郵購　□贈閱　□其他

您從何得知本書的消息？

□網路書店　□實體書店　□網路搜尋　□電子報　□書訊　□雜誌

□傳播媒體　□親友推薦　□網站推薦　□部落格　□其他__________

您對本書的評價：（請填代號　1.非常滿意　2.滿意　3.尚可　4.再改進）

封面設計____　版面編排____　內容____　文／譯筆____　價格____

讀完書後您覺得：

□很有收穫　□有收穫　□收穫不多　□沒收穫

對我們的建議：______________________________

____

____

____

請貼
郵票

11466
台北市內湖區瑞光路 76 巷 65 號 1 樓
獨立作家讀者服務部 收

（請沿線對折寄回，謝謝！）

姓　　名：＿＿＿＿＿＿＿＿　年齡：＿＿＿＿　性別：□女　□男

郵遞區號：□□□□□

地　　址：＿＿＿＿＿＿＿＿＿＿＿＿＿＿＿＿＿＿

聯絡電話：(日) ＿＿＿＿＿＿＿＿＿＿ (夜) ＿＿＿＿＿＿＿＿＿＿

E-mail：＿＿＿＿＿＿＿＿＿＿＿＿＿＿＿＿＿＿